가볍게 시작하는
리얼 C# 프로그래밍

가볍게 시작하는 리얼 C# 프로그래밍

발행일 2015년 10월 27일 초판
　　　　2019년 6월 27일 3판
지음 조수현, 추경호
발행인 한창훈
발행처 루비페이퍼
등록 2013년 11월 6일 제 385-2013-000053 호
주소 경기도 부천시 원미구 소향로 143 1118호
전화 032-322-6754
팩스 031-8039-4526

홈페이지 www.RubyPaper.co.kr
ISBN 979-11-80710-02-9

표지 너미날(ganda0ju@naver.com)
디자인 승우

도움 유가영

이 책은 저작권법에 따라 보호받는 저작물이므로 무단 전재와무단 복제를 금하며, 이 책 내용의 전부 또는 일부를 이용하려면저작권자와 루비페이퍼의 서면 동의를 받아야 합니다.

책값은 뒤표지에 있습니다.

잘못된 책은 구입하신 곳에서 바꾸어 드립니다.

가볍게 시작하는
C# 프로그래밍

C#

조수헌, 추경호 지음

Ruby paper
루비페이퍼

저자의 말

C#은 .net framework를 지원하기 위해 2000년 6월에 Microsoft사가 발표한 프로그래밍 언어로서 완벽한 객체지향 언어입니다. 기존에 많이 사용되는 C++의 문법에, 비주얼 베이직과 유사한 개발 환경을 지원하며, 자바처럼 객체로 이루어진 컴포넌트를 이용하여 프로그램을 작성하므로, 프로그래밍을 처음 접하는 초보자에게 매우 적합한 언어라고 말할 수 있습니다.

이 책은 철저하게 초보자의 눈높이에 맞춘 입문서입니다.

필자는 어렸을 적 Microsoft사의 GW-BASIC을 통해 처음 프로그래밍을 접하였습니다. 당시에는 인터넷은 물론 PC 통신조차도 매우 생소하던 시절이었고, 시중에는 온통 대학생의 시각에 맞추어진 서적뿐이던 시절이었기 때문에, 단순한 기능을 익힐 때조차도 많은 시행착오를 거쳐야 했습니다. 어린 소년의 수준에 맞지 않는 책으로 공부하려니 이해하기도 어려웠지요. 물론 지금은 인터넷의 발달로 인해 당시와는 다르게 정보를 얻기가 쉬워졌습니다. 하지만 컴퓨터 비전공자나 초보자에게는 아직도 많이 어려운 것이 사실입니다.

이 책은 필자의 경험을 바탕으로 삼아 컴퓨터 비전공자 또는 초보자의 눈높이에 맞춰 집필했습니다. 특히 소프트웨어와 다소 거리가 있는 학과, 예를 들면 전자공학과나 기계공학과의 학생들도 프로그래밍에 대해 흥미를 느끼도록 하는 데에 초점을 맞추었습니다. 실제로 필자가 전자공학과의 대학생이던 시절, 프로그래밍을 포기하는 수많은 후배를 가르치며 흥미를 유발하기 위해 직접 작성한 교재를 바탕으로 정리했습니다.

굳이 초보자 단계에서 필수적이지 않은 내용은 과감히 제외하였습니다. 어려운 내용은 프로그래밍의 흥미마저도 잃게 하기 때문이지요. 또한, 예제를 통해 작성한 함수나 컨트롤은 그대로 복사&붙여넣기를 하여 다른 프로젝트를 진행할 때 사용할 수 있도록 하였습니다.

만약 이 책의 두께를 보고 지레짐작 겁을 먹는 독자가 있다면 굳이 모든 단원을 공부할 필요는 없습니다. 하지만 2장 문법과 5장 윈폼 프로그래밍은 반드시 공부할 것을 권합니다. 하나의 프로그래밍 언어에서 문법을 탄탄하게 다져야 C#을 넘어 자바나 C++ 등의 다른 언어를 접할 때에도 쉽게 배울 수 있으며, 윈폼 프로그래밍을 익혀야 Windows 환경의 프로그래밍에 흥미를 느낄 수 있기 때문입니다.

필자 나름대로 최대한 배려를 했다고 해도 모든 독자를 만족시킬 수는 없을 것입니다. 책을 보다가 추가로 궁금한 사항이나 개선점은 아래 블로그에 주저하지 않고 남겨주시길 부탁합니다.

http://real-cs.tistory.com/

2015년 가을
조수현

감사의 글

가장 먼저 항상 저에게 응원을 해주시는 아버지, 어머니, 그리고 형과 소현에게 감사드리며, 외할아버지와 외할머니를 비롯한 친지 분들께 감사의 말씀을 전합니다.

오래전에 이미 수차례 집필을 실패한 경험이 있기에, 이번 책도 도중에 포기할 생각을 한 적이 많았습니다. 그때마다 절 응원하고 도와준 공저자 경호에게 특별한 감사의 말을 전합니다. 사실 이대로 흐지부지 끝날 줄 알았습니다.

대학교 선배이자 회사 선배인 범석이 형에게는 그 어떤 말로도 감사의 마음을 다 전할 수 없을 것 같습니다. 독자의 시각에서 책의 방향이 올바른 길로 갈 수 있도록 냉정한 지적을 아끼지 않은 범석이 형이 있었기에 무사히 책을 완성할 수 있었던 것 같습니다.

예제에 자신의 이름을 사용할 수 있도록 흔쾌히 허락해준 나의 가장 친한 친구 조성택 군과 최성규 군에게 감사의 말을 전합니다. 특히 학창 시절부터 라이벌로서 자극이 되어준 성택 군을 만난 건 저에게 엄청난 행운이었습니다. 먼저 출판을 한 성택 군이 자극이 되었기에 저도 망설임 없이 집필에 도전할 수 있지 않았나 싶습니다.

루비페이퍼의 한창훈 사장님을 비롯한 모든 관계자께 감사드립니다. 집필의 시간은 철없고 겁 없던 초보 작가에게 많은 가르침을 얻을 수 있는 시간이었습니다. 루비페이퍼와의 작업은 정말 감사하다는 말로밖에 표현할 수가 없습니다. 그들은 오랜 시간 지연되는 일정 속에서도 변함없는 신뢰로 묵묵히 인내해 주었고, 덕분에 방망이를 깎는 정성으로 책을 완성할 수 있었습니다.

또한, 회사에서 항상 격려와 함께 보살펴 주신 홍준일 상무님, 유명수 수석님, 최원하 책임님, 김덕운 책임님, 유승환 책임님, 김규영 책임님을 비롯한 부서의 모든 분께 감사드립니다. 더불어, 손수 원고를 검토해주신 서장석 상무님과 윤성호 수석님, 그리고 이동근 상무님께 특별한 감사의 말씀을 드립니다.

제가 이 책을 집필할 수 있도록 배려하고 희생해 준 은정 양과 영채, 그리고 축복이에게 크게 감사합니다. 아마 세상 그 어디에서도 이렇게 멋진 가족을 만날 수 없을 것입니다. 모든 순간, 기억 하나하나를 소중하게 간직할 것입니다. 그동안 회사와 학업, 그리고 집필로 인해 충분히 하지 못했던 일들을 위해 더 많은 시간을 함께할 것을 약속합니다.

그리고 마지막으로 아직 많이 모자란 이 손자의 발전을 빌어주시고 언제나 변함없이 지지해 주시는 할머니께 이 책을 바칩니다.

2015년 가을
조수현

감사의 글

항상 제 옆에서 힘이 되어주는 가족에게 가장 먼저 감사의 말을 드리고 싶습니다. 성실하시고 믿음이 되는 든든한 아버지, 마음의 의지가 되는 어머니, 어리지만 배울 게 많은 동생에게 고마운 마음을 전하고 싶습니다. 그리고 친지 분들께도 감사의 말을 드립니다.

처음 계획보다 긴 시간을 집필하는 과정에서 이끌어준 수현이 형이 있어서 무사히 마무리할 수 있었습니다. 긴 시간을 집필하며 어려울 때도 많았지만 수현이 형이 있어 의지가 되었습니다.

또한 독자의 시각에서 바라보고 방향과 조언을 제시한 범석이 형의 조언으로 더욱 더 독자에게 친화적인 책을 집필할 수 있었습니다.

전공 관련 서적을 집필하면서, 전공의 기반 지식을 쌓을 수 있게 해주신 김선명 교수님께 감사 드립니다. 김선명 교수님 아래에서 공부하며 컴퓨터 공학도로서 필요한 지식을 쌓을 수 있었으며, 네트워크 분야를 접할 수 있었습니다. 그때의 의미 있는 시간을 바탕으로 현재 네트워크 분야의 현업에 기여하고 있다고 생각합니다.

출판 경험이 없던 저를 믿고 집필을 맡겨 주신 루비페이퍼의 한창훈 사장님이 있어 의미 있는 책이 출판될 수 있었습니다. 미숙한 저희에게 여러 가지 조언을 해주시며 집필을 마무리할 수 있도록 이끌어 주셨습니다. 그리고 계획보다 길어지는 집필 기간 동안 아낌없는 격려로 응원해 주셨습니다.

현업을 통해 전공 분야의 무한한 깊이를 느끼고 항상 더 많은 것을 배우려 노력합니다. 이런 저에게 각 분야의 전문가로서 많은 가르침을 주시는 수석님, 책임님 및 선임, 사원 등 선배, 동료 들께 감사의 말씀을 드립니다.

제 인생에 많은 경험을 함께 하며 풍요로움을 준 친구들에게도 감사의 말을 전합니다. 중, 고등학교 시절에 만나 오랜 시간을 함께 한 고향 친구들. 같은 전공을 공부하며 IT인으로서 함께한 대학교와 대학원 친구들. 같은 회사에서 IT분야에서 최선을 다하는 친구들이 있어 많은 것을 배울 수 있음에 감사드립니다.

그리고 마지막으로 항상 저를 응원해주시고 힘을 주시는 사랑하는 가족에게 다시 한 번 감사의 말을 전합니다.

2015년 10월 어느 날

추경호

이 책은 어떻게 읽어야 하나요?

이 책의 예제는 전체적으로 커다란 흐름을 유지하고 있습니다. 그러므로 앞의 예제를 뛰어넘고 뒤의 예제를 곧바로 익히기보다는 순서대로 익히는 것을 추천합니다. 가령 예를 들어 앞의 예제에는 일부러 오류가 발생하는 코드가 추가되어 있고, 뒤의 예제에서 이를 수정하는 식으로 구성되어 있습니다. 프로그래밍을 처음 접하는 학생이라면 모든 부분을 공부할 필요는 없습니다. 하지만 적어도 2장 C# 문법부터 5장 윈폼 프로그래밍까지는 반드시 익히기를 권장합니다.

Chapter 1. Let's Play C#
프로그래밍을 공부를 시작하기 위한 준비 단계로 컴퓨터의 역사, 프로그래밍 언어의 역사, 그리고 C#과 .net framework의 탄생과 이를 사용하기 위한 Visual Studio의 설치에 대해 다룹니다.

Chapter 2. C# 문법
C#의 프로그래밍 문법에 대해 다룹니다. 변수와 상수의 선언, 출력문, 입력문, 조건문, 반복문, 함수, 그리고 배열에 대해 다룹니다. 2장의 마지막 부분에서는 가위바위보 게임과 탱크 게임을 만들어 봄으로써 문법에 대한 숙련도를 높이고자 하였습니다.

Chapter 3. 스레드
여러분이 앞으로 프로그래머의 세계에서 빈번하게 접하게 될 스레드 프로그래밍에 대해 다룹니다. 또한 3장의 마지막 부분에서는 스레드 프로그래밍을 이용해 경마 게임을 만듭니다.

Chapter 4. 객체와 클래스

C#은 기본적으로 객체 지향 프로그래밍 언어입니다. 그러므로 객체와 클래스의 개념을 확실히 알고 넘어가야 합니다. 4장에서는 다양한 예시를 통해 클래스를 사용해야 하는 이유와 장점에 대해 다룹니다. 여기서 배운 내용은 뒤에 사용자 정의 컨트롤을 익힐 때, 필수적으로 알고 있어야 하므로 확실히 이해하고 넘어가야 합니다.

Chapter 5. 윈폼 프로그래밍

가장 손쉽고 근사한 프로그램을 개발할 수 있는 윈폼 프로그래밍입니다. 특히 C#에서 지원하는 윈폼 프로그래밍은 다른 언어에 비해 매우 간편하고 강력합니다. 5장에서는 윈폼 프로그래밍을 하면서 접하게 되는 다양한 컨트롤과 속성 및 이벤트에 대해 익힙니다.

Chapter 6. 그래픽

그래픽 프로그래밍은 매우 흥미로운 분야입니다. 특히 아무것도 없는 화면에 점, 선, 또는 면을 이용하여 그림을 그리는 작업은 경이롭기까지 합니다. 여기서 배운 내용은 후에 영상 처리 또는 게임 프로그래밍을 공부할 때, 기본적으로 선행되어야 하므로, 해당 분야로의 진출을 원하는 독자는 반드시 익히길 권합니다.

Chapter 7. 사용자 정의 컨트롤

사용자 정의 컨트롤은 생산성을 높이는 매우 강력한 방법 중 하나입니다. 7장에서는 사용자 정의 컨트롤의 요구 사항을 도출하고 구현하도록 합니다. 또한 마지막 부분에서 만드는 스프라이트 컨트롤은 간단한 게임을 만들 때 사용이 가능하며, 말풍선 컨트롤은 후에 네트워크 프로그래밍에서 채팅 프로그램을 만들 때 응용이 가능합니다.

Chapter 8. 네트워크 프로그래밍

네트워크 프로그래밍의 정의와 구성 요소 및 통신 규약에 대해 다룹니다. 또한 채팅 프로그램과 화면 전송 프로그램을 통해 보다 실용적인 내용을 다루었습니다.

Chapter 9. 데이터베이스

마지막 장으로 크게 데이터베이스와 XML에 대해 다룹니다. 전편에서는 ADO.NET과 MS-SQL 2014를 이용하여 성적 관리 프로그램을 구현합니다. 후편에서는 비록 엄밀한 의미에서 데이터베이스는 아니지만, 데이터베이스처럼 사용이 가능한 XML에 관해 다루고 있습니다. 여기서는 XML을 관리하는 다양한 클래스를 통해 노드의 추가, 삭제, 수정, 탐색 등을 수행하는 함수를 구현합니다.

예제 코드는 어디서 받을 수 있나요?

예제 코드는 필자의 블로그(http://real-cs.tistory.com/)와 루비페이퍼(http://www.rubypaper.co.kr/) 자료실에서 받을 수 있습니다. 책의 내용에 대해 개선할 점이나 의견은 블로그 또는 필자의 메일(swordlevross@nate.com)로 보내주시면 감사하겠습니다.

이 책에 사용된 예제 코드는 비상업적인 목적으로 별도의 허락 없이 자유롭게 사용할 수 있습니다. 단, 상업적인 용도에 한해서 허락을 구해야 합니다. 또한, 책의 내용을 인용할 때는 저작권을 명시해 주시기 바랍니다. 저작권에는 제목, 저자, 출판사, ISBN을 포함해야 합니다.

내용

CHAPTER 01　Let's Play C#　　1

1.1 컴퓨터의 역사　　2
1.2 프로그래밍 언어　　4
1.3 C#! 너는 뭐니?　　7
1.4 Visual Studio 2013 설치하기　　8
　1.4.1 Visual Studio Express 2013 다운로드　　8
　1.4.2 Visual Studio Express 2013 설치　　9

CHAPTER 02　C# 문법　　13

2.1 천 리 길도 한 걸음부터!　　13
　2.1.1 Visual Studio 2013에서 새 프로젝트 만들기　　14
　2.1.2 편집 영역에 프로그램 작성하고 실행 결과 확인하기　　16
2.2 변수와 상수　　18
　2.2.1 숫자형 변수와 상수　　21
　2.2.2 문자형 변수와 상수　　24
　2.2.3 변수의 형 변환　　28
　2.2.4 변수의 기본값　　31
　2.2.5 변수와 상수를 마치며　　32
2.3 출력문과 입력문　　33

	2.3.1 'Hello, World!'의 추억. 출력문	34
	2.3.2 입력문	41
2.4 주석		45
	2.4.1 스파게티 소스를 방지하자	45
2.5 조건문		48
	2.5.1 기본 조건문. if문	49
	2.5.2 다양한 조건식에 적합한 조건문. switch ~ case문	57
2.6 반복문		61
	2.6.1 원하는 횟수만큼 반복하자. for문	62
	2.6.2 조건에 따라 반복을 수행하는 while문	71
2.7 배열		74
	2.7.1 다차원 배열	82
2.8 함수		89
	2.8.1 함수의 정의	90
	2.8.2 함수의 선언	91
	2.8.3 함수의 응용(1)	94
	2.8.4 함수의 응용(2) – Swap( )	99
	2.8.5 함수의 오버로딩	102
	2.8.6 함수를 마치며	105
2.9 프로그램 구현		106
	2.9.1 텍스트로 꾸미는 화면 구성 만들기	106
	2.9.2 가위바위보 게임 만들기	113
	2.9.3 탱크 게임 만들기	123
2.10 문법을 마치며		138

CHAPTER 03 스레드(Thread) 139

3.1 순차 프로그래밍과 스레드 프로그래밍 139
3.2 스레드를 사용해 봅시다 143
3.3 스레드의 메소드 149
　3.3.1 스레드의 종료 Abort( ) 149
　3.3.2 스레드를 일정 시간 동안 정지시키자 Sleep( ) 151

3.3.3 얼음! Suspend( )	153
3.3.4 땡! Resume( )	156
3.4 경마 게임 만들기	**160**
3.4.1 무엇을 만들까?	160
3.4.2 여러 마리의 말을 경쟁시키자	162
3.4.3 승패를 결정합시다	165
3.5 스레드를 실행하는 대리자. 델리게이트	**174**
3.6 마치며	**178**

CHAPTER 04 객체와 클래스   179

4.1 객체 지향 프로그래밍	**180**
4.1.1 개요	180
4.1.2 레고 블록과 객체 지향 프로그래밍	180
4.1.3 객체와 클래스	182
4.1.4 객체 지향 프로그래밍의 특징	191
4.1.5 객체 지향 프로그래밍의 정리	206
4.2 객체와 클래스를 마치며	**207**

CHAPTER 05 윈폼 프로그래밍   209

5.1 윈폼 프로그래밍 소개	**209**
5.2 윈폼 프로그래밍의 개발환경	**210**
5.3 다시 꺼내는 추억! 'Hello! World!'	**212**
5.3.1 Visual Studio 2013에서 새 프로젝트 만들기	213
5.4 폼(Form)의 기본 속성 다루기	**218**
5.4.1 폼의 속성	218
5.4.2 코드 편집하기	221
5.4.3 이벤트 추가하기	224
5.5 출력을 위한 컨트롤	**227**

5.5.1 레이블(Label)	227
5.5.2 링크 레이블(LinkLabel)	229
5.5.3 픽쳐 박스(PictureBox)	233
5.6 입력을 위한 컨트롤	237
5.6.1 버튼(Button)	238
5.6.2 텍스트 박스(TextBox)	241
5.6.3 체크 박스(TextBox)	249
5.6.4 라디오 버튼(RadioButton)	254
5.6.5 리스트 박스(ListBox)	257
5.6.6 콤보 박스(ComboBox)	264
5.6.7 메뉴 스트립(MenuStrip)	268
5.7 자주 사용하는 기타 컨트롤	272
5.7.1 타이머(Timer)	272
5.7.2 다이얼로그(OpenFileDialog/SaveFileDialog)	277
5.8 컨트롤 배열	280
5.9 계산기를 만들자!	287
5.10 윈폼 프로그래밍을 마치며	295

CHAPTER 06 그래픽   297

6.1 GDI+의 개요	297
6.2 좌표계	298
6.3 System.Drawing.Pen	300
6.4 System.Drawing.Brush	300
6.5 System.Drawing.Graphics	301
6.5.1 DrawLine	301
6.5.2 DrawRectangle	307
6.5.3 FillRectangle	313
6.5.4 DrawEclipse	315
6.5.5 FillEclipse	319
6.5.6 DrawImage	347
6.5.7 DrawString	351
6.6 아날로그 시계 만들기	355

CHAPTER 07 사용자 정의 컨트롤 371

7.1 사용자 정의 컨트롤 371
- 7.1.1 개요 371
- 7.1.2 무작정 따라 하기 372
- 7.1.3 이미지 버튼 만들기 382
- 7.1.4 스프라이트 컨트롤 만들기 401
- 7.1.5 말풍선 인터페이스 만들기 422

7.2 마치며 441

CHAPTER 08 네트워크 프로그래밍 443

8.1 네트워크 프로그래밍이란? 443
- 8.1.1 개요 447
- 8.1.2 네트워크에서 특정 PC 찾아가기(IP 주소, Port 번호) 449
- 8.1.3 내 IP 주소 확인하기 451
- 8.1.4 TCP와 UDP 453
- 8.1.5 연결 지향형 서비스 454
- 8.1.6 혼잡 제어(Congestion Control) 사용 454
- 8.1.7 신뢰적인 데이터 전달(Reliable data transfer) 455

8.2 TCP 소켓 프로그래밍 456
- 8.2.1 개요 456
- 8.2.2 서버 & 클라이언트 457
- 8.2.3 인터넷에서 주소를 나타내는 IPAddress 클래스 458
- 8.2.4 IPEndPoint 클래스 459
- 8.2.5 소켓 클래스 460
- 8.2.6 Console 기반의 간단한 TCP 서버 만들기 461
- 8.2.7 TCP 클라이언트 만들기 464

8.3 TCP를 이용한 채팅 프로그램1 – 윈폼 기반의 채팅 프로그램 466
- 8.3.1 채팅 프로그램 UI 467

8.4 TCP를 이용한 채팅 프로그램2 – 네트워크 기능 분리 및 비동기화를 위해 스레드 적용 476
- 8.4.1 네트워크 기능을 담당하는 네트워크 클래스 설계 476

8.4.2 스레드를 이용하여 비동기화 소켓 클래스 작성		477
8.4.3 네트워크 기능을 담당하는 사용자 정의 비동기 소켓 작성		482
8.4.4 채팅 프로그램 UI – 사용자 정의 비동기 소켓 적용		491

8.5 TCP를 이용한 채팅 프로그램3 – 패킷 정의 496
    8.5.1 TCP 내부 버퍼 497
    8.5.2 윈폼 기반의 채팅 프로그램에 패킷 개념 적용 499
    8.5.3 패킷 개념을 적용한 윈폼 기반의 채팅 프로그램 작성 502

8.6 TCP를 이용한 네트워크 프로그래밍을 마무리하며 507

8.7 UDP 소켓 프로그래밍 508
    8.7.1 개요 508
    8.7.2 UDP 프로토콜이란? 508
    8.7.3 UDP 네트워크 프로그램의 특징 512
    8.7.4 Console 기반의 간단한 UDP 서버 만들기 515
    8.7.5 Console 기반의 간단한 UDP 클라이언트 만들기 517

8.8 UDP를 이용한 화면 전송 프로그램1 – 윈폼 기반의 UDP 프로그램 519
    8.8.1 화면 전송 프로그램의 UI 520
    8.8.2 네트워크 기능을 담당하는 사용자 정의 비동기 소켓 작성 522
    8.8.3 화면 전송 프로그램 작성 531

8.9 UDP를 이용한 화면 전송 프로그램2 – 스레드 적용 538
    8.9.1 화면 캡처 클래스 설계 538
    8.9.2 네트워크 기능을 담당하는 사용자 정의 비동기 소켓 작성
        (스레드와 패킷 개념 적용) 544
    8.9.3 화면 전송 프로그램의 UI(타이머 적용) 552

8.10 네트워크 프로그래밍을 마치며 557

CHAPTER 09 데이터베이스 559

9.1 데이터베이스 프로그래밍이란? 559
9.2 ADO.NET 개념 560
    9.2.1 ADO.NET 구성 요소 560
    9.2.2 .net framework 데이터 공급자 561
    9.2.3 .net framework 데이터 공급자 구성 요소 562

9.3 데이터베이스와 연동하여 프로그램 작성을 위한 환경 562
9.4 성적 입력 프로그램 564
9.5 성적 정보 출력 프로그램 571
9.6 성적 수정 프로그램 575
9.7 DataTable, DataRow, DataColumn 클래스 활용한 성적 입/출력 프로그램 580
9.8 윈폼 기반 성적 관리 프로그램 593
9.9 XML(eXtensible Markup Language) 607
    9.9.1 XML이란 무엇인가? 607
    9.9.2 XML의 구조 611
    9.9.3 XML 형식 접근하기 614
9.10 데이터베이스를 마치며 664

APPENDIX 데이터베이스 설치 665

1.1 MS SQL 2014 내려받기 665
1.2 MS SQL 2014 설치하기 668
1.3 MS SQL 2014 설정하기 672

CHAPTER 01
Let's Play C#

처음이라는 말처럼 설레는 단어가 있을까요? 첫 만남, 첫 사랑, 첫 키스……. 반갑습니다. 처음 뵙겠습니다. 앞으로 여러분과 함께 C# 언어를 공부하게 되어 매우 설렙니다.

프로그래밍이라는 것이 전문적이고 어려운 일로 생각되시나요? 저는 여러분에게 프로그래밍은 매우 흥미로운(필자의 농담을 섞어 말씀드리면 마약보다도 중독성이 강한) 일이라고 자신 있게 말씀드릴 수 있습니다.

아직 실감 나진 않겠지만, 이 책을 선택하신 그 순간부터 여러분은 프로그래밍과 친한 친구가 될 수 있을 것이라는 느낌이 강하게 드네요. 그래서 첫 장의 제목을 'Let's Play C#'이라고 정했습니다. 첫 장은 무겁고 어렵게 생각하지 말고, 어렸을 적 아랫목에서 할머니가 해주시는 옛날이야기를 듣듯이 가볍게 읽어주셨으면 합니다.

'시작이 반이다.'라는 말이 있듯이, 지금부터 프로그래머의 세계에 절반은 들어왔다고 생각하시면 됩니다. 그럼 앞으로 잘 부탁드리겠습니다!

1.1 컴퓨터의 역사

가깝게는 가정이나 은행에서부터 멀게는 군사, 무기에 이르기까지 현대 사회에서 컴퓨터를 사용하지 않는 분야는 없을 것입니다. 이렇게 실생활에서 당연하게 접하는 컴퓨터이지만, 실제로 컴퓨터가 탄생한 지는 그리 오래되지 않았습니다.

여러분이 사용하는 컴퓨터는 범용적인 목적을 위해 개발되었으므로, 게임, 멀티미디어, 스프레드시트 등의 다양한 기능을 가지고 있을 것입니다. 하지만 기본적으로 컴퓨터를 한 단어로 표현하면 '계산기'죠. 단지 계산을 하는 도구로는 동양 문화권에서 오래전부터 사용해 온 주판이 존재했습니다만, 불과 400년 전까지만 해도 전통적인 주판 외에 별다르게 발전된 계산기가 없었습니다. 그러던 중 프랑스에서 위대한 수학자 B. 파스칼에 의해 기계식의 계산기가 고안됩니다. 이 계산기는 여러 개의 톱니바퀴를 이용해 덧셈과 뺄셈을 수행할 수 있었는데, 구조가 매우 단순했죠.

[그림 1.1] B. 파스칼이 고안한 기계식 계산기

현대적인 형태의 계산기는 20세기에 들어 발명됩니다. 제2차 세계대전 당시 참전국들은 적국을 향해 발사할 탄도의 정확한 궤적을 계산하기 위해 앞다투어 전자식 계산기의 개발에 뛰어들었고, 그 결과 미국에서 발명된 것이 최초의 전자식 컴퓨터 중 하나인 에니악(ENIAC : Electronic Numerical Integrate And Computor)입니다. (※필자 주 ; 최초의 컴퓨터 중 하나라고 표현한 이유는 그 어떤 것도 최초라고 결론 내릴 수 없을 정도로 비슷한 시기에 개발되었기 때문입니다.)

[그림 1.2] 에니악

에니악은 범용적인 목적을 위해 개발되었으며, 무려 30톤의 무게를 가진 거대한 기계였습니다. 에니악은 어떤 작업을 하기 위해 직접 배선판에 배선을 해야 했으므로 작업을 전환하기 위해서는 배선판을 교체해야만 했습니다.

이후, 이러한 단점을 보완하기 위해 컴퓨터가 사용할 명령어를 모두 내부의 기억장치에 저장하는 프로그램 내장방식이 등장했으며, 이를 채택한 에드박(EDVAC)이 등장합니다. 에니악과 에드박은 민간 업무를 위해 등장한 것이 아니었습니다. 1951년에 등장한 유니박(UNIVAC)이 최초의 상업용 컴퓨터였습니다.

에니악과 에드박과 같은 진공관을 사용해 개발된 컴퓨터를 1세대 컴퓨터라고 부릅니다. 이후 반도체 기술의 발전에 따라 진공관을 대신해 트랜지스터를 사용하게 되면서 2세대 컴퓨터가 출현했이고, IC를 이용한 3세대, LSI를 이용한 4세대 컴퓨터가 출현하게 됩니다.

1970년대 말에 개인용 컴퓨터가 등장하며, 일반 가정집에도 컴퓨터가 놓이게 되었습니다. 이때 등장한 대표적인 개인용 컴퓨터 중 유명한 것이 바로 애플 컴퓨터(Apple Computer, Inc.)사의 애플 II(Apple II)였습니다. 애플 II는 모니터와 본체, 키보드와 전원 공급 장치 등이 하나로 통합된 일체형으로, 스프레드시트와 워드프로세서 등의 다양한 소프트웨어를 제공하면서 인기를 끌었습니다.

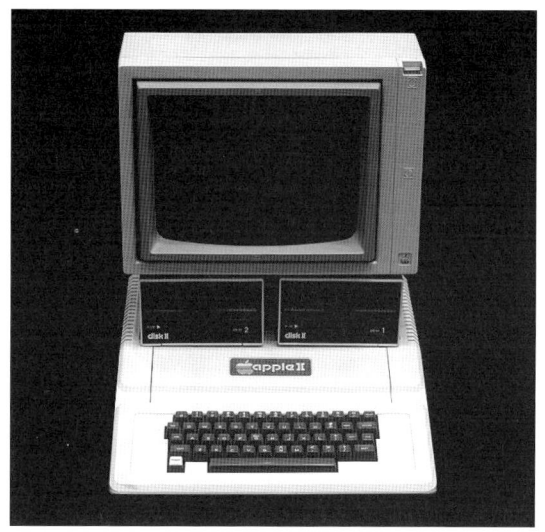

[그림 1.3] 애플 II

이후 미국의 컴퓨터 대기업인 IBM(International Business Machines Corporation) 사에서 로열티를 받지 않고 자체 개발한 개인용 컴퓨터의 내부를 공개했습니다. 이로써 수많은 컴퓨터 회사들이 IBM의 개인용 컴퓨터를 모방해 컴퓨터를 출시했고, 이렇게 출시된 IBM 호환 PC는 개인용 컴퓨터 시장에서 널리 쓰이게 됩니다.

1.2 프로그래밍 언어

프로그램이란 컴퓨터가 수행할 명령어의 모임이라고 정의할 수 있습니다. 그리고 프로그래밍이란 프로그램을 작성하는 과정을 말합니다. 그렇다면 프로그래밍 언어는 무엇일까요?

일반적으로 명령하기 위해서 사용하는 방법으로는 목소리를 이용한 말로 전달하거나, 필기구를 이용해 명시적으로 명령을 작성해 전달하는 방법 등의 방법이 존재할 것입니다.

이 두 가지 방법의 공통점은 무엇일까요? 말로 전달하는 방법이나 메모지에 필기구로 작성해 전달하는 방법이나 모두 명령을 내리는 사람과 명령을 수행하는 사람이 모두 이해할 수 있는 일종의 '언어'로 구성된다는 것입니다. 즉, 프로그래밍 언어란 컴퓨터에게 내리는 명령인 프로그램을 작성하는 일종의 '언어'인 셈입니다.

컴퓨터는 내부적으로 0과 1로 이루어진 기계어(Binary)를 통해 각종 연산을 수행합니다. 에니악이나 에드박과 같은 초기의 컴퓨터는 기계어를 통해 명령을 내리는 식이었지요. 즉, 기계어는 최초의 프로그래밍 언어인 셈입니다.

하지만 컴퓨터에게 내리는 명령을 단지 0과 1로만 이루어진 기계어로 작성하는 것은 매우 어려운 일이었습니다. 가령 예를 들어 "이동하라"는 명령을 내리기 위해 0100010001011100이라고 입력해야 한다면 매우 비효율적이겠지요. 그래서 탄생한 언어가 어셈블리어(Assembly)입니다. 어셈블리어는 기계어를 기호 또는 단순한 단어로 표시한 것으로 앞에서 예를 든 "이동하라"는 명령은 MOV라는 키워드로 대체하는 방식입니다.

비록 어셈블리어가 기계어보다 이해하기 쉽다고는 하지만 프로그래밍 언어는 아직 전문가들의 영역이었습니다. 이를 해결하기 위해 등장한 언어가 포트란(Fortran)입니다. 포트란은 비교적 최근까지 공업계에서 사용되던 언어로서 인간의 언어에 가깝게 구현한 최초의 프로그래밍 언어였습니다. 포트란은 탄생 직후 엄청난 반향을 일으키며 업계 전반에 전파되었고, 이후로 등장하는 모든 프로그래밍 언어가 인간의 언어와 가깝도록 구현되는 계기가 됩니다.

인간의 언어와 가까운 프로그래밍 언어. 이것을 고급 언어라고 부르며, 상대적으로 컴퓨터의 언어에 가까운 기계어나 어셈블리어를 저급 언어라고 부릅니다. 인간의 언어로 작성된 고급 언어를 컴퓨터가 이해하도록 하기 위해서는 번역 과정이 필요한데, 이 과정을 컴파일(Compile)이라고 부릅니다.

다음으로 등장한 언어는 C 언어입니다. 현재 널리 쓰이는 언어인 C++, 자바(JAVA), C# 등의 모태가 되는 언어입니다. C 언어는 1960년대 벨 연구소의 연구원인 켄 톰슨과 데니스 리치에 의해 개발되었습니다. 켄 톰슨은 워낙 어렵고 생산성이 낮은 어셈블리어를 개선하기 위해 B 언어를 개발했고, 데니스 리치가 이를 개선해 C 언어를 개발했습니다.

[그림 1.4] C 언어의 개발자 켄 톰슨과 데니스 리치

이후에 벨 연구소에서 C 언어를 모태로 하여 C++ 언어를 개발합니다. 기존의 C 언어는 절차지향 프로그래밍만을 지원한 데 비해, C++ 언어는 객체지향 프로그래밍의 개념을 도입했이고, C 언어를 그대로 지원했기 때문에 기존의 개발자들에게 크게 환영받게 됩니다. 개발자들은 객체지향 프로그래밍을 통해 훨씬 더 방대한 규모의 프로젝트를 더욱 쉽게 개발할 수 있게 되었습니다.

C 언어가 등장하던 시기에 다른 한 편에서 미국의 다트머스 대학에서 베이직(BASIC) 언어가 탄생합니다. 포트란이 등장했다고는 하나 학생이나 초보자들이 배우기에는 아직 어려운 언어였으므로, 베이직은 이를 해결하기 위해 등장한 언어입니다. 베이직은 어린 학생들이 익히기에도 무리가 없을 정도로 매우 쉬웠으므로, 프로그래밍을 처음 접하는 사람들을 교육하기 위해 널리 사용됩니다. 베이직 언어는 아직도 Microsoft사에 의해 지속해서 개선되고 사용되는 언어입니다.

대표적으로 많이 사용되는 프로그래밍 언어 중 최근에 등장한 것이 자바입니다. 자바는 다양한 환경에서 공통적으로 지원되는 언어로서 개발되었으며, C++ 언어가 C 언어로부터 진화한 것과는 달리 초기부터 객체지향 프로그래밍 언어로서 개발되었습니다. 오늘날 자바는 모든 환경에서 동일하게 실행되기 위해 자바 가상 머신(JVM)에 의해 실행되므로, C 언어나 C++ 언어에 비해 실행이 느린 단점이 있으나, 기존에 구현된 객체를 기반으로 프로그래밍이 매우 수월하므로 많은 사랑을 받고 있습니다.

1.3 C#! 너는 뭐니?

지금부터 약 15년 전, Microsoft사는 C++ 언어를 개선해 C#이라는 프로그래밍 언어를 발표합니다. 본래 Microsoft사의 야심은 자바처럼 모든 환경에서 동일하게 실행되는 언어를 만드는 것이었습니다. 자바가 자바 가상 머신을 통해 모든 환경에서 실행되듯이, C#은 .net framework를 통해 모든 환경에서 실행되는 것입니다. 하지만 아쉽게도 아직 그런 영향력을 얻지는 못하고 있습니다.

기본적으로 자바와 매우 비슷합니다. 필자는 C# 언어를 가리켜 "C/C++ 언어의 문법과 자바의 객체지향 프로그래밍, 그리고 베이직의 생산성을 가지고 있는 언어"라고 평가하곤 합니다.

문법이 C 언어나 C++ 언어와 유사해 C# 언어만 익히더라도 다른 언어를 사용하기에 어려움이 없으며, 객체지향 프로그래밍을 지원하므로 대규모 프로젝트를 수행하는 데에도 매우 쉽습니다. 또한, 생산성은 베이직 언어에 비교될 정도로 매우 뛰어납니다. 즉, 길지 않은 시간을 투자해도 훌륭한 프로그램을 작성하는 것이 가능하다는 점은 C#의 가장 강력한 장점이라고 말할 수 있습니다.

또한 .net framework에서 지원하는 WPF(Windows Presentation Foundation)나 실버라이트(Silverlight)는 마치 Adobe사의 플래시(Flash)처럼 화려하고 훌륭한 효과를 쉽게 구현할 수 있도록 도와주는데, WPF에 사용되는 언어가 바로 C#입니다. 즉, 단지 C# 언어 하나를 익힘으로써 얻는 이득이 상당하다고 말씀드릴 수 있습니다.

다음 절에서는 C#을 사용하기 위해 Visual Studio를 설치하는 방법에 대해 설명하겠습니다.

1.4 Visual Studio 2013 설치하기

앞으로 여러분이 C#을 이용해 프로그래밍을 하기 위해서는 반드시 Microsoft사에서 제공하는 개발 도구인 Visual Studio를 설치해야 합니다. 기본적으로 Visual Studio는 유료입니다. 하지만 Visual Studio Express라는 이름으로 체험판을 무료로 제공하고 있습니다. 또한, 대학생의 경우 DreamSpark라는 제도를 통해 무료로 다양한 개발 도구를 제공하고 있습니다. 현재 Visual Studio 2015 버전까지 체험판이 제공되고 있으나, 최신 버전의 Windows가 아닌 독자를 위해 Visual Studio Express 2013을 기준으로 설명하겠습니다.

그럼 이어지는 설명을 통해 개발 환경을 구축해 봅시다.

1.4.1 Visual Studio Express 2013 다운로드

웹 브라우저를 통해 Microsoft 다운로드 센터(http://www.microsoft.com/ko-kr/download/)에 접속합니다.

[그림 1.5] Microsoft 다운로드 센터

페이지 상단의 검색창에 'Microsoft Visual Studio Express 2013 for Windows Desktop'을 검색합니다.

[그림 1.6] Visual Studio Express 2013 다운로드

검색이 완료되면 다운로드 버튼을 클릭해 내려받습니다.

1.4.2 Visual Studio Express 2013 설치

다운로드한 파일을 가상 드라이버를 통해 열면 [그림 1.7]과 같은 화면이 출력됩니다.

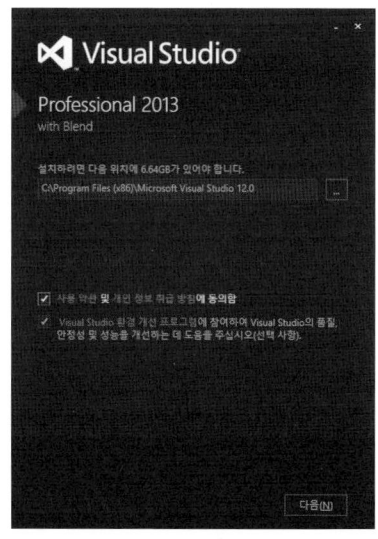

[그림 1.7] 경로 선택 화면

Visual Studio Express 2013을 설치할 폴더를 선택한 후, 다음(N)을 눌러 다음 단계로 진행합니다.

다음으로 각종 설치 항목이 출력됩니다. Visual Studio Express 2013은 일반 개인용 컴퓨터용 프로그래밍 환경뿐만 아니라 Windows Phone 운영체제 기반의 스마트폰용 애플리케이션 개발을 위한 Windows Phone 8.0 SDK 등 다양한 개발 환경을 지원합니다. 기본적으로 선택된 항목을 변경하지 않고 설치(N)을 눌러 다음 단계로 진행합니다.

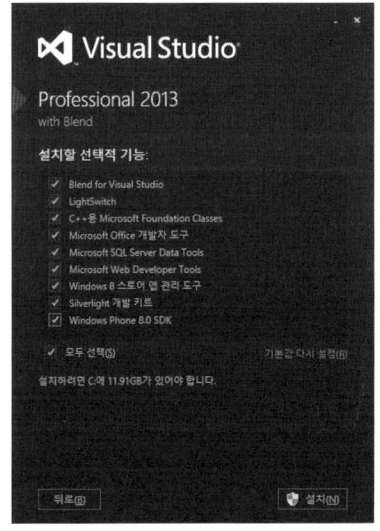

[그림 1.8] 설치 항목 선택 화면

설치가 완료되면 [그림 1.9]와 같은 화면이 출력됩니다. 이제 Visual Studio Express 2013을 사용할 수 있습니다.

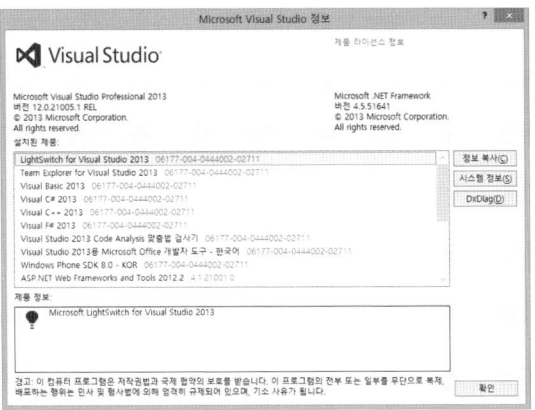

[그림 1.9] 설치 완료

다음 장부터는 C# 언어를 통해 예제와 함께 간단한 프로그램을 직접 작성해 보도록 하겠습니다.

CHAPTER
02

C# 문법

이번 장에서는 C# 언어를 배우기 위한 기본 사항에 대해 다룹니다. Microsoft사의 개발 도구인 Visual Studio 2013을 이용해 쉽고 다양한 프로그램을 작성해 봄으로써, C# 언어의 기본적인 문법을 배웁니다.

2.1 천 리 길도 한 걸음부터!

일반적으로 프로그램 언어를 배울 때, 처음으로 다루는 예제는 'Hello, World!'라는 문구를 출력하는 것입니다. 이 프로그램은 'Hello, World!'라는 문구를 출력하는 것 이외에 다른 기능이 전혀 없습니다. 즉, 우리가 이 예제를 통해 얻고자 하는 실행 결과는 다음과 같습니다.

::: 실행 결과

```
Hello, World!
계속하려면 아무 키나 누르십시오 . . .
```

결과가 매우 단순하죠? 하지만 '천 리 길도 한 걸음부터!'라는 속담처럼 쉬운 예제부터 차근 차근 배우다 보면 어느 순간 발전한 여러분을 발견할 수 있을 것입니다. 어렵지 않습니다. 그저 따라 하면 됩니다! 그럼 첫걸음을 시작해볼까요?

2.1.1 Visual Studio 2013에서 새 프로젝트 만들기

Visual Studio 2013에서 'Hello, World!' 프로그램을 작성하기 위해서는 새 프로젝트를 생성해야 합니다. 상단 메뉴의 [파일] - [새 프로젝트]를 선택합니다.

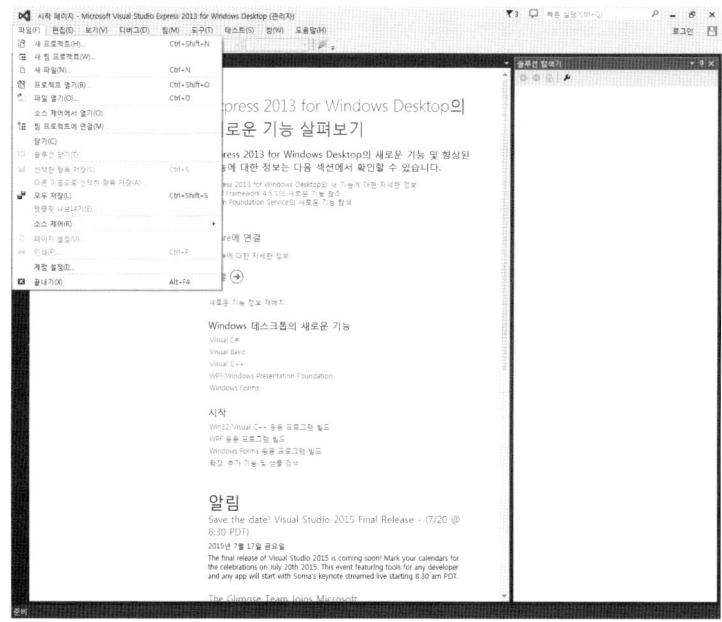

[그림 2.1] 새 프로젝트 만들기

그러면 다음 화면이 나타납니다. 좌측에서 [Visual C#]을 선택한 뒤, [콘솔 응용 프로그램]을 선택하고, 이름에 'HelloWorld'를 입력합니다.

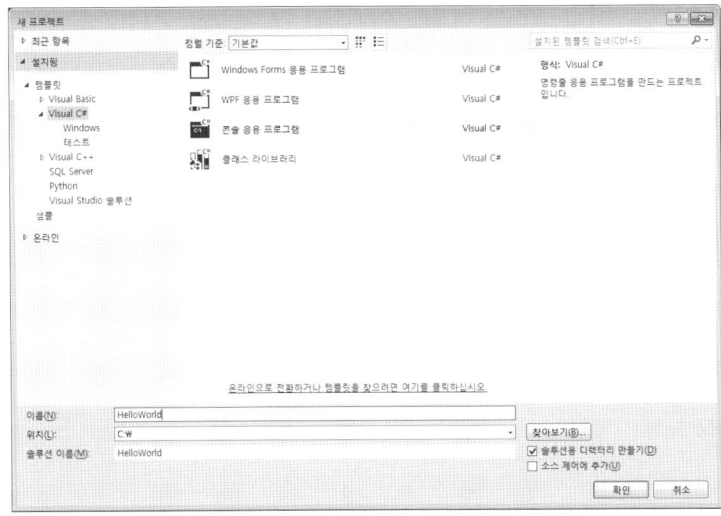

[그림 2.2] 새 프로젝트

생성이 완료되면 [그림 2.3]과 같이 프로젝트 편집 화면이 출력됩니다. 사각형으로 표시된 편집 영역에 프로그램을 작성하면 됩니다.

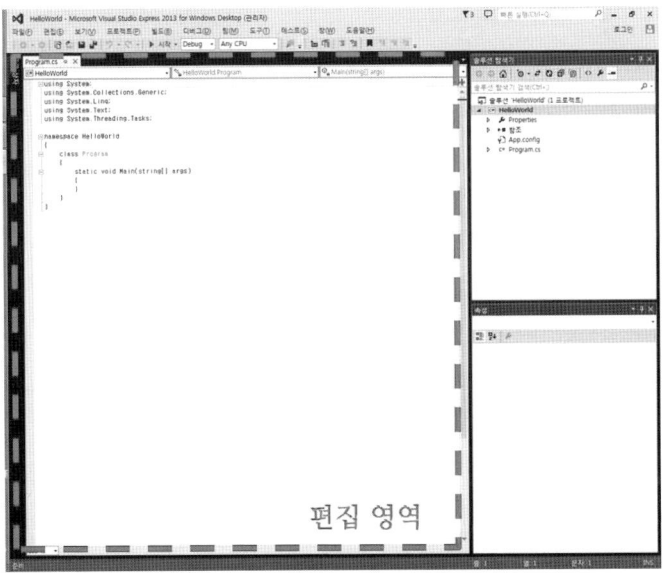

[그림 2.3] 프로젝트 편집 화면

2.1.2 편집 영역에 프로그램 작성하고 실행 결과 확인하기

준비가 끝났으니, 프로그램을 작성해 보겠습니다. 하지만 그 전에 편집 영역을 살펴보면 [예제 2-1]과 같은 프로그램 코드가 이미 생성되어 있습니다.

::: 예제 2-1

```
using System;
using System.Collections.Generic;
using System.Linq;
using System.Text;

namespace HelloWorld
{
    class Program
    {
        static void Main(string[] args)
        {
        }
    }
}
```

자동으로 생성된 코드가 어떤 의미인지는 뒷부분에 설명하겠습니다. 아직은 몰라도 상관없습니다. 그럼 이 프로그램이 어떻게 동작하는지 직접 실행해볼까요? 실행하기 위해서는 상단의 실행 버튼을 클릭하거나 F5를 눌러야 합니다.

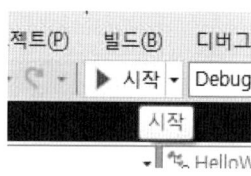

[그림 2.4] 실행 버튼

실행했는데, 자동으로 닫혀 버려서 결과를 확인할 수 없어요.

실행 버튼이나 F5를 눌렀을 경우, 실행창이 빠르게 지나갔을 것입니다. 이때, Ctrl + F5를 누르거나 [디버그] – [디버깅하지 않고 시작]을 선택하면 실행이 끝난 뒤 대기합니다.

실행하면 다음과 같은 결과가 출력될 것입니다.

::: 실행 결과

계속하려면 아무 키나 누르십시오 . . .

자동으로 생성된 코드를 실행했을 때 출력되는 결과입니다. 실제로 아무런 결과가 출력되지 않은 것인데요. 이제 여러분의 프로그램 코드를 추가하면 달라진 결과를 확인할 수 있을 것입니다.

이제 본격적으로 프로그램을 작성해 봅시다. 앞서 밝힌 대로 우리의 목적은 화면에 'Hello, World!'라는 문구를 출력하는 것입니다. 그럼 [예제 2-1]에 다음과 같은 코드를 추가합니다 (그저 따라 하십시오. 자세한 설명은 뒤에 하겠습니다).

::: 예제 2-2

```
... <코드 생략> ...
    class Program
    {
        static void Main(string[] args)
        {

            Console.WriteLine("Hello, World!");


        }
    }
... <코드 생략> ...
```

한 줄의 코드가 추가되었습니다. 어떤 의미인지는 아직 알 필요가 없습니다. 완성되었으면 실행합니다.

:::실행 결과

```
Hello, World!
계속하려면 아무 키나 누르십시오 . . .
```

앞서 우리가 목표로 한 실행 결과와 동일한 결과가 출력되었습니다. 이쯤 되면 우리가 추가한 한 줄의 코드가 어떤 의미를 지니는지 눈치채셨으리라 봅니다. '고작 이거야?'라며 허탈할 수도 있지만, 이번 예제에서는 ① **목표 설정** → ② **새 프로젝트 생성** → ③ **편집 영역에 프로그램 작성** → ④ **실행 결과 확인**이라는 가장 기본적인 개발 단계를 익힌 것으로 충분합니다.

다음 절부터는 프로그래밍의 가장 기본이 되는 변수와 상수에 대해 배우겠습니다.

저자의 한 마디

'이것은 한 사람에게는 작은 한 걸음이지만, 인류에게는 위대한 도약이다.' 아폴로 11호 선장 닐 암스트롱이 달 표면에 역사적인 발자국을 남기면 한 말입니다. 이 장에서 여러분이 익힌 예제는 작은 한 걸음에 불과하지만, 어쩌면 훗날 역사에 길이 남을 위대한 개발자의 첫 발자국일 수도 있습니다.

'시작이 반이다.'라는 속담이 있습니다. 여러분은 이제 개발자의 길에 들어섰고, 이 책을 마칠 무렵에는 어엿한 프로그래머가 되어 있을 것입니다. 그럼 잘 부탁드립니다!

2.2 변수와 상수

변수는 컴퓨터가 작업할 때, 임시로 데이터를 담아두는 공간이며, 이때 변수에 담기는 데이터를 상수라고 합니다. 프로그램을 작성하기 위해서는 변수와 상수의 개념을 반드시 알아야 합니다.

변수는 다양한 종류가 있으며, 상수의 형태에 따라 사용할 수 있는 변수가 다릅니다.

쉽게 설명하자면 다음과 같습니다. 여기 여러 종류의 그릇이 있습니다(예를 들면 접시, 밥그릇, 국그릇, 컵 등등).

[그림 2.5] 다양한 형태의 그릇

그릇에 담기는 내용물은 그릇의 모양에 따라 각기 다를 것입니다. 예를 들어 컵에는 물이나 음료 등의 액체가 담길 것이고, 접시에는 스테이크 같은 넓적한 음식이 담길 것입니다.

다시 본론으로 돌아오면, 그릇에 해당하는 것이 변수이며, 그릇에 담기는 내용물은 상수입니다.

왜? 변수와 상수가 필요한 거죠?

프로그래밍에 있어 변수와 상수가 필요한 이유를 알기 위해 수학 문제를 하나 풀어 봅시다.

응용 예제 2.1

1. 다음 방정식에서 의 값을 계산하시오.

   x = 10
   y = 20
   x + y = z
   z = ?

너무 쉽죠? 갑자기 "수학 문제와 프로그래밍이 무슨 관계가 있을까?" 의문이 드는 분도 있겠지만, 사실 이 문제를 풀었다면, 이미 여러분은 변수와 상수에 대해 알고 계신 겁니다. 다시 설명하면, [응용 예제 2.1]에서 10, 20의 숫자는 상수에 해당하며 x, y, z는 변수에 해당합니다.

변수에 상수를 담는 것은 대입한다고 표현합니다. 즉, x=10을 통해 10이라는 상수는 변수 x에 저장됩니다.

프로그래밍할 때, 변수를 사용하기 위해서는 먼저 선언해야 합니다. 즉, 컴퓨터에게 상수를 저장할 수 있도록 해당 상수에 맞는 변수를 준비하라고 지시하는 것입니다. 변수를 선언하면 컴퓨터는 메모리 공간에 저장 공간을 확보하고, 해당 변수를 생성합니다. 여러분이 앞서 [응용 예제 2.1]을 풀면서 머릿속에 x라는 변수를 기억한 과정이 바로 선언입니다.

변수를 선언하기 위해서는 ① 변수형(type)과 ② 변수명(name)을 명시해 주어야 합니다. 변수를 선언하는 방법은 다음과 같습니다.

[그림 2.6] 변수의 선언 방법

여기에서 변수형은 대입할 상수의 형태에 따라 사용할 수 있는 형태가 정해져 있지만, 변수명은 여러분이 마음대로 정하면 됩니다.

변수형에는 어떤 것이 있을까요?

상수의 형태는 크게 숫자형과 문자형으로 나뉠 수 있습니다(이 외에도 몇 가지 형태가 더 있지만, 일단은 이 두 가지만 알고 넘어갑시다). 자세한 설명은 다음 장에서 설명하겠습니다.

2.2.1 숫자형 변수와 상수

숫자형 상수는 다시 정수와 실수로 나뉘는데, 먼저 정수의 범위를 살펴보면 다음과 같습니다.

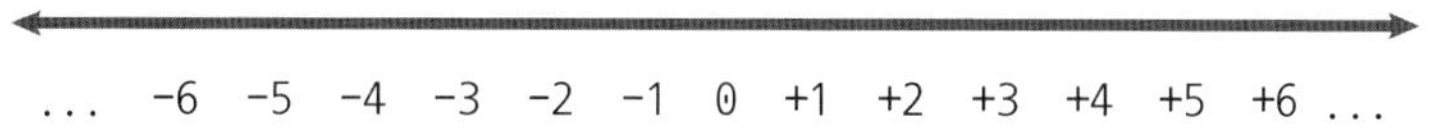

```
... -6 -5 -4 -3 -2 -1 0 +1 +2 +3 +4 +5 +6 ...
```

[그림 2.7] 정수의 범위

즉, 정수는 0과 0보다 작은 음의 정수와 0보다 큰 양의 정수로 이루어져 있습니다. 우리가 사용하는 일반적인 수의 범위가 바로 정수입니다.

그럼 실수는 무엇일까요? 실수는 0.1, 0.01 등으로 표현할 수 있는 수의 범위입니다. 즉, 분수로 나타낼 수 있는 수로서 정수보다 세밀한 수의 범위입니다.

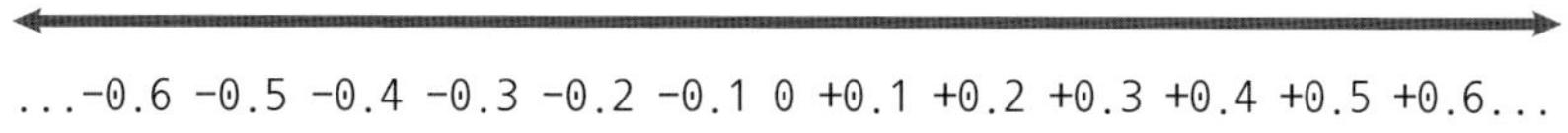

```
...-0.6 -0.5 -0.4 -0.3 -0.2 -0.1 0 +0.1 +0.2 +0.3 +0.4 +0.5 +0.6...
```

[그림 2.8] 실수의 범위

그럼 실제 예제를 통해 숫자형 변수를 선언하겠습니다. 먼저 정수형의 상수를 변수에 담아 볼 텐데요. 앞서 2.1절을 참고해 Variable이라는 이름의 새 프로젝트를 생성하고, 다음과 같이 입력합니다.

::: 예제 2-3

```
... <코드 생략> ...
    class Program
    {
        static void Main(string[] args)
        {
5:          int integer;

        }
    }
... <코드 생략> ...
```

(5: 행 번호입니다. 코딩할 때 입력하지 않습니다.)

[예제 2-3]에서 변수명은 integer, 그리고 변수형은 int라고 작성했습니다. int는 정수형의 변수형을 뜻하는 키워드입니다. 즉, 5행을 통해 컴퓨터에게 integer라는 이름의 정수형 변수를 준비하라고 지시한 것입니다. 지시를 받은 컴퓨터는 메모리 공간에 정수를 저장할 수 있는 정수형 변수를 생성합니다.

다음으로 실수형 변수를 선언하겠습니다. 실수형은 double 키워드를 사용합니다.

::: 예제 2-4

```
... <코드 생략> ...
    class Program
    {
        static void Main(string[] args)
        {
            int integer;

            double real;
```

```
            }
        }
... <코드 생략> ...
```

[예제 2-4]에서 real이라는 변수는 실수형으로 선언되었습니다. 위의 두 가지 예제에서 알 수 있듯이 상수의 형태에 따라 변수를 다르게 선언하고 있습니다. 이 법칙은 절대 변하지 않으며, 프로그램 작성 시 반드시 지켜야 합니다.

이제 준비된 변수에 상수를 대입해 봅시다. 예를 들어 앞의 예제에서 선언한 integer와 real에 10과 20을 대입하겠습니다.

::: 예제 2-5

```
... <코드 생략> ...
    class Program
    {
        static void Main(string[] args)
        {
            int integer;
            double real;

            integer = 10;
            real = 20;

        }
    }
... <코드 생략> ...
```

실행 버튼을 누르면 이상 없이 동작하는 것을 볼 수 있습니다. 만약 정수형 변수에 실수형의 상수를 대입하면 어떤 결과가 발생할까요? integer에 10.1을 대입하고 실행해 봅시다. 아마 다음과 같은 오류 메시지가 출력될 것입니다.

> ::: 오류 메시지
>
> 암시적으로 'double' 형식을 'int' 형식으로 변환할 수 없습니다. 명시적 변환이 있습니다. 캐스트가 있는지 확인하십시오.

왜 이런 결과가 발생할까요? 상수의 형태와 변수형이 맞지 않기 때문입니다. 정수와 실수의 관계는 다음과 같은 다이어그램으로 표현할 수 있는데, 결국 정수는 실수의 한 부분이라고 볼 수 있습니다.

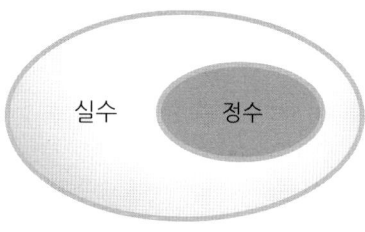

[그림 2.9] 정수와 실수의 관계

[예제 2-5]에서 integer는 정수형인 int로 선언되어 있습니다. 그런데 이 변수에 실수를 대입하려고 하면서 오류가 발생한 것입니다.

> **응용 예제 2.2**
>
> 1. [예제 2-5]에서 실수형 변수인 real에 20.1을 입력하고 결과를 확인합시다.

2.2.2 문자형 변수와 상수

숫자형 변수와 상수에 대해 익혔으니, 이번에는 문자형 변수와 상수에 관해 알아봅시다. 먼저 정말 간단한 문제를 하나 살펴보겠습니다.

응용 예제 2.3

1. 다음 중 문자에 해당하는 상수는 무엇입니까?

    가. 100
    나. computer
    다. -7.2
    라. 대한민국

너무 쉽죠? 여러분도 다 아시다시피 100과 -7.2는 숫자형 상수이고, computer와 대한민국은 문자형 상수입니다. 문자형은 크게 문자와 문자열로 나뉠 수 있습니다. 문자는 단 한 글자의 문자를 입력할 수 있으며, 문자열은 긴 문장도 입력할 수 있습니다.

먼저 문자를 입력할 수 있는 변수형은 char입니다. 다음 예제를 통해 char의 성질을 확인해봅시다.

::: 예제 2-6

```
... <코드 생략> ...
    class Program
    {
        static void Main(string[] args)
        {
6:          char character;

        }
    }
... <코드 생략> ...
```

[예제 2-6]에서 character라는 변수를 선언했습니다. char는 문자형의 변수형을 뜻하는 키워드입니다. 즉, 6행을 통해 컴퓨터에게 character라는 이름의 문자형 변수를 준비하라

고 지시한 것입니다. 지시를 받은 컴퓨터는 메모리 공간에 문자를 저장할 수 있는 문자형 변수를 생성합니다. 이곳에 데이터를 넣어보겠습니다.

::: 예제 2-7

```
... <코드 생략> ...
    class Program
    {
        static void Main(string[] args)
        {
            char character;

            character = c;

        }
    }
... <코드 생략> ...
```

[예제 2-7]와 같이 프로그램을 수정한 후, F5를 눌러 결과를 확인합니다.

::: 오류 메시지

'c' 이름이 현재 컨텍스트에 없습니다.

실행되지 않고, 오류가 발생합니다. c라는 글자를 상수가 아닌, 키워드로 인식해, 해당 키워드를 찾을 수 없으므로 실행할 수 없다는 의미입니다. 따라서 c라는 글자가 상수라는 것을 표시해줘야 하는데, 이때 작은따옴표(')를 사용해야 합니다. 프로그램 코드를 다음과 같이 수정합니다.

::: 예제 2-8

```
... <코드 생략> ...
            character = 'c';
... <코드 생략> ...
```

다시 F5를 눌러 실행을 하면, 문제없이 실행되는 것을 볼 수 있습니다. 그럼 다음으로 넘어가기 전에 다음 예제를 생각해 봅시다.

응용 예제 2.4

1. [예제 2-8]에서 작성한 프로그램 코드에서 상수에 computer라는 단어를 입력하고 결과를 확인하시오.

어떤 결과가 발생하나요? 만약 한 글자가 아닌, 여러 글자를 입력하기 위해서는 어떻게 해야 할까요? 앞에서 다룬 바와 같이 문자형은 크게 문자와 문자열로 나뉠 수 있다고 했습니다. 앞서 다룬 char는 문자이므로, 단어를 입력할 수 없습니다. 문자열을 입력할 수 있는 문자형은 string입니다. 여러분이 [응용 예제 2.4]에서 수정한 프로그램 코드를 다음과 같이 수정한 후, 결과를 확인합니다.

예제 2-9

```
... <코드 생략> ...
    class Program
    {
        static void Main(string[] args)
        {
            string character;

            character = 'computer';

        }
    }
... <코드 생략> ...
```

아마 다음과 같은 오류 메시지가 출력될 것입니다.

::: 오류 메시지

문자 리터럴에 문자가 너무 많습니다.

이 메시지는 문자의 수가 문자형 변수에 입력되기에 너무 많다는 의미입니다. 문자열 변수를 사용했는데 왜 이런 문제가 발생할까요? 앞서 char를 통해 문자를 입력할 때, 작은따옴표(')를 이용해 상수임을 표시했습니다. 작은따옴표는 오직 문자형을 위한 기호입니다.

즉, 작은따옴표를 이용할 경우, 한 글자밖에 입력할 수 없습니다. 만약 문자열을 입력한다면 어떻게 해야 할까요? 눈치가 빠른 분들은 이미 예상했을지도 모릅니다. 바로 큰따옴표(")로 묶어주면 됩니다. [예제 2-9]을 다음과 같이 수정한 뒤 실행해볼까요?

::: 예제 2-10

```
... <코드 생략> ...
            character = "computer";
... <코드 생략> ...
```

실행되나요? 여기까지 배운 내용을 응용해 다음 예제를 풀어 봅시다.

응용 예제 2.5

1. 이번 장에서 배운 문자열 변수를 이용해, 2. 1절에서 배운 'Hello, World!' 프로그램을 작성하시오.

2.2.3 변수의 형 변환

앞서 [예제 2-5]에서 정수형 변수인 integer에 10.1이라는 실수를 입력했을 때, 오류가 출력되었던 것을 기억하실 것입니다. 설명한 대로 상수의 형태와 변수의 변수형이 맞지 않기 때문인데요. 10.1을 입력하더라도 자동으로 정수로 변환해 10을 입력해줄 수 없을까요? 바로 이럴 때 필요한 것이 바로 형 변환입니다.

■ **묵시적 형 변환**

[예제 2-5]에서 실수형 변수인 real에 정수를 입력했을 때는 오류가 발생하지 않았습니다. 이처럼 별다른 표기 없이도 자동으로 형 변환이 일어나는 것을 묵시적 형 변환이라고 합니다.

■ **명시적 형 변환**

만약 정수형 변수에 실수를 입력한다면? 문자의 형태로 입력받은 정수를 정수형 변수에 입력하려면? 이와 같은 동작은 자동으로 변환되지 않습니다. 그러므로 입력하려는 변수 또는 상수의 앞에 명시해 줌으로써 변수형을 변환해 줍니다.

다음 예제를 보세요.

::: 예제 2-11

```
... <코드 생략> ...
    class Program
    {
        static void Main(string[] args)
        {
            int integer;
            double real;
            string text;

            integer = 10.1;
            real = 20;
            text = real;
            integer = text;
        }
    }
... <코드 생략> ...
```

이 프로그램을 실행하면 다음과 같은 오류가 발생할 것입니다.

::: 오류 메시지

암시적으로 'double' 형식을 'int' 형식으로 변환할 수 없습니다. 명시적 변환이 있습니다. 캐스트가 있는지 확인하십시오.
암시적으로 'double' 형식을 'string' 형식으로 변환할 수 없습니다.
암시적으로 'string' 형식을 'int' 형식으로 변환할 수 없습니다.

[예제 2-5]에서 설명한 바와 마찬가지로 변수에 입력되는 상수의 변수형이 옳지 못하기 때문에 이런 오류가 발생하는 것입니다. 이것을 해결하기 위해 다음과 같이 수정합니다.

::: 예제 2-12

```
... <코드 생략> ...
    class Program
    {
        static void Main(string[] args)
        {
            int integer;
            double real;
            string text;

            integer = Convert.ToInt32(10.1);
            real = 20;
            text = Convert.ToString(real);
            integer = Convert.ToInt32(text);
        }
    }
... <코드 생략> ...
```

실행해보세요. 어떻습니까? 오류가 발생하지 않죠?

각각의 상수는 Convert.ToInt32( ) 또는 Convert.ToString( )를 통해 형 변환되고 있기 때문입니다. 이때, Convert.ToInt32( )는 괄호 안의 변수 또는 상수를 32비트의 정수형으로 변환하라는 의미이고, Convert.ToString( )는 괄호 안의 변수 또는 상수를 문자열형으로 변환하라는 의미입니다.

변수형이 변환된 후에 변수에 입력되므로, 오류가 발생하지 않는 것을 볼 수 있습니다. 이처럼 변환할 변수형을 명시해주는 것이 바로 명시적 형 변환입니다.

명시적 형 변환은 다음에 나오는 [예제 2-13]과 같이 좀 더 단순하게 작성할 수도 있습니다.

::: 예제 2-13

```
... <코드 생략> ...
    class Program
    {
        static void Main(string[] args)
        {
            int integer;
            double real;
            string text;

            integer = (int)10.1;
            real = 20;
            text = real.ToString();
            integer = int.Parse(text);
        }
    }
... <코드 생략> ...
```

2.2.4 변수의 기본값

이번 절을 마치기에 앞서 마지막으로 짚고 넘어갈 것이 있습니다.

변수를 선언했는데 아무 값도 저장하지 않았을 때, 초깃값은 무엇일까?

바로 이것입니다. 실제로 [예제 2-14]와 같이 프로그램을 작성해, 초깃값을 확인하려고 하면 다음과 같은 오류가 발생합니다.

::: 예제 2-14

```
... <코드 생략> ...
    class Program
    {
        static void Main(string[] args)
        {
            int n, m;

            n = n + m;
        }
    }
... <코드 생략> ...
```

::: 오류 메시지

할당되지 않은 'n' 지역 변수를 사용했습니다.
할당되지 않은 'm' 지역 변수를 사용했습니다.

이 메시지는 해당 변수의 메모리가 적절하게 할당되지 않았다는 의미로 아무런 값이 저장되어 있지 않은데 억지로 사용하려고 할 때 발생합니다. 그러므로 변수를 사용하기 전에 반드시 적절한 상수를 대입한 후 사용해야 합니다.

2.2.5 변수와 상수를 마치며

컴퓨터 프로그래밍에서는 왜 다양한 변수형을 마련해 두었을까요? 컴퓨터의 메모리 공간은 무한하지 않습니다. 수많은 컴퓨터 공학자들은 컴퓨터의 발달과 메모리 공간의 크기가 증가하기 이전에 메모리를 적게 사용하는 방법에 대해 고민했습니다. 그래서 메모리를 일정 크기 이상 사용하는 것에 따라 표현할 수 있는 범위가 정해져 있다는 것을 알게 되었습니다.

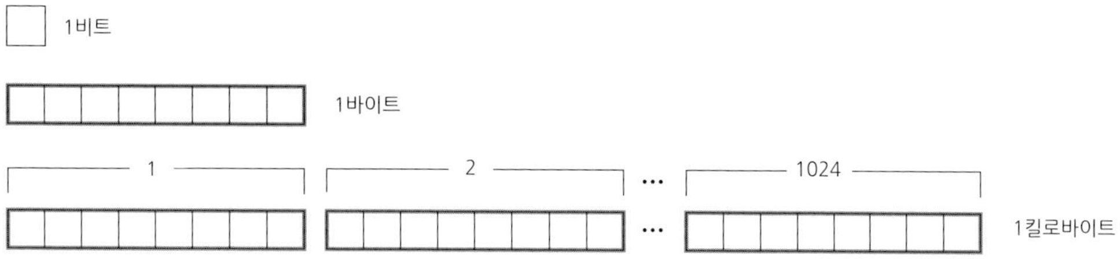

[그림 2.10] 컴퓨터의 메모리 구성

KB(킬로바이트), MB(메가바이트), GB(기가바이트)라는 표현을 들어보았을 것입니다. 기본적으로 메모리는 바이트라는 단위로 구성되어 있습니다. 또한 한 개의 바이트는 8개의 비트라는 단위로 구성되어 있습니다.

바이트가 1024개가 모이면 KB, KB가 1024개가 모이면 MB, MB가 1024개가 모이면 GB가 됩니다.

1바이트는 256가지 다른 수를 표현할 수 있습니다. 이 방법은 메모리가 넉넉해짐에도 불구하고 여전히 사용하고 있습니다. 비단 이 문제 하나로 인해 변수형을 만든 것은 아니지만, 변수형은 메모리와 매우 밀접하게 연관되어 있다는 것은 사실입니다.

그럼 이것으로 변수와 상수는 마치고, 다음 절부터는 C#의 각종 명령어를 배우겠습니다.

2.3 출력문과 입력문

본격적으로 프로그래밍을 시작해 봅시다. 출력문과 입력문만 잘 이용해도 근사한 프로그램을 만들 수 있으니, 집중해서 공부해 봅시다.

2.3.1 'Hello, World!'의 추억. 출력문

2.1절의 'Hello, World!' 프로그램에서 Console.WriteLine( )은 출력문입니다. 이번 장에서 다룰 출력문은 크게 Console.Write( )와 Console.WriteLine( )으로 나눌 수 있습니다.

```
Console.Write(string msg);
Console.WriteLine(string msg);
```

[그림 2.11] Console.Write와 Console.WriteLine의 사용 방법

두 명령어의 차이점이 무엇일까요? 정답은 다음 예제를 통해 알아봅시다. 먼저 'Output'이라는 이름으로 새 프로젝트를 생성한 뒤, 다음과 같이 코드를 작성합니다.

::: 예제 2-15

```
... <코드 생략> ...
    class Program
    {
        static void Main(string[] args)
        {
            Console.Write(" Write 예제");
            Console.Write("입니다.");

            Console.WriteLine(" WriteLine 예제");
            Console.WriteLine("입니다.");
        }
    }
... <코드 생략> ...
```

작성을 마쳤다면, F5를 눌러 실행 결과를 확인합니다.

::: 실행 결과

Write 예제입니다. WriteLine 예제
입니다.
계속하려면 아무 키나 누르십시오 . . .

어떤 점이 다른지 눈치채셨습니까? 정답은 출력 후, 개행(줄 바꿈)의 실행 여부입니다. 즉, Console.Write( )를 통해 출력된 "Write 예제"와 "입니다."는 서로 붙어서 출력되었으며, 이후에 Console.WriteLine( )을 통해 출력된 "WriteLine 예제"라는 문자열도 붙어서 출력되었습니다. 단, 이어서 출력된 "입니다."는 개행 후, 출력되었죠. 그림으로 설명하면 다음과 같습니다.

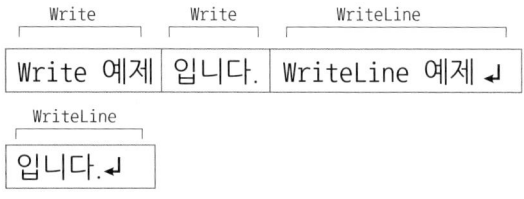

[그림 2.12] Console.Write와 Console.WriteLine의 차이점

하지만 Console.Write( )를 이용해도 개행을 출력할 수 있습니다. C#을 비롯한 수많은 프로그래밍 언어는 개행 문자라는 것을 제공하고 있어서, 큰따옴표 안에 개행 문자가 있을 경우, 개행을 하라는 명령으로 인식합니다.

$$\backslash n$$

[그림 2.13] 개행문자

개행 문자는 역슬래쉬(\ 또는 ₩)와 영문자 n으로 이루어져 있습니다. 직접 프로그램 코드를 수정해 개행 문자의 역할을 확인하겠습니다. [예제 2-9]를 다음과 같이 수정하고 결과를 확인합니다.

::: 예제 2-16

```
... <코드 생략> ...
    class Program
    {
        static void Main(string[] args)
        {
            Console.Write(" Write 예제\n");
            Console.Write("입니다.\n");

            Console.WriteLine(" WriteLine 예제");
            Console.WriteLine("입니다.");
        }
    }
... <코드 생략> ...
```

결과가 어떤가요? 다음과 같은 결과를 확인할 수 있을 것입니다.

::: 실행 결과

```
 Write 예제
입니다.
 WriteLine 예제
입니다.
계속하려면 아무 키나 누르십시오 . . .
```

여기서 잠깐!!

다음으로 넘어가기 전에 순서도라는 개념을 짚고 넘어가겠습니다.

순서도란?

수의 계산이나 문제 해결에 필요한 처리 순서를 도형으로서 이해하기 쉽도록 나타낸 것입니다

즉, 여러분이 작성한 프로그램 코드를 누구나 이해하기 쉽도록 도형으로 나타낸 것으로서 프로그래머라면 반드시 알아야 합니다.

순서도에 사용되는 기호는 대략 다음과 같습니다.

[그림 2.14] 순서도에 사용되는 도형들

각 도형은 앞으로 여러분이 배워야 할 명령어를 뜻합니다. 하지만 지금 모두 다 익히고 넘어갈 필요는 없습니다. 단지 이런 것이 있다는 것을 알아두고 넘어가십시오.

일단 순서도에 대한 이야기를 꺼냈으니, 이번 장에서 배운 [예제 2-16]를 순서도로 나타내 보겠습니다.

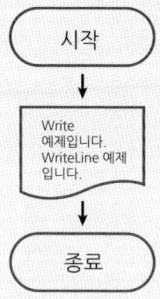

[그림 2.15] [예제 2-16]의 순서도

[그림 2.14]에서 가장 좌측에 있는 둥근 사각형은 프로그램의 시작과 끝을 나타냅니다. 이렇게 시작된 프로그램은 화살표를 따라 진행하게 됩니다. [그림 2.14]에서 좌측에서 세 번째에 위치한 도형은 출력문을 나타냅니다. 이곳에 출력할 문장을 써넣습니다. 마지막으로 종료합니다.

이해되셨나요? 다음으로 넘어가기 전에 [그림 2.15]의 순서도와 [예제 2-16]의 프로그램 코드와 비교하며 복습하도록 합니다.

원하는 위치에 출력할 수는 없을까요?

다음으로 약간 독특한 출력문을 다루겠습니다. 이번 장에서는 콘솔 응용 프로그램을 사용하고 있는데요. 실행하면 콘솔창이 실행되고, 이곳에 실행 결과가 출력되는 것을 확인할 수 있습니다. Console.WriteLine( )과 Console.Wirte( )는 출력하려는 문장을 콘솔창의 첫 줄부터 보여주는 특징이 있습니다.

이것은 매우 간단한 일입니다. 간단하게 문장을 출력하고자 하는 위치로 커서를 이동시킨 후, Console.Write( )를 이용해 문장을 출력하면 됩니다. 그럼 커서를 원하는 위치로 옮기는 방법에 대해서 배워보도록 하겠습니다.

```
Console.SetCursorPosition(int left, int top);
```

[그림 2.16] Console.SetCursorPosition의 사용 방법

커서를 원하는 위치에 옮기기 위해서는 Console.SetCursorPosition( )을 사용해야 합니다. 커서를 어디로 옮길 것인지를 결정해야 하는데, 이때 기준점은 좌측 상단입니다. 왼쪽부터 몇 열, 위에서부터 몇 번째 행에 커서를 위치할 것인지에 대해 차례대로 입력하면 됩니다.

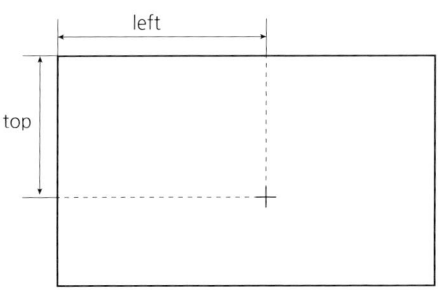

[그림 2.17] 기준점에서의 커서 위치 이동 예

상단에서 열 번째 행, 우측으로 열 번째 열의 위치에 "10 x 10"이라는 문장을 넣어볼까요?

::: 예제 2-17

```
... <코드 생략> ...
    class Program
    {
        static void Main(string[] args)
        {
```

```
5:            Console.SetCursorPosition(10, 10);
6:            Console.WriteLine("10 x 10");
           }
       }
... <코드 생략> ...
```

5행에서 커서를 10, 10 위치에 옮기고, 6행에서 "10 x 10"이라는 문장을 출력하고 있습니다. 간단하죠? 결과를 확인해 봅시다.

::: 실행 결과

```
          10 x 10
계속하려면 아무 키나 누르십시오 . . .
```

"10 x 10"의 첫 문자인 '1'의 위치가 10, 10의 위치입니다. 정확히 감이 잡히지 않을 수도 있는데요. 아래의 프로그램 코드를 실행하면 느낌이 올 것입니다.

::: 예제 2-18

```
... <코드 생략> ...
    class Program
    {
        static void Main(string[] args)
        {
            Console.SetCursorPosition(0, 0);
```

```
            Console.Write("01234567890123456789012345678901234567890123456789012345
6789012345678");
            Console.SetCursorPosition(0, 1);
            Console.Write("1");
            Console.SetCursorPosition(0, 2);
            Console.Write("2");
            Console.SetCursorPosition(0, 3);
            Console.Write("3");
            Console.SetCursorPosition(0, 4);
            Console.Write("4");
            Console.SetCursorPosition(0, 5);
            Console.Write("5");
            Console.SetCursorPosition(0, 10);
            Console.Write("10");
            Console.SetCursorPosition(0, 20);
            Console.Write("20");
            Console.SetCursorPosition(10, 10);
            Console.Write("x < (10, 10)");
            Console.SetCursorPosition(20, 20);
            Console.Write("x < (20, 20)");
            Console.SetCursorPosition(30, 5);
            Console.Write("x < (30,5)");
            Console.SetCursorPosition(50, 15);
            Console.Write("x < (50, 15)");
            Console.SetCursorPosition(0, 22);
        }
    }
... <코드 생략> ...
```

결과를 확인해 봅시다.

::: 실행 결과

```
01234567890123456789012345678901234567890123456789012345678901234567890123456789
1
2
```

```
3
4
5                                           x < (30, 5)




10         x < (10, 10)





                                                x < (50, 15)




20                  x < (20, 20)

계속하려면 아무 키나 누르십시오 . . .
```

첫 행의 첫 번째 위치는 (0, 0)입니다. 첫 행에 "0123456789…"를 출력함으로써 가로축의 대략적인 위치를 짐작하게 됩니다. 세로축은 0부터 시작해 하나의 행마다 1씩 증가합니다. 중간에 "x 〈"의 오른쪽에 쓰인 (10, 10) 등이 출력된 위치입니다. 이제 감이 잡히나요?

원하는 위치에 커서를 옮기는 것은 출력문이 아닙니다. Console.Write( ), Console.WriteLine( )으로 출력하기 위해 커서를 옮기는 작업에 불과합니다.

2.3.2 입력문

이번 장에서는 키보드로부터 입력을 받을 때 사용하는 Console.Read( )와 Console.ReadLine( )을 배워보겠습니다.

```
Char ch = Console.Read();
String str = Console.ReadLine();
```

[그림 2.18] Console.Read와 Console.ReadLine의 사용 예

두 명령어의 차이점이 무엇일까요? 정답은 다음 예제를 통해 알아봅시다.

먼저 Input이라는 이름으로 새 프로젝트를 생성한 뒤, 다음과 같이 프로그램 코드를 작성합니다.

::: 예제 2-19

```
... <코드 생략> ...
    class Program
    {
        static void Main(string[] args)
        {
            Console.Write("이름이 무엇입니까? ");
            String str = Console.ReadLine();
            Console.WriteLine("아하! 당신은 " + str + "이군요.");
        }
    }
... <코드 생략> ...
```

[예제 2-19]에서는 이름을 입력받기 위해 앞서 다룬 Console.ReadLine( )을 사용했습니다. Console.ReadLine( )은 키보드로부터 Enter 키를 입력받기 전까지의 문자를 입력받습니다. 실행하면 다음과 같은 문장이 출력된 채, 커서가 깜박이고 있을 것입니다.

::: 실행 결과

이름이 무엇입니까?

이름을 입력한 후 Enter 키를 눌러 실행 결과를 확인합시다.

::: 실행 결과

이름이 무엇입니까? 홍길동
아하! 당신은 홍길동이군요.
계속하려면 아무 키나 누르십시오 . . .

앞서 밝혔지만, 출력문이 Console.Write( )와 Console.WriteLine( )이 있듯이 입력문도 Console.Read( )와 Console.ReadLine( )이 있습니다. [예제 2-19]를 Console.Read( )로 바꾸면 어떻게 될까요? 명령어에서 알 수 있듯이 문장이 아닌 한 글자를 입력받을 수 있음을 예상할 수 있습니다. 그럼 Console.Read( )의 사용법을 알아봅시다.

다음 예제를 작성하세요.

::: 예제 2-20

```
... <코드 생략> ...
    class Program
    {
        static void Main(string[] args)
        {
            Console.Write("알파벳을 입력하세요 (A-Z) ");
            int ch = Console.Read();
7:          Console.WriteLine("입력한 알파벳은 " + (char)ch + " 입니다.");
        }
    }
... <코드 생략> ...
```

Console.Read( )는 입력받은 데이터를 정수형으로 변환해 저장합니다. 이 때문에 저장된 값을 다시 문자형으로 바꾸기 위해서는 7행처럼 (char)라는 키워드를 통해 형 변환을 해야 합니다. 형 변환에 대해서는 뒷부분에서 다시 다루겠습니다.

Console.Read( )는 한 글자를 입력받습니다. 정확하게 이해하기 위해 "Real C#"라고 입력한 후, Enter 키를 입력합니다.

::: 실행 결과

```
알파벳을 입력하세요 (A-Z) Real C#
입력한 알파벳은 R입니다.
계속하려면 아무 키나 누르십시오 . . .
```

"Real C#"을 입력했지만, 첫 글자인 R만 출력되었습니다. Console.Read( )는 첫 번째 문자의 입력만을 처리하고 있습니다. 즉, Enter 키를 눌렀을 때까지 입력된 문장 중, 첫 글자만을 입력받을 수 있는 것이 Console.Read( )입니다.

이번 절에서는 기본적인 출력문과 입력문은 익혔습니다. 하지만! Console.Read( )와 Console.ReadLine( )은 필수적으로 Enter 키의 입력이 필요합니다.

Enter 키 없이 입력을 받을 수는 없나요?

물론 방법이 있습니다. Console 클래스는 Enter 키 없이 단 하나의 키를 입력받는 Console.ReadKey( )를 제공합니다. [예제 2-18]를 변경해 사용법을 익혀봅시다.

::: 예제 2-21

```
... <코드 생략> ...
    class Program
    {
        static void Main(string[] args)
        {
            Console.Write("알파벳을 입력하세요 (A-Z) ");
            ConsoleKeyInfo key = Console.ReadKey();
            Console.WriteLine("\n입력한 알파벳은  " + key.Key + " 입니다.");
        }
    }
... <코드 생략> ...
```

생소한 키워드가 있을 것입니다. ConsoleKeyInfo는 키를 입력받을 수 있는 변수형으로 Console.ReadKey( )로 입력된 키의 정보를 저장할 수 있습니다. 입력된 키를 확인하기 위해서는 ConsoleKeyInfo 형태로 선언된 key가 아닌, key의 속성 중 하나인 Key 속성을 사용해야 합니다. 그렇기 때문에 Console.WriteLine( )를 통해 key.Key를 출력하도록 했습니다. 속성이라는 개념은 아직 이해할 수 없을 것입니다. 이 부분은 이후에 클래스와 객체를 다루면서 살펴볼 것이므로, 굳이 여기서 이해할 필요는 없습니다.

이제 실행결과를 확인합니다. 실행 후, 아무 키나 눌러보세요.

::: 실행 결과

```
알파벳을 입력하세요 (A-Z) a
입력한 알파벳은 A 입니다.
계속하려면 아무 키나 누르십시오 . . .
```

키보드를 누르자마자 곧바로 출력되는 것을 확인할 수 있습니다. Enter 키를 누르지 않아도 입력할 수 있기 때문에, 게임을 만들 때 사용할 수 있습니다.

2.4 주석

이번 절에서는 코드 작성에 필수는 아니지만, 결코 가벼이 여길 수 없는 "주석"이라는 개념에 대해 잠깐 짚고 넘어갑시다.

2.4.1 스파게티 소스를 방지하자

프로그래밍에는 스파게티 소스라는 악명 높은 소스가 있습니다.

[그림 2.19] 스파게티 소스?

당연히 [그림 2.19]의 스파게티 소스? 일리는 없겠죠! 그럼 악명 높은 스파게티 소스가 뭐냐? 짧고 단순한 프로그램 코드를 작성할 때는 큰 문제가 없지만, 여러분이 훗날 규모가 큰 프로젝트를 진행하거나, 여러 사람과의 협업을 통해 프로그램을 작성하게 되면, 내가 작성했던 프로그램 코드조차도 어떤 의미인지 헷갈릴 때가 있습니다.

그 이유는, 프로그램을 작성한 후 시간이 흘러서 본인이 작성했던 코드의 용도와 의미를 잊어버리는 경우도 있고, 기능을 제멋대로 추가하면서 코드가 복잡해지는 이유도 있습니다. 즉, 엉켜버린 스파게티처럼 매우 복잡해진 코드를 스파게티 소스라고 합니다.

[그림 2.20] 스파게티

이를 방지할 방법은 많지만, 일단 이번 장에서는 가장 기본적인 방법인 주석에 대해 익히고 자 합니다. 간단히 설명하면, 코드 상에 일종의 메모를 남겨두는 것이 바로 주석입니다.

프로그램 코드에 주석을 남기는 방법은 매우 간단합니다. 주석을 작성한 행에 주석 기호를 첨부하는 것인데요. 예제를 통해 알아보겠습니다. 기존에 작성한 [예제 2-21]를 불러와 다음과 같이 수정합니다.

::: 예제 2-22

```
... <코드 생략> ...
    class Program
    {
        static void Main(string[] args)
        {
            // Console.Write("알파벳을 입력하세요 (A-Z) ");
            /* ConsoleKeyInfo key = Console.ReadKey();
            Console.WriteLine("\n입력한 알파벳은  " + key.Key + " 입니다."); */
        }
    }
... <코드 생략> ...
```

각 행의 앞과 뒤에 추가된 것이 기호입니다. 자세한 설명은 실행 후에 하겠습니다. 주석 기호를 추가한 행의 글자색이 초록색으로 변경되는 것을 볼 수 있습니다. 실행 결과를 확인해 봅시다.

::: 실행 결과

계속하려면 아무 키나 누르십시오 . . .

주석 기호를 추가한 이후로 아무것도 실행되지 않는 것을 볼 수 있습니다. 주석 기호는 두 가지가 있는데요. 각 주석 기호의 차이점은 다음과 같습니다.

[표 2.1] 주석 기호의 차이점

기 호	의 미	사용 예
//	오직 기호가 추가된 행만 주석 처리	// 이것은 주석입니다.
/* */	여러 행을 한 번에 주석 처리	/* 이것은 주석입니다. */

주석은 간단하므로 예제 하나만 살펴본 후 넘어가도록 하겠습니다. [예제 2-21]에 주석을 추가한 올바른 예는 다음 예제와 같습니다.

::: 예제 2-23

```
... <코드 생략> ...
    class Program
    {
        static void Main(string[] args)
        {
            // 안내 문구 출력
            Console.Write("알파벳을 입력하세요 (A-Z) ");
            // 입력을 Key로 받습니다.
            ConsoleKeyInfo key = Console.ReadKey();
            /* 입력받은 Key를
            화면에 출력합니다. */
            Console.WriteLine("\n입력한 알파벳은  " + key.Key + " 입니다.");
        }
    }
... <코드 생략> ...
```

2.5 조건문

프로그램을 수행하다 보면 주어진 조건에 따라 다르게 동작해야 할 때가 있습니다. 즉, 조건문은 조건의 결과에 따라 프로그램이 실행되는 순서를 결정하는 명령어입니다.

2.5.1 기본 조건문, if문

먼저 익힐 명령어는 if문입니다. if문은 기본 조건문으로서 주어진 조건의 결과가 참인지 거짓인지에 따라 프로그램을 다르게 수행하고자 할 때 사용합니다. if문의 형태를 정리하면 [그림 2.21]와 같습니다.

```
if(조건식)
{
        조건식이 참인 경우 수행
}
```

[그림 2.21] if문의 사용 예

if문은 간단한 구조로 되어 있습니다. if문 뒤에 괄호(( )) 안에 조건식이 주어지고, 조건이 참인 경우 중괄호({ }) 안의 코드가 실행됩니다. if문에 대해 좀 더 자세하게 알기 위해 다음 예제를 작성합시다.

::: 예제 2-24

```
... <코드 생략> ...
    class Program
    {
        static void Main(string[] args)
        {
            int value = 6;

            if (value > 5)
            {
                Console.WriteLine("if문이 참입니다.");
            }
        }
    }
... <코드 생략> ...
```

매우 간단하죠? 프로그램 코드를 살펴보면 value 변수에는 6이라는 값이 저장되어 있습니다. 다음으로 if문의 조건식의 의미는 "value 변숫값이 5보다 크면 참"이라는 의미입니다. value 변숫값이 5보다 크므로 if문은 참이 될 것 같습니다. 그러므로 "if문이 참입니다."라는 문장이 출력될 것 같습니다. 그럼 실행 결과를 볼까요?

::: 실행 결과

```
if문이 참입니다.
계속하려면 아무 키나 누르십시오 . . .
```

우리가 예상했던 대로 "if문이 참입니다."라는 문장이 출력되었습니다.

[예제 2-24]에서 살펴보았듯이 if문은 참 또는 거짓을 판단하기 위해 조건식에 수식을 사용합니다. 아래 표를 참고해 주세요.

[표 2.2] if문의 조건식

수 식	사용 예	의 미
>	if (a > b)	a가 b보다 크다
>=	if (a >= b)	a가 b보다 크거나 같다
<	if (a < b)	a가 b보다 작다
<=	if (a <= b)	a가 b보다 작거나 같다
==	if (a == b)	a와 b가 같다
!=	if (a != b)	a와 b가 같지 않다
!	if (!a)	a가 아니다(a가 거짓이다)
없음	if (a)	a이다(a가 참이다)

if문은 형식이 매우 간단합니다. 그런데 만약! 거짓일 경우에도, 실행할 코드를 작성하고 싶다면 어떻게 해야 할까요? 그건 바로 else문을 사용하면 됩니다. 이번에는 else에 대해 배워봅시다.

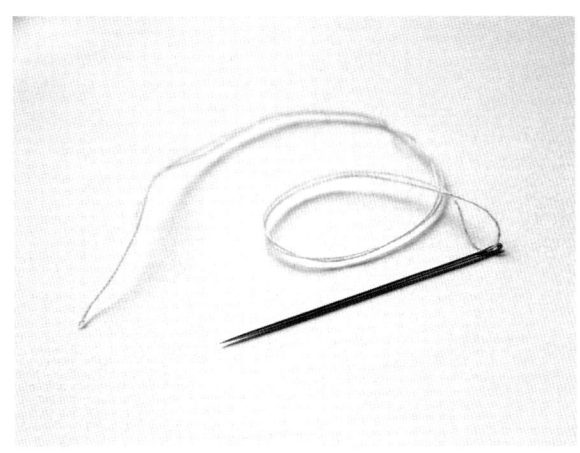

[그림 2.22] if문과 else문을 잘 보여주는 관계

else문은 혼자서 사용될 수 없습니다. 반드시 if문이 필요한데요. if ~ else문은 실과 바늘 같은 존재입니다. 즉, if문이 조건이 참일 때 실행된다면, else문은 거짓일 때 실행되는 부분입니다. 하지만 그렇다고 거짓일 때만 사용하기 위해 if문을 없애버릴 수는 없겠죠? 그래서 if문과 함께 사용되는 것입니다. 사용법은 다음과 같습니다.

```
if(조건식)
{
        조건식이 참인 경우 수행
}
else
{
        조건식이 거짓인 경우 수행
}
```

[그림 2.23] if ~ else문의 사용 예

[그림 2.23]과 마찬가지로 else문은 별도의 조건이 필요 없습니다. 이미 if문에서 조건식이 주어졌기 때문입니다.

그럼 간단한 예제를 통해 if ~ else문을 익혀봅시다.

::: 예제 2-25

```
... <코드 생략> ...
    class Program
    {
        static void Main(string[] args)
        {
            int sum = 0;

            Console.WriteLine("첫 번째 if - else문");
            if (sum > 10)
            {
                Console.WriteLine("if > 합계가 10보다 크므로 참입니다.");
            }
            else
            {
                Console.WriteLine("else > 합계가 10보다 작으므로 거짓입니다.");
            }

17:         sum += 20;

            Console.WriteLine("두 번째 if - else문");
            if (sum > 10)
            {
                Console.WriteLine("if > 합계가 10보다 크므로 참입니다.");
            }
            else
            {
                Console.WriteLine("else > 합계가 10보다 작으므로 거짓입니다.");
            }
        }
    }
... <코드 생략> ...
```

[예제 2-23]은 첫 번째 if ~ else문과 두 번째 if ~ else문으로 나누어져 있습니다. 조건식은 모두 sum 변수의 값이 10보다 클 때로 동일합니다. 하지만 기본적으로 sum 변수는 0으로 초기화되고 있으며, 첫 번째 if ~ else문이 끝난 지점인 17행에서 sum 변수에 20을 더하고 있습니다.

결과적으로 첫 번째 if ~ else문에서는 조건식이 거짓이 되며, 두 번째 if ~ else문에서는 sum 변수의 값이 20이 되기 때문에 참이 됩니다.

직접 결과를 확인하시죠.

```
::: 실행 결과
첫 번째 if - else문
else > 합계가 10보다 작으므로 거짓입니다.
두 번째 if - else문
if > 합계가 10보다 크므로 참입니다.
계속하려면 아무 키나 누르십시오 . . .
```

if ~ else문은 if 또는 else 중 한 부분만 실행하게 됩니다. 참과 거짓, 동전의 양면과 같이 한 부분만 선택할 경우에 사용되는 것이죠.

하지만 조건이 여러 가지일 경우 어떻게 할까요?

앞서 우리는 if ~ else문을 배웠습니다. 참 또는 거짓의 한 부분만을 선택해야 하는 동전의 양면과 같다고 했는데요. 만약 주사위를 표현한다면 어떨까요? 주사위는 1부터 6까지의 수를 가지고 있고, 확률 또한 1/6로 모두 같습니다. 이럴 때 사용하는 것이 바로 else if문입니다. 사용법을 알아볼까요?

```
if(첫 번째 조건식)
{
        첫 번째 조건식이 참인 경우 수행
}
else if(두 번째 조건식)
{
        두 번째 조건식이 참인 경우 수행
}
else if(세 번째 조건식)
{
        세 번째 조건식이 참인 경우 수행
}
else
{
        모든 조건식이 거짓일 때
}
```

[그림 2.24] else if문의 사용 예

최초 if문으로 시작합니다. 만약 첫 번째 조건식이 거짓이라면, 두 번째 조건식을 확인합니다. 만약 두 번째 조건식도 거짓이라면, 세 번째 조건식을 확인합니다. 만약 세 번째 조건식도 거짓이라면? 다음 조건식을 확인하겠죠. 이렇게 무한대로 조건식을 지정할 수 있습니다.

주사위 예제를 통해 익혀보도록 하겠습니다.

::: 예제 2-26

```
... <코드 생략> ...
    class Program
    {
        static void Main(string[] args)
        {
            int dice = 5;

            if (dice == 1)
            {
                Console.WriteLine("주사위는 숫자 1입니다.");
            }
            else if (dice == 2)
```

```
            {
                    Console.WriteLine("주사위는 숫자 2입니다.");
            }
            else if (dice == 3)
            {
                    Console.WriteLine("주사위는 숫자 3입니다.");
            }
            else if (dice == 4)
            {
                    Console.WriteLine("주사위는 숫자 4입니다.");
            }
23:         else if (dice == 5)
            {
                    Console.WriteLine("주사위는 숫자 5입니다.");
            }
            else if (dice == 6)
            {
                    Console.WriteLine("주사위는 숫자 6입니다.");
            }
        }
    }
... <코드 생략> ...
```

쉽게 이해가 가시나요? 최초 dice 변수를 5로 초기화했습니다. 물론 이 값은 1부터 6까지의 정수 중 아무거나 넣어도 됩니다. 첫 번째 if문에서 dice 변수가 1인지 확인합니다. 조건이 참이면 "주사위는 숫자 1입니다."라고 출력되겠지만, 거짓이므로 다음으로 넘어갑니다. 이렇게 차례로 실행하다가 23행의 else if문에서 참이 되는 조건식을 만나 "주사위는 숫자 5입니다."라고 출력합니다. 그리고 if ~ else if문으로 이어지는 조건문을 마치게 됩니다.

결과를 확인합시다.

::: 실행 결과

주사위는 숫자 5입니다.
계속하려면 아무 키나 누르십시오 . . .

여기까지 모두 이해하셨죠? 다음으로 넘어가기 전에 하나만 간략하게 짚고 넘어갑시다. 만약 모든 조건식이 거짓일 때 실행되는 코드를 넣고 싶다면? 다음과 같이 코드를 수정하고 실행해 봅시다.

::: 예제 2-27

```
... <코드 생략> ...
    class Program
    {
        static void Main(string[] args)
        {
            int dice = 100;

            if (dice == 1)
            {
                Console.WriteLine("주사위는 숫자 1입니다.");
            }
            else if (dice == 2)
            {
                Console.WriteLine("주사위는 숫자 2입니다.");
            }
            else if (dice == 3)
            {
                Console.WriteLine("주사위는 숫자 3입니다.");
            }
            else if (dice == 4)
            {
                Console.WriteLine("주사위는 숫자 4입니다.");
            }
            else if (dice == 5)
            {
                Console.WriteLine("주사위는 숫자 5입니다.");
            }
            else if (dice == 6)
            {
                Console.WriteLine("주사위는 숫자 6입니다.");
            }
            else
```

```
            {
                Console.WriteLine("잘못된 값입니다.");
            }
        }
    }
... <코드 생략> ...
```

실행 결과는 생략하겠습니다(^^). 직접 확인해보세요.

> **응용 예제 2.6**
>
> 1. [예제 2-27]의 dice 변수의 초기화 값을 1부터 6까지 하나씩 변경하며 실행해 봅시다.

2.5.2 다양한 조건식에 적합한 조건문, switch ~ case문

앞 장에서 if ~ else문을 통해 주사위 예제를 구현해 보았습니다. 이때, if ~ else if ~ else if ~ ... ~ else if로 조건식이 여러 번 반복되게 됩니다. 여러 번 반복되는 조건식을 판단할 때, if ~ else if문을 사용해도 되지만, 이것을 좀 더 쉽게 사용할 수 있게 하는 조건문이 바로 switch ~ case문입니다.

사용 방법은 다음과 같습니다.

```
                switch(변수)
                {
                    case 첫 번째 값:
                            변수가 첫 번째 값과 같을 때 수행
                            break;

                    case 두 번째 값:
                            변수가 두 번째 값과 같을 때 수행
                            break;

                    case 세 번째 값:
                            변수가 세 번째 값과 같을 때 수행
                            break;
                }
```

[그림 2.25] switch ~ case문의 사용 예

좀 복잡한가요? 사실 알고 보면 매우 간단합니다. 앞서 다룬 주사위 예제를 통해 익혀보겠습니다.

::: 예제 2-28

```
    ... <코드 생략> ...
    class Program
    {
        static void Main(string[] args)
        {
5:          int dice = 5;

7:          switch (dice)
            {
9:              case 1:
10:                 Console.WriteLine("주사위는 숫자 1입니다.");
11:                 break;
                case 2:
                    Console.WriteLine("주사위는 숫자 2입니다.");
                    break;
                case 3:
```

```
                    Console.WriteLine("주사위는 숫자 3입니다.");
                    break;
                case 4:
                    Console.WriteLine("주사위는 숫자 4입니다.");
                    break;
21:             case 5:
22:                 Console.WriteLine("주사위는 숫자 5입니다.");
23:                 break;
                case 6:
                    Console.WriteLine("주사위는 숫자 6입니다.");
                    break;
            }
        }
    }
... <코드 생략> ...
```

실행 결과를 확인해볼까요?

::: 실행 결과

주사위는 숫자 5입니다.
계속하려면 아무 키나 누르십시오 . . .

5행에서 dice 변수를 5로 초기화했습니다. 주사위의 숫자가 5일 때, 프로그램이 어떻게 실행되는지 알아봅시다.

7행을 살펴보면 switch문의 괄호 안에 dice 변수가 주어진 것을 볼 수 있습니다. 그러므로 switch문은 dice 변수를 확인할 것입니다.

9행에서 case 1: 이라는 코드를 만났습니다. 만약 dice 변수의 값이 1이라면 바로 아래에 있는 10행을 실행하며, 11행의 break문을 통해 switch문을 종료하게 됩니다. 하지만 dice 변수는 1이 아니므로, 다음 조건으로 넘어갑니다.

이렇게 차례대로 조건을 비교하며, 21행에서 case 5: 라는 코드를 만나게 됩니다. 현재 dice 변수는 5이므로 해당 조건은 참이 됩니다. 그러므로 22행을 실행하고, 23행에서 break문을 통해 switch문을 마치게 됩니다.

어떤가요? if ~ else if문보다 보기에 수월하지 않나요? if문이나 switch문을 사용하는 것은 개발자의 취향입니다. 자주 사용하는 것, 자신에게 사용하기 편한 명령어를 사용하며 실력을 키워 나가기 바랍니다. 하지만 같은 결과가 나오더라도, 가독성이 더 좋은 명령어를 쓰는 게 좋습니다.

더불어 일반적으로 if문보다 switch문이 조금 더 빠릅니다. 물론 사람이 느낄 수 없을 정도로 매우 근소하므로, 무시해도 되긴 합니다. 그렇다고 if문만 사용하고 switch문을 지나치고 넘어가는 일은 없도록 합시다. 가독성이 좋은 코드는 규모가 큰 프로젝트, 여러 사람과 함께 진행하는 프로젝트에서 스파게티 소스를 방지하는 데 큰 역할을 합니다.

조건문을 마치기 전에 조건문의 순서도를 익히고 이 절을 마칩니다.

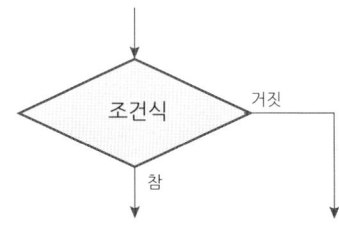

[그림 2.26] 조건문의 순서도

조건문은 [그림 2.26]과 같이 하나의 조건식을 기준으로 참과 거짓에 따라 실행되는 경로가 각기 다른 형태를 가지고 있습니다. 그런 의미에서 분기문이라고 부르기도 합니다.

그럼 여기까지 조건문을 마치고, 다음 절에서는 반복문을 익혀봅시다.

2.6 반복문

프로그래밍을 하다 보면 반복되는 코드를 작성하는 경우가 있습니다. 수없이 반복되는 코드가 있다면, 사소한 오류를 수정하기 위해서도 어려움이 따를 것입니다. 만약 반복되는 횟수가 수천 번에서 수만 번에 이른다면, 수정이 거의 불가능할 수 있습니다. 따라서 프로그래밍을 쉽게 하려면 반복문을 이용해야 합니다. 반복문은 반복되는 작업을 처리하기 위해 만들어진 명령어입니다.

반복문이 사용되는 예를 들어봅시다. 다음과 같이 "이것이 반복문입니다."라는 문구가 10번 반복되는 프로그램이 있습니다.

::: 예제 2-29

```
... <코드 생략> ...
    class Program
    {
        static void Main(string[] args)
        {
            Console.WriteLine("이것이 반복문입니다.");
            Console.WriteLine("이것이 반복문입니다.");
            Console.WriteLine("이것이 반복문입니다.");
            Console.WriteLine("이것이 반복문입니다.");
            Console.WriteLine("이것이 반복문입니다.");
            Console.WriteLine("이것이 반복문입니다.");
            Console.WriteLine("이것이 반복문입니다.");
            Console.WriteLine("이것이 반복문입니다.");
            Console.WriteLine("이것이 반복문입니다.");
            Console.WriteLine("이것이 반복문입니다.");
        }
    }
... <코드 생략> ...
```

출력문에서 배운 Console.WriteLine( )을 10번 반복해 문구를 출력하고 있습니다. 극단적인 예이지만, 100번 출력한다면 무려 100 줄의 Console.WriteLine( )이 필요할 것입니다. 이것은 무척 불편한 작업입니다! 단순하게 아래와 같이 생각해 봅시다.

다음 명령을 반복해줄래?
Console.WriteLine("이것이 반복문입니다.");

이렇게 명령할 수 있다면 매우 편리하겠죠? 반복문은 이런 상황을 해결할 수 있습니다. 매우 쉽습니다. 이번 장에서 익힐 반복문은 while과 for입니다. 하나씩 살펴봅시다.

2.6.1 원하는 횟수만큼 반복하자. for문

for문은 원하는 횟수만큼 반복하는 명령어입니다. 반복 횟수를 셀 변수를 두고, 증가 또는 감소시키면서 수행하는 구문입니다. 자세한 사용 방법은 예제를 통해 알아봅시다.

앞 장에서도 언급했지만, Console.WriteLine( )을 수없이 반복한다면, 매우 불편하고 비효율적인 작업일 것입니다. 그래서 아래와 같이 시도해 봅시다.

다음 명령을 100번만 반복해줄래?
Console.WriteLine("이것이 반복문입니다.");

Console.WriteLine( )을 정확히 "100번만" 반복하는 것이 이번 절의 목표입니다.

앞서 다룬 [예제 2-29]를 다음과 같이 수정하고 실행합니다.

::: 예제 2-30

```
... <코드 생략> ...
    class Program
    {
        static void Main(string[] args)
        {
            for(int n = 0; n < 100; n++)
            {
                Console.WriteLine("이것이 반복문입니다.");
```

```
            }
         }
      }
... <코드 생략> ...
```

실행 결과는 다음과 같습니다.

::: 실행 결과

이것이 반복문입니다.
이것이 반복문입니다.
이것이 반복문입니다.
.
.
.
이것이 반복문입니다.

위의 예제를 살펴보면 다음과 같습니다. for문 이후에 중괄호로 둘러싸인 부분에 "이것이 반복문입니다."라는 문구를 출력하는 출력문이 있습니다. 즉, for문의 의미가 "다음 명령을 100번만 반복해줄래?"라는 의미입니다. 좀 더 자세히 알아봅시다.

for(int n = 0; n < 100; n++)

반복을 명령하는 for문이 존재하고 괄호 안에 조건이 존재합니다. 즉 괄호 안에 반복하는 조건을 문법에 맞도록 작성해야 합니다. for문의 형태를 정리하면 [그림 2.27]과 같습니다.

```
              for(초깃값; 조건식; 증가 또는 감소식)
반복 시작 ──→ {
                     반복할 코드
반복 종료 ──→ }
```

[그림 2.27] for문의 사용 예

괄호 사이의 조건은 세미콜론(;)을 경계로 하여 총 3개의 부분으로 나누어집니다. 하나씩 살펴봅시다.

　　1) 초깃값 : 반복 횟수를 셀 변수를 초기화합니다. 처음 한 번 실행합니다.
　　2) 조건식 : 조건식이 들어갑니다. for문이 반복되면서 조건을 확인합니다. 조건이 참일 경우, 반복합니다.
　　3) 증가 또는 감소식 : 변수를 증가 또는 감소시킵니다. 매번 한 번씩 실행됩니다.

그럼 [예제 2-30]으로 돌아가서 작성한 for문을 다시 살펴봅시다.

$$int\ n = 0$$

가장 먼저 초깃값을 위와 같이 선언했습니다. 이때, 변수는 정수형으로 선언되었으며, 상수 0으로 초기화되었습니다. for문은 반복하면서 변수 n을 이용해 반복 횟수를 체크합니다.

$$n < 100$$

조건식 부분은 위와 같이 작성했습니다. 앞에서 초기화된 n의 값이 100보다 작은지 부등호(<)를 이용해 확인하고 있습니다. n이 100보다 작을 때, 조건은 참이 되므로 for문은 반복될 것입니다.

$$n\text{++}$$

마지막으로 for문이 반복될 때마다 변수 n을 증가하도록 했습니다. n++은 1씩 증가하라는 의미로 for문이 한 번씩 수행될 때마다 증가할 것입니다.

우리는 앞서 n이 100 미만일 때(n < 100) 반복을 수행하도록 했습니다. 그러므로 이렇게 증가된 n의 값이 100 이상이 될 경우, for문을 종료하게 됩니다.

정리합시다. for문을 간단하게 도식화하면 아래와 같습니다(하지만 실제 반복문의 순서도는 이것과 다릅니다. 순서도는 이번 장을 마칠 때, 다시 다루겠습니다).

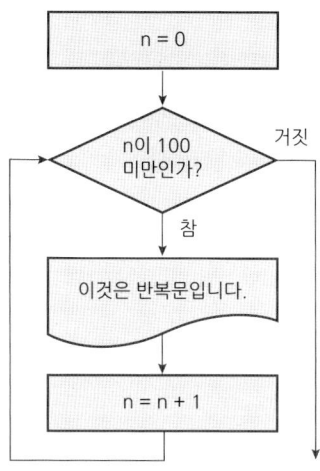

[그림 2.28] for문을 도식화한 예

즉, for문 안의 변수 n을 선언하고 초깃값을 선언한 뒤, 만약 n의 값이 조건에 대해 참일 경우, 중괄호 안의 코드를 실행합니다. 그 후, 변수 n을 증가시킨 후, 다시 조건을 확인해 참일 경우에는 중괄호 안의 코드를 실행합니다. 이렇게 반복을 수행하다가 조건의 거짓이 될 때, 반복문을 종료하게 되는 것입니다.

이해되었나요? for문을 이용해 다른 문제를 풀어 봅시다.

숫자 1부터 100까지 모두 더하면 과연 몇이 될까요? 학창 시절 이 문제를 풀기 위해서 1부터 100까지 모든 숫자를 더해 보셨나요? 컴퓨터 프로그래밍에서는 for문을 이용해 이 문제를 쉽게 풀 수 있습니다.

위 문제에서 반복되는 것을 찾아볼까요?

숫자는 1부터 시작해서 100까지 1씩 증가하고 있습니다. 결국, 1부터 100까지 반복되고 있는 셈입니다. 위에서 다룬 [예제 2-30]을 참고하면 되겠네요. 그럼 더하는 부분은 어떻게 해야 할까요? for문에서 n의 값이 변하고 있습니다. 이 n값을 이용하면 된다는 것을 직감하셨나요?

for(int n = 0; n < 100; n++)

위와 같이 작성할 경우, n의 값은 0부터 99까지 반복할 것입니다. n의 값이 100 미만이어야 한다는 조건 때문입니다. 0부터 99까지 100번을 반복하는 셈이지만, 우리는 1부터 100까지의 반복을 원하고 있습니다. 똑같은 100번이라도 초깃값과 조건식을 다르게 작성해야 합니다.

for(int n = 1; n <= 100; n++)

초깃값 n을 1로 초기화합니다. 이렇게 하면 처음 for문을 수행할 때, n의 값은 1이 됩니다. 1을 대입했기 때문입니다. 조건식은 n <= 100으로 수정했는데, n의 값이 100보다 "작거나 같다."라는 의미입니다. 즉, 100 이하일 때 반복을 수행하라는 명령이 됩니다.

다음과 같이 프로그램 코드를 작성합시다.

::: 예제 2-31

```
... <코드 생략> ...
    class Program
    {
        static void Main(string[] args)
        {
            int sum = 0;

            for(int n = 1; n <= 100; n++)
            {
                sum = sum + n;
            }

            Console.WriteLine("1부터 100의 합은 " + sum + " 입니다.");
        }
    }
... <코드 생략> ...
```

for문이 수행되기 전, sum이라는 변수를 선언하고 0으로 초기화했습니다. for문을 수행하면서 sum에 1부터 100까지의 정수를 합산할 것입니다. 중괄호 안의 코드를 자세히 살펴봅시다.

sum = sum + n;

for문이 반복되면서 반복적으로 sum에 n을 더하고 있습니다. 이때, n은 1부터 100까지 변화하고, sum에는 이전까지 더한 값이 저장되어 있으므로, 반복할 경우 1부터 100까지의 정수를 모두 더하게 됩니다.

쉽게 설명하면 다음과 같이 진행됩니다.

[표 2.3] 반복의 진행

반복	연산	결과	
		n	sum
for문 진입	n 초기화	1	0
1회 반복	sum(0) + n(1), n++	2	1
2회 반복	1 + 2, 2++	3	3
3회 반복	3 + 3, 3++	4	6
⋮	⋮	⋮	⋮
99회 반복	4851 + 99, 99++	100	4950
100회 반복	4950 + 100, 100++	101	5050

즉, for문을 통해 n의 값이 1씩 증가하면서 반복적으로 sum에 더해집니다. 결과를 확인합시다.

::: 실행 결과

```
1부터 100의 합은 5050입니다.
계속하려면 아무 키나 누르십시오 . . .
```

다른 예제를 수행해 봅시다.

이번에는 구구단 프로그램을 작성해 봅니다. 구구단은 for문을 익히기 매우 좋은 예입니다. 먼저 구구단을 가만히 생각해 봅시다.

```
1 x 1 = 1
1 x 2 = 2
1 x 3 = 3
    .
    .
    .
9 x 7 = 63
9 x 8 = 72
9 x 9 = 81
```

[그림 2.29] 구구단

아시다시피 구구단은 1부터 9까지의 숫자를 차례로 반복하며, 곱해주는 것입니다. 그러므로 for문을 이용해서 증가하며 같은 곱셈을 반복한다면 매우 쉽게 만들 수 있을 것입니다.

그럼 먼저 1단을 수행하는 프로그램을 작성해 보겠습니다.

::: 예제 2-32

```csharp
... <코드 생략> ...
    class Program
    {
        static void Main(string[] args)
        {
            int k = 1;

            for(int n = 1; n <= 9; n++)
            {
                Console.WriteLine(k + " x " + n + " = " + k * n);
            }
        }
    }
... <코드 생략> ...
```

앞서 for문은 간략한 도식을 통해 익혔기 때문에, 쉽게 이해가 될 것입니다. 변수 k은 상수 1로 선언되어 있으며, 변수 k와 곱할 변수 n은 for문을 통해 1부터 9까지 증가합니다. 이때, 반복을 수행하면서 곱셈을 한 결괏값을 출력하는 것입니다. 실행 결과는 다음과 같습니다.

::: 실행 결과

```
1 x 1 = 1
1 x 2 = 2
1 x 3 = 3
1 x 4 = 4
1 x 5 = 5
1 x 6 = 6
1 x 7 = 7
1 x 8 = 8
1 x 9 = 9
계속하려면 아무 키나 누르십시오 . . .
```

매우 쉽죠? 만약 1단부터 9단까지 한 번에 출력하려면 어떻게 해야 할까요? 곰곰이 생각해 보면 어렵지 않습니다. 바로 이중 for문을 사용하면 됩니다. [예제 2-32]를 다음과 같이 수정해 봅시다.

::: 예제 2-33

```
... <코드 생략> ...
    class Program
    {
        static void Main(string[] args)
        {
            for(int k = 1; k <= 9; k++)
            {
                for(int n = 1; n <= 9; n++)
                {
                    Console.WriteLine(k + " x " + n + " = " + k * n);
                }
            }
        }
    }
... <코드 생략> ...
```

변수 n으로 반복을 수행하는 for문 밖에 변수 k로 반복을 수행하는 for문을 추가해, n의 for문이 9번 반복된 후, k를 증가시키고, 다시 n의 for문을 9번 반복하고 나서, k를 증가시키는 식으로, 총 81번 반복되도록 했습니다.

결과는 미리 보여드리지 않겠습니다. 여러분이 직접 확인해보세요~

응용 예제 2.7

1. 앞 장에서 배운 입력문과 for문을 응용해 입력받은 단의 구구단을 출력하는 프로그램을 작성합시다. 다음과 같이 실행되도록 합니다.

    출력하고자 하는 구구단은? 5

    5 x 1 = 5
    5 x 2 = 10
    5 x 3 = 15
    5 x 4 = 20
    5 x 5 = 25
    5 x 6 = 30
    5 x 7 = 35
    5 x 8 = 40
    5 x 9 = 45
    계속하려면 아무 키나 누르십시오 . . .

2. for문을 수정해, 다음과 같이 2의 배수로 증가하는 구구단을 출력하시오.

    1 x 2 = 2
    1 x 4 = 4
    1 x 6 = 6
    .
    .
    .
    9 x 4 = 36
    9 x 6 = 54
    9 x 8 = 72
    계속하려면 아무 키나 누르십시오 . . .

2.6.2 조건에 따라 반복을 수행하는 while문

반복문을 수행하기 위해서 for문 말고도 while문을 이용하기도 합니다. while문은 해당 코드를 몇 번 수행할지 정하는 것이 아닌, 조건이 맞는 경우 무조건 실행하는 반복문입니다.

while문을 이용해 "이것이 반복문입니다."라는 문장이 무한으로 반복되는 프로그램을 작성해 봅시다. 이 부분은 매우 쉬우므로 간단히 짚고 넘어가겠습니다.

앞서 다룬 [예제 2-30]을 다음과 같이 수정하고 실행합니다.

::: 예제 2-34

```
... <코드 생략> ...
    class Program
    {
        static void Main(string[] args)
        {
            while(true)
            {
                Console.WriteLine("이것이 반복문입니다.");
            }
        }
    }
... <코드 생략> ...
```

이제 실행 결과를 확인합니다.

::: 실행 결과

```
이것이 반복문입니다.
이것이 반복문입니다.
이것이 반복문입니다.
.
.
.
```

출력하고자 하는 문구가 무수히 많이 출력되는 것을 볼 수 있습니다. 실행 결과가 무한히 반복되는 이유는 다음과 같습니다.

```
                    while(조건식)
        반복 시작 ➜ {
                              조건식이 참일 경우 반복
        반복 종료 ➜ }
```

[그림 2.30] while문의 사용 예

while문은 괄호 안의 조건이 참일 경우 반복하게 됩니다. [예제 2-34]의 5행에 있는 while문의 조건식은 true. 즉, 무조건 참입니다. 이 때문에 무한히 반복하는 것입니다.

앞서 1부터 100까지의 정수를 모두 더하는 프로그램인 [예제 2-31]을 while문으로 바꿔봄으로써 while문을 익혀보도록 하겠습니다.

::: 예제 2-35

```
... <코드 생략> ...
    class Program
    {
        static void Main(string[] args)
        {
            int n = 0, sum = 0;

7:          while(n <= 100)
            {
                sum = sum + n;

                n++;
            }

            Console.WriteLine("1부터 100의 합은 " + sum + " 입니다.");
        }
    }
... <코드 생략> ...
```

7행에서 n 변수가 100 이하일 때, 중괄호 안의 코드를 실행하도록 했습니다.

다음으로 sum 변수에 n 변수를 더하고, n 변수를 1씩 증가시킵니다. 이를 통해 n 변수는 1이 됩니다.

다시 7행으로 돌아왔을 때, n 변수는 아직 1이므로 다시 sum 변수에 더해진 후, 다시 1 증가합니다. 다시 7행으로 돌아왔지만, n 변수는 아직 2입니다. 따라서 다시 sum 변수에 더해진 후, 1 증가하게 됩니다. 이렇게 n 변수가 100이 될 때까지 반복되며, sum 변수에 더해지게 되는 것입니다.

그럼 실행 결과를 확인하도록 하겠습니다.

```
::: 실행 결과
1부터 100의 합은 5050입니다.
계속하려면 아무 키나 누르십시오 . . .
```

실행 결과는 [예제 2-30]과 다름이 없습니다. 이것은 당연한 결과입니다. 프로그램 코드 상에서도 for문을 사용했을 때와 다른 점은 반복문에 사용할 변수를 별도로 선언하고 초기화해야 하며, 증가(또는 감소)식 또한 while문 자체적으로 지원하지 않는다는 점입니다.

마지막으로 반복문의 순서도도 익히고 넘어가야겠죠? 반복문의 순서도는 [그림 2-27]과 같으며, for문과 while문을 구분하지 않습니다.

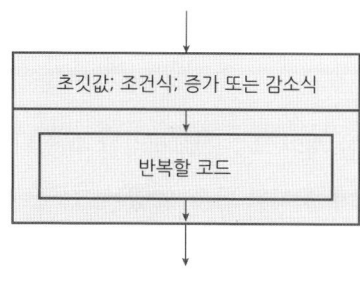

[그림 2.31] 반복문의 순서도

> **응용 예제 2.8**
>
> 1. [응용 예제 2.8]에서 작성한 구구단을 while문을 이용해 작성해 봅시다.

저자의 한 마디

"어느 정도 배우면 프로그래밍을 할 수 있나요?"

주변의 후배, 학생들로부터 이런 질문을 자주 받습니다. 기본적으로 프로젝트를 생성하고 실행할 수 있다면, 이미 여러분은 프로그래머입니다.

필자가 처음으로 프로그래밍을 접한 건, 초등학교 2학년 때였습니다. 당시, 동네에는 조그만 컴퓨터 학원이 있었는데요, 주말마다 동네 아이들 누구나 와서 게임을 할 수 있도록 학원을 개방하곤 했습니다. 동네 아이 중에 당연히 저도 있었습니다. 게임을 더 많이 하고 싶어서 컴퓨터 학원에 다니기 시작한 게, 바로 프로그래밍의 시작이었죠. 처음 배운 언어는 GW-BASIC이었습니다.

갑자기 이런 이야기를 왜 하느냐고요? 제가 처음으로 개인 프로젝트를 개발한 것이 바로 그때쯤입니다. 당시에 대학가에서 유명하던 "사랑의 별점"이라는 프로그램을 본떠서 "행운의 별점"이라는 엉터리 프로그램을 만든 게 저의 첫 번째 프로젝트였습니다. "행운의 별점"을 개발하는데, 주로 사용한 명령어가 on~goto문이었는데, 여러분이 앞서 배운 switch문과 같은 역할을 하는 명령어입니다. 결론적으로 말씀드리면 여러분은 지금도 충분히 개인 프로젝트를 개발할 수 있습니다. 도전 정신 하나면 충분하다는 거죠.

도전! 절대 두려워하지 마십시오.

2.7 배열

앞서 변수를 배울 때, 변수는 한 개의 그릇으로 생각할 수 있다고 했습니다. 즉, 정수를 담을 수 있는 그릇은 정수형 변수이며, 문자를 담을 수 있는 그릇은 문자형 변수입니다.

이제 우리는 배열을 배워야 합니다. 예를 하나 들겠습니다. 그릇에 사과가 1개 담겨 있습니다. 이것을 선언하면 다음과 같이 표현할 수 있을 것입니다.

int apple;

[그림 2.32] apple 변수의 표현

만약 사과를 담은 그릇이 여러 개 있다면 어떻게 선언하면 될까요? 즉, [그림 2.33]처럼 선언한다는 것입니다.

[그림 2.33] 여러 개의 사과는 어떻게 표현할까?

간단히 생각하면 다음과 같이 선언할 수 있을 것입니다.

int apple1, apple2, apple3;

세 개의 사과를 모두 세 번 선언했네요. 더 쉽게 선언하는 방법은 없을까요? 바로 이런 경우 필요한 것이 배열입니다. 배열을 사용하면 여러 개의 사과 그릇을 쉽게 선언할 수 있습니다.

배열을 선언하는 방법은 다음과 같습니다.

int[] apples;

배열을 선언하는 방법은 다음과 같습니다. [그림 2.33]은 apples라는 이름으로 정수형 변수의 배열을 선언한 것입니다. 선언한 배열에 원하는 값을 넣는 것은 앞으로 차근차근 알아봅시다. 그 전에 배열을 확실히 이해하고 넘어가도록 하겠습니다. 정수형 배열이 아니라, 실수형 배열을 선언해 볼까요?

double[] apples;

간단하죠? 즉, 기존에 변수를 선언했던 것과 마찬가지로 변수명의 앞에 변수형을 명시합니다. 다만 대괄호([ ])가 붙는다는 점이 차이점일 뿐입니다. 간단히 정리하면 대괄호가 붙으면 배열이 되는 것입니다.

즉, 간단히 설명하면 배열은 변수의 묶음이라고 표현할 수 있는데요. 배열은 왜 사용하는 걸까요? 이에 대한 설명을 위해 예제를 하나 작성하도록 하겠습니다. 학생 5명의 평균 키를 구하는 프로그램인데, 먼저 배열을 사용하지 않고 작성해 보겠습니다.

::: 예제 2-36

```
... <코드 생략> ...
    class Program
    {
        static void Main(string[] args)
        {
            int student1 = 0, student2 = 0, student3 = 0, student4 = 0, student5 = 0;
            int sum = 0;

            for (int n = 1; n <= 5; n++)
            {
                Console.Write(n + " 번째 학생의 키를 입력하세요.");

                switch (n)
                {
                    case 1:
                        student1 = Convert.ToInt32(Console.ReadLine());
                        break;
```

```
            case 2:
                student2 = Convert.ToInt32(Console.ReadLine());
                break;

            case 3:
                student3 = Convert.ToInt32(Console.ReadLine());
                break;

            case 4:
                student4 = Convert.ToInt32(Console.ReadLine());
                break;

            case 5:
                student5 = Convert.ToInt32(Console.ReadLine());
                break;
        }
    }

    sum = student1 + student2 + student3 + student4 + student5;
    Console.WriteLine("학생들의 평균 키는 " + (sum / 5) + "cm 입니다.");
  }
}
... <코드 생략> ...
```

이전에 반복문을 다룰 때가 생각나지 않습니까? 학생의 수가 많으면 비효율적인 프로그램이 될 것입니다. 이 부분이 바로 배열을 통해 해결해야 하는 과제입니다. 이 프로그램을 배열을 사용해서 작성하려면 어떻게 해야 할까요? 배열에 대해 차근차근 알아봅시다.

우리는 앞서 배열을 선언하는 방법을 다루었습니다.

int[] students;

정확히 배열을 선언하기 위해서는 배열의 첨자로서 총 길이(Length)를 명시해 주어 변수를 할당해야 합니다. 즉, 5명의 키를 입력하기 위해서는 "배열에 변수를 5개 할당하라."라고 명시해 주어야 합니다.

int[] students = new int[5];

이렇게 배열의 길이를 명시함으로써 students 변수는 총 5개의 변수를 지닌 배열로 선언됩니다. 간단히 그림으로 표현하면 [예제 2-36]에서 선언된 변수와 배열은 다음과 같은 차이점을 가집니다.

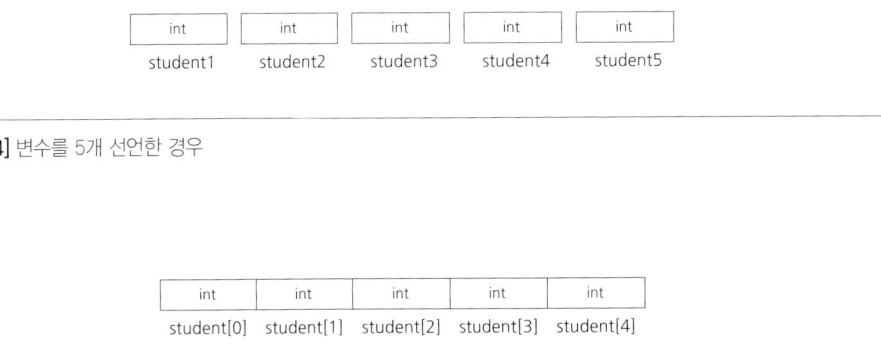

[그림 2.34] 변수를 5개 선언한 경우

[그림 2.35] 배열로 선언한 경우

배열 내의 각 변수는 모두 students라는 동일한 이름을 지니며, 인덱스(index)를 통해 구별하게 됩니다. 이때, 인덱스는 0부터 시작합니다.

그럼 인덱스를 어떻게 사용하는지 다음 예제를 통해 알아봅시다. [예제 2-36]을 배열을 사용해 작성하면 다음과 같이 작성할 수 있습니다.

::: 예제 2-37

```
... <코드 생략> ...
    class Program
    {
        static void Main(string[] args)
        {
            int[] students = new int[5];
            int sum = 0;

            for (int n = 1; n <= 5; n++)
```

```csharp
            {
                Console.Write(n + " 번째 학생의 키를 입력하세요.");

                switch (n)
                {
                    case 1:
                        students[0] = Convert.ToInt32(Console.ReadLine());
                        break;

                    case 2:
                        students[1] = Convert.ToInt32(Console.ReadLine());
                        break;

                    case 3:
                        students[2] = Convert.ToInt32(Console.ReadLine());
                        break;

                    case 4:
                        students[3] = Convert.ToInt32(Console.ReadLine());
                        break;

                    case 5:
                        students[4] = Convert.ToInt32(Console.ReadLine());
                        break;
                }
            }

            sum = students[0] + students[1] + students[2] + students[3] + students[4];
            Console.WriteLine("학생들의 평균 키는 " + (sum / 5) + "cm 입니다.");
        }
    }
... <코드 생략> ...
```

[예제 2-37]에서 알 수 있듯, 배열의 각 변수는 대괄호와 인덱스를 붙여 일반 변수처럼 사용할 수 있습니다.

하지만 [예제 2-37]은 배열의 올바른 사용 예가 아닙니다. 여러분도 느끼셨겠지만, 이렇게 프로그램을 작성한다면 배열을 사용하지 않았을 때와 변함이 없겠죠. 그래서 이번에는 정말로 배열과 인덱스의 올바른 사용 예를 다루겠습니다. [예제 2-38]을 보세요.

::: 예제 2-38

```
... <코드 생략> ...
    class Program
    {
        static void Main(string[] args)
        {
5:          int[] students = new int[5];
            int sum = 0;

            for (int n = 1; n <= 5; n++)
            {
11:             Console.Write(n + " 번째 학생의 키를 입력하세요.");
12:             students[n - 1] = Convert.ToInt32(Console.ReadLine());
13:             sum += students[n - 1];
            }

16:         Console.WriteLine("학생들의 평균 키는 " + (sum / 5) + "cm 입니다.");
        }
    }
... <코드 생략> ...
```

어떻습니까? 매우 간단하지 않습니까? 배열의 인덱스는 다른 정수형 변수로 대체할 수 있습니다. 즉, 반복문 사용한다면 앞서 고민했던 비효율적인 문제를 단번에 해결할 수 있습니다. 놀랍지 않습니까?

직접 실행해 볼까요? 실행하면 다음과 같은 결과를 볼 수 있습니다.

::: 실행 결과

1 번째 학생의 키를 입력하세요.179
2 번째 학생의 키를 입력하세요.175
3 번째 학생의 키를 입력하세요.180
4 번째 학생의 키를 입력하세요.184
5 번째 학생의 키를 입력하세요.165
학생들의 평균 키는 176cm입니다.
계속하려면 아무 키나 누르십시오 . . .

[예제 2-36]부터 [예제 2-38]까지 실행 결과를 비교해보세요. 모두 동일합니다. 하지만 프로그램 코드는 매우 간결하고 깔끔해졌습니다. 또한, 학생이 수백 수천 명이 되더라도, 걱정할 것이 없습니다.

프로그램 코드를 살펴보겠습니다.

5행에서 students라는 5의 길이를 가지는 배열로 선언했습니다. 즉, 5개의 정수형 변수를 배열로 선언하라는 것입니다. 이렇게 선언된 배열을 도식화하면 다음과 같이 표현할 수 있습니다.

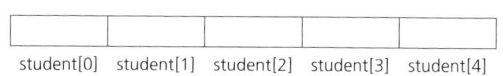

[그림 2.36] students 배열

이렇게 선언된 배열은 11행에서 for문을 반복하면서 증가하는 n의 값에 따라 변숫값이 지정됩니다. for문의 조건식을 보면 students 배열의 길이만큼 반복하게 됩니다. students 배열의 길이는 5이므로, 총 다섯 번 반복하게 됩니다.

12행에서 배열의 인덱스를 n - 1로 작성했으므로, students[0]부터 students[4]까지 골고루 값이 입력됩니다.

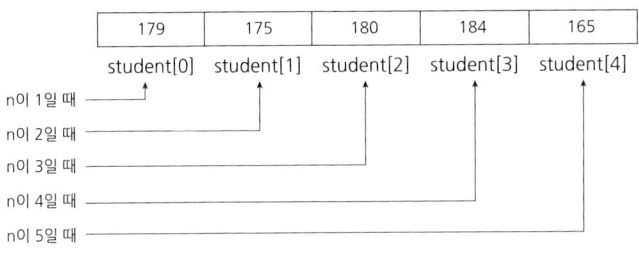

[그림 2.37] 반복에 따라 배열의 각기 다른 변수에 입력

13행에서 sum 변수에 입력된 학생들의 킷값을 합산합니다. 이렇게 합산된 값은 16행에서 다시 배열의 길이로 나누면서, 평균값을 출력하게 됩니다.

2.7.1 다차원 배열

여러분이 앞서 익힌 배열은 가장 기본적인 1차원 배열이었습니다. 이번 장에서는 2차원 또는 3차원의 다차원 배열을 익혀 보겠습니다.

먼저 앞서 다룬 [예제 2-38]을 응용해 다음과 같은 실행 결과가 출력되도록 프로그램을 작성해 봅시다.

```
::: 실행 결과

1반의 1 번째 학생의 키를 입력하세요.179
1반의 2 번째 학생의 키를 입력하세요.175
1반의 3 번째 학생의 키를 입력하세요.180
1반의 4 번째 학생의 키를 입력하세요.184
1반의 5 번째 학생의 키를 입력하세요.165
1반 학생들의 평균 키는 176cm입니다.
2반의 1 번째 학생의 키를 입력하세요.181
2반의 2 번째 학생의 키를 입력하세요.166
2반의 3 번째 학생의 키를 입력하세요.155
2반의 4 번째 학생의 키를 입력하세요.174
2반의 5 번째 학생의 키를 입력하세요.165
```

2반 학생들의 평균 키는 168cm입니다.
계속하려면 아무 키나 누르십시오 . . .

입력받아야 하는 학급의 개수가 두 개로 늘었습니다. 이 경우 어떻게 해야 할까요? 먼저 앞서 익힌 1차원 배열을 이용해서 다음과 같이 작성해 봅시다.

::: 예제 2-39

```
... <코드 생략> ...
    class Program
    {
        static void Main(string[] args)
        {
            int[] students = new int[5];
            int[] sum = new int[2];

            for (int n = 1; n <= 5; n++)
            {
                Console.Write("1반의 " + n + " 번째 학생의 키를 입력하세요.");

                students[n - 1] = Convert.ToInt32(Console.ReadLine());
                sum[0] += students[n - 1];
            }

            Console.WriteLine("1반의 학생들의 평균 키는 " + (sum[0] / 5 + "cm 입니다."));

            for (int n = 1; n <= 5; n++)
            {
                Console.Write("2반의 " + n + " 번째 학생의 키를 입력하세요.");

                students[n - 1] = Convert.ToInt32(Console.ReadLine());
                sum[1] += students[n - 1];
            }

            Console.WriteLine("2반의 학생들의 평균 키는 " + (sum[1] / 5) + "cm 입니다.");
        }
    }
... <코드 생략> ...
```

[예제 2-37]처럼 작성하면 두 개 학급의 평균 키를 구할 수 있을 것입니다. 하지만 학급의 개수가 수십 개에서 수백 개에 달한다면 과연 어떨까요? 1차원 배열로 작성할 수 있을까요? 아마 프로그램 코드가 한없이 길어질 것입니다.

프로그램을 수정해 봅시다. 배열을 선언하는 방법을 바꿔보도록 하겠습니다. 자세한 설명은 뒤에 이어서 하겠습니다. 일단 다음의 [예제 2-40]을 따라 프로그램을 작성해 주세요.

::: 예제 2-40

```
... <코드 생략> ...
    class Program
    {
        static void Main(string[] args)
        {
            int[,] students = new int[2, 5];
            int[] sum = new int[2];

            for(int m = 1; m <= 2; m++)
            {
                for (int n = 1; n <= 5; n++)
                {
                    Console.Write(m + "반의 " + n + " 번째 학생의 키를 입력하세요.");

                    students[m - 1, n - 1] = Convert.ToInt32(Console.ReadLine());
                    sum[m - 1] += students[m - 1, n - 1];
                }

                Console.WriteLine(m + "반의 학생들의 평균 키는 " + (sum[m - 1] / 5) + "cm 입니다.");
            }
        }
    }
... <코드 생략> ...
```

작성을 마쳤다면 실행을 해봅시다.

::: 실행 결과

1반의 1 번째 학생의 키를 입력하세요.179
1반의 2 번째 학생의 키를 입력하세요.175
1반의 3 번째 학생의 키를 입력하세요.180
1반의 4 번째 학생의 키를 입력하세요.184
1반의 5 번째 학생의 키를 입력하세요.165
1반 학생들의 평균 키는 176cm입니다.
2반의 1 번째 학생의 키를 입력하세요.181
2반의 2 번째 학생의 키를 입력하세요.166
2반의 3 번째 학생의 키를 입력하세요.155
2반의 4 번째 학생의 키를 입력하세요.174
2반의 5 번째 학생의 키를 입력하세요.165
2반 학생들의 평균 키는 168cm입니다.
계속하려면 아무 키나 누르십시오 . . .

실행 결과는 우리가 원하던 실행 결과와 동일합니다.

프로그램을 살펴보면 이중 for문을 사용한 것은 알겠는데, 가만히 보니 배열을 선언하는 방법이 바뀌었습니다. 두 개의 첨자를 이용해 선언한 것을 볼 수 있는데요. 이것이 바로 2차원 배열입니다. 2차원 배열의 표현 형식은 다음과 같습니다.

int[,] students = new int[2, 5];

앞서 다룬 1차원 배열이 변수들의 집합을 일렬로 배치한 것이라면, 2차원 배열은 가로 열(행)과 세로 열(열)로 구성되어 있습니다. 즉, 쉽게 말해 선분의 길이가 1차원이라면, 2차원은 넓이입니다. 아래 그림을 보세요.

			5		
2	[0, 0]	[0, 1]	[0, 2]	[0, 3]	[0, 4]
	[1, 0]	[1, 1]	[0, 2]	[0, 3]	[0, 4]

[그림 2.38] 2행 × 5열로 선언된 배열

2차원 배열은 세로 열의 크기로 선언된 배열이 가로 열의 개수만큼 모인 것이라고 할 수 있습니다. 즉, [그림 2.38]의 2행 × 5열로 선언된 배열은 5의 길이를 가지는 배열 두 개가 모여 구성된 배열이라는 뜻입니다.

1차원 배열이 선분의 길이, 2차원 배열이 직사각형의 넓이. 그렇다면 3차원 배열은 무엇일까요? 눈치가 빠른 독자 분들은 이미 예상하셨을 것입니다. 바로 부피입니다. 예를 들어 3면 × 2행 × 5열로 선언된 배열을 그림으로 설명하면 다음과 같습니다.

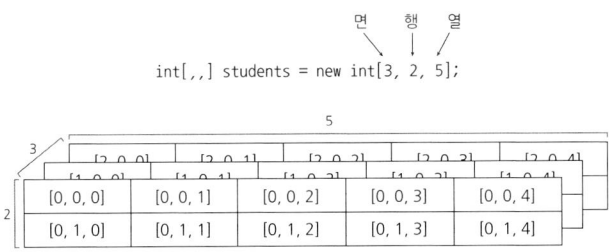

[그림 2.39] 3면 × 2행 × 5열로 선언된 배열

실제로 배열의 구조를 직접 작성해서 확인해 볼까요? [예제 2-41]은 3차원 배열을 선언한 후, 각 첨자를 출력하는 프로그램입니다. 작성 후, 실행 결과를 확인해 주세요.

::: 예제 2-41

```
... <코드 생략> ...
    class Program
    {
        static void Main(string[] args)
        {
            int[,,] array = new int[3, 2, 5];

            for(int m = 0; m < 3; m++)
            {
                for (int n = 0; n < 2; n++)
                {
                    for (int k = 0; k < 5; k++)
```

```
                {
                    Console.Write("[" + m + ", " + n + ", " + k + "] ");
                }

                Console.WriteLine();
            }

            Console.WriteLine();
        }
    }
}
... <코드 생략> ...
```

실행하면 배열의 구조를 볼 수 있습니다.

::: 실행 결과

```
[0, 0, 0] [0, 0, 1] [0, 0, 2] [0, 0, 3] [0, 0, 4]
[0, 1, 0] [0, 1, 1] [0, 1, 2] [0, 1, 3] [0, 1, 4]

[1, 0, 0] [1, 0, 1] [1, 0, 2] [1, 0, 3] [1, 0, 4]
[1, 1, 0] [1, 1, 1] [1, 1, 2] [1, 1, 3] [1, 1, 4]

[2, 0, 0] [2, 0, 1] [2, 0, 2] [2, 0, 3] [2, 0, 4]
[2, 1, 0] [2, 1, 1] [2, 1, 2] [2, 1, 3] [2, 1, 4]

계속하려면 아무 키나 누르십시오 . . .
```

어떻습니까? [그림 2.39]와 똑같지 않습니까?

응용 예제 2.9

1. [예제 2-41]과 3차원 배열을 응용해 다음의 실행 결과를 볼 수 있는 프로그램을 작성하시오.

```
1학년 1반의 1 번째 학생의 키를 입력하세요.179
1학년 1반의 2 번째 학생의 키를 입력하세요.175
1학년 1반의 3 번째 학생의 키를 입력하세요.180
1학년 1반의 4 번째 학생의 키를 입력하세요.184
1학년 1반의 5 번째 학생의 키를 입력하세요.165
1학년 1반 학생들의 평균 키는 176cm입니다.
1학년 2반의 1 번째 학생의 키를 입력하세요.181
1학년 2반의 2 번째 학생의 키를 입력하세요.166
1학년 2반의 3 번째 학생의 키를 입력하세요.155
1학년 2반의 4 번째 학생의 키를 입력하세요.174
1학년 2반의 5 번째 학생의 키를 입력하세요.165
1학년 2반 학생들의 평균 키는 168cm입니다.
2학년 1반의 1 번째 학생의 키를 입력하세요.175
2학년 1반의 2 번째 학생의 키를 입력하세요.174
2학년 1반의 3 번째 학생의 키를 입력하세요.179
2학년 1반의 4 번째 학생의 키를 입력하세요.178
2학년 1반의 5 번째 학생의 키를 입력하세요.190
2학년 1반 학생들의 평균 키는 179m입니다.
2학년 2반의 1 번째 학생의 키를 입력하세요.161
2학년 2반의 2 번째 학생의 키를 입력하세요.155
2학년 2반의 3 번째 학생의 키를 입력하세요.167
2학년 2반의 4 번째 학생의 키를 입력하세요.163
2학년 2반의 5 번째 학생의 키를 입력하세요.175
2학년 2반 학생들의 평균 키는 164m입니다.
계속하려면 아무 키나 누르십시오 . . .
```

2.8 함수

프로그래밍을 하다 보면 같은 기능이 반복될 때가 있습니다. 반복되는 부분을 계속해서 작성한다면 프로그램의 길이는 무한히 길어질 것입니다. 프로그램은 쉽게 알아볼 수 있어야 합니다. 자신이 작성한 프로그램조차 이해하기 어렵다면, 이것은 분명 좋지 않은 프로그램 코드입니다. 동일한 코드가 여러 번 반복된다는 것은, 시간 낭비일 뿐만 아니라 이해하기에도 좋지 않습니다. 이럴 때 사용하는 것이 바로 함수입니다. 예를 들어 봅시다.

△△은행은 1년 예금 금리로 5%의 파격적인 상품을 선보였습니다. 많은 사람이 이번 특가 상품에 가입하기 위해서 몰려들었습니다. 그런데 5%의 예금 금리가 얼마인지 궁금해졌습니다.

$$이자 = 원금 \times \frac{5}{100}$$

이 상품에 가입한 성규는 5%의 이자를 구하는 프로그램을 작성하기로 했습니다. 그리고 주변 친구들에게 만기 이자를 알려주기로 했습니다.

일단 앞서 설명한 예제를 프로그램으로 작성해 봅시다.

::: 예제 2-42

```
... <코드 생략> ...
    class Program
    {
        static void Main(string[] args)
        {
            int benefit = 0;              // 이자
            int rate = 5;                 // 이자율
            int principalPeter = 10000;   // Peter의 원금
            int principalJames = 15000;   // James의 원금
            int principalJack = 30000;    // Jack의 원금

11:         benefit = principalPeter * rate / 100;
            Console.WriteLine("Peter의 이자는 " + benefit + "원입니다.");
```

```
14:            benefit = principalJames * rate / 100;
               Console.WriteLine("James의 이자는 " + benefit + "원입니다.");

17:            benefit = principalJack * rate / 100;
               Console.WriteLine("Jack의 이자는 " + benefit + "원입니다.");
        }
    }
... <코드 생략> ...
```

위 예제의 특징을 살펴봅시다. Peter와 James, Jack의 이자를 구하기 위해서 11행과 14행, 그리고 17행에서 반복적으로 이자를 계산한다는 것입니다. 딱히 문제는 없어 보이긴 합니다만, 만약 함수를 이용한다면 어떻게 변화될지, 확인해 볼까요?

::: 실행 결과

```
Peter의 이자는 500원입니다.
James의 이자는 750원입니다.
Jack의 이자는 1500원입니다.
계속하려면 아무 키나 누르십시오 . . .
```

2.8.1 함수의 정의

함수는 어떠한 데이터 x를 입력했을 때, 결과 y가 출력되는 일련의 프로그램 코드의 집합입니다. 즉, 특정한 작업을 수행하는 프로그램 코드의 블록이 바로 함수입니다.

쉽게 예를 들어 설명합니다.

토스터에 식빵을 넣으면 노릇노릇한 토스트가 되어 나오죠? 이때, 식빵이 데이터이며, 결과는 노릇노릇한 토스트, 그리고 식빵을 굽는 토스터는 함수에 해당합니다. 이때, 식빵을 굽기 위해 토스터 함수를 "호출"한다고 표현합니다.

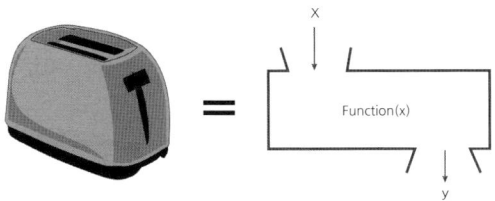

[그림 2.40] 함수의 개념

프로그래밍에서 함수는 수학의 함수처럼 어떤 값을 입력하면, 함수에 정의된 프로그램에 따라 이 값을 처리한 후, 출력 값을 돌려줍니다. 여러분이 해야 할 일은 총 세 가지입니다.

① 함수에 입력되는 값은 무엇인가?
② 함수에서 처리할 작업은 무엇인가?
③ 처리 후, 되돌릴 값의 형태는 무엇인가?

함수는 프로그램의 길이가 일정 수준 이상으로 길어질 때, 반복되는 프로그램 코드를 줄여줌은 물론 가독성을 높여서 유지, 보수 및 수정을 간편하게 합니다. 함수를 잘 만들면 필요할 때마다, 호출해서 사용할 수 있으므로 재사용성이 향상됩니다. 그러므로 프로그램을 작성하기 전에 함수를 신중하게 설계하는 것이 매우 중요합니다.

2.8.2 함수의 선언

함수를 사용하기 위해서는 함수를 선언해야 합니다. 함수의 기본 형태는 다음과 같습니다.

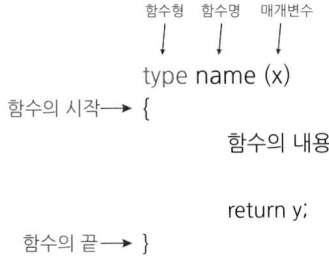

[그림 2.41] 함수의 선언 방법

함수를 선언하기 위해서는 ①함수형(type)과 ②함수명(name), 그리고 ③매개 변수(x)를 명시해 주어야 합니다. 함수형은 앞서 배운 변수형과 동일하며, 반환되는 되돌림 값의 자료형을 저장할 수 있어야 합니다. 함수명은 여러분이 지정하고 싶은 대로 지정할 수 있으나, 함수의 기능과 연관된 단어를 이용해 지어야 프로그램의 유지, 보수에 편리합니다.

매개 변수는 함수의 처리에 사용되는 변수로서, 함수에 입력할 변수가 들어갑니다. 마지막으로 함수가 끝나기 전에 y는 되돌림 값으로서 함수가 실행된 후, 함수로 반환될 값입니다. 이때, y의 변수형은 함수형과 동일해야 합니다.

어렵다고요? 간단하게 10과 20을 입력받아 합산하는 Sum이라는 함수를 만들어 보겠습니다.

::: 예제 2-43

```
... <코드 생략> ...
    class Program
    {
3:      static int Sum(int a, int b)
        {
5:          int c = a + b;

7:          return c;
        }

        static void Main(string[] args)
        {
12:         int result = Sum(10, 20);

14:         Console.WriteLine("10 + 20 = " + result);
        }
    }
... <코드 생략> ...
```

3행에 함수를 선언했습니다. 함수형은 정수형이며, 함수의 이름은 Sum( )(( )는 함수라는 표현입니다.), 매개 변수로 정수형의 상수를 두 개 받고 있습니다.

이렇게 받은 두 개의 정수형의 상수는 5행에서 합산되어 c라는 정수형 변수에 저장됩니다.

7행을 보면 함수형이 정수형이기에 정수형 변수 c의 값이 되돌려질 수 있습니다. 합산을 수행하는 함수이므로, 합산된 값이 저장된 변수 c를 함수에 되돌리도록 했습니다.

12행은 Sum( )를 Main( )(Main 함수) 내에서 사용하는 방법을 보여주고 있습니다. 정수형으로 선언된 result 변수에 매개 변수로 10과 20의 상수를 전달하고 있습니다. 이때, "Sum( )을 호출했다."고 표현합니다. 각 상수는 Sum( )에 전달되어 처리된 후, 결괏값이 되돌려져 result 변수에 저장될 것입니다.

14행에서 결괏값이 저장된 result 변수를 출력하도록 했습니다.

글로 설명하니 보면 볼수록 복잡해지는 느낌인데요. 간단하게 정리하면 [그림 2.42]와 같습니다.

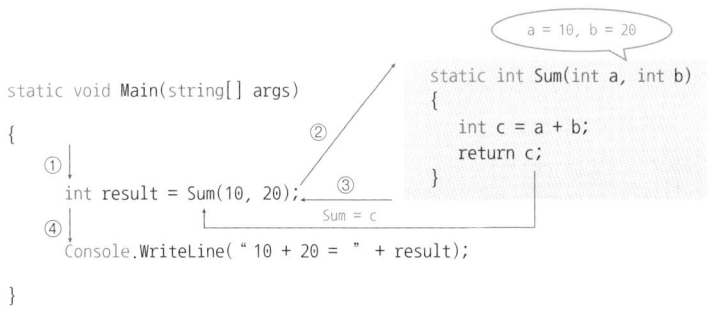

[그림 2.42] 함수의 실행 순서

일단 함수란 프로그램을 차례대로 실행하다가 ① 함수를 호출하게 되면, 해당 ② 함수 지점으로 이동해 프로그램을 실행합니다. 그리고 함수의 실행을 마친 후, 다시 ③ 호출 지점으로 복귀해 프로그램을 ④ 이어서 실행합니다.

이해가 되었다면 실행을 합시다.

::: 실행 결과

```
10 + 20 = 30

계속하려면 아무 키나 누르십시오 . . .
```

2.8.3 함수의 응용(1)

이제 [예제 2-42]를 불러와 함수를 추가해야 합니다. 우리의 목적은 불필요하게 반복되는 계산식을 함수화하는 것입니다.

::: 예제 2-42

```
... <코드 생략> ...
    class Program
    {
        static void Main(string[] args)
        {
            int benefit = 0;                // 이자
            int rate = 5;                   // 이자율
            int principalPeter = 10000;     // Peter의 원금
            int principalJames = 15000;     // James의 원금
            int principalJack = 30000;      // Jack의 원금

            ┌─────────────────────────────────────────┐
            │                    ⓐ                    │
            └─────────────────────────────────────────┘

            Console.WriteLine("Peter의 이자는" + benefit + "원입니다.");

            ┌─────────────────────────────────────────┐
            │                    ⓑ                    │
            └─────────────────────────────────────────┘

            Console.WriteLine("James의 이자는 " + benefit + "원입니다.");

            ┌─────────────────────────────────────────┐
            │                    ⓒ                    │
            └─────────────────────────────────────────┘

            Console.WriteLine("Jack의 이자는" + benefit + "원입니다.");
```

```
        }
    }
... <코드 생략> ...
```

[예제 2-42]를 다시 살펴봅시다. 11행과 14행, 그리고 17행을 보면 복잡한 계산식이 반복되고 있는 것을 볼 수 있습니다. 앞으로 각 행을 ⓐ, ⓑ, ⓒ라고 부르겠습니다. 우리는 ⓐ, ⓑ, ⓒ의 각 지점에 CalBenefit라는 이름의 함수를 추가할 것입니다.

우리가 만들 CalBenefit( )는 원금(principalPeter, principalJames, principalJack)과 이자율(rate)을 매개 변수로 전달받아, 이자를 계산해 되돌려주는 함수입니다.

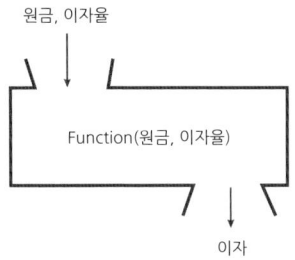

[그림 2.43] CalBenefit( )

가장 먼저, CalBenefit( )의 기본 형태를 빈 함수로 선언합니다.

::: 예제 2-44
```
... <코드 생략> ...
    class Program
    {
        static int CalBenefit(int pricipal, int rate)
        {

        }

        static void Main(string[] args)
```

```
        {
            int benefit = 0;              // 이자
            int rate = 5;                 // 이자율
            int principalPeter = 10000;   // Peter의 원금
            int principalJames = 15000;   // James의 원금
            int principalJack = 30000;    // Jack의 원금

            [                    ⓐ                    ]

            Console.WriteLine("Peter의 이자는" + benefit + "원입니다.");

            [                    ⓑ                    ]

            Console.WriteLine("James의 이자는 " + benefit + "원입니다.");

            [                    ⓒ                    ]

            Console.WriteLine("Jack의 이자는" + benefit + "원입니다.");
        }
    }
... <코드 생략> ...
```

여기까지 작성한 채로 컴파일을 진행한다면 오류가 발생할 것입니다. 바로 CalBenefit( )에 대한 되돌림값이 없기 때문인데요. 6행에 return과 함께 이자를 구하는 수식을 넣어줍니다.

::: 예제 2-45

```
... <코드 생략> ...
    class Program
    {
        static int CalBenefit(int pricipal, int rate)
        {
6:          return (principal * rate / 100);
```

```
            }

            static void Main(string[] args)
            {
                int benefit = 0;                    // 이자
                int rate = 5;                       // 이자율
                int principalPeter = 10000;         // Peter의 원금
                int principalJames = 15000;         // James의 원금
                int principalJack = 30000;          // Jack의 원금

                [                    ⓐ                    ]

                Console.WriteLine("Peter의 이자는" + benefit + "원입니다.");

                [                    ⓑ                    ]

                Console.WriteLine("James의 이자는 " + benefit + "원입니다.");

                [                    ⓒ                    ]

                Console.WriteLine("Jack의 이자는" + benefit + "원입니다.");
            }
        }
... <코드 생략> ...
```

컴파일을 수행하면, 오류가 발생하지 않을 것입니다. 하지만 아직 CalBenefit( )를 사용하지 않은 상태인데요. CalBenefit( )를 사용하기 위해, ⓐ, ⓑ, ⓒ의 각 지점을 다음과 같이 수정한 후 실행합니다.

::: 예제 2-46

```
... <코드 생략> ...
    class Program
    {
        static int CalBenefit(int principal, int rate)
        {
```

```csharp
            return (principal * rate / 100);
        }

        static void Main(string[] args)
        {
            int benefit= 0;                       // 이자
            int rate = 5;                         // 이자율
            int principalPeter = 10000;           // Peter의 원금
            int principalJames = 15000;           // James의 원금
            int principalJack = 30000;            // Jack의 원금

            benefit= CalBenefit(principalPeter, rate);
            Console.WriteLine("Peter의 이자는 " + benefit+ "원입니다.");

            benefit= CalBenefit(principalJames, rate);
            Console.WriteLine("James의 이자는 " + benefit+ "원입니다.");

            benefit= CalBenefit(principalJack, rate);
            Console.WriteLine("Jack의 이자는 " + benefit+ "원입니다.");
        }
    }
... <코드 생략> ...
```

실행 결과를 [예제 2-42]와 비교해 보세요. 동일한 것을 확인할 수 있습니다.

::: 실행 결과

```
Peter의 이자는 500원입니다.
James의 이자는 750원입니다.
Jack의 이자는 1500원입니다.

계속하려면 아무 키나 누르십시오 . . .
```

2.8.4 함수의 응용(2) – Swap( )

이번 장에서는 알아두면 유용한 함수를 만들어 봅시다. 여러분이 앞으로 프로그래밍을 공부하면서, 알고리즘 또는 자료구조라는 과목을 수강하게 될 것입니다. 그때 매우 유용하게 사용할 수 있는 함수를 작성해 보겠습니다.

이 절에서 다룰 것이 Swap( )입니다. 단어에서 알 수 있듯이, 두 개의 변수에 저장된 상수를 서로 교환하는 함수입니다.

아래 [그림 2.44]처럼 변수 A와 B에 각각 10과 20이라는 상수가 저장되어 있다고 합시다.

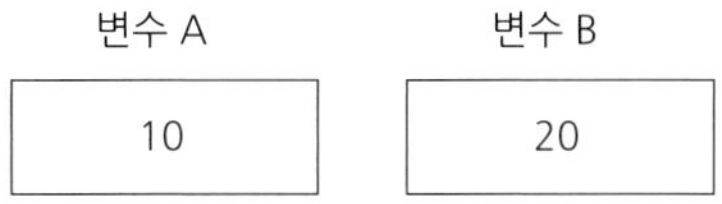

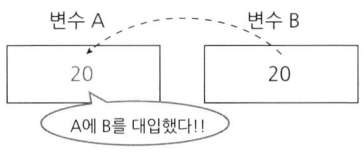

[그림 2.44] A와 B

만약, A와 B를 서로 교환하기 위해, A에 B를 대입한다면 어떻게 될까요? 아마 [그림 2.45]처럼 될 것입니다.

[그림 2.45] A에 B를 대입한 경우

[그림 2.45]처럼 될 경우, 우리가 원하는 결과를 얻을 수 없습니다. 우리가 원하는 결과는 A와 B의 상숫값을 서로 교환하는 것인데 말이죠. [그림 2.46]처럼 해봅시다.

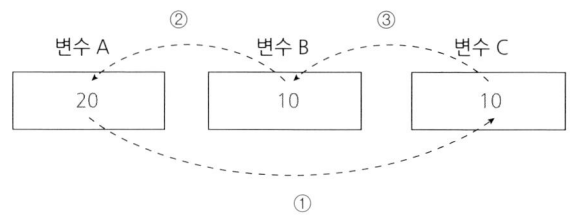

[그림 2.46] 임시 저장 변수 C를 사용한 경우.

A의 상숫값을 임시로 저장해 둘 변수 C를 선언하는 것인데요. 먼저 ① C에 A를 대입해 A의 상숫값을 C에 저장하도록 하고, 다음으로 ② A에 B를 대입합니다. 마지막으로 ③ 임시로 A의 상숫값을 저장해놓은 C를 B에 대입함으로써, 최종적으로 A와 B의 상숫값은 서로 교환이 됩니다.

그럼 직접 함수를 작성해 볼까요?

::: 예제 2-47

```
... <코드 생략> ...
    class Program
    {
3:      static void Swap(ref int a, ref int b)
        {
            int c = a;
            a = b;
            b = c;
        }

        static void Main(string[] args)
        {
            int a = 10;
            int b = 20;

            Console.WriteLine("Swap() 전 : a = " + a + ", b = " + b);

17:         Swap(ref a, ref b);
```

```
                Console.WriteLine("Swap() 후 : a = " + a + ", b = " + b);
        }
    }
... <코드 생략> ...
```

실행하면 다음과 같이 A와 B의 값이 교환된 것을 볼 수 있습니다.

::: 실행 결과

```
Swap() 전 : a = 10, b = 20
Swap() 후 : a = 20, b = 10

계속하려면 아무 키나 누르십시오 . . .
```

[예제 2-47]의 프로그램을 보면 생소한 부분이 있지 않나요? 바로 3행의 void와 ref라는 키워드인데요. 먼저 void는 함수형을 정하지 않은 경우에 사용합니다. 즉, 無형의 함수를 선언할 때 사용하는 키워드로 이렇게 선언된 함수는 굳이 return을 통해 값을 되돌릴 필요가 없습니다. 참고로 매개 변수를 굳이 선언하고 싶지 않을 때는 괄호를 비워두면 됩니다.

다음으로 ref는 "매개 변수를 복사하지 말고 참조하라."라는 뜻으로 레퍼런스라고 읽습니다. 즉, 함수의 매개 변수로 선언된 변수는 해당 함수 내에서만 유효하지만, 레퍼런스를 이용할 경우, 함수 내에서 값이 변하더라도, 함수 밖에서 똑같이 값이 변경됩니다.

실제로 이를 확인하기 위해, 3행과 17행의 ref 키워드를 삭제한 뒤 실행해 보세요. 아래와 같은 결과가 출력될 것입니다.

::: 실행 결과

```
Swap() 전 : a = 10, b = 20
Swap() 후 : a = 10, b = 20

계속하려면 아무 키나 누르십시오 . . .
```

A와 B의 상숫값이 교환되지 않은 이유가 무엇일까요? 앞서 설명한 대로 A와 B의 값을 Swap( )로 전달하는 과정에서 참조가 아닌 복사를 했기 때문입니다.

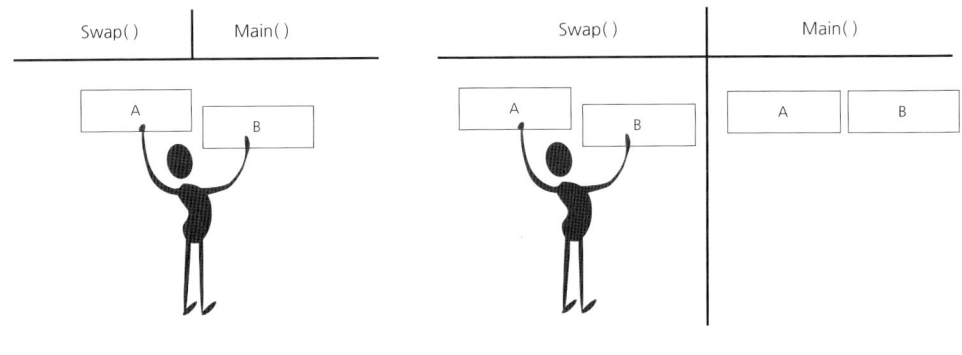

[그림 2.47] 레퍼런스를 사용한 경우와(좌) 사용하지 않은 경우(우)

쉽게 말해 [그림 2.47]에서 볼 수 있듯이 레퍼런스를 사용한 경우, Main( )과 Swap( )에서 각각 사용하는 A와 B 변수가 동일하지만, 사용하지 않은 경우에는 Main( )의 A, B와 Swap( )의 A, B가 서로 다른 변수이기 때문입니다.

이해가 되었나요? Swap( )은 이후에도 여러분이 프로그램을 작성하면서 두고두고 편리하게 사용할 수 있는 함수이므로, 확실히 기억하고 넘어가야 하는 함수입니다.

2.8.5 함수의 오버로딩

마지막으로 함수의 오버로딩에 대해 알아봅시다. 오버로딩은 동일한 이름의 함수를 여러 개 만들고 필요에 따라 구분해서 사용하는 것입니다. 이해를 돕기 위해 다음의 예제를 봅시다.

::: 예제 2-48

```
... <코드 생략> ...
    class Program
    {
```

```
 3:     static void Function()
        {
                Console.WriteLine("매개 변수가 없습니다.");
        }

 8:     static void Function(string s)
        {
                Console.WriteLine("매개 변수로 " + s + "이 입력되었습니다.");
        }

        static void Main(string[] args)
        {
15:             Function();
16:             Function("함수 오버로딩");
        }
    }
... <코드 생략> ...
```

예제를 보면 3행과 8행에서 선언된 함수의 이름이 Function( )으로서 동일합니다. 다만 매개 변수의 유무 여부가 다른 것을 볼 수 있습니다. 만약 우리가 다루는 언어가 C 언어였다면 오류가 발생했을 것입니다. 하지만 C++ 언어나 C# 언어를 포함한 대부분의 프로그래밍 언어에서는 오버로딩이라는 것을 지원하여 함수의 이름이 같더라도 경우에 따라 구분하여 호출하게 됩니다.

즉, 15행에서는 매개 변수를 전달하지 않았으므로 3행의 Function( )을 호출하고 있으며, 16행에서는 매개 변수를 전달하고 있으므로 8행의 Function( )을 호출하는 것입니다.

실행 결과를 확인해 볼까요?

::: 실행 결과

매개 변수가 없습니다.
매개 변수로 함수 오버로딩이 입력되었습니다.

계속하려면 아무 키나 누르십시오 . . .

어떤가요? 이름은 같으나 매개 변수의 유무 여부가 다른 두 개의 함수가 각각 호출되는 것을 볼 수 있습니다.

[그림 2.48] 함수의 오버로딩

오버로딩은 다음과 같이 총 두 가지의 경우에 적용됩니다.

1) 되돌려지는 형식, 즉 함수형이 다른 경우
2) 매개 변수의 개수 또는 변수형이 다른 경우

어떤 경우에 오버로딩이 적용되는지 이해가 되나요? 적용 예는 [예제 2-49]를 참고하세요.

::: 예제 2-49

```
... <코드 생략> ...
class Program
    {
        static void Sum(ref int result, int a, int b)
        {
            result = a + b;
        }

        static int Sum(int a, int b)
        {
            return a + b;
        }
```

```
        static int Sum(double a, double b)
        {
            return (int)(a + b);
        }

        static void Main(string[] args)
        {
            int result = 0;

            Sum(ref result, 10, 20);
            Console.WriteLine("void Sum(ref int result, int a, int b): " + result);
            Console.WriteLine("int Sum(int a, int b): " + Sum(10, 20));
            Console.WriteLine("int Sum(double a, double b): " + Sum(10.0, 20.0));
        }
    }
... <코드 생략> ...
```

2.8.6 함수를 마치며

함수는 프로그래밍의 진수라고 할 수 있는 중요한 부분입니다. 눈치가 빠른 분은 이미 눈치 채셨겠지만, 여러분이 문법을 익히며 숱하게 접한 Main( )도 결국 함수이며, 출력문인 Console.WriteLine( )도 함수입니다. 결국, C#이라는 프로그래밍 언어를 지탱하는 커다란 두 부분 중 하나는 함수라고 말씀드릴 수 있습니다. 나머지 하나는 이후에 배울 클래스이구요. 클래스는 솔직히 함수보다 조금 더 어렵습니다. 하지만 벌써 겁낼 필요는 없습니다. 문법 장을 공부했듯이 앞으로도 차근차근 이해하며 공부하다 보면 함수는 물론 클래스도 여러분의 수족처럼 자유자재로 사용할 수 있는 날이 오게 됩니다.

다음 절에서는 지금까지 배운 문법을 바탕으로 실전 예제를 개발하겠습니다. 수고하셨습니다!

2.9 프로그램 구현

지금까지 여러분은 기초적인 프로그래밍을 할 수 있는 능력을 갖추었습니다. 문법을 익히는 방법에는 문법책을 보면서 익히는 방법도 있지만, 직접 프로그램을 개발하면서 익히는 것이 더 좋습니다. 앞에서 배운 문법의 사용법을 잊어버려도 상관없습니다. 필요할 때마다 다시 살펴보면 됩니다.

문법은 프로그래밍의 기본이며, 프로그래머가 좋은 프로그램을 만들기 위한 가장 기초적인 능력이라고 생각합니다. 많은 프로그램의 코드를 보고 이해하다 보면 어느새 여러분도 훌륭하고 멋진 코드를 작성할 수 있을 것입니다.

자, 이제 여러분도 훌륭하고 멋진 코드를 작성하기 위한 연습을 해봅시다.

이제부터 다룰 내용은 하나의 예제를 같이 만들어보면서 지금까지의 문법을 총정리하는 시간입니다. 예제를 따라서 작성하기 전에 문제에 대해 같이 고민해보길 바랍니다. 책에서 제시한 답변이 항상 정답은 아니므로, 고민을 거듭 할수록 더 간결하고 멋진 코드를 작성해 낼 수 있을 것입니다.

이번 장에서 우리는 가위바위보 게임과 탱크 게임을 만들어 보겠습니다.

2.9.1 텍스트로 꾸미는 화면 구성 만들기

가장 먼저 프로그램의 첫 화면을 만들어 봅시다. 우리가 구현할 화면은 다음과 같습니다.

::: 실행 결과

```
*********************************************
*               내 가 만 든 게 임              *
*********************************************
*   1. 가위 바위 보                            *
*   2. 탱크                                   *
*   3. 게임 끝내기                             *
*********************************************
```

```
무엇을 하시겠습니까?  ->

계속하려면 아무 키나 누르십시오 . . .
```

일단 화면을 꾸미기 위해서는 출력문을 이용해야겠죠? 어떤 출력문을 사용하는지 생각해 보세요. 우리가 배운 출력문은 어떤 것이 있나요? Conle.Write( )와 Console.WriteLine( )이 있을 것입니다. 아래와 같이 프로그램 코드를 작성해 화면을 꾸며볼까요?

::: 예제 2-50

```
... <코드 생략> ...
    class Program
    {
        static void Main(string[] args)
        {
            Console.WriteLine("****************************");
            Console.WriteLine("*       내 가 만 든 게 임       *");
            Console.WriteLine("****************************");
            Console.WriteLine("*   1. 가위 바위 보           *");
            Console.WriteLine("*   2. 탱크                   *");
            Console.WriteLine("*   3. 끝내기                 *");
            Console.WriteLine("****************************");
            Console.WriteLine("무엇을 하시겠습니까? ->");
        }
    }
... <코드 생략> ...
```

이제 꾸미기 과정은 끝났습니다. 실행 결과를 확인하면, 앞서 우리가 목표로 한 결과와 동일할 것입니다.

이와 같은 메뉴는 여러 번 호출될 수 있겠죠? 하나의 함수로 만들어 봅시다. 함수의 이름은 ShowMenu( )로 하고 되돌림 값은 필요 없기 때문에 함수형은 void로 하겠습니다.

그럼 앞에서 만든 프로그램을 함수로 만들어보세요.

::: 예제 2-51

```
... <코드 생략> ...
    class Program
    {

        static void ShowMenu()
        {
            Console.WriteLine("*************************");
            Console.WriteLine("*      내 가 만 든 게 임      *");
            Console.WriteLine("*************************");
            Console.WriteLine("*    1. 가위 바위 보        *");
            Console.WriteLine("*    2. 탱크              *");
            Console.WriteLine("*    3. 끝내기            *");
            Console.WriteLine("*************************");
            Console.WriteLine("무엇을 하시겠습니까?  ->");
        }

        static void Main(string[] args)
        {
            ShowMenu();
        }
    }
... <코드 생략> ...
```

변경했나요? 실행하면 앞서 본 결과와 동일한 결과가 출력됩니다.

자, 이제 무엇을 하면 될까요? 바로 "무엇을 하시겠습니까?"라는 물음에 키보드로 입력받아 해당 프로그램을 실행하도록 해야 합니다. 우리는 입력문에서 키보드의 키를 입력받아 출력하는 것을 배웠습니다. 기억이 나지 않는다면 입력문을 찾아보고 위 프로그램에서 어떻게 해야 할지 생각해 봅시다.

먼저 키보드의 숫자 키를 입력받기 위한 함수를 만들어 봅시다. 함수의 이름은 InputKey( )로 하고, 입력된 키의 정보를 되돌리도록 합시다.

자, 그럼 시작해 봅시다.

입력키를 받아서 입력된 키의 정보를 되돌리면 되는데, 입력문을 배울 때 사용한 [예제 2-21]을 이용하도록 하겠습니다.

::: 예제 2-21

```
... <코드 생략> ...
    class Program
    {
        static void Main(string[] args)
        {
            Console.Write("알파벳을 입력하세요 (A-Z) ");
            ConsoleKeyInfo key = Console.ReadKey();
            Console.WriteLine("\n입력한 알파벳은  " + key.Key + " 입니다.");
        }
    }
... <코드 생략> ...
```

기억하세요? 알파벳을 입력받기 위한 구문인데 하나의 키를 입력받자마자 어떤 키가 입력되 있는지 확인할 수 있었습니다. 이를 이용해 InputKey( )를 작성합니다.

::: 예제 2-52

```
... <코드 생략> ...
    class Program
    {
        static ConsoleKeyInfo InputKey()
        {
            ConsoleKeyInfo key = Console.ReadKey();
            return key;
        }

        static void ShowMenu(void)
        {
            Console.WriteLine("**************************");
            Console.WriteLine("*     내 가 만 든 게 임     *");
            Console.WriteLine("**************************");
```

```csharp
            Console.WriteLine("*   1. 가위 바위 보          *");
            Console.WriteLine("*   2. 탱크                  *");
            Console.WriteLine("*   3. 끝내기                *");
            Console.WriteLine("***************************");
            Console.WriteLine("무엇을 하시겠습니까? ->");
        }

        static void Main(string[] args)
        {
            ShowMenu();
        }
    }
... <코드 생략> ...
```

이번에는 입력된 키가 어떤 값인지 확인하는 부분을 생각해봅시다.

우리는 1 또는 2, 3의 입력 값을 원하고 있습니다. 1, 2, 3 외의 다른 정보는 필요하지 않다는 것입니다. 그럼 조건문으로 1, 2, 3 중 어떤 키가 입력되었는지 확인하고 다른 키가 입력되었다면, 원하는 키가 입력될 때까지 반복해야 합니다. 입력된 키를 비교하고 반복하는 부분을 함수로 만들겠습니다.

::: 예제 2-53

```csharp
... <코드 생략> ...
    class Program
    {
        static int Choice()
        {
            while (true)
            {
                ConsoleKeyInfo key = InputKey();

                int n = ((int)key.Key) - 48;

                if(n > 0 && n <= 3)
                    return n;
            }
```

```
        }

        static ConsoleKeyInfo InputKey()
        {
            ConsoleKeyInfo key = Console.ReadKey();
            return key;
        }

        static void ShowMenu()
        {
            Console.WriteLine("**************************");
            Console.WriteLine("*      내 가 만 든 게 임      *");
            Console.WriteLine("**************************");
            Console.WriteLine("*   1. 가위 바위 보           *");
            Console.WriteLine("*   2. 탱크                  *");
            Console.WriteLine("*   3. 끝내기                *");
            Console.WriteLine("**************************");
            Console.WriteLine("무엇을 하시겠습니까?  ->");
        }

        static void Main(string[] args)
        {
            ShowMenu();
        }
    }
... <코드 생략> ...
```

Choice( )를 살펴보겠습니다. 함수의 원형에서 볼 수 있듯이 함수형은 정수형입니다. 반복문 내에서 KeyInput( )을 호출함으로써 키를 입력받고 있습니다. 입력받은 키값을 정수형으로 형변환한 뒤, 48을 뺐습니다. 이것은 '1'이라는 문자를 정수로 변환했을 때, ASCII CODE를 기준으로 49가 되기 때문입니다. 마찬가지로 '2'는 50, '3'은 51입니다. ASCII CODE는 이 책 마지막에 첨부되어 있는 ASCII CODE 표를 참조하시길 바랍니다.

만약 입력된 키가 1, 2, 3 중 하나일 경우에만 반복문과 Choice( )를 빠져나가도록 했습니다. 이때, Choice( )에는 입력된 키의 번호가 되돌려집니다.

여기까지 작성한 프로그램이 잘 동작하는지 Main( )을 수정하도록 하겠습니다.

::: 예제 2-54

```
... <코드 생략> ...
    class Program
    {
        static int Choice()
        {
            while (true)
            {
                ConsoleKeyInfo key = InputKey();

                int n = ((int)key.Key) - 48;nu

                if(n > 0 && n <= 3)
                    return n;
            }
        }

        static ConsoleKeyInfo InputKey()
        {
            ConsoleKeyInfo key = Console.ReadKey();
            return key;
        }

        static void ShowMenu()
        {
            Console.WriteLine("**************************");
            Console.WriteLine("*     내 가 만 든 게 임        *");
            Console.WriteLine("**************************");
            Console.WriteLine("*  1. 가위 바위 보            *");
            Console.WriteLine("*  2. 탱크                   *");
            Console.WriteLine("*  3. 끝내기                  *");
            Console.WriteLine("**************************");
            Console.WriteLine("무엇을 하시겠습니까? ->");
        }

        static void Main(string[] args)
        {
            ShowMenu();
```

```
            Console.SetCursorPosition(27, 7);

            int c = Choice();
        }
    }
... <코드 생략> ...
```

실행 후, 숫자 키 1을 눌렀을 때의 결과입니다.

::: 실행 결과

```
**************************************************
*                  내 가 만 든 게 임                *
**************************************************
*     1. 가위 바위 보                               *
*     2. 탱크                                      *
*     3. 게임 끝내기                                *
**************************************************
무엇을 하시겠습니까?  -> 1계속하려면 아무 키나 누르십시오 . . .
```

2.9.2 가위바위보 게임 만들기

메뉴의 구성은 잘 된 것 같죠? 이제 실제 게임을 만들 차례입니다. 지금까지 제대로 익혔다면 앞으로 게임을 만드는 것도 쉽게 할 수 있습니다. 역시 게임을 만드는 것도 위와 같이 차근차근 만들면 어렵지 않게 구현할 수 있습니다.

이제부터는 가위바위보 게임을 만들겠습니다. 컴퓨터와 사용자는 각각 가위, 바위, 보자기 중에 하나를 선택합니다. 그리고 컴퓨터와 사용자의 선택을 출력하고 누가 이겼는지를 판단합니다.

매우 간단한 게임이지만 이번에는 좀 그럴싸하게 만들어보도록 하겠습니다. 먼저 가위바위보의 그림을 디자인해 봅시다. 아래 그림과 같은 형식으로 만들어 보겠습니다.

```
  * *              * * * *          *  *   *
   * *            * * * **  *      * *   *  *
 * * ****         **********      * *  ** **   *
 *********         ********       ******** *
  *******           *****          ********
    *****                           *****
```

[그림 2.49] 좌측부터 가위, 바위, 보자기에 출력될 그림

실제 가위, 바위, 보자기와 그림이 비슷한가요? 이 디자인은 여러분이 좀 더 근사하게 만들어 보세요.

[그림 2-49]를 배열로 만들어 보도록 하겠습니다. *로 표시된 부분은 숫자 1, 공백인 부분은 숫자 0으로 초기화하도록 하겠습니다. 가로세로 크기는 위 그림의 최대 크기인 가로 12, 세로 6입니다.

::: 예제 2-55

```
... <코드 생략> ...
    class Program
    {
        static int[,] scissors = new int[6, 12] {{0,0,0,1,0,0,0,0,1,0,0,0}
                                                ,{0,0,0,0,0,1,0,1,0,0,0,0}
                                                ,{0,1,0,1,0,1,1,1,1,0,0,0}
                                                ,{0,1,1,1,1,1,1,1,1,1,0,0}
                                                ,{0,0,1,1,1,1,1,1,1,0,0,0}
                                                ,{0,0,0,1,1,1,1,1,0,0,0,0} };

        static int[,] rock = new int[6, 12] {{0,0,0,0,0,0,0,0,0,0,0,0}
                                            ,{0,0,1,0,1,0,1,0,1,0,0,0}
                                            ,{0,1,0,1,0,1,0,1,1,0,1,0}
                                            ,{0,1,1,1,1,1,1,1,1,1,1,0}
                                            ,{0,0,1,1,1,1,1,1,1,1,0,0}
                                            ,{0,0,0,1,1,1,1,1,0,0,0,0} };

        static int[,] paper = new int[6, 12] {{0,0,1,0,0,1,0,0,0,1,0,0}
```

```
                              ,{1,0,1,0,0,1,0,0,1,0,0,0}
                              ,{1,0,1,0,1,1,0,1,1,0,0,1}
                              ,{0,1,1,1,1,1,1,1,1,0,1,0}
                              ,{0,0,1,1,1,1,1,1,1,1,0,0}
                              ,{0,0,0,1,1,1,1,1,0,0,0,0} };

        static int Choice()
        {
            ... <코드 생략> ...
        }
    ... <코드 생략> ...
```

이런 형태의 배열이 될 것입니다. 배열을 초기화했다면 이제 직접 그림을 그려봅시다. 그림을 그리는 함수를 만들어 볼 텐데요. 함수형은 void로 하고 함수의 이름은 DrawRPS( )로 합시다.

여기서 RPS는 가위바위보 게임의 영문 표현인 rock-paper-scissors의 약자에서 따왔습니다. 그림은 원하는 위치에 그리도록 합시다. 그러므로 매개 변수로서 그림이 출력될 가로세로 위치를 입력받은 뒤, Console.SetCursorPosition( )를 이용하도록 하겠습니다. 추가로 가위, 바위, 보자기 중 어떤 것을 그릴 것인지 매개 변수를 통해 전달받을 것입니다. 즉, 매개 변수 choice에 1이 전달될 경우 가위, 2가 전달될 경우 바위, 3이 전달될 경우 보자기가 출력되는 것입니다.

::: 예제 2-56

```
... <코드 생략> ...
    class Program
    {
        ... <코드 생략> ...

        static void DrawRPS(int left, int top, int choice)
        {
            int[,] image = scissors;

            switch(choice)
```

```csharp
            {
                case 2:
                    image = rock;
                    break;
                case 3:
                    image = paper;
                    break;
            }

            Console.SetCursorPosition(left, top);

            for (int i = 0; i < 6; i++)
            {
                Console.SetCursorPosition(left, top + i);

                for (int j = 0; j < 12; j++)
                {
                    if (image[i, j] == 0)
                        Console.Write(" ");
                    else
                        Console.Write("*");
                }
            }
        }

        ... <코드 생략> ...

        static void Main(string[] args)
        {
            ShowMenu();
            Console.SetCursorPosition(27, 7);

            int c = Choice();
            DrawRPS(5, 10, 1);
            DrawRPS(20, 10, 2);
            DrawRPS(35, 10, 3);
        }
    }
... <코드 생략> ...
```

[예제 2-56]는 DrawRPS( )를 테스트하기 위한 프로그램입니다. 실행한 후, 1을 입력해 봅시다.

::: 실행 결과

```
***************************************
*            내 가 만 든 게 임           *
***************************************
*   1. 가위 바위 보                     *
*   2. 탱크                            *
*   3. 게임 끝내기                      *
***************************************
무엇을 하시겠습니까?  -> 1

    *   *                                  *   *   *
     * *                * *  *            *   *   *
  * * ****           * * * **              * * ** **  *
  *********          **********           ********* *
   *******            ********             ********
    *****              *****                *****

계속하려면 아무 키나 누르십시오 . . .
```

이제부터는 어떻게 구현할지 생각해보세요. 생각해 보셨나요? 이렇게 만드는 건 어떨까요?

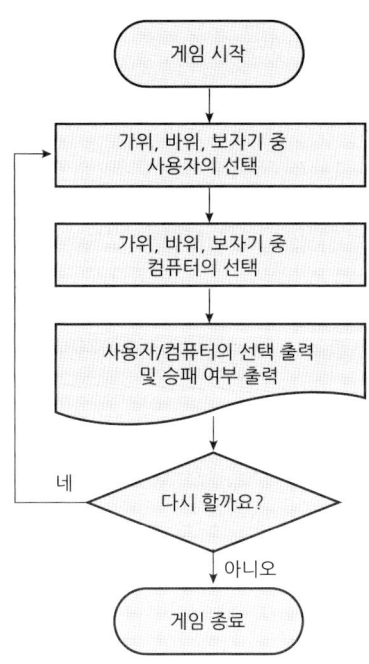

[그림 2.50] 가위 바위 보 게임의 순서도

순서도가 정해졌으니 차근차근 구현해봅시다. 사용자의 선택은 키보드의 입력을 받아서 결정하지만, 컴퓨터의 선택은 어떻게 구현할까요? 컴퓨터가 스스로 무작위로 결정하도록 하면 어떨까요?

이때 유용한 함수가 Random( )입니다. 게임을 개발할 때 많이 사용하는 함수로서, 익혀두면 유용하게 쓸 수 있는 함수입니다. Random( )의 사용 방법은 다음과 같습니다.

```
Random rnd = new Random();
int n = rnd.Next(int MinValue, int MaxValue);
```

[그림 2.51] Random( )의 사용 방법

가장 먼저 난수를 생성할 때 사용할 변수를 선언하고, Next( )를 이용해 난수를 발생합니다.

이때, 매개 변수로 전달되는 값은 난수가 발생할 범위, 즉, 최솟값과 최댓값입니다.

이때, 주의할 점은 최댓값은 발생하지 않는다는 것입니다. 다시 말해, Next( )의 매개 변수로서 1, 3을 전달할 경우, 난수는 1과 2만 발생하게 됩니다. 우리는 가위, 바위, 보자기의 세 가지 경우만 생각하면 되므로, 최솟값은 1, 최댓값은 4로 작성하겠습니다.

이제 대강 준비가 된 것 같습니다. 본격적으로 게임을 진행할 함수를 만듭시다.

::: 예제 2-57

```
... <코드 생략> ...
    class Program
    {
        ... <코드 생략> ...

        static void DrawRPS(int left, int top, int choice)
        {
            ... <코드 생략> ...
        }

        static void RunRPS()
        {
10:         int rePlay = 1;

12:         while(rePlay == 1)
            {
14:             Random rnd = new Random(); // 컴퓨터의 선택을 위한 랜덤 변수 선언

15:             Console.Clear();     // 게임 시작 전 화면을 깨끗하게 지웁니다.
                Console.WriteLine("가위 바위 보 게임!");
                Console.WriteLine("가위 = 1, 바위 = 2, 보자기 = 3");
18:             Console.WriteLine("알맞은 숫자 키를 눌러주세요.");

20:             int userInput = Choice();  // 사용자의 선택
21:             int comInput = rnd.Next(1, 4);// 컴퓨터의 선택

23:             DrawRPS(5, 8, userInput);  // 사용자의 선택 출력
```

```
24:            DrawRPS(25, 8, comInput);   // 컴퓨터의 선택 출력

               /* 승패 확인 */
27:            int result = comInput - userInput;
               if (result < 0) result += 3;

30:            switch(result)
               {
                   case 0:
                       Console.WriteLine("비겼습니다.");
                       break;
                   case 1:
                       Console.WriteLine("컴퓨터가 이겼습니다.");
                       break;
                   case 2:
                       Console.WriteLine("사용자가 이겼습니다.");
                       break;
41:            }

43:            Console.WriteLine("다시 할까요? 1 - yes");
44:            rePlay = Choice();
           }

           return;
       }

   ... <코드 생략> ...

       static void Main(string[] args)
       {
           ShowMenu();
           Console.SetCursorPosition(27, 7);

           int c = Choice();

           switch(c)
           {
               case 1:
                   RunRPS();
```

```
                    break;
                }
        }
    }
... <코드 생략> ...
```

10행에서 rePlay라는 정수형 변수를 초깃값 1로 선언했습니다. 변수 rePlay는 게임이 끝난 후, 다시 할 것인지의 여부를 결정할 때 사용할 것입니다. 12행에서 rePlay가 1인 경우에 while문을 실행하도록 했으므로, 게임이 끝난 후 1이 아닌 2 또는 3을 입력했을 때, 게임이 종료될 것입니다.

14행에서 게임 진행에 사용할 랜덤 변수를 선언했습니다. 여기서 선언된 랜덤 변수는 20행에서 컴퓨터가 패를 선택할 때 사용할 것입니다.

15행부터 18행까지는 게임의 기본적인 사항을 출력하는 부분입니다. 가장 먼저 화면을 깨끗하게 지우고, 게임에 대한 정보를 출력했습니다.

20행과 21행은 사용자와 컴퓨터의 선택을 진행하는 부분입니다. 20행에서 Choice( )를 호출해 사용자가 선택한 패의 정보를 구하도록 했으며, 21행에서는 앞서 선언한 랜덤 변수를 이용해 컴퓨터가 패를 선택하도록 했습니다.

23행과 24행에서 각각 사용자와 컴퓨터가 선택한 패를 DrawRPS( )를 이용해 출력하도록 했습니다.

27행부터 41행까지는 게임의 승패 여부를 확인하는 부분입니다. 얼핏 이해가 어려울 수 있으므로, 다음의 그림을 통해 설명하겠습니다.

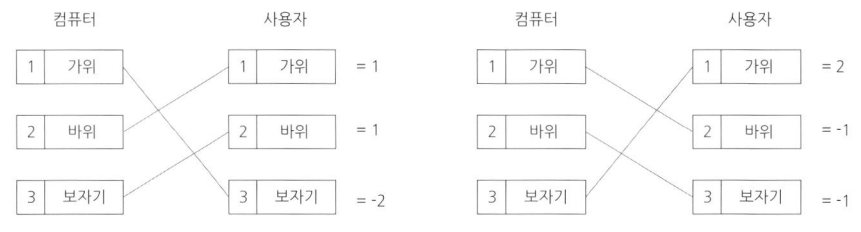

[그림 2.52] 컴퓨터가 이기는 경우(좌)와 사용자가 이기는 경우(우)

[그림 2.52]에서 볼 수 있듯이 가위, 바위, 보자기의 각 패는 숫자 1, 2, 3으로 매칭되어 있습니다. 컴퓨터가 이겼을 경우, 컴퓨터가 선택한 패에서 사용자가 선택한 패를 빼면 1 또는 -2가 됩니다. 반대로 사용자가 이겼을 경우에는 -1 또는 2가 됩니다. 이때, 1과 -2, 그리고 -1과 2 사이에는 각각 3씩의 차이가 존재합니다. 즉, 컴퓨터가 선택한 패에서 사용자가 선택한 패를 뺀 결과가 0 미만일 경우에만 3을 합산하게 되면, 컴퓨터가 이겼을 경우에는 무조건 1, 사용자가 이겼을 경우에는 무조건 2가 나오게 됩니다.

30행에서는 이렇게 얻은 값을 토대로 1일 경우 컴퓨터의 승리, 2일 경우 사용자의 승리, 그리고 0일 경우에는 비겼음을 확인합니다.

43행과 44행에서는 게임을 다시 할 것인지 확인하는데, 1이 아닌 경우에만 while문을 빠져나가도록 합니다.

그럼 실행해 볼까요?

::: 실행 결과

```
가위 바위 보 게임!
가위 = 1, 바위 = 2, 보자기 = 3
알맞은 숫자 키를 눌러주세요.
1
```

```
    *   *
     * *                * * * *
* * ****              * * * ** *
*********             **********
 *******               ********
  *****                 *****           컴퓨터가 이겼습니다.

다시 할까요? 1 - yes
```

어떻습니까? 재미있는 게임이 만들어졌습니다.

2.9.3 탱크 게임 만들기

이번에는 탱크 게임을 만들어 볼까요? 먼저 탱크 디자인을 하겠습니다. 앞서 가위바위보 게임을 디자인한 것처럼 만들 것이므로, 별다른 설명 없이 진행하겠습니다.

::: 예제 2-58

```
... <코드 생략> ...
    class Program
    {
        ... <코드 생략> ...

        static int[,] tank = new int[3, 7] {{0,1,1,1,1,0,1}
                                           ,{1,1,1,1,1,1,0}
                                           ,{2,2,2,2,2,2,0} };

        static void DrawTank(int left, int top)
        {
            Console.SetCursorPosition(left, top);

            for (int i = 0; i < 3; i++)
            {
                Console.SetCursorPosition(left, top + i);

                for (int j = 0; j < 7; j++)
```

```csharp
                {
                    int t = tank[i, j];

                    if (t == 0)
                        Console.Write(" ");
                    else if (t == 1)
                        Console.Write("#");
                    else
                        Console.Write("@");
                }
            }
        }

        ... <코드 생략> ...

        static void Main(string[] args)
        {
            ShowMenu();
            Console.SetCursorPosition(27, 7);

            int c = Choice();

            switch(c)
            {
                case 1:
                    RunRPS();
                    break;
                case 2:
                    DrawTank(5, 8);
                    break;
            }
        }
    ... <코드 생략> ...
```

실행 결과를 확인합시다. 어떻습니까? 제법 탱크 같지 않습니까?

::: 실행 결과

```
*************************************************
*              내 가 만 든 게 임                  *
*************************************************
*    1. 가위 바위 보                              *
*    2. 탱크                                      *
*    3. 게임 끝내기                               *
*************************************************
무엇을 하시겠습니까? -> 2



    #### #
   ######
    @@@@@
계속하려면 아무 키나 누르십시오 . . .
```

이제부터 어떻게 탱크 게임을 만들지 생각해봅시다. 왼쪽에 탱크를 배치하고 오른쪽에 표적을 맞히는 형태로 진행해봅시다. 탱크가 쏜 포탄이 속도와 중력에 의해서 포물선을 그리게 됩니다.

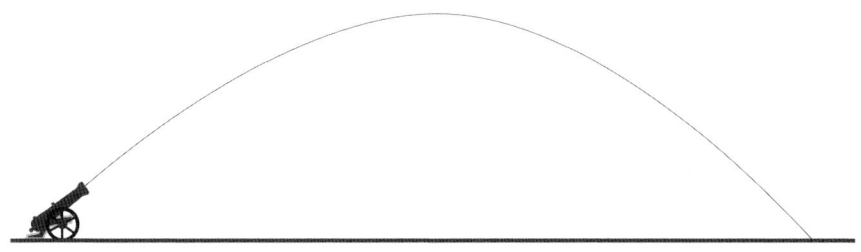

[그림 2.53] 포물선 운동을 하는 포탄

포물선은 수학 공식으로 나타낼 수 있습니다. 이번 탱크 게임을 만들기 위해 포물선 공식은 간단히 설명하겠습니다.

$$x = N_0 \times \cos(\angle) \times T_0$$
$$y = N_0 \times \sin(\angle) \times T_0 - \frac{G \times T_0^2}{2}$$
(* N_0는 초기 속도, $\angle$은 각도, T_0는 시간, G는 중력 가속도)

포탄의 x축은 초기 속도에 $\cos(\angle)$과 시간 T_0를 곱하면 됩니다. y축은 초기 속도에 $\sin(\angle)$과 시간 T_0를 곱한 후, 중력 가속도와 시간 T_0의 제곱을 곱한 값의 절반 값을 빼면 됩니다. 물리 시간이 아니므로 자세한 설명은 생략하고 포물선 공식을 프로그램 코드로 작성하도록 하겠습니다.

::: 예제 2-59

```
... <코드 생략> ...
    class Program
    {
        ... <코드 생략> ...

4:      static void DrawBomb(int x, int y)
        {
            if (!((x > 50) || (y > 20)))
            {
                Console.SetCursorPosition(x + 9, 20 - y);
                Console.Write("o");
            }
        }

13:     static int Fire(int n, int angle, int targetX, int targetY)
        {
            int x = 0, y = 0;
            int t = 1, g = 2;

18:         while (y >= 0)
            {
20:             x = ((int)(n * Math.Cos((double)angle * Math.PI / 180) * t));
21:             y = ((int)((n * Math.Sin((double)angle * Math.PI / 180) * t) - (0.5 * g * t * t)));
```

```
23:            DrawBomb(x / 20, y / 20);
24:            t++;

26:            if ((targetX - 9) == (x / 20) && (20 - targetY) == (y / 20))
27:                return 1;
            }

            return 0;
        }

... <코드 생략> ...
```

4행의 DrawBomb( )는 날아가는 포탄을 그리는 함수입니다. 매개 변수로서 포탄이 출력될 좌표를 전달받습니다.

13행의 Fire( )는 포탄이 발사될 시, 포탄의 경로를 계산하는 함수입니다. 매개 변수 n은 포의 세기이며, angle은 포의 각도, targetX와 targetY는 표적의 위치입니다. 함수 내에서 시간 t의 초기 값은 1, 중력 가속도 g는 기본적으로 2로 설정되어 있습니다.

18행에서 while문의 조건으로 포물선 운동을 하는 포탄의 높이가 지표면 아래로 내려갈 때, 계산을 종료하도록 했습니다.

20행과 21행에서 포물선 공식을 이용해 포탄의 경로를 계산합니다.

이렇게 계산된 포탄의 좌표는 23행에서 DrawBomb( )를 호출해 포탄을 출력하고 있습니다. 이 때, 계산된 값은 너무 크기 때문에 화면에 모두 출력할 수 없습니다. 그러므로 x와 y 모두 20으로 나눈 후 출력합니다.

24행에서 시간 t를 증가시킴으로써 반복할 때마다 시간이 증가하도록 합니다.

26행과 27행은 포탄이 표적에 명중했는지 확인하는 코드이며, 명중할 경우 1을, 명중하지 못했을 경우 while문을 벗어나 0을 되돌립니다.

이제 실행 결과를 보기 위해, RunTank( )를 만듭시다.

::: 예제 2-60

```
... <코드 생략> ...
    class Program
    {
        ... <코드 생략> ...

        static void RunTank()
        {
            int rePlay = 1;

            while (rePlay == 1)
            {
                int n = 0, angle = 0;
                Random r = new Random();

13:             int targetX = r.Next(40, 60);
14:             int targetY = r.Next(18, 21);

                Console.Clear();

                DrawTank(2, 20);

20:             Console.SetCursorPosition(targetX, targetY);
21:             Console.Write("X");

23:             while (n < 30 || n > 50)
                {
                    Console.SetCursorPosition(0, 23);
                    Console.Write("===> 포의 세기를 입력하세요 (30 ~ 50)");

                    String p = Console.ReadLine();

                    n = Int32.Parse(p);
                }
```

```csharp
            while (angle < 30 || angle > 70)
            {
                Console.SetCursorPosition(0, 23);
                Console.Write("===> 포의 각도를 입력하세요 (30 ~ 70)  ");

                String a = Console.ReadLine();

                angle = Int32.Parse(a);
41:         }

43:         int result = Fire(n, angle, targetX, targetY);

45:         switch (result)
            {
                case 1:
                    Console.SetCursorPosition(0, 0);
                    Console.WriteLine("      ~~~~~ 성  공 ~~~~~      ");
                    break;
                case 2:
                    Console.SetCursorPosition(0, 0);
                    Console.WriteLine("      ~~~~~ 실  패 ~~~~~      ");
                    break;
55:         }

57:         Console.SetCursorPosition(0, 2);
            Console.WriteLine("다시 할까요? 1 - yes");

60:         rePlay = Choice();
        }
    }

        ... <코드 생략> ...

    static void Main(string[] args)
    {
        ShowMenu();
        Console.SetCursorPosition(27, 7);

        int c = choicemenu();
```

```
            switch(c)
            {
                case 1:
                    RunRPS();
                    break;
                case 2:
                    RunTank();
                    break;
            }
        }
    }
... <코드 생략> ...
```

13행과 14행에서 난수를 발생해, 표적의 위치를 구한 후, 20행과 21행에서 표적을 출력하고 있습니다. 표적은 'X'로 출력됩니다.

23행부터 41행까지는 포의 세기와 각도를 입력받는 부분입니다. 이곳에서 입력받은 세기와 각도는 43행에서 Fire( )에 전달되어 포탄의 경로를 계산하는 데 이용됩니다.

45행에서 전달된 표적의 위치를 토대로 명중 여부를 확인합니다. 명중 여부는 정수형 변수 result에 저장됩니다. 변수 result를 이용해 46행부터 56행까지의 프로그램 코드에서 명중 여부에 따라 성공 및 실패 여부를 화면에 출력합니다.

57행부터 60행까지의 프로그램 코드에서 게임의 재도전 여부를 확인합니다.

마지막으로 Main( ) 내부에 RunTank( )를 호출하도록 코드를 추가했습니다. 이제 탱크 게임이 완성되었습니다. 결과를 확인해 봅시다.

::: 실행 결과

다시 할까요? 1 - yes

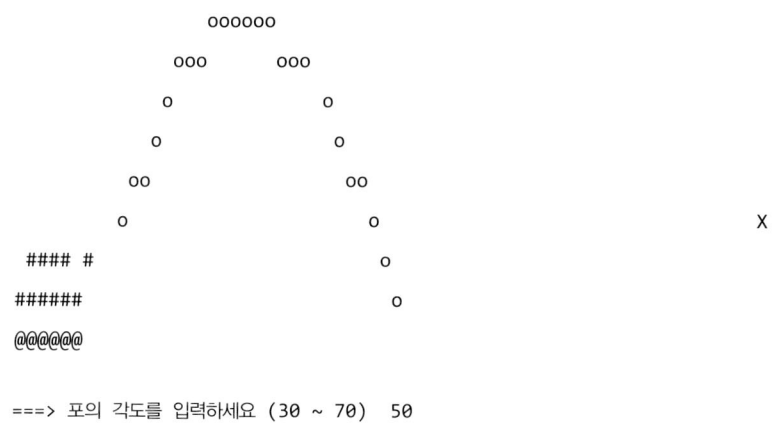

===> 포의 각도를 입력하세요 (30 ~ 70) 50

어떻습니까? 근사하지 않습니까?

우리는 이번 장에서 두 가지 게임을 개발했습니다. 전체 프로그램 코드를 다시 한 번 살펴보며 최대한 자신의 것으로 소화하도록 합시다.

::: 예제 2-61

```
... <코드 생략> ...
    class Program
    {
        static int[,] scissors = new int[6, 12] {{0,0,0,1,0,0,0,0,1,0,0,0}
                                                ,{0,0,0,0,0,1,0,1,0,0,0,0}
                                                ,{0,1,0,1,0,1,1,1,1,0,0,0}
                                                ,{0,1,1,1,1,1,1,1,1,1,0,0}
                                                ,{0,0,1,1,1,1,1,1,1,0,0,0}
                                                ,{0,0,0,1,1,1,1,1,0,0,0,0} };

        static int[,] rock = new int[6, 12] {{0,0,0,0,0,0,0,0,0,0,0,0}
                                            ,{0,0,1,0,1,0,1,0,1,0,0,0}
                                            ,{0,1,0,1,0,1,0,1,1,0,1,0}
                                            ,{0,1,1,1,1,1,1,1,1,1,1,0}
```

```csharp
                                            ,{0,0,1,1,1,1,1,1,1,0,0}
                                            ,{0,0,0,1,1,1,1,1,0,0,0,0} };

    static int[,] paper = new int[6, 12] {{0,0,1,0,0,1,0,0,0,1,0,0}
                                         ,{1,0,1,0,0,1,0,0,1,0,0,0}
                                         ,{1,0,1,0,1,1,0,1,1,0,0,1}
                                         ,{0,1,1,1,1,1,1,1,1,0,1,0}
                                         ,{0,0,1,1,1,1,1,1,1,1,0,0}
                                         ,{0,0,0,1,1,1,1,0,0,0,0} };

    static int[,] tank = new int[3, 7] {{0,1,1,1,1,0,1}
                                        ,{1,1,1,1,1,1,0}
                                        ,{2,2,2,2,2,2,0} };

    static int Choice()
    {
        while (true)
        {
            ConsoleKeyInfo key = InputKey();

            int n = ((int)key.Key) - 48;

            if(n > 0 && n <= 3)
                return n;
        }
    }

    static ConsoleKeyInfo InputKey()
    {
        ConsoleKeyInfo key = Console.ReadKey();
        return key;
    }

    static void DrawRPS(int left, int top, int choice)
    {
        int[,] image = scissors;

        switch(choice)
        {
```

```
            case 2:
                image = rock;
                break;
            case 3:
                image = paper;
                break;
        }

        Console.SetCursorPosition(left, top);

        for (int i = 0; i < 6; i++)
        {
            Console.SetCursorPosition(left, top + i);

            for (int j = 0; j < 12; j++)
            {
                if (image[i, j] == 0)
                    Console.Write(" ");
                else
                    Console.Write("*");
            }
        }
    }

    static void RunRPS()
    {
        int rePlay = 1;

        while(rePlay == 1)
        {
            Random rnd = new Random(); // 컴퓨터의 선택을 위한 랜덤 변수 선언

            Console.Clear();      // 게임 시작 전 화면을 깨끗하게 지웁니다.
            Console.WriteLine("가위 바위 보 게임!");
            Console.WriteLine("가위 = 1, 바위 = 2, 보자기 = 3");
            Console.WriteLine("알맞은 숫자 키를 눌러주세요.");

            int userInput = Choice();  // 사용자의 선택
            int comInput = rnd.Next(1, 4);// 컴퓨터의 선택
```

```csharp
                    DrawRPS(5, 8, userInput);   // 사용자의 선택 출력
                    DrawRPS(25, 8, comInput);   // 컴퓨터의 선택 출력

            /* 승패 확인 */
                    int result = comInput - userInput;
                    if (result < 0) result += 3;

                    switch(result)
                    {
                        case 0:
                            Console.WriteLine("비겼습니다.");
                            break;
                        case 1:
                            Console.WriteLine("컴퓨터가 이겼습니다.");
                            break;
                        case 2:
                            Console.WriteLine("사용자가 이겼습니다.");
                            break;
                    }

                    Console.WriteLine("다시 할까요? 1 - yes");
                    rePlay = Choice();
                }

        return;
        }

        static void ShowMenu()
        {
            Console.WriteLine("***************************");
            Console.WriteLine("*      내 가 만 든 게 임       *");
            Console.WriteLine("***************************");
            Console.WriteLine("*   1. 가위 바위 보           *");
            Console.WriteLine("*   2. 탱크                  *");
            Console.WriteLine("*   3. 끝내기                *");
            Console.WriteLine("***************************");
            Console.WriteLine("무엇을 하시겠습니까? ->");
        }
```

```csharp
static void DrawTank(int left, int top)
{
    Console.SetCursorPosition(left, top);

    for (int i = 0; i < 3; i++)
    {
        Console.SetCursorPosition(left, top + i);

        for (int j = 0; j < 7; j++)
        {
            int t = tank[i, j];

            if (t == 0)
                Console.Write(" ");
            else if (t == 1)
                Console.Write("#");
            else
                Console.Write("@");
        }
    }
}

static void DrawBomb(int x, int y)
{
    if (!((x > 50) || (y > 20)))
    {
        Console.SetCursorPosition(x + 9, 20 - y);
        Console.Write("o");
    }
}

static int Fire(int n, int angle, int targetX, int targetY)
{
    int x = 0, y = 0;
    int t = 1, g = 2;

    while (y >= 0)
    {
```

```csharp
            x = ((int)(n * Math.Cos((double)angle * Math.PI / 180) * t));
            y = ((int)((n * Math.Sin((double)angle * Math.PI / 180) * t) - (0.5 * g * t * t)));

            DrawBomb(x / 20, y / 20);
            t++;

            if ((targetX - 9) == (x / 20) && (20 - targetY) == (y / 20))
                return 1;
        }

        return 0;
    }

    static void RunTank()
    {
        int rePlay = 1;

        while (rePlay == 1)
        {
            int n = 0, angle = 0;
            Random r = new Random();

            int targetX = r.Next(40, 60);
            int targetY = r.Next(18, 21);

            Console.Clear();

            DrawTank(2, 20);

            Console.SetCursorPosition(targetX, targetY);
            Console.Write("X");

            while (n < 30 || n > 50)
            {
                Console.SetCursorPosition(0, 23);
                Console.Write("===> 포의 세기를 입력하세요 (30 ~ 50)");

                String p = Console.ReadLine();
```

```csharp
                n = Int32.Parse(p);
            }

            while (angle < 30 || angle > 70)
            {
                Console.SetCursorPosition(0, 23);
                Console.Write("===> 포의 각도를 입력하세요 (30 ~ 70)   ");

                String a = Console.ReadLine();

                angle = Int32.Parse(a);
            }

            int result = Fire(n, angle, targetX, targetY);

            switch (result)
            {
                case 1:
                    Console.SetCursorPosition(0, 0);
                    Console.WriteLine("      ~~~~~ 성  공 ~~~~~       ");
                    break;
                case 2:
                    Console.SetCursorPosition(0, 0);
                    Console.WriteLine("      ~~~~~ 실  패 ~~~~~       ");
                    break;
            }

            Console.SetCursorPosition(0, 2);
            Console.WriteLine("다시 할까요? 1 - yes");

            rePlay = Choice();
        }
    }

    static void Main(string[] args)
    {
        ShowMenu();
        Console.SetCursorPosition(27, 7);
```

```
            int c = choicemenu();
            switch(c)
            {
                case 1:
                    RunRPS();
                    break;
                case 2:
                    RunTank();
                    break;
            }
        }
    }
... <코드 생략> ...
```

2.10 문법을 마치며

이것으로 2장 C# 문법을 마칩니다. 문법은 기본이므로 자세하게 다루었습니다. 탄탄한 기초를 쌓아야 이후의 프로그래밍 공부도 흥미를 느낄 수 있습니다. 많은 분이 이후의 프로그래밍을 공부하다가 문법을 잊어버리게 되면, 겁을 먹고 흥미까지 잃어버리는 경우가 많습니다. 문법을 잊더라도 당황하지 말고, 차분한 마음으로 다시 찾아보길 바랍니다. 프로그래밍 언어도 결국에는 하나의 언어이므로, 잊어버리면 다시 공부해 익숙해지는 것만이 왕도라 할 수 있습니다.

수고하셨습니다!

CHAPTER 03
스레드(Thread)

이번 장에서는 스레드 프로그래밍에 대해 다룹니다. 순차 프로그래밍과 스레드 프로그래밍의 차이점을 알아보면서 스레드 프로그래밍의 이해를 돕고 스레드 프로그래밍 사용 방법을 알아봅니다.

3.1 순차 프로그래밍과 스레드 프로그래밍

우리가 프로그램을 작성하는 방법 중에 시간 순서를 고려한 작성법을 생각해 볼 수 있습니다. 매우 간단하면서도 쉽게 생각할 수 있는 방법입니다. 세탁기 구동에 대해서 생각해 볼까요? 세탁기에는 세탁, 탈수, 건조 기능이 있습니다. 때에 따라서 건조 기능은 할 수도, 안 할 수도 있겠네요. 세탁기를 구동시키는 순서는 크게 [세탁]-[탈수]-[건조]의 순이 됩니다.

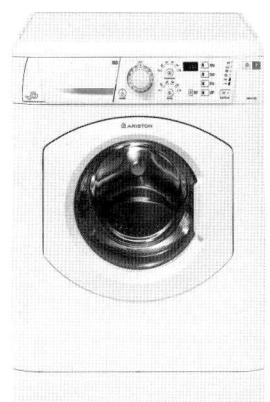

[그림 3.1] 세탁기

프로그래머가 세탁기 프로그램을 작성한다면 어떻게 될까요? 순서는 [세탁]-[탈수]-[건조]가 되며 조건에 따라서 건조 기능이 선택됩니다.

순서도로 세탁기 프로그램을 살펴보면 ①시작, ②세탁, ③탈수, ④건조 조건 결정, ⑤건조, ⑥종료로 다음 그림과 같습니다. 즉, 프로그래머는 세탁 기능, 탈수 기능, 건조 기능을 만들고 시간 순서로 프로그램을 정렬합니다. 조건문은 탈수가 끝나면 건조 조건을 확인한 뒤 건조 기능을 작동시키고 끝내면 됩니다.

간단하게 살펴본 세탁기 프로그램은 시간을 고려한 순차 프로그램의 예입니다.

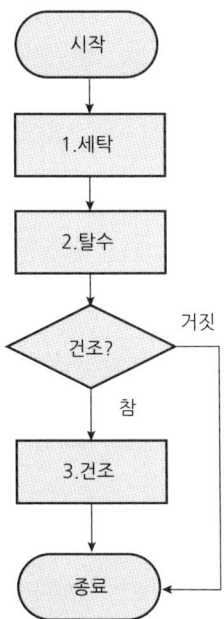

[그림 3.2] 세탁 순서

세탁기 프로그램을 코드로 작성해 보도록 하겠습니다. 위 순서도를 바탕으로 작성하면 순차 프로그램이 됩니다.

::: 예제 3-1

```
using System;
using System.Collections.Generic;
using System.Linq;
using System.Text;

namespace Washing_Machine
{
    class Program
    {
        static void Main(string[] args)
        {
            Console.WriteLine("1. 세탁");
```

```
            Console.WriteLine("2. 탈수");
            Console.Write("건조 하시겠습니까? ");

            int ch = Console.Read();
            if (ch == 'Y' || ch == 'y')
                Console.WriteLine("3. 건조");
        }
    }
}
```

단순하게 순차적으로 기능을 출력하는 프로그램이 완성되었습니다. 완성하고 보니 의문점이 하나 생겼습니다.

탈수 기능과 건조 기능을 동시에 실행할 순 없나요?

그런데 세탁기가 발전해 탈수 기능과 건조 기능을 동시에 진행하는 기술이 생겼다고 합시다. 동시에 탈수 기능과 건조 기능을 프로그램한다면 어떻게 해결해야 할까요? 기존의 순차 프로그램으로서는 해결할 수 없지만 스레드(Thread) 프로그램으로는 해결할 수 있습니다. 스레드의 사용법은 뒤에 다루겠습니다만 간단히 스레드의 용도를 설명하면 여러 일을 동시에 실행할 때 사용합니다. 아래 순서도를 살펴봅시다.

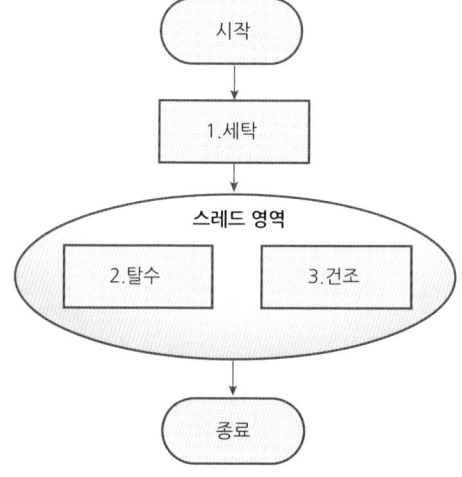

[그림 3.3] 스레드 영역

스레드 영역에 탈수와 건조가 포함된 것을 볼 수 있습니다. 두 기능을 동시에 실행하기 위해서 스레드 영역 안에 기능을 넣었습니다. 스레드를 사용하면 이런 독립적인 기능, 서로 다른 독립 수행 함수를 동시에 실행할 수 있습니다.

스레드는 위 그림에서 보듯 원으로 묶여 있습니다. 즉, 탈수와 건조를 하나로 생각하고 동시에 진행한다는 말입니다. 하나로 생각한다는 말은 사용자는 동시에 실행되는 것처럼 느낀다는 것입니다. 스레드가 알아서 하나로 느끼도록 실행시키므로 사용자는 C#에서 제공되는 스레드 기능을 사용하기만 하면 됩니다.

자, 그럼 스레드 기능을 사용하는 방법을 하나하나 배워 보도록 하겠습니다.

3.2 스레드를 사용해 봅시다

앞 절에서 순차 프로그램과 스레드를 세탁기 예제를 통해서 간단히 살펴보았습니다. 스레드에 대해 좀 더 정확히 이해하기 위해 달리기 게임 예제를 순차 프로그램과 스레드 프로그램을 통해 만들어 보겠습니다. 먼저 순차적으로 작성한 코드입니다. 'CountFunc'라는 이름으로 새로운 콘솔 응용 프로그램을 생성합니다.

::: 예제 3-2

```
using System;
using System.Collections.Generic;
using System.Linq;
using System.Text;

namespace CountFunc
{
    class Program
    {
        static void FuncA()
        {
            for (int i = 0; i < 100; i++ )
```

```csharp
            Console.WriteLine("A : Count = " + i);
    }

    static void FuncB()
    {
        for (int i = 0; i < 100; i++ )
            Console.WriteLine("B : Count = " + i);
    }

    static void Main(string[] args)
    {
        FuncA();
        FuncB();
    }
}
}
```

두 개의 함수가 있습니다. FuncA( )와 FuncB( )는 각각 반복문을 100번씩 실행하면서 0부터 99까지의 숫자를 출력하게 됩니다. 이때 실행창에는 어떤 순서로 출력될까요? 당연하지만, FuncA( )가 먼저 실행되고 FuncB( )가 실행되므로 FuncA( )에서 먼저 출력한 후, FuncB( )에서 출력을 실행할 것입니다. 이처럼 FuncA( )를 실행하고 FuncB( )가 실행되는 것, 즉, 시간의 흐름대로 프로그램이 실행되는 것이 순차적 프로그램 방식입니다.

::: 실행 결과

```
A : Count = 0
A : Count = 1
A : Count = 2
A : Count = 3
A : Count = 4
A : Count = 5
A : Count = 6
A : Count = 7
A : Count = 8
...
A : Count = 99
```

```
B : Count = 0
B : Count = 1
B : Count = 2
B : Count = 3
B : Count = 4
B : Count = 5
B : Count = 6
B : Count = 7
B : Count = 8
...
B : Count = 99
계속하려면 아무 키나 누르십시오 . . .
```

FuncA( )와 FuncB( )를 동시에 실행할 순 없을까요?

이때 사용하는 것이 바로 스레드입니다. 앞서 언급했듯이 여러 개의 함수를 동시에 실행하도록 도와주는 것이 스레드이므로 이 스레드를 사용하면 FuncA( )와 FuncB( )가 동시에 실행됩니다.

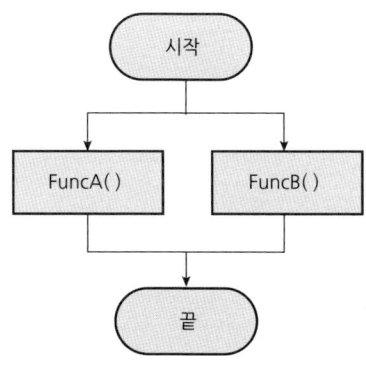

[그림 3.4] [예제 3-2]의 실행 순서

C#에서는 스레드 프로그래밍을 위해서 스레드 클래스를 제공하고 있습니다. 스레드 클래스를 사용해서 스레드 프로그래밍을 매우 쉽게 할 수 있습니다.

지금부터 스레드 클래스를 사용하는 방법을 살펴봅시다. 스레드 생성자는 아래와 같습니다.

public Thread(ThreadStart start)

[그림 3.5] 스레드의 생성자

스레드를 사용하기 위해서 스레드 생성자인 Thread( )로 간단히 만들 수 있는데 스레드를 시작하려는 함수를 매개 변수로 대신 내세웁니다. 이 매개 변수를 스레드 대리자라고 하며, 델리게이트(delegate)라고 합니다. 일단 델리게이트는 뒤에서 자세히 살펴보도록 하고 스레드를 실행하는 방법과 기능을 살펴보도록 하겠습니다.

스레드를 시작하기 위해서 스레드 클래스를 사용해 생성자만 만든다고 실행되는 것은 아닙니다. 아래의 메소드를 이용해 스레드를 실행, 일시 정지, 재실행, 일정 시간 정지, 대기 등을 할 수 있습니다. 스레드의 메소드는 스레드의 기능을 사용하기 위한 함수입니다. 즉, 스레드의 시작은 Start( ), 종료는 Abort( ), 일시 정지는 Suspend( ), 정지된 스레드를 다시 실행시킬 때는 Resume( ), 일정한 시간만큼 정지할 때는 Sleep( ), 스레드가 종료될 때까지 대기하는 Join( )이 제공됩니다.

[표 3.1] 스레드의 메소드

메소드	내용
Start()	스레드 시작
Abort()	스레드 종료
Suspend()	스레드 일시 정지
Resume()	일시 정지된 스레드 재시작
Sleep(int milisecondTimeout)	전달된 매개 변수만큼 일정 시간 정지
Join()	스레드가 종료될 때까지 대기

그럼, 예제 프로그램을 만들어 보도록 하겠습니다. 스레드 사용법을 쉽게 이해할 수 있도록 콘솔 프로그램을 스레드로 작성하겠습니다.

::: 예제 3-3

```
     using System;
     using System.Collections.Generic;
     using System.Linq;
     using System.Text;
5:   using System.Threading;


namespace CountFunc
{
    class Program
    {
        static void FuncA()
        {
            for (int i = 0; i < 100; i++)
                Console.WriteLine("A : Count = " + i);
        }

        static void FuncB()
        {
            for (int i = 0; i < 100; i++)
                Console.WriteLine("B : Count = " + i);
        }

        static void Main(string[] args)
        {
            Thread th_a = new Thread(FuncA);
            Thread th_b = new Thread(FuncB);

            th_a.Start();
            th_b.Start();
        }
    }
}
```

스레드를 사용하기 위해서 5행에 System.Threading의 참조를 추가합니다.

Main( )안에서 스레드 th_a, th_b를 각각 생성합니다. 생성자에는 매개 변수로 각각 실행할 변수명인 FuncA( )와 FuncB( )를 전달합니다. Start( ) 메소드를 사용해 스레드 th_a, th_b를 실행시킵니다. 결과가 예상되시나요? [예제 3-2]에서 작성한 순차적 프로그램 방식과는 다른 결과가 출력될 것입니다. 결과를 확인해 봅시다.

::: 실행 결과

```
B : Count = 0
A : Count = 0
A : Count = 1
A : Count = 2
B : Count = 1
A : Count = 3
A : Count = 4
B : Count = 2
B : Count = 3
A : Count = 5
A : Count = 6
A : Count = 7
A : Count = 8
A : Count = 9
B : Count = 4
B : Count = 5
B : Count = 6
B : Count = 7
B : Count = 8
...
B : Count = 99
계속하려면 아무 키나 누르십시오 . . .
```

무조건 FuncA( )의 실행이 끝난 후 FuncB( )가 실행되는 것이 아니라 두 함수의 실행 순서가 섞여 있는 것을 볼 수 있습니다. 또한, 실행할 때마다 결과가 바뀌는 것을 볼 수 있습니다. 즉, FuncA( )와 FuncB( )가 뒤섞여 실행되고 있습니다. 스레드를 생성해 동시에 실행한 결과입니다.

간단한 예제를 통해 스레드의 사용법을 알아보았는데요. 다음 절에서는 스레드의 각 메소드에 대해 좀 더 상세하게 배워보겠습니다.

3.3 스레드의 메소드

3.3.1 스레드의 종료 Abort( )

[예제 3-3]에 코드를 추가해 스레드를 중간에 강제로 종료하도록 하겠습니다.

::: 예제 3-4

```
using System;
using System.Collections.Generic;
using System.Linq;
using System.Text;
using System.Threading;

namespace CountFunc
{
    class Program
    {
        static Thread th_a = new Thread(FuncA);
        static Thread th_b = new Thread(FuncB);

        static void FuncA()
        {
            for (int i = 0; i < 100; i++)
            {
18:             if(i > 2)
19:                 th_a.Abort();
                Console.WriteLine("A : Count = " + i);
            }
        }
```

```
        static void FuncB()
        {
            for (int i = 0; i < 100; i++)
                Console.WriteLine("B : Count = " + i);
        }

        static void Main(string[] args)
        {
            th_a = new Thread(FuncA);
            th_b = new Thread(FuncB);

            th_a.Start();
            th_b.Start();
        }
    }
}
```

18행과 19행을 보면 FuncA( ) 내에서 변수 i의 값이 2 이상일 때, 해당 스레드를 종료하도록 코드를 추가했습니다. 변수 i의 출력문 앞에 조건문을 추가했으므로, i는 2까지 출력될 것입니다. 실제로 스레드가 종료되는지 확인해 봅시다.

::: 실행 결과

```
A : Count = 0
B : Count = 0
B : Count = 1
B : Count = 2
B : Count = 3
B : Count = 4
B : Count = 5
B : Count = 6
B : Count = 7
A : Count = 1
A : Count = 2
B : Count = 8
...
```

```
B : Count = 99
계속하려면 아무 키나 누르십시오 . . .
```

실행 결과를 확인한 결과 FuncA( )는 2까지 출력된 후 더는 실행되지 않는 것을 볼 수 있습니다.

3.3.2 스레드를 일정 시간 동안 정지시키자 Sleep( )

Sleep( ) 메소드는 일정한 시간 동안 스레드를 정지시키는 역할을 합니다. 위 예제에서 사용한 구문을 살펴보도록 하겠습니다.

```
System.Threading.Thread.Sleep(int milisencondTimeout);
```

[그림 3.6] Sleep()의 사용 방법

매개 변수는 정수형의 값을 전달하면 되며, 단위는 밀리 초(ms)입니다. 즉, 200이라는 정수를 입력할 경우 200밀리 초 동안 정지하는 것입니다. 앞 절과 마찬가지로 [예제 3-3]에 약간의 코드를 추가해 일정 시간 동안 정지시키도록 하겠습니다.

::: 예제 3-5

```csharp
using System;
using System.Collections.Generic;
using System.Linq;
using System.Text;
using System.Threading;

namespace CountFunc
{
    class Program
    {
        static Thread th_a = new Thread(FuncA);
```

```
            static Thread th_b = new Thread(FuncB);

            static void FuncA()
            {
                for (int i = 0; i < 100; i++)
                {
15:                 System.Threading.Thread.Sleep(200);
                    Console.WriteLine("A : Count = " + i);
                }
            }

            static void FuncB()
            {
                for (int i = 0; i < 100; i++)
                {
24:                 System.Threading.Thread.Sleep(200);
                    Console.WriteLine("B : Count = " + i);
                }
            }

            static void Main(string[] args)
            {
                th_a = new Thread(FuncA);
                th_b = new Thread(FuncB);

                th_a.Start();
                th_b.Start();
            }
        }
    }
```

15행과 24행에 Sleep( )이 추가된 것을 볼 수 있습니다. 즉, 스레드가 실행되면서 출력문 직전에 200 밀리 초씩 지연되는 것입니다. 실행 결과는 결과적으로 기존 예제와 동일하겠지만, 조금씩 늦게 출력되는 것을 볼 수 있습니다.

::: 실행 결과

```
A : Count = 0
B : Count = 0
A : Count = 1
B : Count = 1
A : Count = 2
B : Count = 2
A : Count = 3
B : Count = 3
A : Count = 4
B : Count = 4
A : Count = 5
B : Count = 5
A : Count = 6
B : Count = 6
A : Count = 7
B : Count = 7
A : Count = 8
B : Count = 8
A : Count = 9
...
B : Count = 99
계속하려면 아무 키나 누르십시오 . . .
```

3.3.3 얼음! Suspend( )

Suspend( )는 스레드를 일시 정지하는 기능입니다. 스레드가 Start( )로 실행 중 일시적으로 중지해야 하는 상황이 올 때 Suspend( )를 이용합니다.

예를 들어 얼음 땡이라는 고전 놀이를 살펴볼까요?

술래는 다른 친구들을 잡으러 다닙니다. 술래가 잡기 전에 "얼음"이라고 외치면 술래가 잡지 못하게 되죠? 그리고 "얼음"이라고 외친 친구는 그 자리에서 아무것도 못 하고 가만히 있어야 합니다. 다른 친구가 와서 "땡" 하면 얼음을 풀어줘야만 다시 움직일 수 있습니다.

[그림 3.7] 얼음 땡 놀이

이때, "얼음"은 Suspend( )가 됩니다. Suspend( )가 실행되면 해당 스레드는 아무것도 하지 못한 채 일시 정지하고 있습니다. Abort( )와는 다르게 해당 스레드가 완전히 종료된 것은 아닙니다. 누군가가 땡이라고 외치며 일시 정지를 해지해야만 스레드가 다시 동작합니다. 그래서 일시 정지 기능인 것입니다.

이번 예제에서는 얼음에 해당하는 Suspend( )부터 알아보도록 하겠습니다.

::: 예제 3-6

```
using System;
using System.Collections.Generic;
using System.Linq;
using System.Text;
using System.Threading;

namespace CountFunc
{
    class Program
    {
        static Thread th_a = new Thread(FuncA);
        static Thread th_b = new Thread(FuncB);

        static void FuncA()
        {
```

```
            for (int i = 0; i < 100; i++)
            {
                System.Threading.Thread.Sleep(200);
                Console.WriteLine("A : Count = " + i);
18:             th_a.Suspend();
            }
        }

        static void FuncB()
        {
            for (int i = 0; i < 100; i++)
            {
                System.Threading.Thread.Sleep(200);
                Console.WriteLine("B : Count = " + i);
            }
        }

        static void Main(string[] args)
        {
            th_a = new Thread(FuncA);
            th_b = new Thread(FuncB);

            th_a.Start();
            th_b.Start();
        }
    }
}
```

18행에 th_a를 일시 정지시키는 Suspend( )가 추가되었습니다. 이대로 실행할 경우, FuncA( )는 0만 출력한 채 정지되어야 할 것입니다. 예상한 결과가 맞는지 직접 확인해 봅시다.

::: 실행 결과

```
A : Count = 0
B : Count = 0
B : Count = 1
```

```
B : Count = 2
B : Count = 3
B : Count = 4
B : Count = 5
B : Count = 6
B : Count = 7
B : Count = 8
...
B : Count = 99
```

예상대로 FuncA( )는 단지 0만 출력한 채 일시 정지되었습니다. 이전의 실행 결과와 차이점을 살펴보면 실행 마지막에 항상 출력되던 "계속하려면 아무 키나 누르십시오..."라는 메시지가 출력되지 않습니다. 실행이 종료된 것이 아닌, 일시 정지된 것이기 때문에 종료 메시지가 출력되지 않는 것입니다.

3.3.4 땡! Resume( )

얼음 땡에서 '얼음'의 기능을 Suspend( )로 배웠습니다. 그럼 '땡' 기능도 배워 볼까요? Resume은 Suspend( )로 일시 정지된 스레드를 다시 활성화하는 기능입니다. 코드를 살펴보고 결과를 확인해 보겠습니다.

::: 예제 3-7

```csharp
using System;
using System.Collections.Generic;
using System.Linq;
using System.Text;
using System.Threading;

namespace CountFunc
{
    class Program
    {
        static Thread th_a = new Thread(FuncA);
```

```
            static Thread th_b = new Thread(FuncB);

            static void FuncA()
            {
                for (int i = 0; i < 100; i++)
                {
                    System.Threading.Thread.Sleep(200);
                    Console.WriteLine("A : Count = " + i);

                    th_a.Suspend();
                }
            }

            static void FuncB()
            {
                for (int i = 0; i < 100; i++)
                {
                    System.Threading.Thread.Sleep(200);
                    Console.WriteLine("B : Count = " + i);
                }
```
30:         `th_a.Resume();`
```
            }

            static void Main(string[] args)
            {
                th_a = new Thread(FuncA);
                th_b = new Thread(FuncB);

                th_a.Start();
                th_b.Start();
            }
        }
    }
```

30행을 보면 FuncB( )의 반복문을 마친 후, th_a를 다시 실행시키는 Resume( )이 추가되었습니다. 즉, 앞 절에서 [예제 3-6]을 실행했을 때와 마찬가지로 FuncA( )는 0만 출력한 채 일시 정지해 있다가, FuncB( )의 출력이 모두 끝난 후, 재실행될 것입니다.

결과를 확인해 볼까요?

::: 실행 결과
```
A : Count = 0
B : Count = 0
B : Count = 1
B : Count = 2
B : Count = 3
B : Count = 4
B : Count = 5
B : Count = 6
B : Count = 7
B : Count = 8
...
B : Count = 99
A : Count = 1
```

어찌 된 일인지 FuncA( )가 1까지만 출력된 채, 여전히 정지해 있습니다. 왜일까요? 그 이유는 간단합니다. th_b에 의해 재실행되었지만, 18행의 Suspend( )를 통해 또다시 일시 정지되기 때문입니다. 조건문을 한 줄 추가해 FuncA( )가 모두 출력되도록 해봅시다.

::: 예제 3-7
```
... <코드 생략> ...
      static void FuncA()
      {
          for (int i = 0; i < 100; i++)
          {
              System.Threading.Thread.Sleep(200);
              Console.WriteLine("A : Count = " + i);

8:            if(i == 0)
                  th_a.Suspend();
```

```
            }
        }
... <코드 생략> ...
```

8행에 조건문이 추가되었습니다. 실행해 봅시다.

::: 실행 결과

```
B : Count = 0
A : Count = 0
B : Count = 1
B : Count = 2
B : Count = 3
B : Count = 4
B : Count = 5
B : Count = 6
B : Count = 7
B : Count = 8
...
B : Count = 99
A : Count = 1
A : Count = 2
A : Count = 3
A : Count = 4
A : Count = 5
A : Count = 6
A : Count = 7
A : Count = 8
A : Count = 9
계속하려면 아무 키나 누르십시오 . . .
```

재실행 시, 조건문을 통해 Suspend( )를 회피하므로 애당초 예상한 결과가 출력되는 것을 볼 수 있습니다.

여기까지 스레드의 각 메소드에 대해 알아보았습니다. 다음 절에서는 스레드를 이용해 간단한 경마 게임을 만들어 보겠습니다.

3.4 경마 게임 만들기

지금까지 배운 내용을 종합해 경마 게임을 만들어 봅시다. 경마 게임은 여러 마리의 말이 동시에 출발해 가장 먼저 결승 지점에 들어오는 말이 승리하는 경기입니다. 본 절에서는 총 세 마리의 말이 경주하는 경마 게임을 만들겠습니다.

[그림 3.8] 경마 경기

경마 게임을 만들기 위해서는 단순히 스레드 프로그래밍만을 사용하는 것이 아닌, 앞 장에서 배운 랜덤 변수도 사용해야 합니다. 하나씩 차근차근 만들어 봅시다.

3.4.1 무엇을 만들까?

당연한 이야기지만 가장 먼저 말을 달리게 하는 스레드를 만들어야 합니다. HorseRacing 이라는 이름으로 새로운 콘솔 응용 프로그램을 생성합니다. 다음으로 코드 편집 창에서 다음과 같이 함수를 작성합니다.

::: 예제 3-8

```
... <코드 생략> ...
namespace HorseRacing
{
    class Program
    {
        static Thread horse;
        static int posA = 0;

        static Random rnd = new Random(DateTime.Now.Millisecond);

10:     static void Horse1()
        {
12:         while (posA < 40)
            {
                System.Threading.Thread.Sleep(50);

                Console.SetCursorPosition(posA, 5);
                Console.Write(" @1>");

19:             posA += rnd.Next(0, 2);
            }
        }

        static void Main(string[] args)
        {
            horse = new Thread(Horse1);

            horse.Start();
        }
    }
}
```

10행에서 Horse1( )이라는 함수를 선언했습니다. 이 함수는 1번 말을 달리게 할 스레드 함수입니다. Horse1( ) 함수는 0 또는 1의 정수를 무작위로 발생시켜 말을 전진시키는 역할을 합니다. 19행을 보면 0 이상 2 미만의 무작위의 정숫값을 발생시켜 말의 출력 위치를 증가시키는 코드가 작성되어 있습니다.

다시 앞으로 돌아와서 12행을 보면 반복문을 이용해 말의 위치가 40보다 작은 경우에만 스레드가 실행되도록 하고 있습니다. 즉, 말의 위치가 40이 되면 결승 지점에 도달한 것입니다.

실행 결과를 확인해 봅시다.

::: 실행 결과

@1>계속하려면 아무 키나 누르십시오 . . .

한 마리의 말이 출력되는 것을 확인했습니다. 이제 달리는 말을 여러 마리로 늘려야 합니다.

3.4.2 여러 마리의 말을 경쟁시키자

지금까지 한 마리의 말이 달리도록 코드를 작성했습니다. 보통 경마라고 하면 여러 마리의 말이 경쟁하는 경기를 말합니다. 그러므로 이번 절에서는 앞 절에서 만든 말을 여러 마리로 늘리도록 하겠습니다.

다음 예제를 보세요.

::: 예제 3-9

```
... <코드 생략> ...
namespace HorseRacing
{
    class Program
    {
```

```
5:      static Thread[] horse = new Thread[3];
6:      static int posA = 0, posB = 0, posC = 0;

        static Random rnd = new Random(DateTime.Now.Millisecond);

        static void Horse1()
        {
            while (posA < 40)
            {
                System.Threading.Thread.Sleep(50);

                Console.SetCursorPosition(posA, 5);
                Console.Write(" @1>");

                posA += rnd.Next(0, 2);
            }
        }

        static void Horse2()
        {
            while (posB < 40)
            {
                System.Threading.Thread.Sleep(50);

                Console.SetCursorPosition(posB, 8);
                Console.Write(" @2>");

                posB += rnd.Next(0, 2);
            }
        }

        static void Horse3()
        {
            while (posC < 40)
            {
                System.Threading.Thread.Sleep(50);

                Console.SetCursorPosition(posC, 11);
                Console.Write(" @3>");
```

```
                posC += rnd.Next(0, 2);
            }
        }

        static void Main(string[] args)
        {
            horse[0] = new Thread(Horse1);
            horse[1] = new Thread(Horse2);
            horse[2] = new Thread(Horse3);

            horse[0].Start();
            horse[1].Start();
            horse[2].Start();
        }
    }
}
```

Horse1( )과 동일한 형태로 Horse2( ), Horse3( ) 함수가 추가되었습니다. Horse2( )와 Horse3( )는 Horse1( )과 동일한 형태로 작성되었습니다. 다만, 말의 위치를 저장하기 위한 변수를 PosA 대신 각각 PosB, PosC라는 정수형 변수를 사용하고 있습니다.

각 함수를 실행하기 위한 스레드도 새로 선언해야 합니다. 5행과 6행을 보세요. 5행에서 세 마리 말을 실행하기 위한 스레드를 배열로 선언했으며, 6행에서는 각 말의 위치를 저장할 PosA, PosB, 그리고 PosC를 선언했습니다.

마지막으로 스레드가 늘어남에 따라 Main( ) 내부의 코드도 수정합니다.

실행 결과를 확인해 봅시다.

::: 실행 결과

```
                        @1>


                                @2>



                                        @3>
```

말 세 마리가 경기하는 것을 볼 수 있습니다.

3.4.3 승패를 결정합시다

우리가 일반적으로 경마 게임에 참여하게 되면, 여러 마리의 말 중에 한 마리의 말에 배팅합니다. 그 후, 경기 결과에 따라 승 또는 패를 결정짓게 되는데요. 이번 절에서는 경마 게임의 완성을 위해 승패를 결정하는 코드를 추가하겠습니다.

일단 배팅할 말을 선택하는 코드를 추가하겠습니다.

::: 예제 3-10

```
... <코드 생략> ...
namespace HorseRacing
{
    class Program
    {
        static int sel;
        static Thread[] horse = new Thread[3];
        static int posA = 0, posB = 0, posC = 0;
        static Random rnd = new Random(DateTime.Now.Millisecond);
```

```csharp
        static void Horse1()
        {
            while (posA < 40)
            {
                System.Threading.Thread.Sleep(50);

                Console.SetCursorPosition(posA, 5);
                Console.Write(" @1>");

                posA += rnd.Next(0, 2);
            }
        }

        static void Horse2()
        {
            while (posB < 40)
            {
                System.Threading.Thread.Sleep(50);

                Console.SetCursorPosition(posB, 8);
                Console.Write(" @2>");

                posB += rnd.Next(0, 2);
            }
        }

        static void Horse3()
        {
            while (posC < 40)
            {
                System.Threading.Thread.Sleep(50);

                Console.SetCursorPosition(posC, 11);
                Console.Write(" @3>");

                posC += rnd.Next(0, 2);
            }
        }
```

```
        static void Main(string[] args)
        {
            horse[0] = new Thread(Horse1);
            horse[1] = new Thread(Horse2);
            horse[2] = new Thread(Horse3);

55:         Console.Write("당신의 말을 선택하세요 (1-3) ");
56:         sel = Console.Read() - 48;
57:         Console.WriteLine("당신이 선택한 말은 " + sel.ToString() + "번말 입니다.");

            horse[0].Start();
            horse[1].Start();
            horse[2].Start();
        }
    }
}
```

55행부터 57행 사이에 말을 선택하는 코드가 추가되었습니다. 이 부분은 2장에서 문법을 착실하게 익히셨다면 특별히 설명하지 않더라도 충분히 이해가 될 것입니다.

간단한 코드가 추가되었으므로 바로 실행해 봅시다.

::: 실행 결과

당신의 말을 선택하세요 <1-3> 3
당신이 선택한 말은 3번말 입니다.

                    @1>

                        @2>

            @3>계속하려면 아무 키나 누르십시오 . . .

게임을 시작하면 어떤 말을 선택할지 묻는 문구가 출력될 것입니다. 여기서 말을 한 마리 선택하게 되면 바로 게임이 시작됩니다.

하지만 아직 부족한 부분이 있습니다. 바로 이번 절에서 목표로 한 승패를 결정짓는 부분이 존재하지 않는 것인데요. GameOver( )라는 함수를 추가해 승패를 출력하도록 하겠습니다.

::: 예제 3-11

```
... <코드 생략> ...
namespace HorseRacing
{
    class Program
    {
        static int sel;
        static Thread[] horse = new Thread[3];
        static int posA = 0, posB = 0, posC = 0;
        static Random rnd = new Random(DateTime.Now.Millisecond);

10:     static void GameOver(int index)
        {
            Console.SetCursorPosition(0, 0);
            Console.WriteLine(index.ToString() + "번 말이 우승했습니다.         ");

            Console.SetCursorPosition(0, 1);
            if (sel == index)
                Console.WriteLine("당신의 말이 승리했습니다.       ");
            else
                Console.WriteLine("당신의 말이 패배했습니다.       ");
        }

        static void Horse1()
        {
            while (posA < 40)
            {
                System.Threading.Thread.Sleep(50);
```

```csharp
            Console.SetCursorPosition(posA, 5);
            Console.Write(" @1>");

            posA += rnd.Next(0, 2);
        }
        GameOver(1);
    }

    static void Horse2()
    {
        while (posB < 40)
        {
            System.Threading.Thread.Sleep(50);

            Console.SetCursorPosition(posB, 8);
            Console.Write(" @2>");

            posB += rnd.Next(0, 2);
        }
        GameOver(2);
    }

    static void Horse3()
    {
        while (posC < 40)
        {
            System.Threading.Thread.Sleep(50);

            Console.SetCursorPosition(posC, 11);
            Console.Write(" @3>");

            posC += rnd.Next(0, 2);
        }
        GameOver(3);
    }

    static void Main(string[] args)
    {
        horse[0] = new Thread(Horse1);
```

```
            horse[1] = new Thread(Horse2);
            horse[2] = new Thread(Horse3);

            Console.Write("당신의 말을 선택하세요 (1-3) ");
            sel = Console.Read() - 48;
            Console.WriteLine("당신이 선택한 말은 " + sel.ToString() + "번말 입니다.");

            horse[0].Start();
            horse[1].Start();
            horse[2].Start();
        }
    }
}
```

10행에 GameOver( ) 함수가 추가되었습니다. 이 함수는 각 말이 결승 지점에 도착했을 때 호출되며, 도착한 말의 번호를 매개 변수로 전달받아 출력하는 역할을 합니다.

그리고 Horse1( ), Horse2( ), 그리고 Horse3( )의 끝 부분에 GamOver( )를 호출하는 코드를 추가합니다.

실행 결과는 다음과 같습니다.

::: 실행 결과

3번 말이 우승했습니다.
당신의 말이 승리했습니다.
계속하려면 아무 키나 누르십시오 . . .

                    @1>

                    @2>

                    @3>

어떻습니까? 승패가 출력됩니다.

이제 거의 다된 것 같습니다. 왜 아직 완성이 아니냐고요? 분명 이대로도 경마 게임을 진행하는 데에는 문제가 없는 것처럼 보입니다. 하지만 다음의 경우를 생각해봅시다. 만약 3번 말이 도착점에 가장 먼저 도착해서 우승을 표시한 상태인데, 또다시 1번 말이 도착점이 도착한다면? 아마 1번 말이 우승했다고 다시 출력될 것입니다. 이것은 분명 잘못된 결과입니다.

[그림 3.9] 결과가 중복 발표되는 불운한 경우

이 문제를 해결하기 위해 어떡해야 할까요?

이럴 때 사용하는 것이 플래그(flag)입니다. 간단히 말해서 GameOver( )가 중복 실행되지 않도록 참거짓형의 변수를 사용하는 것입니다.

다음 예제를 보세요.

::: 예제 3-12

```
... <코드 생략> ...
namespace HorseRacing
{
    class Program
    {
        static int sel;
```

```csharp
static Thread[] horse = new Thread[3];
static int posA = 0, posB = 0, posC = 0;
static Random rnd = new Random(DateTime.Now.Millisecond);
static bool gameOver = false;

static void GameOver(int index)
{
    if (gameOver == true)
        return;

    Console.SetCursorPosition(0, 0);
    Console.WriteLine(index.ToString() + "번 말이 우승했습니다.       ");

    Console.SetCursorPosition(0, 1);
    if (sel == index)
        Console.WriteLine("당신의 말이 승리했습니다.       ");
    else
        Console.WriteLine("당신의 말이 패배했습니다.       ");

    gameOver = true;
}

static void Horse1()
{
    while (posA < 40)
    {
        System.Threading.Thread.Sleep(50);

        Console.SetCursorPosition(posA, 5);
        Console.Write(" @1>");

        posA += rnd.Next(0, 2);
    }
    GameOver(1);
}

static void Horse2()
{
    while (posB < 40)
    {
```

```csharp
            System.Threading.Thread.Sleep(50);

            Console.SetCursorPosition(posB, 8);
            Console.Write(" @2>");

            posB += rnd.Next(0, 2);
        }
        GameOver(2);
    }

    static void Horse3()
    {
        while (posC < 40)
        {
            System.Threading.Thread.Sleep(50);

            Console.SetCursorPosition(posC, 11);
            Console.Write(" @3>");

            posC += rnd.Next(0, 2);
        }
        GameOver(3);
    }

    static void Main(string[] args)
    {
        horse[0] = new Thread(Horse1);
        horse[1] = new Thread(Horse2);
        horse[2] = new Thread(Horse3);

        Console.Write("당신의 말을 선택하세요 (1-3) ");
        sel = Console.Read() - 48;
        Console.WriteLine("당신이 선택한 말은 " + sel.ToString() + "번말 입니다.");

        horse[0].Start();
        horse[1].Start();
        horse[2].Start();
    }
}
```

gameOver라는 참거짓형 변수를 추가했습니다. 본래는 거짓이지만 GameOver( )가 최초 실행될 때 참으로 설정됩니다. 그러므로 이후에 GameOver( )가 다시 실행될 때, gameOver가 참인 경우 함수를 실행하지 않게 했습니다.

[그림 3.10] 중복 발표를 방지한 경우

경마 게임이 완성되었습니다. 결과는 직접 확인해 보세요.

3.5 스레드를 실행하는 대리자, 델리게이트

마지막으로 스레드를 실행하는 대리자인 델리게이트에 대해 짚어 보고 이 장을 마칩니다. 델리게이트를 익히기에 앞서 지금까지 배운 내용을 다시 정리해보면 다음과 같습니다. Start( )로 스레드를 시작했고 Abort( )로 스레드를 종료시켰습니다. Suspend( )로 스레드를 일시 정지했고 Resume( )으로 일시 정지한 스레드를 다시 시작했습니다. Sleep( )로 스레드를 일정한 시간 동안 멈추고, Join( )으로 스레드의 종료를 기다렸습니다.

그렇다면 델리게이트란 무엇일까요?

우리는 스레드 프로그램을 하면서 델리게이트에 대해서 고려하지 않았습니다. 다만 스레드를 생성하면서 실행할 함수의 이름을 넣어줬을 뿐입니다.

앞서 살펴본 예제에서 Main( ) 내에 추가한 스레드 실행 부분을 다시 살펴보면 다음과 같습니다.

$$thread = new\ Thread(Fuction())$$

[그림 3.11] 스레드의 실행

또한, 스레드의 생성자를 살펴보면 다음과 같습니다.

$$public\ Thread(ThreadStart\ start)$$

[그림 3.12] 스레드의 생성자

Function( )가 생성자의 매개 변수에 해당하는 것을 알 수 있습니다. 이 매개 변수가 델리게이트에 해당합니다. 델리게이트의 선언이 있어야 스레드가 실행되지만 기본적으로 스레드에서 기본적인 델리게이트를 선언하고 있습니다.

따라서 함수형이 void이고 매개 변수가 아무것도 없는 기본적인 함수를 넣는 방식으로 스레드를 실행할 수 있습니다. 만약 매개 변수를 별도로 추가하고 싶다면 어떻게 해야 할까요?

다시 본론으로 돌아와서 델리게이트에 대해서 정의하면 일을 대신해주는 대리자라고 설명할 수 있습니다. 스레드를 사용하기 위해서 델리게이트를 이용해 대신 해당 스레드를 호출합니다. 일단 델리게이트 사용방법부터 알아보겠습니다. 델리게이트는 델리게이트 선언, 델리게이트에 대리 실행할 메소드 등록, 델리게이트 호출의 과정이 필요합니다.

델리게이트 선언은 아래와 같습니다.

$$public\ delegate\ type\ Function(x)$$

[그림 3.13] 델리게이트의 선언

간단히 예를 들면 다음과 같이 델리게이트 선언을 할 수 있습니다.

public delegate void funcA( )
private delegate int funcB(int n)

자, 이제 예제를 통해 델리게이트를 선언하고 델리게이트에 대리 실행할 메소드를 등록하며 델리게이트를 호출해 보도록 하겠습니다.

::: 예제 3-13

```
using System;
using System.Collections.Generic;
using System.Linq;
using System.Text;

namespace DelegateExample
{
    class Program
    {
10:     public delegate int Cal(int a, int b);

        public static int Add(int a, int b)
        {
            return a + b;
        }

        public static int Sub(int a, int b)
        {
            return a - b;
        }

        public static int Multi(int a, int b)
        {
            return a * b;
        }

        public static int Divide(int a, int b)
```

```
            {
                return a / b;
            }

            static void Main(string[] args)
            {
                int x = 200;
                int y = 50;

37:             Cal add = new Cal(Add);
38:             Cal sub = new Cal(Sub);
39:             Cal multi = new Cal(Multi);
40:             Cal divide = new Cal(Divide);

                Console.WriteLine(add(x, y));
                Console.WriteLine(sub(x, y));
                Console.WriteLine(multi(x, y));
                Console.WriteLine(divide(x, y));
            }
        }
    }
```

10행에서 두 개의 매개 변수를 가지도록 델리게이트를 선언했습니다. 그리고 Main( )에서 선언된 델리게이트의 형태로 add, sub, multi, 그리고 devide라는 스레드를 선언했습니다. 델리게이트로 선언했기에 add, sub, multi, devide는 각각 Add( ), Sub( ), Multi( ), Divide( )의 함수를 대신 실행하는 대리자가 됩니다.

그리고 37행부터 40행에서 각 스레드를 호출했습니다.

::: 실행 결과

```
250
150
10000
4
계속하려면 아무 키나 누르십시오 . . .
```

프로그램을 실행하면 각 함수가 동작하는 것을 볼 수 있습니다.

델리게이트는 일을 대신해주는 역할을 하지만 기본적인 델리게이트가 미리 정의되어 있으므로 굳이 선언하지 않더라도 스레드를 쉽게 사용할 수 있습니다.

> **응용 예제 3.1**
>
> 1. 앞 절에서 다룬 경마 게임을 델리게이트를 이용해 수정해 봅시다.

3.6 마치며

지금까지 스레드에 대해 익혔습니다. 스레드를 보다 자유자재로 이용하기 위해서는 이번 장의 내용만으로 부족할 것입니다. 자세한 스레드 프로그래밍을 위해서는 Microsoft사에서 지원하는 공식 가이드인 MSDN을 참고하세요.

객체와 클래스

CHAPTER 04

사람이 얼마 살지 않는 조그만 마을에 A와 B라는 건축가가 건물을 짓고 있었습니다. A는 터를 잡고 곧바로 뼈대를 세우기 시작했지만, B는 어쩐 일인지 종이에 무엇인가 열심히 그림만 그렸습니다. 얼마 지나지 않아 A는 훌륭한 1층짜리 건물을 완공했습니다. 하지만 B는 널찍한 종이를 펴놓고 여전히 그림만 그리고 있습니다. 그리고 시간이 어느 정도 흐른 어느 날, B는 드디어 건물을 짓기 시작했고 곧 근사한 1층짜리 건물을 완공했습니다.

그러던 어느 날, 조그만 마을의 인근에 산업단지가 들어서며 인구가 늘어나게 되었습니다. 주택이 모자란 마을은 이미 지어진 건물을 증축할 필요가 생겼습니다. A와 B는 각자 자신이 지은 집을 증축하기 시작했습니다. 계획 없이 지은 A의 건물은 층을 높이고 방을 늘리기 위해 멀쩡하던 벽을 허물고, 기둥을 다시 세우는 등의 작업이 필요했고, 그 결과 건물은 점점 미로가 되었습니다. 하지만 B는 이전에 그린 설계도를 토대로 방을 여러 개 만들었고, 이렇게 만든 방을 기존에 세운 건물에 하나씩 하나씩 조립했습니다. B의 건물은 단순하고 견고했습니다.

난데없이 건축 이야기를 왜 하느냐고요? 이 이야기는 이번 장에서 배울 클래스와 깊은 관련이 있기 때문입니다. 건축가 B는 훌륭하게 클래스를 이용하고 있습니다. 왜 B가 훌륭하게 클래스를 이용하고 있는지 알아볼까요?

4.1 객체 지향 프로그래밍

4.1.1 개요

혹시 절차 지향이라는 말을 들어보셨습니까? 문제를 해결하기 위해 순서에 따라 작성된 프로그램을 말하는 용어로, 절차 지향적인 프로그래밍 언어로는 C 언어, 파스칼, 코볼, 포트란 등이 있습니다.

절차 지향 언어는 소규모 프로젝트에는 매우 효율적일 수 있습니다. 하지만 다수의 인원이 함께 참여하는 팀 프로젝트나 대규모 프로젝트를 진행할 때는 매우 비효율적입니다. 이유가 무엇일까요? 정답은 여러분이 객체 지향을 알게 되면 자연스럽게 이해하게 됩니다.

이에 반해 객체 지향은 근래에 들어 대두한 패러다임입니다. 객체 지향 프로그래밍은 개발, 수정이 쉽도록 각각의 기능을 독립된 부품처럼 작성함으로써 생산성을 높이는 방법입니다.

이렇게 작성된 부품은 다른 프로그램을 개발할 때에도 사용할 수 있기 때문에, 재사용성이라는 장점을 가지게 됩니다. 객체 지향 프로그래밍은 C#은 물론, 자바, C++ 등의 프로그래밍 언어에서도 사용할 수 있습니다. 즉, 여러분이 이 장을 통해 객체 지향 프로그래밍의 개념을 확실히 정립한다면, C#이 아닌 다른 언어로써 프로그램을 작성할 때에도 많은 도움됩니다.

4.1.2 레고 블록과 객체 지향 프로그래밍

확실히 감이 오지 않는 분들을 위해 비유를 들어 설명하겠습니다. 여러분이 어렸을 적 가지고 놀던 장난감 중에 레고(LEGO)가 있을 것입니다.

[그림 4.1] 대표적인 블록 완구 레고

여러분이 레고 블록을 이용해, 집을 짓는다고 합시다. 형형색색의 블록이 존재할 것입니다. 하지만 모든 블록이 같은 크기를 가지고 있지 않을 것입니다. 즉, 다양한 크기의 블록이 존재할 것이고, 다양한 형태의 블록이 존재할 것입니다. 가령 예를 들면, 창문 모양의 블록이나 문 또는 지붕 모양의 블록이 존재하겠지요. 각 블록은 이미 레고 블록을 생산하는 공장에서 생산된 것이고, 여러분은 블록을 이용해 집을 지으면 됩니다.

본론으로 돌아와서 개발자 입장에서 Windows의 그림판과 같은 프로그램을 개발하는 경우에도 마찬가지입니다. 그림판에서 필요한 여러 가지 기능들(펜 도구, 직선 도구, 붓 도구 등등...)을 먼저 개발하고, 최종적으로 조립하게 되면 그림판 프로그램이 완성되는 것입니다. 정리하면, 레고 블록을 이용해 집을 지을 때 필요한 다양한 블록이 객체이며, 그림판 프로그램에서 필요한 각 기능이 바로 객체입니다.

[그림 4.2] Windows 그림판의 다양한 기능들

4.1.3 객체와 클래스

객체 지향 프로그래밍은 기본적으로 클래스(Class)와 객체(Object)로 이루어진 메커니즘입니다. 클래스와 객체는 객체 지향 프로그래밍을 이해할 때, 가장 기본적인 요소입니다.

혹시 거푸집이라는 도구를 아십니까? 거푸집은 대장간에서 물건을 만들 때 사용하는 틀입니다. 거푸집에 금속을 녹인 쇳물을 부으면, 거푸집 형태로 물건이 만들어지는 것입니다.

[그림 4.3] 거푸집(국립중앙박물관)

클래스와 객체의 관계는 거푸집과 거푸집을 이용해 만들어진 물건의 관계입니다.

여러분은 2장에서 실수형, 문자형 등의 자료형을 공부했습니다. 클래스는 사용자 정의 자료형으로 불리기도 하는데, 바로 클래스를 이용해 자유롭게 새로운 자료형을 만들 수 있기 때문입니다. 그리고 사용자 정의 자료형으로 만들어진 변수가 객체가 되는 것입니다.

클래스의 구성 요소는 멤버 변수와 멤버 함수, 그리고 생성자가 있습니다. 하나씩 살펴보도록 하겠습니다.

■ 멤버 변수와 멤버 함수

멤버 변수와 멤버 함수는 클래스 내에 선언된 변수와 함수입니다. 이때, 멤버 변수는 속성(attribute)이라고 불리기도 하며, 멤버 함수는 메소드(method)라고 불리기도 합니다.

멤버 변수와 멤버 함수는 클래스가 객체로 선언되었을 때, 일종의 부품으로서 역할을 하게 됩니다.

그럼 직접 클래스를 설계해 볼까요?

클래스를 익히기 위해 자동차를 설계해 봅시다. 2장을 참고해 'HelloClass'라는 새로운 콘솔 응용 프로그램을 생성합니다.

이제 필요한 속성을 선정해야 합니다. 예를 들면 자동차의 모델명, 무게, 세로 길이, 가로 폭, 승차 인원 등등이 있겠죠. 그럼 선정한 속성을 멤버 변수로 선언합시다. 모델명은 문자열로, 중량과 세로 길이, 그리고 가로 폭은 실수형으로, 승차 인원은 정수형으로 선언하겠습니다.

::: 예제 4-1

```
... <코드 생략> ...
    class Program
    {
        class Car    // 자동차 클래스입니다.
        {
            string model;  // 모델명
            double weight; // 무게
            double height; // 세로 길이
            double width;  // 가로 폭
            int personnel; // 승차 인원
        }

static void Main(string[] args)
        {
        }
}
```

다음으로 자동차의 기능을 넣읍시다. 자동차의 다양한 동작 중에 우리는 전진, 후진, 주차 기능을 추가하겠습니다.

::: 예제 4-2

```
class Car// 자동차 클래스입니다.
{
    ... <코드 생략> ...

    void Forward()
    {
        Console.WriteLine("전진 합니다");
    }

    void Backward()
    {
        Console.WriteLine("후진 합니다");
    }

    void Parking()
    {
        Console.WriteLine("주차 합니다");
    }
}
```

클래스 내부에 멤버 함수로서 전진, 후진, 주차 동작이 추가되었습니다. 이제 자동차가 완성된 것입니다. 그럼 우리가 설계한 자동차를 직접 운전해 볼까요? 운전을 하기 위해 Main( ) 내에 다음과 같은 프로그램 코드를 작성합니다.

::: 예제 4-3

```
... <코드 생략> ...
    class Program
    {
... <코드 생략> ...
```

```
           static void Main(string[] args)
           {
6:             Car car = new Car();

8:             car.Forward();     // 전진합니다.
               car.Backward();    // 후진합니다.
               car.Parking();     // 전진합니다.
           }
       }
```

6행을 보면 자동차 클래스의 형태로 car라는 변수를 선언했습니다. 이때, car라는 변수가 자동차 클래스의 객체인 것입니다. car 객체 내의 멤버 함수를 호출하면 여러분이 설계한 자동차 클래스의 동작을 실행할 수 있습니다.

car 객체 내의 멤버 함수를 호출하기 위해서는 객체의 이름을 명시해 주어야 합니다. 즉, 8행의 car.Foward( )는 car 객체 내의 전진(Forward) 함수를 호출하라는 의미입니다. 그럼 이제 실행을 해봅시다. 실행되나요? 아마도 다음과 같은 오류 메시지가 출력될 것입니다.

::: 오류 메시지

보호 수준 때문에 'Car.Forward()'에 액세스할 수 없습니다.
보호 수준 때문에 'Car.Backward()'에 액세스할 수 없습니다.
보호 수준 때문에 'Car.Parking()'에 액세스할 수 없습니다.

왜 이런 결과가 발생할까요? 여러분이 설계한 멤버 변수와 멤버 함수는 Main( )에서 접근할 수 없기 때문입니다. 정확히 표현하면, 클래스 외부에서 접근할 수 없기 때문입니다. 그럼 이 난국을 어떻게 헤쳐나가야 할까요? 해답은 접근 단계에 있습니다.

앞서 말씀드린 대로 클래스의 멤버 변수와 멤버 함수는 기본적으로 클래스 외부에서 접근할 수 없습니다. 하지만 접근 가능 표시를 하면 접근할 수 있습니다.

[표 4.1] 접근 단계와 접근 권한

	외부 접근 가능	상속 시 외부 접근 가능	외부 접근 불가
private	O	X	X
protected	O	O	X
public	O	O	O

[표 4.1]은 멤버 변수나 멤버 함수 앞에 붙여 접근 권한을 조정할 수 있는 키워드와 접근 단계를 나타낸 표입니다. 여러분이 주의 깊게 볼 것은 private와 public입니다. protected는 뒤에서 객체지향 프로그래밍의 특징 중 상속에 관해 배울 때 응용 예제를 통해 다룰 것이므로, 일단은 무시합니다.

private는 외부 접근을 불가능하도록 하는 키워드고, public은 모든 접근이 가능하도록 하는 키워드입니다. 그럼 여러분이 작성한 프로그램 코드의 멤버 함수 앞에는 아무런 키워드가 없는데도 불구하고, 왜 접근이 불가능한 걸까요? 그것은 여러분이 만든 프로그램 코드처럼 멤버 변수나 멤버 함수 앞에 아무런 키워드가 없다면 기본적으로 private로 설정되기 때문입니다. 그럼 자동차가 동작하도록 멤버 함수 앞에 public 키워드를 붙여 봅시다.

::: 예제 4-4

```
class Car       // 자동차 클래스입니다.
{

    ... <코드 생략> ...

    public void Forward()
    {
        Console.WriteLine("전진 합니다");
    }

    public void Backward()
    {
        Console.WriteLine("후진 합니다");
```

```
        }

        public void Parking()
        {
            Console.WriteLine("주차 합니다");
        }
    }
```

수정을 마쳤으니, 다시 실행해봅시다. 문제없이 실행될 것입니다.

::: 실행 결과
전진합니다.
후진합니다.
주차합니다.

우리가 2장에서 함수를 공부할 때, 함수 오버로딩이라는 개념을 공부했을 것입니다. 그럼 여기서 문제를 하나 내겠습니다. 클래스 내의 멤버 함수도 분명한 함수인데, 과연 함수 오버로딩이 가능할까요? 정답은 '예'입니다.

확인을 위해 자동차 클래스를 반자동 변속기로 개조하도록 합시다. 전진 함수를 호출하면 자동 변속기로 동작하지만, 기어의 단계 번호를 매개 변수로 넘기며 전진 함수를 호출할 경우 수동 변속기로 동작하도록 말입니다.

[그림 4.4] 반자동 변속기

::: 예제 4-5

```
... <코드 생략> ...
class Program
{
  class Car       // 자동차 클래스입니다.
  {
public void Forward()
        {
            Console.WriteLine("전진 합니다");
        }

        ... <코드 생략> ...

        public void Forward(int transmission)
        {
            Console.WriteLine(transmission + "단으로 전진 합니다");
        }
    }
static void Main(string[] args)
    {
        Car car = new Car();

        car.Forward();            // 자동 변속기로 전진 합니다.
        car.Forward(1);           // 1단 수동 변속기로 전진 합니다.
        car.Backward();           // 후진 합니다.
        car.Parking();            // 주차 합니다.
    }
  }
```

다시 실행하면 전진한다는 메시지와 수동 변속기를 이용해 1단으로 전진한다는 메시지가 함께 출력되는 것을 확인할 수 있습니다.

■ 생성자

생성자는 객체를 생성할 때, 자동으로 실행되는 멤버 함수라고 설명할 수 있습니다. 하지만 생성자는 멤버 함수와 달리 리턴되는 자료형이 없으며, 클래스와 이름이 동일합니다. 생성자는 생성할 때 자동으로 실행되는 함수이므로, 멤버 변수들을 초기화하거나 초깃값을 설정하고자 할 때 사용하면 유용합니다. 앞서 설계한 자동차에 다음과 같은 제원을 초깃값으로 설정하도록 해봅시다.

[표 4.2] 설계할 자동차 클래스의 제원

자동차 제원(멤버 변수)	초깃값
모델명(model)	SEDAN
무게(weight)	1400kg
세로 길이(height)	4.8m
가로 폭(width)	1.83m
승차 인원(personnel)	5인

그럼 생성자와 함께 객체 내의 멤버 변수의 값을 출력하는 함수를 추가해, 각 멤버 변수에 저장된 값을 확인하도록 하겠습니다.

::: 예제 4-6

```
... <코드 생략> ...
class Program
{
        class Car        // 자동차 클래스입니다.
        {
              ... <코드 생략> ...

              public Car()
              {
                    model = "SEDAN";
                    weight = 1400;
                    height = 4.8;
                    width = 1.83;
                    personnel = 5;
              }

              public void PrintVarible()
              {
```

```
                Console.WriteLine("모델명 : " + model);
                Console.WriteLine("무게 : " + weight + "kg");
                Console.WriteLine("세로 길이 : " + height + "m");
                Console.WriteLine("가로 폭 : " + width + "m");
                Console.WriteLine("승차 인원 : " + personnel + "인");
            }
        }
static void Main(string[] args)
        {
            Car car = new Car();

            car.PrintVarible();
        }
    }
```

추가했다면, 실행해볼까요?

::: 실행 결과

모델명 : SEDAN
무게 : 1400kg
세로 길이 : 4.8m
가로 폭 : 1.83m
승차 인원 : 5인

분명 우리는 별도로 생성자를 호출한 적이 없습니다. 하지만 초깃값이 설정되었습니다. 어떻게 된 일일까요? 앞에서 설명한 대로 생성자는 객체 생성 시 자동으로 호출되는 함수입니다. 즉, 3행에서 객체를 생성할 때, 자동으로 호출된 것입니다.

응용 예제 4.1

1. 생성자도 일종의 함수라고 설명했습니다. 그럼 생성자도 함수 오버로딩이 가능할까요? 객체 생성 시, 승차 인원을 조정할 수 있는 생성자를 추가해봅시다.

4.1.4 객체 지향 프로그래밍의 특징

객체 지향 프로그래밍은 기본적으로 정보 은닉, 캡슐화, 상속, 다형성이라는 특징을 가지고 있습니다. 어려운 단어로 보이지만, 사실 매우 쉬운 개념입니다. 하나씩 살펴보도록 하겠습니다.

■ **정보 은닉과 캡슐화**

프로그램을 사용하는 사용자가 알아야 할 것은 프로그램의 사용법이지 상세한 내부 구조가 아닙니다. 때문에, 사용자가 굳이 알 필요가 없는 정보는 숨김으로써 최소한의 정보에만 접근할 수 있도록 하는 것입니다.

좀 더 쉽게 예를 들어 보겠습니다.

정희와 인제는 건물을 짓고 있습니다. 정희는 감독을 하고, 인제는 벽돌을 쌓습니다. 인제가 일찍 퇴근한 어느 날, 평소 건물이 마음에 들지 않았던 정희가 제멋대로 고쳤습니다.

위의 이야기를 프로그램 코드로 표현하면 다음과 같습니다.

::: 예제 4-7

```
... <코드 생략> ...
class Program
{
    class Building
    {
        public int bricks;
```

```
        }
static void Main(string[] args)
        {
            Building building = new Building();

            // 정희가 제 멋대로 건물에 벽돌 하나를 추가로 쌓았습니다.
            building.bricks++;
        }
    }
```

무엇이 잘못되었을까요? 사실상 건물에 직접 접근할 수 있는 권한은 벽돌을 쌓는 인제에게 있습니다. 하지만 감독을 하는 정희가 제멋대로 벽돌을 추가로 쌓았습니다. 때문에 정희는 인제를 거치지 않고, 건물을 고치면 안 됩니다. 만약, 건물을 고치고 싶다면, 인제에게 부탁하면 됩니다. 즉, 정희가 알아야 할 것은 인제에게 부탁하는 법이지 벽돌을 쌓는 법이 아닙니다.

그렇다면 변형된 건물을 본 인제는 어떻게 행동했을까요? 다음 날, 인제는 건물에 '접근 금지' 팻말을 설치했습니다. 여기서 팻말을 설치하는 것이 정보 은닉이고, 이렇게 은닉된 정보를 캡슐로 모아서 숨겨버리는 것을 캡슐화입니다.

위에서 다룬 코드를 올바르게 수정하면 다음과 같습니다.

::: 예제 4-8

```
... <코드 생략> ...
class Program
{
        class Building
        {
5:              private int bricks;

                public void AddBricks()
                {
                    // 벽돌을 하나 추가합니다.
                    bricks++;
                }

                public void RemoveBricks()
                {
                    // 벽돌을 하나 제거합니다.
                    bricks--;
                }
        }

static void Main(string[] args)
        {
            Building building = new Building();

            // 정희가 인제에게 벽돌 하나를 추가해달라고 부탁합니다.
            building.AddBricks();

            // 정희가 인제에게 벽돌 하나를 제거해달라고 부탁합니다.
            building.RemoveBricks();
        }
    }
```

5행에서 public이라는 키워드가 변경되었습니다. public은 모든 접근을 허용한다는 뜻인데, 이를 private라는 키워드로 수정했습니다. private는 접근을 금지한다는 뜻입니다. 또한 AddBricks( )와 RemoveBricks( )라는 함수가 추가되었습니다. 이것은 Building 클래스로 하여금 bricks를 변경하도록 요청하는 함수입니다.

즉, 정리하면 정보 은닉이란 허용된 접근 외의 모든 접근을 금지하고 최소한의 정보만을 노출함으로써, 프로그램의 신뢰성을 높이는 데 목적이 있습니다.

> **응용 예제 4.3**
>
> 1. 3행에서 private 키워드를 삭제하고 삭제하지 않았을 때와 실행 결과를 비교해 봅시다.

■ 상속

상속은 기존의 클래스를 토대로 새로운 클래스를 만드는 방법입니다. 부모 클래스에서 자식 클래스에게 성질을 물려준다고 이해하시면 되는데요. 여러분의 이해를 돕기 위해 이야기를 하나 하겠습니다.

성택이는 〈EASTRIA 이야기〉라는 MMORPG(온라인 롤플레잉 게임)를 개발하는 게임 개발사에 근무하고 있습니다. 성택이는 먼저 전사 캐릭터를 만들면서, 다음과 같이 능력치를 디자인했습니다.

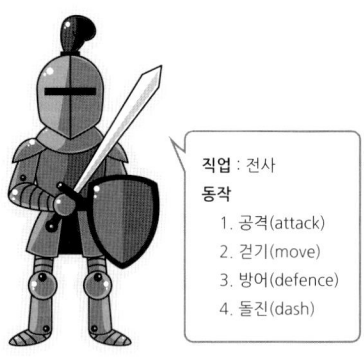

[그림 4.5] 전사 캐릭터

디자인을 마친 후, 다음과 같은 클래스로 설계했습니다.

```
        Warrior
Attack( )
Move( )
Defence( )
Dash( )
```

전사(Warrior) 클래스의 설계를 마치자, 기획팀에서 마법사라는 새로운 캐릭터를 추가하라는 요구가 내려왔습니다. 성택이는 종전과 동일한 방식으로 설계했습니다.

[그림 4.6] 마법사 캐릭터

마법사 캐릭터는 전사 캐릭터의 '돌진' 동작 대신, '마법' 동작이 추가되었습니다. 따라서 성택이는 다음과 같이 클래스를 설계했습니다.

```
        Magician
Attack( )
Move( )
Defence( )
Magic( )
```

마법사(Magician) 클래스의 설계를 마쳤을 때, 기획팀에서는 도둑, 성기사 등등 수많은 캐릭터를 추가해달라는 요구를 해왔습니다. 성택이는 전사 클래스와 마법사 클래스를 설계했을 때처럼 새로운 클래스를 설계해 개발하였고, 게임은 순조롭게 완성될 수 있었습니다.

얼마 후, 〈EASTRIA 이야기〉는 서비스를 시작했습니다. 하지만 유저들로부터 캐릭터가 걷는 속도가 너무 느리다는 불평을 듣게 되었습니다. 고심하던 기획팀은 캐릭터의 '걷기' 동작을 '뛰기' 동작으로 수정하기로 했습니다.

하지만 심각한 문제가 발생했습니다.

별다른 고민 없이 캐릭터를 하나씩 추가하던 성택이에게 지금까지 만든 수많은 캐릭터를 모두 다 수정해야 하는 문제가 발생했습니다. 어쩔 수 없이 성택이는 밤을 지새우고 겨우 일을 마칠 수 있었습니다.

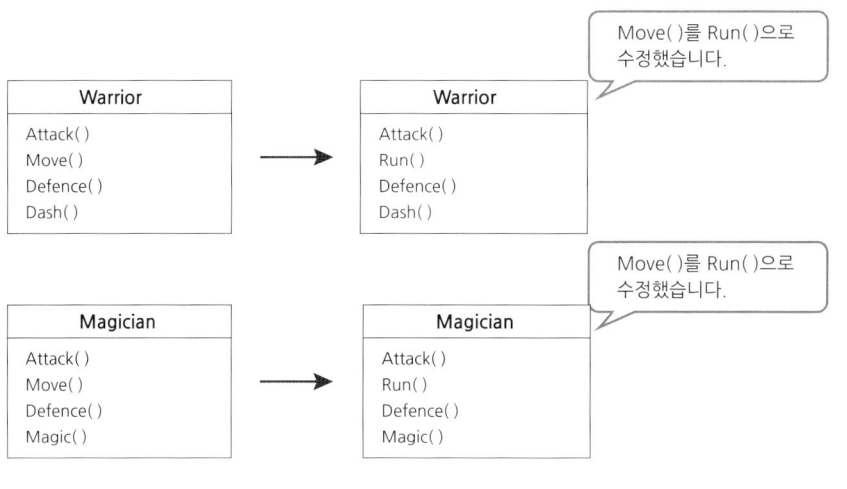

[그림 4.7] 요구 사항에 따른 클래스 수정

이야기를 보면서 '어떻게 이런 일이 일어날 수 있나?'라고 반문할 것입니다. 하지만 멀리서 찾을 필요가 없습니다. 여러분께 이야기를 들려드린 필자가 그랬고, 필자의 주변에도 이와 같은 실수를 범한 사람들이 많았으니까요. 실제로 개발 과정에서는 이야기 속의 기획팀보다도 변덕이 심한 관리자를 자주 보게 됩니다.

그럼 이러한 상황을 방지하기 위해서는 어떻게 해야 할까요? 다음 이야기를 통해 알아봅시다.

시간이 흐른 후, 새로운 게임을 개발하게 되었습니다.

성택이의 회사는 〈EASTRIA 이야기〉의 성공에 힘입어, 후속편을 개발하기에 이릅니다. 전편을 개발하면서 고생한 성택이는 후속편에서는 상속 개념을 도입해 설계하기로 합니다. 먼저 모든 직업의 캐릭터에 공통으로 적용되는 요소만을 이용해 부모 클래스(슈퍼 클래스)를 설계합니다.

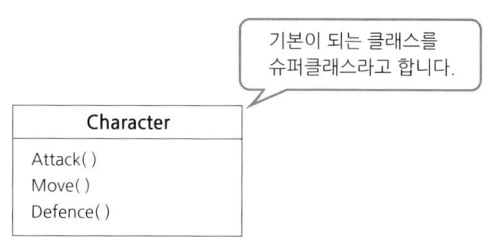

[그림 4.8] 부모 클래스(슈퍼 클래스)

다음으로 각 캐릭터의 특징을 담고 있는 자식 클래스들을 설계합니다.

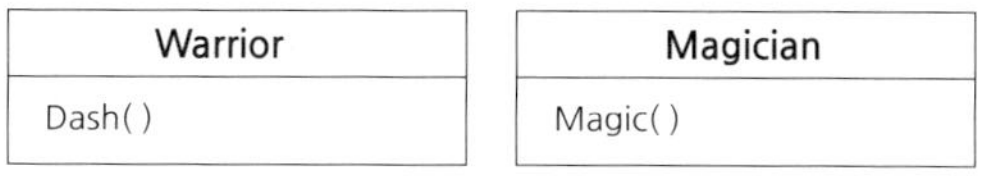

Warrior		Magician
Dash( )		Magic( )

[그림 4.9] 자식 클래스

다음으로 자식 클래스와 부모 클래스를 상속 관계로 연결합니다.

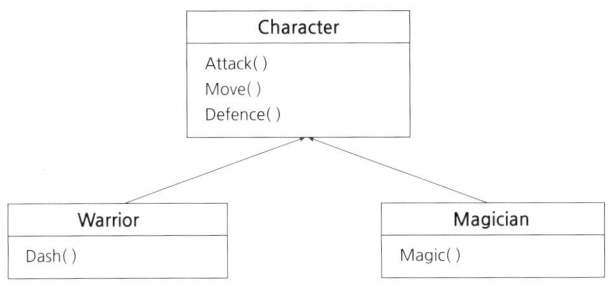

[그림 4.10] 부모 클래스와 자식 클래스 간의 상속 관계

Warrior 클래스와, Magician 클래스는 공격, 이동, 방어라는 동작을 가지고 있지 않더라도, 슈퍼클래스인 Character의 성질을 상속받음으로 인해, 해당 동작을 사용할 수 있습니다. 이제 기획팀에서 캐릭터의 동작을 변경하라는 요구 사항이 전달되더라도 부모 클래스만 수정하면 되기 때문에, 이전처럼 긴 시간을 투자할 필요가 없게 되었습니다.

이 이야기는 필자가 대학교에서 C++ 언어 수업을 수강할 당시, 필자의 교수님께서 상속의 장점에 대해 설명하시면서 해주신 이야기입니다. 여러분이 상속에 대해 이해했다면, 객체 지향에 대해 절반 이상은 정복하셨다고 자부하셔도 좋습니다.

그럼 성택이의 이야기를 프로그램 코드로 표현해볼까요?

::: 예제 4-9

```
... <코드 생략> ...
    class Character
    {
3:      public void Attack()
        {
            // 공격 함수입니다.
        }

8:      public void Move()
        {
            // 이동 함수입니다.
        }
```

```
13:     public void Defence()
        {
            // 방어 함수입니다.
        }
    }

    // Character 클래스를 상속 받아 Warrior 클래스를 만들었습니다.
20: class Warrior : Character
    {
        public void Dash()
        {
            // 돌진 함수입니다.
        }
    }

    // Character 클래스를 상속 받아 Magician 클래스를 만들었습니다.
29: class Magician : Character
    {
        public void Magic()
        {
        // 마법 함수입니다.
        }
    }

    class Program
    {
        static void Main(string[] args)
        {
            Warrior warrior = new Warrior();
            Magician magician = new Magician();

            // 전사 클래스만의 동작인 '돌진' 함수입니다.
            warrior.Dash();
            // 전사도 Character 클래스의 동작인 '공격'을 상속 받아 사용할 수 있습니다.
            warrior.Attack();
            // 마법사도 Character 클래스를 상속 받았으므로 '공격'을 사용할 수 있습니다.
            magician.Attack();
        }
    }
```

20행과 29행을 보면, Warrior 클래스와 Magician 클래스를 선언하면서 콜론(:)과 Character 클래스를 함께 표시한 것을 볼 수 있습니다. 이것은 "이 클래스는 Character 클래스를 상속받겠다."라는 뜻입니다.

C#에서 기본적으로 하나의 클래스는 하나의 클래스만 상속받을 수 있습니다(물론, 인터페이스를 이용해 다중 상속을 하는 방법도 존재하긴 합니다). 때문에, 처음 프로젝트를 시작할 때, 각 클래스를 효율적으로 설계하는 것이 중요합니다.

> **응용 예제 3.1**
>
> 1. 20행과 29행에서 ': Character' 부분을 지우고 실행해 봅시다.
> 2. 3행에서 Move( ) 함수를 Run( )으로 변경해 봅시다.
> 3. 3행, 8행, 13행에서 public 키워드를 protected 또는 private 키워드로 바꾸고 실행해 차이점을 확인해 봅시다.

■ 다형성

다형성은 지금까지 설명한 객체 지향의 특징 중 가장 설명하기 난해한 속성입니다. 간단하게 설명하면 상속 관계에 있는 부모 클래스와 자식 클래스는 변환이 가능한 속성이라고 설명할 수 있는데요.

예를 들어 시장에서 사과와 바나나를 구매하는 상황을 프로그램 코드로 작성해 봅시다. 먼저 각 과일에 해당하는 클래스가 있어야 할 것이고, 물건을 사는 소비자 클래스가 있어야 할 것입니다.

::: 예제 4-10

```
... <코드 생략> ...
    class Fruit
    {
        protected int price;   // 각 과일의 가격

        public int GetCost()
        {
            return price;
        }
    }

    class Apple : Fruit
    {
        public Apple()
        {
            base.price = 100;   // 사과의 가격은 100원입니다.
        }
    }

    class Banana : Fruit
    {
        public Banana()
```

```
            {
                base.price = 200;   // 바나나의 가격은 200원입니다.
            }
        }


        class Customer
        {
            int money;

            public Customer()
            {
                money = 1000;    // 기본 소지금은 1000원입니다.
            }

            public int Buy(Apple apple)
            {
36:             money -= apple.GetCost();
                return money;
            }

            public int Buy(Banana banana)
            {
51:             money -= banana.GetCost();
                return money;
            }
        }


        class Program
        {
            static void Main(string[] args)
            {
                Customer customer = new Customer();   // 소비자
                Apple apple = new Apple();    // 사과
                Banana banana = new Banana();    // 바나나

54:             Console.WriteLine("사과 구매 후 남은 금액 : " + customer.Buy(apple));
55:             Console.WriteLine("바나나 구매 후 남은 금액 : " + customer.Buy(banana));
            }
        }
```

과일 클래스를 상속받아 사과 클래스와 바나나 클래스를 작성했습니다. 그리고 소비자는 36행과 41행에 함수 오버로딩을 통해 구현된 구매 함수를 통해 과일을 구매할 수 있습니다.

사과의 가격은 100원이고, 바나나의 가격은 200원입니다. 소비자가 가지고 있는 금액은 1,000원입니다. 54행과 55행에서 소비자는 사과와 바나나를 구매했고, 남은 금액을 출력했습니다. 그럼 출력된 실행 결과를 확인해 봅시다.

::: 실행 결과

```
사과 구매 후 남은 금액 : 900
바나나 구매 후 남은 금액 : 700
```

사과를 구매한 후, 900원이 남았고, 여기서 다시 바나나를 구매했을 때, 700원이 남았습니다. 실행 결과상 전혀 문제가 없습니다.

하지만 이 프로그램이 정말로 완벽할까요?

한 가지 문제를 던져 봅시다. 현재 가정된 상황에서의 과일은 단지 두 종류이지만, 만약 과일의 종류가 수천 가지에 이른다고 가정할 경우, 함수 오버로딩을 통해 작성해야 할 구매 함수는 수천 가지로 늘어날 것입니다. 이에 따라 소비자 클래스의 크기도 증가하겠지요(과일 클래스의 종류가 늘어나는 것은 둘째 치더라도, 이것은 매우 비효율적인 일입니다).

어떻게 해결해야 할까요?

바로 이 문제를 해결할 열쇠가 바로 다형성에 있습니다. 앞서 설명한 대로 다형성은 동일한 클래스를 상속받은 여러 클래스를 객체로 선언할 시, 객체 간에 변환해 사용이 가능한 속성이라고 말씀드렸습니다. 그럼 앞의 예제를 수정해 보겠습니다.

::: 예제 4-11

```
... <코드 생략> ...
    class Fruit
    {
```

```csharp
        protected int price;    // 각 과일의 가격

        public int GetCost()
        {
            return price;
        }
    }

    class Apple : Fruit
    {
        public Apple()
        {
            base.price = 100;    // 사과의 가격은 100원입니다.
        }
    }

    class Banana : Fruit
    {
        public Banana()
        {
            base.price = 200;    // 바나나의 가격은 200원입니다.
        }
    }

    class Customer
    {
        int money;

        public Customer()
        {
            money = 1000;    // 기본 소지금은 1000원입니다.
        }

        public int Buy(Fruit fruit)
        {
36:         money -= fruit.GetCost();
            return money;
        }
    }
```

```
        class Program
        {
            static void Main(string[] args)
            {
                Customer customer = new Customer();   // 소비자
46:             Apple apple = new Apple();   // 사과
47:             Banana banana = new Banana();   // 바나나

49:             Console.WriteLine("사과 구매 후 남은 금액 : " + customer.Buy(apple));
50:             Console.WriteLine("바나나 구매 후 남은 금액 : " + customer.Buy(banana));
            }
        }
```

36행을 보면, 이전에 함수 오버로딩을 이용해 작성했던 구매 함수를 하나로 통합했습니다. 이때, 매개 변수의 자료형은 사과 클래스 또는 바나나 클래스가 아닌 사과 클래스와 바나나 클래스의 부모 클래스인 과일 클래스로 받도록 했습니다.

2장에서 함수를 공부할 때, 다뤘던 매개 변수의 개념을 다시 상기해 보겠습니다. 함수를 호출할 시, 매개 변수를 넘기는 것은 함수의 매개 변수에 값을 대입하는 것과 동일하다는 것을 기억하십니까?

```
public void Function(int value)
{...}

static void Main(string[] args)              int value = 100;
{
       Function(100);
}
```

[그림 4.11] 인자의 대입

49행과 50행에서 구매 함수에 사과 객체와 바나나 객체를 넘겨주는 부분을 프로그램 코드로 풀어서 설명하면 다음과 같습니다.

```
Fruit fruit = apple;
Fruit fruit = banana;
```

[그림 4.12] 다형성의 결과

즉, 다형성은 상속 관계가 성립하는 한 변환을 허용함으로써 불필요한 코드의 낭비를 줄여줍니다.

> **응용 예제 4.4**
>
> 1. 46행을 Fruit apple = new Apple( );로 수정한 후 실행해 봅시다.
> 2. 마찬가지로 47행을 Fruit banana = new Banana( );로 수정한 후 실행해 봅시다.

4.1.5 객체 지향 프로그래밍의 정리

눈치 빠른 독자분은 이미 눈치채셨겠지만, C#은 기본적으로 클래스들의 집합으로 이루어진 언어입니다. 즉, C#으로 구현된 프로그램은 모든 것이 클래스 안에 포함됩니다. 여러분이 2장에서 문법을 배울 때 익힌 명령어들(예를 들면, Console.WriteLine( ), Console.Read( ) 등등)은 모두 클래스 내에 구현된 메소드를 이용하는 것이었습니다.

심지어 여러분이 프로그램을 작성하는 Main( ) 또한 클래스 내에 구현된 메소드의 일종입니다. 단지, '이 프로그램이 실행될 때, 클래스 내에서 무조건 Main( )을 먼저 실행하겠다.'라고 약속된 것일 뿐입니다.

객체 지향으로 프로그램을 구현하면 코드의 수정, 재구성, 기능 추가가 매우 편리합니다. 수정이 필요한 기능의 클래스만 수정하면 되기 때문입니다. 기능을 추가할 때도 마찬가지입니다. 추가하고자 하는 기능을 클래스로 구현해 추가하면 되기 때문입니다.

이번 장을 들어오며 예로 든 건축가 A와 B의 이야기를 다시 생각해봅시다. 이야기 속에서 B는 방(객체)를 미리 만들어두고 조립하는 식으로 지었기 때문에, 증축(기능 추가)을 할 때에도 쉽게 할 수 있었습니다. 아마 B가 지은 집은 몇몇 개의 방의 용도를 수정하는 일이 발생하더라도, 해당 방만 리모델링하면 되기 때문에 작업이 A의 건물에 비해 수월할 것입니다.

4.2 객체와 클래스를 마치며

이번 장은 참 짧습니다. 객체와 클래스에 대한 연습은 뒤에 이어질 7장 사용자 정의 컨트롤에서 많이 하게 될 것입니다. 객체와 클래스는 여러분이 앞으로 C#은 물론 자바를 공부하게 되더라도 매우 중요한 부분입니다. 자바 또한 클래스의 집합이기 때문이지요. 객체와 클래스는 이론적으로 매우 중요한 부분입니다. 이 책에서는 뒤에 이어질 사용자 정의 컨트롤을 만들기 위해 클래스를 다루었습니다. 그러므로 너무 가볍지는 않게, 하지만 너무 복잡하지도 않은 수준에서 사용자 정의 컨트롤을 이해하는 데 지장이 없을 정도로만 클래스를 다루었습니다.

여러분이 수준 높은 프로그래머가 되기 위해서는 객체 지향 프로그래밍을 피해갈 수 없을 것입니다. 객체 지향 프로그래밍을 제대로 활용하기 위해서는 비록 이 책에서는 다루진 않지만, UML(Unified Modeling Language)이나 소프트웨어 설계, 그리고 개발 방법론 등의 지식을 쌓는 것을 권장합니다.

지금까지의 내용은 매우 지루하셨을 것입니다. 다음 장부터는 눈에 보이는 프로그래밍, 재미있는 프로그래밍을 해봅시다. 다음 장에서 뵙겠습니다!

CHAPTER
윈폼 프로그래밍 05

이제 우리는 새로운 경험을 하게 됩니다. 이번 장에서 다룰 윈폼 프로그래밍은 관리 프로그램, 그래픽 프로그램, 네트워크 프로그램 등 다양한 애플리케이션을 만들 때 매우 유용합니다.

윈폼 프로그래밍은 Visual Studio에서 제공하는 여러 가지 컨트롤을 이용해 Windows 환경에서 구동되는 프로그램을 쉽고 빠르게 개발할 수 있도록 도와줍니다. 컨트롤을 이용하는 것은 매우 쉽습니다. 그저 간단하게 선택하고, 배치하고, 속성을 설정해주면 됩니다. 윈폼 프로그래밍은 짧은 시간에 여러분을 근사한 프로그래머로 만들어 줄지도 모릅니다.

5.1 윈폼 프로그래밍 소개

필자가 어렸을 때, 그러니까 1990년대에는 프로그래밍이라는 것은 상당히 전문적인 분야였습니다. 특히 Windows가 대중화되기 이전에 MS-DOS가 주로 사용되던 시절에는 오로지 콘솔 환경에서 프로그램을 작성해야 했습니다. 여러분이 앞에서 배운 2장에서 프로그램을 실행하던 환경이 콘솔 환경입니다. 당시에는 하나의 프로그램을 완성하기 위해 많은 시간과 노력을 기울여야만 했습니다. 심지어 화면에 버튼 하나를 만들기 위해 밤을 새울 정도였으니까요.

그러던 중 Windows 95가 등장했습니다. 이전 버전인 Windows 3.1이 MS-DOS를 기반으로 동작하는 반쪽짜리 운영체제였다면, Windows 95는 완벽한 운영체제였습니다. 컴퓨터의 모든 작업과 게임을 Windows 환경만으로 이용할 수 있었으므로, 콘솔 환경에서 사용하던 프로그램들은 점차 사라지게 되었습니다. 그 결과, GUI(Graphic User Interface)는 사용자들에게 매우 친숙한 환경이 되었죠.

GUI 기반의 프로그램은 콘솔 환경과 개발 도구도 달라야 했습니다. 바로 여러분이 사용하는 Visual Studio를 비롯한 비주얼 툴이 대세가 된 것이죠. 비주얼이라는 단어에서 알 수 있듯이 시각적인 개발 도구입니다. 말은 간단하지만 실제로 겪어보면 엄청납니다.

여러분이 생각하고 있는 프로그램의 UI(User Interface)를 개발할 때, 어렵게 코드를 작성하지 않아도 됩니다. 미리 만들어져 있는 컨트롤을 상상하는 그대로 그림판에서 그림 그리듯 배치하면 됩니다. 그것만으로 충분합니다. 밤새울 필요도 없습니다. 솔직히 MS-DOS 환경에서 힘들게 프로그래밍을 공부해서, 고작 버튼 하나 만드는데도 밤을 새우던 필자로서는 억울한 생각도 듭니다.

정말 쉽습니다. 이번 장을 마무리 지을 때쯤이면, 여러분은 근사한 프로그램을 개발할 수 있는 프로그래머가 되어있을 것입니다. 그러기 위해선 Visual Studio에서 제공하는 컨트롤을 자유자재로 사용할 수 있어야 합니다. 그럼 컨트롤을 하나씩 익혀볼까요?

5.2 윈폼 프로그래밍의 개발환경

Visual Studio 2013에서 새 프로젝트를 생성합시다. 상단 메뉴의 [파일] – [새 프로젝트]를 선택합니다. 새 프로젝트 창에서 [Windows Forms 응용 프로그램]을 선택한 후, 확인을 클릭합니다.

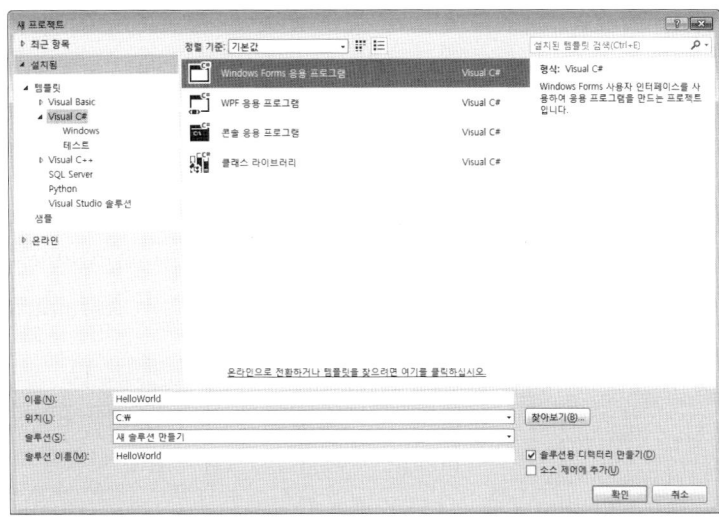

[그림 5.1] 새 프로젝트 만들기

[Windows Forms 응용 프로그램]을 선택했다면, 사용자가 변경하지 않는 한 일반적으로 다음과 같은 화면이 출력됩니다.

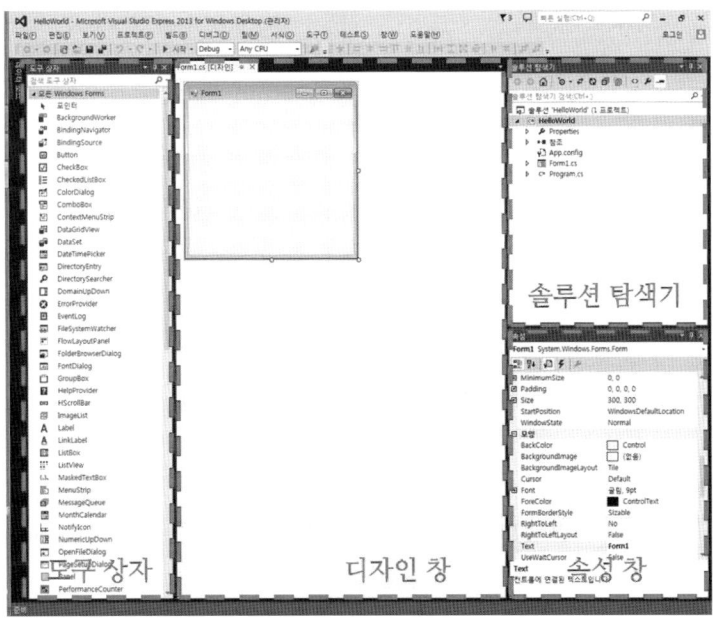

[그림 5.2] 기본 화면

■ 디자인 창

중앙에 가장 넓은 영역을 차지하고 있는 것이 디자인 창입니다. 기본적으로 UI를 구성할 윈도우인 폼이 준비되어 있습니다. 여기에 다양한 컨트롤을 배치해 UI를 구성합니다.

■ 도구 상자

윈폼 프로그래밍과 도구 상자는 떼어놓고 생각할 수 없는 관계입니다. 폼 위에 배치해야 할 다양한 컨트롤이 제공되는 곳이 바로 도구 상자입니다. 아이콘으로 표현되어 있는데, 버튼, 체크박스 등 한눈에 보아도 알아볼 수 있는 컨트롤이 많이 있습니다.

컨트롤을 배치하는 방법은 매우 간단합니다. 도구 상자에서 컨트롤을 선택한 후, 폼 위에 그저 그려주기만 하면 됩니다.

■ 솔루션 탐색기

여러분이 생성한 솔루션을 쉽게 관리하기 할 수 있도록 제공되는 탐색기입니다. 트리 구조로 출력되므로, 솔루션을 파악하고 관리하는 데 많은 도움이 됩니다. 또한 Visual Studio 2013에서 기본적으로 제공되지 않는 컨트롤 또는 라이브러리를 추가하고 싶을 때, 이곳에서 추가하게 됩니다. 자세한 설명은 뒤에서 하겠습니다.

■ 속성 창

모든 컨트롤은 특정한 속성을 가지고 있습니다. 예를 들면 버튼이 여러 개 배치되어 있을 때, 저마다 이름이 다르겠죠. 바로 그 이름도 버튼의 속성 중 하나입니다. 그뿐만이 아닙니다. 컨트롤의 색상, 글씨체, 크기, 위치 등 모든 정보를 비롯해, 클릭했을 때 또는 드래그했을 때 호출할 함수(윈폼 프로그래밍에서는 이 함수를 이벤트라고 합니다)를 설정하는 곳도 속성 창입니다. 각 속성은 ABC 순으로 정렬되어 있습니다.

5.3 다시 꺼내는 추억! 'Hello! World!'

앞서 2장에서 우리는 'Hello! World!'라는 프로그램을 작성했습니다. 단지 'Hello! World!'라는 문장을 출력하는 것 외에 아무런 기능이 없는 프로그램이었습니다. 이 프로그램을 작성하는 것은 프로그래밍 언어를 처음 배울 때 거치는 일종의 통과 의례라고 할 수 있는데요. 그래서 준비했습니다. 윈폼 프로그래밍으로 만드는 'Hello! World!'.

5.3.1 Visual Studio 2013에서 새 프로젝트 만들기

Visual Studio 2013을 시작해 'Hello, World!' 프로그램을 작성하기 위해서는 새 프로젝트를 생성해야 합니다. 상단 메뉴의 [파일] - [새 프로젝트]를 선택합니다.

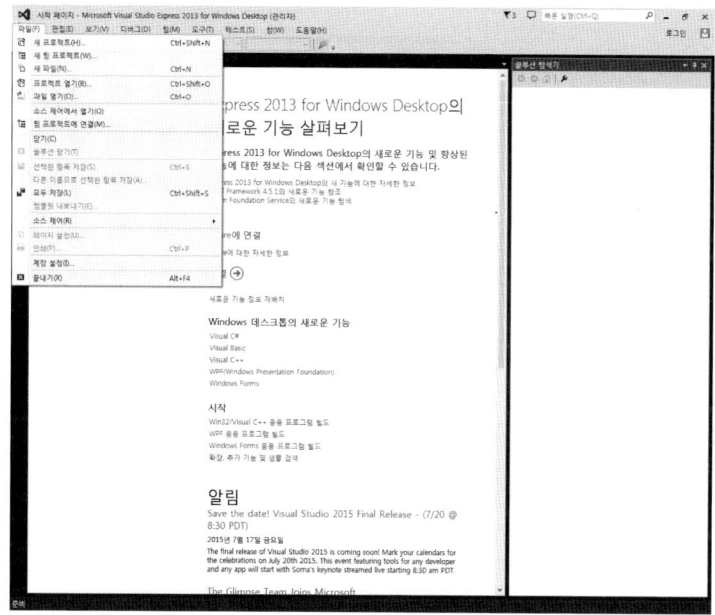

[그림 5.3] 새 프로젝트 만들기

그러면 다음 화면이 나타납니다. 여기에서 [Windows Forms 응용 프로그램]을 선택하고, 이름에 'HelloWorld'를 입력합니다.

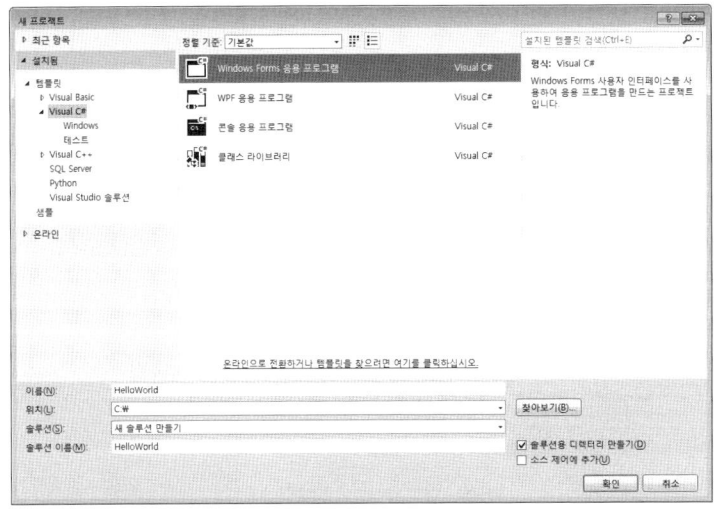

[그림 5.4] 새 프로젝트

생성이 완료되면 [그림 5.4]와 같이 프로젝트 생성 화면이 출력됩니다. 앞서 살펴본 [그림 5.1]과 동일한 화면입니다.

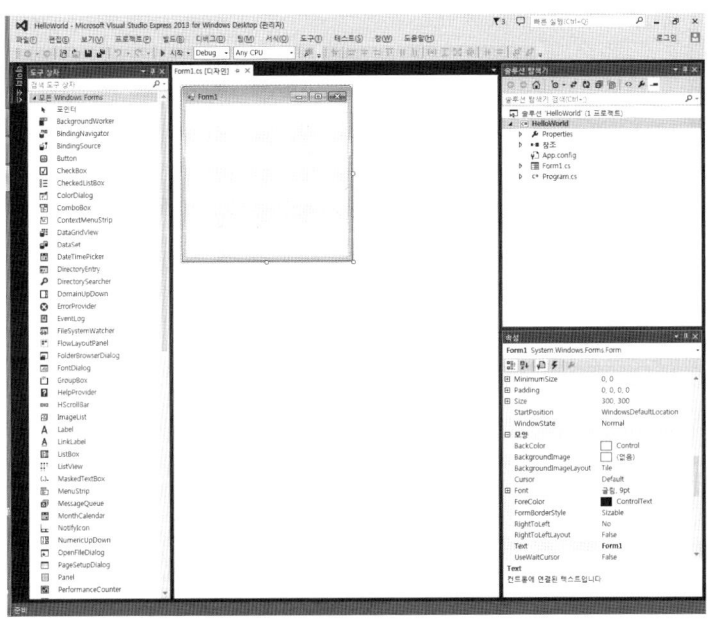

[그림 5.5] 프로젝트 편집 화면

일단 윈폼 프로그래밍을 통해 작성한 프로그램을 실행하면 대략 어떤 결과가 출력되는지 확인해봅시다. [그림 5.5]와 같이 아무것도 작성하지 않은 상태에서 F5 키를 눌러봅시다.

::: 실행 결과

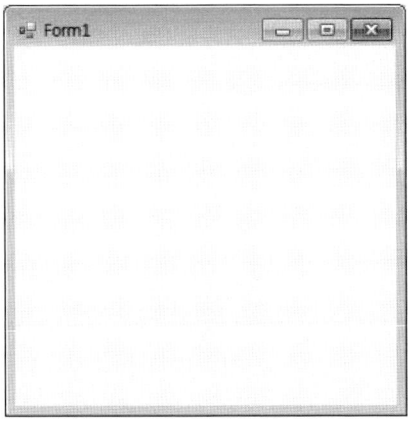

아무 기능도 없지만, 일반적으로 Windows 환경에서 사용하는 프로그램들과 비슷하게 실행 창이 출력되는 것을 볼 수 있습니다. 지금부터 이 창을 폼(Form)이라고 부를 것입니다.

어떤 키를 눌러도 자동으로 종료되지 않으므로, 우측 상단의 종료(X) 버튼을 클릭해 실행을 종료합니다. 윈폼 프로그래밍으로 작성한 프로그램은 기본적으로 이벤트 방식으로 동작하기 때문에, 사용자의 이벤트가 입력될 때까지 프로그램이 진행되지 않기 때문입니다. 자세한 설명은 뒷부분에 이벤트에 관해 설명할 때 다시 하겠습니다.

이 외에도 종료 버튼 대신 Visual Studio 2013의 상단 메뉴 중 실행 정지 버튼을 클릭해 종료할 수도 있습니다.

[그림 5.6] 실행 정지 버튼

다시 편집 모드로 돌아왔다면, 이번 장의 목표를 달성하기 위해 가장 먼저 좌측의 도구 상자에서 레이블(Label)을 선택합니다.

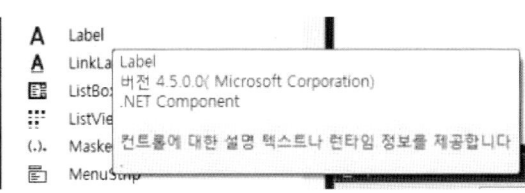

[그림 5.7] 레이블

레이블을 선택한 뒤, 중앙의 디자인 창 내의 폼 위로 마우스 포인터를 가져다 대고 마치 그림판에서 사각형을 그리듯 컨트롤을 그려줍니다. 폼 위의 아무 곳에나 그려도 좋습니다. 아마 다음과 같이 레이블이 배치된 것을 볼 수 있을 것입니다.

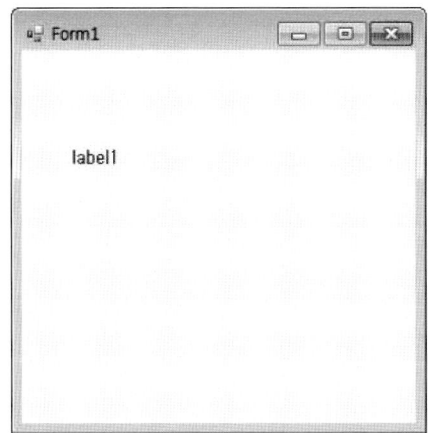

[그림 5.8] 레이블 배치

이제 배치한 레이블 컨트롤을 선택한 뒤, 우측 하단의 속성 창을 확인합니다. 속성 창을 확인하면 수많은 속성이 출력되는 것을 확인할 수 있는데요. 이 중 Text 속성을 찾아서 'Hello! World!'로 수정합니다. ABC 순으로 정렬되어 있으므로, 쉽게 찾을 수 있을 것입니다.

[그림 5.9] Text 속성 편집

디자인 창의 폼을 확인하면, 레이블이 변경된 것을 볼 수 있습니다. 이제 F5 키를 눌러 실행 결과를 확인합시다.

::: 실행 결과

위와 같은 결과가 출력되었다면 정상적으로 작성한 것입니다. 어떻습니까? 앞서 문법을 익힐 때보다 훨씬 간단하지 않습니까? 이번 장은 전혀 어렵지 않습니다. 오히려 쉽고 재미있습니다! 필자가 단언컨대 이번 장을 마칠 때쯤이면 여러분은 근사한 프로그래머가 되어있을 것입니다!

다음 단계로 넘어가기에 앞서, 앞으로 본 책에서는 컨트롤의 속성을 설명할 때, 간단한 표를 통해 속성을 설명하도록 하겠습니다. 이번 장에서 다룬 'Hello! World!' 예제의 레이블 컨트롤의 속성은 다음과 같습니다.

[표 5.1] 레이블의 속성

속성	내용
Text	Hello! World!

5.4 폼(Form)의 기본 속성 다루기

앞서 'Hello! World!'를 작성할 때, 폼 위에 레이블을 추가했습니다. 우리는 앞으로 어떤 프로그램을 개발할 때, 도구 상자에서 제공되는 다양한 컨트롤을 배치해 개발할 것입니다. 하지만 다양한 컨트롤을 익히기에 앞서서, 컨트롤을 배치할 폼도 컨트롤의 일종이며, 따라서 먼저 폼의 기본 속성을 익히고, 이를 제어하는 방법을 알아야 합니다.

5.4.1 폼의 속성

앞 절을 참고해 새 프로젝트를 생성합니다. 이때 새 프로젝트의 이름은 'WinForm'으로 입력합니다.

[표 5.2]는 폼의 기본적인 속성을 나타냅니다. 바로 우리가 반드시 알고 넘어가야 하는 속성인데요. 폼뿐만 아니라 다른 컨트롤에서도 대부분 공통으로 사용되는 속성이므로 확실히 이해하고 넘어가도록 합시다.

[표 5.2] 폼의 기본 속성

속성	내용
Name	폼의 이름을 나타냅니다
BackColor	폼의 배경 색입니다. 기본 색상은 회색에 가까운 기본 컨트롤 색상입니다
ControlBox	폼의 우측 상단 버튼의 출력 여부입니다. False로 설정하면 버튼이 출력되지 않습니다. 이 버튼을 컨트롤 박스라고 부릅니다
Enabled	폼의 활성화 여부입니다. False로 설정하면 폼에 대해 제어가 불가능합니다
FormBorderStyle	폼의 스타일을 지정합니다. 설정 값에 따라 폼의 제목 표시줄을 없앨 수도 있으며, 우측 상단의 컨트롤 박스를 변경할 수도 있습니다
Icon	폼이 출력되었을 때, 폼의 좌측 상단과 작업 표시줄에 표시될 아이콘을 지정합니다
Location	폼이 처음 출력될 때, 폼이 출력될 위치입니다. 기준점은 스크린의 좌측 상단입니다
Opacity	폼의 투명도입니다. 설정 값이 감소할수록 투명해 집니다
ShowIcon	아이콘의 출력 여부를 설정합니다. True일 경우 출력, False일 경우 아이콘을 감춥니다
ShowTaskbar	작업 표시줄에 폼을 표시할지 여부를 결정합니다
Size	폼의 크기를 설정합니다. 단위는 픽셀(Pixel)입니다
StartPosition	폼이 처음 출력될 때, 폼이 출력될 위치를 결정합니다
Tag	폼에서 지원하는 임시 저장소입니다
Text	폼의 제목 표시줄에 출력될 문자열을 입력합니다
TopMost	폼이 항상 가장 위에 출력될 것인지 결정합니다. 이 속성이 True로 설정되면, 다른 모든 폼보다 항상 위에 출력됩니다
WindowState	폼의 초기 상태를 결정합니다

[표 5.2]에서 설명하고 있는 일부 속성을 수정해 각 속성이 어떻게 적용되는지 확인해 봅시다. 가장 먼저 폼의 이름을 변경할 텐데요. 속성 창의 Name 속성을 수정하는 방법도 있지만, 폼의 파일명까지 바꾸기 위해 솔루션 탐색기에서 Form1.cs를 선택한 후, 오른쪽 버튼을 눌러 이름을 frmMain.cs로 변경해 봅시다.

[그림 5.10] 폼의 이름 변경하기

폼의 이름을 변경했다면, [그림 5.11]과 같은 메시지가 출력될 것입니다. '예'를 선택합니다.

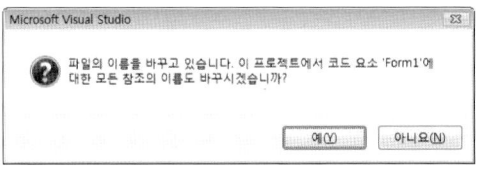

[그림 5.11] 폼의 이름 변경하기

이제 속성 창으로 이동해 Name 속성을 확인해 봅시다. frmMain으로 변경되어 있는 것을 확인할 수 있을 것입니다. 이제부터 우리는 이 폼을 frmMain이라고 부르겠습니다.

다음으로 이번 장의 실습을 진행하기 위해 frmMain의 속성을 [표 5.3]과 같이 수정하겠습니다.

[표 5.3] frmMain의 속성

속성	내용
Size	640, 480
StartPosition	CenterScreen
Text	윈폼 프로그래밍 예제

변경된 속성을 확인하기 위해, F5를 눌러 실행 결과를 확인합니다.

::: 실행 결과

5.4.2 코드 편집하기

속성 창에서 속성을 변경할 수 있다면, 이번에는 직접 프로그램 코드를 작성하겠습니다. 먼저 디자인 창의 아무 곳에나 마우스 포인터를 가져간 후, 마우스 오른쪽 버튼을 누르면 팝업 메뉴가 출력됩니다. 여기서 '코드 보기'를 선택하면, 코드 편집 창으로 들어갈 수 있습니다.

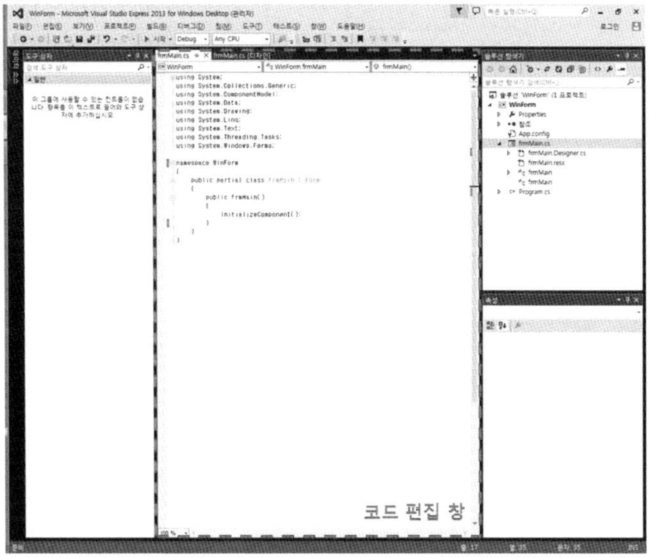

[그림 5.12] 코드 편집 창

코드 편집 창을 보면 frmMain을 구성하는 기본적인 프로그램 코드가 이미 작성된 것을 볼 수 있습니다. 기본적으로 frmMain 또한 일종의 클래스이기 때문에 생성자가 존재하는 것을 볼 수 있습니다. 즉, frmMain이 처음 실행될 때, 가장 먼저 생성자 안에 있는 코드를 실행하게 됩니다.

이곳에 다음과 같이 코드를 추가해 봅시다.

::: 예제 5-1

```
using System;
using System.Collections.Generic;
using System.ComponentModel;
using System.Data;
using System.Drawing;
using System.Linq;
using System.Text;
using System.Windows.Forms;
namespace WinForm
```

```
{
    public partial class frmMain : Form
    {
        public frmMain()
        {
            InitializeComponent();
18:         this.Text = "코드 편집 창에서 Text 속성을 변경하였습니다.";
        }
    }
}
```

18행을 주의 깊게 보세요. this 키워드는 어떤 클래스가 클래스 내부에서 자기 자신을 가리킬 때 쓰는 키워드인데요. 즉, 18행에 추가된 코드의 의미는 "나의 Text 속성을 다음과 같이 출력하라."라는 의미입니다. 코드가 제대로 동작하는지 확인해 볼까요?

::: 실행 결과

코드를 수정한 대로 frmMain의 Text가 변경된 것을 볼 수 있습니다.

5.4.3 이벤트 추가하기

우리가 앞서 배웠던 프로그래밍은 모두 콘솔 환경에서 개발함으로써 Main( ) 내의 코드가 차례대로 실행되는 구조였습니다. 하지만 5. 3절에서 간략하게 언급했듯이, 윈폼 프로그래밍은 기본적으로 이벤트가 발생하기 전에 프로그램이 진행되지 않습니다. 우리는 이벤트라는 요소를 이해해야 합니다. 이번 절에서는 폼에서 지원하는 기본적인 이벤트만 이해하도록 하겠습니다.

속성 창의 상단을 보면 번개 모양의 아이콘이 있는데, 이것이 이벤트 창으로 전환할 수 있는 버튼입니다. 이 버튼을 누르면 [그림 5.13]과 같이 이벤트 창이 출력됩니다.

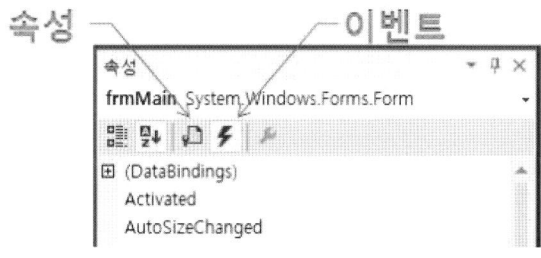

[그림 5.13] 이벤트 창 전환 버튼

이벤트 창에 출력된 이벤트 중 Click 이벤트를 찾아 더블 클릭하면, 코드 편집 창으로 이동되며, 다음과 같은 코드가 추가된 것을 확인할 수 있습니다.

::: 예제 5-2

```
... <코드 생략> ...
    public partial class frmMain : Form
    {
        public frmMain()
        {
            InitializeComponent();
            this.Text = "코드 편집 창에서 Text 속성을 변경하였습니다.";
        }
```

```
        private void frmMain_Click(object sender, EventArgs e)
        {
        }
    }
... <코드 생략> ...
```

추가된 코드는 'frmMain을 클릭했을 때 이곳의 프로그램 코드를 실행하라'라는 의미입니다. 이곳에 다음과 같이 코드를 추가하겠습니다.

::: 예제 5-3

```
... <코드 생략> ...
    public partial class frmMain : Form
    {
        public frmMain()
        {
            InitializeComponent();
            this.Text = "코드 편집 창에서 Text 속성을 변경하였습니다.";
        }
        private void frmMain_Click(object sender, EventArgs e)
        {
            this.Text = "클릭 했습니다.";
        }
    }
... <코드 생략> ...
```

실행 후, frmMain의 아무 곳이나 클릭하면 다음과 같이 제목 표시줄이 변경되는 것을 볼 수 있습니다.

::: 실행 결과

이벤트에 대해 이해가 되셨나요? 이번 절에서는 Click 이벤트만 다루었으나, 이외에도 자주 사용되는 이벤트는 [표 5.4]와 같습니다.

[표 5.4] 자주 사용되는 이벤트

속성	내용
Click	컨트롤을 클릭할 때 발생합니다
DoubleClick	컨트롤을 더블 클릭할 때 발생합니다
DragDrop	끌어서 놓는 작업이 완료될 때 발생합니다
DragEnter	마우스로 항목을 끌어 컨트롤의 영역으로 가져올 때 발생합니다
DragLeave	컨트롤의 범위 밖으로 개체를 끌 때 발생합니다
DragOver	컨트롤의 범위 위로 개체를 끌어올 때 발생합니다
KeyDown	컨트롤이 활성화된 상태에서 키보드의 키를 누를 때 발생합니다
KeyPress	컨트롤이 활성화된 상태에서 키보드의 키를 눌렀다가 놓을 때 발생합니다
KeyUp	컨트롤이 활성화된 상태에서 키보드의 키를 놓을 때 발생합니다
Load	폼이 로드될 때 발생합니다
MouseClick	컨트롤을 마우스로 클릭할 때 발생합니다. 하지만 주로 Click 이벤트를 사용합니다
MouseDoubleClick	컨트롤을 마우스로 더블 클릭할 때 발생합니다. 하지만 주로 DoubleClick 이벤트를 사용합니다

속성	내용
MouseDown	컨트롤 위에서 마우스의 버튼을 누를 때 발생합니다
MouseLeave	컨트롤 위에서 마우스 포인터가 떠날 때 발생합니다
MouseMove	컨트롤 위에서 마우스 포인터를 움직일 때 발생합니다
MouseUp	컨트롤 위에서 마우스의 버튼을 놓을 때 발생합니다
Paint	컨트롤이 다시 그려질 때 발생합니다
TextChanged	컨트롤에서 Text 속성이 변경되면 발생합니다

다음 절부터는 C#에서 제공하는 다양한 컨트롤에 대해 다루도록 하겠습니다.

> **Name 속성과 Text 속성은 어떻게 다른가요?**
>
> Name 속성은 컨트롤의 가장 원초적인 이름입니다. 그러므로 프로그램 코드 작성 시, 이름을 통해 컨트롤을 제어할 수 있습니다. 하지만 Text는 겉에 보이는 이름입니다. 즉, 단지 보이는 이름일 뿐, 프로그램 코드를 작성할 시, 영향을 끼치지 않습니다.

5.5 출력을 위한 컨트롤

앞 절에서 밝혔듯 윈폼 프로그래밍은 C#에서 제공하는 다양한 컨트롤을 이용해 GUI를 구성하는 개발환경입니다. 그러므로 이번 절에서는 각 컨트롤에 대해 이해하고, 나아가 Windows에서 기본적으로 제공하는 다양한 프로그램을 직접 개발하도록 하겠습니다.

5.5.1 레이블(Label)

[그림 5.14] 레이블

레이블은 정보를 출력하는 표시 장치입니다. 콘솔 프로그램에서는 Console.WriteLine( ) 을 이용해 출력했으나, 윈폼 기반의 프로그램에서는 레이블을 이용해 출력합니다. 대부분의 속성은 폼과 동일하나 레이블에서 특별히 알아두어야 하는 속성은 다음과 같습니다.

[표 5.5] 레이블의 속성

속성	내용
AutoSize	출력되는 문자열의 길이, 글꼴의 크기에 따라 레이블의 크기가 자동으로 조정됩니다. Flase로 설정하면 여러 줄로 출력할 수 있습니다.
BackColor	레이블의 배경색을 결정합니다.
BorderStyle	레이블의 테두리가 어떻게 출력되는지 결정합니다. Fixed3D로 설정할 경우 3차원으로 깊게 출력됩니다.
Font	레이블에 출력될 글꼴과 크기를 지정합니다.
ForeColor	레이블에 출력될 글자색을 결정합니다.
Text	레이블에 출력할 문자열을 입력합니다.
TextAlign	레이블 내에서 문자열이 출력될 위치를 결정합니다. 제공되는 위치는 다음과 같습니다. TopLeft / TopCenter / TopRight MiddleLeft / MiddleCenter / MiddleRight BottomLeft / BottomCenter / BottomRight
Visible	컨트롤의 표시 여부를 결정합니다.

레이블은 앞서 5. 3절에서 'Hello! World!' 예제를 만들 때, 사용해 보았을 것입니다. 레이블은 단지 정보를 표시하지만, 출력할 정보를 보기 좋게 정렬해 출력하는 기능도 가지고 있습니다. 바로 TextAlign 속성입니다. 이 속성은 출력한 문자열의 상하좌우 정렬 여부를 결정할 수 있습니다.

또 하나의 중요한 속성이 AutoSize 속성인데요. 기본적으로 True로 설정되어 있습니다. 이 경우 Text 속성에 입력되는 문자열의 길이에 따라 컨트롤의 크기가 자동으로 결정됩니다. 하지만 False로 설정할 경우, 크기는 고정됩니다. 여러 줄의 문자열을 출력할 경우 반드시 False로 설정해야 합니다.

마지막으로 중요하게 언급해야 할 속성이 Font와 ForeColor 속성입니다. 이 속성은 글꼴과 글자 색상에 관련된 것으로서 Font 속성은 글꼴, 크기뿐만 아니라 글자의 형태(이탤릭, 굵게, 밑줄 등등)도 설정할 수 있습니다.

5.5.2 링크 레이블(LinkLabel)

A LinkLabel

[그림 5.15] 링크 레이블

웹페이지에 연결되는 하이퍼링크를 구현하기 위해 링크 레이블이라는 컨트롤을 지원합니다. 해당 레이블을 클릭하면 미리 지정된 웹페이지를 보여주는 기능인데요. 링크를 클릭할 경우 브라우저를 띄우기 위해서 약간의 프로그램 코드를 추가해야 합니다.

예제를 다루기 전에 레이블에는 없지만, 링크 레이블에는 있는 속성을 알아보겠습니다.

[표 5.6] 레이블의 속성

속성	내용
DisabledLinkColor	하이퍼링크가 비활성화된 경우 출력할 색상입니다
LinkArea	레이블에 출력된 문자열 중 하이퍼링크로 렌더링할 부분을 결정합니다
LinkBehavior	하이퍼링크의 밑줄 동작을 결정합니다. 총 네 가지 동작을 지원합니다
LinkColor	기본 상태의 하이퍼링크 색상을 결정합니다
LinkVisited	열어 본 하이퍼링크의 색상 변경 여부를 결정합니다
VisitedLinkColor	열어 본 하이퍼링크의 색상을 결정합니다

설정	내용
SystemDefault	환경 설정에 설정된 대로 동작합니다
AlwaysUnderline	하이퍼링크에 항상 밑줄이 출력됩니다
HoweverUnderline	마우스 포인터를 하이퍼링크 위에 갖다 댔을 때만 밑줄이 출력됩니다
NeverUnderline	항상 밑줄을 출력하지 않습니다

링크 레이블은 레이블의 기본적인 속성 외에 하이퍼링크에 관련된 속성을 제공합니다.

먼저 DisableLinkColor, LinkColor, 그리고 VisitedLinkColor 속성은 각각 하이퍼링크가 비활성화 상태 및 활성화 상태일 때의 색상과 열어 본 하이퍼링크의 색상을 결정하는 속성입니다.

LinkBehavior 속성은 마우스 포인터를 가져다 댔을 때, 하이퍼링크에 밑줄을 출력할지에 대한 여부를 결정합니다. 일반적으로 Windows의 하이퍼링크는 AlwaysUnderline으로 설정되어 있으므로 SystemDefault를 선택할 시, 항상 밑줄이 출력됩니다.

그럼 예제를 통해 하이퍼링크를 연결해 봅시다. 가장 먼저 디자인 창에서 frmMain 위의 적당한 곳에 링크 레이블을 배치합니다. 하이퍼링크를 연결하기 위해서는 생성자 내에 추가로 코드를 작성해야 합니다. [예제 5-4]를 보세요.

::: 예제 5-4

```
... <코드 생략> ...
    public partial class frmMain : Form
    {
        public frmMain()
        {
            InitializeComponent();
7:          linkLabel1.Text = "클릭 하면 홈페이지로 이동합니다.";
8:          linkLabel1.Links.Add(0, 2, "http://www.microsoft.com");
        }
    }
... <코드 생략> ...
```

7행에서 링크 레이블에 문자열을 출력했으며, 8행에서 하이퍼링크를 추가했습니다. 링크를 추가하기 위해서는 링크 레이블의 메소드 중 하나인 Links의 Add( )를 통해 추가하게 되는데 사용 방법은 다음과 같습니다.

Links.Add(링크 시작 위치, 링크 길이, 링크 주소)

[그림 5.16] 하이퍼링크 추가 방법

즉, 8행은 linkLabel1에 출력된 문자열에서 0번째 위치부터 두 글자를 링크로 지정한 후, "http://www.microsoft.com"를 링크 주소로 설정한 것입니다. 0번째부터 두 글자이기 때문에 "클릭"에 하이퍼링크가 지정됩니다.

다음으로 이벤트를 추가하여 웹페이지로 이동하도록 해야 합니다. 디자인 창에서 링크 레이블을 선택한 뒤 이벤트 창에서 LinkClicked 이벤트를 더블 클릭합니다. 링크 레이블을 더블 클릭해도 됩니다.

::: 예제 5-5

```
... <코드 생략> ...
    public partial class frmMain : Form
```

```
    {
        public frmMain()
        {
            InitializeComponent();
            linkLabel1.Text = "클릭 하면 홈페이지로 이동합니다.";
            linkLabel1.Links.Add(0, 2, "http://www.microsoft.com");
        }
        private void linkLabel1_LinkClicked(object sender, LinkLabelLinkClickedEventArgs e)
        {
            System.Diagnostics.Process.Start(e.Link.LinkData.ToString());
        }
    }
... <코드 생략> ...
```

생성된 이벤트에 [예제 5-5]와 같이 코드를 추가하면 하이퍼링크를 지정하기 위한 작업이 모두 마무리됩니다. 실행해봅시다.

::: 실행 결과

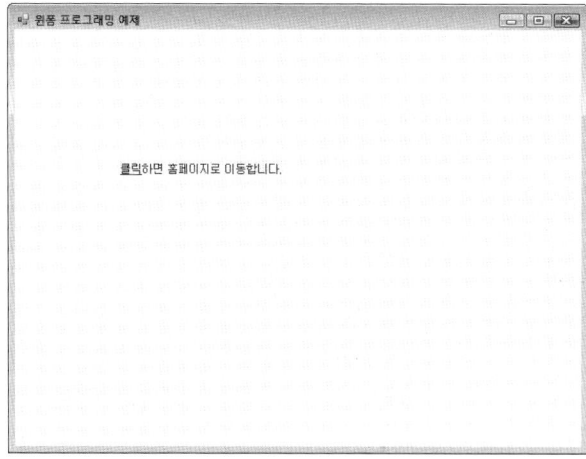

출력된 문자열에서 청색으로 표시된 하이퍼링크 부분을 클릭하면 브라우저가 실행되며 웹페이지로 이동하는 것을 볼 수 있습니다.

5.5.3 픽쳐 박스(PictureBox)

[그림 5.17] 픽쳐 박스

이미지를 출력하기 위한 컨트롤입니다. 게임, 그림판을 비롯해 다양한 프로그램을 개발할 때 사용되는 컨트롤입니다. 중요한 속성은 다음과 같습니다.

[표 5.7] 픽쳐 박스의 속성

속성	내용
BackgroundImage	픽쳐 박스에 출력할 배경 이미지를 결정합니다
ErrorImage	이미지를 불러오는 도중 오류가 발생했을 때, 출력하는 이미지입니다
Image	픽쳐 박스에 출력되는 이미지입니다
InitialImage	이미지를 불러오는 동안 출력할 이미지입니다
SizeMode	픽쳐 박스에서 이미지를 불러왔을 때, 이미지 배치와 픽쳐 박스의 크기 조정을 처리하는 방법을 결정합니다. 총 다섯 가지 모드를 지원합니다

	설정	내용
	Normal	기본 모드입니다. 이미지를 불러와도 픽쳐 박스의 크기가 변경되지 않습니다. 이미지의 기준 위치는 좌측 상단입니다
	StretchImage	픽쳐 박스의 크기에 맞춰 이미지 크기를 조정합니다
	AutoSize	이미지 크기에 맞춰 픽쳐 박스의 크기를 조정합니다
	CenterImage	이미지를 불러와도 픽쳐 박스의 크기가 변경되지 않습니다. 하지만 이미지의 기준 위치는 중앙입니다
	Zoom	픽쳐 박스의 크기에 맞춰 이미지의 크기를 조정합니다. 단, 이미지의 가로, 세로 비율은 기본 비율을 유지합니다

BackgroundImage, ErrorImage, Image, 그리고 InitialImage 속성은 픽쳐 박스에 출력되는 이미지와 관련된 속성입니다. 하지만 Image 속성을 제외한 다른 속성은 사용할 일이 별로 없습니다. 중요한 속성은 Image뿐입니다.

SizeMode 속성은 이미지를 출력할 시, 이미지 배치와 픽쳐 박스의 크기 조정을 결정하는 속성입니다. 총 다섯 가지 모드를 지원하는데, 각 모드에 따라 어떤 결과가 출력되는지 직접 확인해 보겠습니다.

먼저 frmMain의 적당한 위치에 픽쳐 박스를 배치한 후, 크기를 300, 200으로 설정합니다. 다음으로 Image 속성을 선택한 후, 우측의 (…) 버튼을 눌러 이미지를 불러옵니다. 다음으로 [그림 5.18]처럼 리소스 선택 창이 열리면 가져오기 버튼을 선택해 하드디스크에 저장된 그림을 하나 불러옵니다.

[그림 5.18] 리소스 선택

확인을 누르면 픽쳐 박스에 이미지가 출력될 것입니다. 기본적으로 SizeMode는 Normal로 설정되어 있으므로, 픽쳐 박스의 크기는 변경되지 않고, 이미지의 좌측 상단 부분이 출력되는 것을 볼 수 있을 것입니다. SizeMode를 차례로 변경할 경우 다음과 같이 다르게 출력되는 것을 볼 수 있습니다.

[그림 5.19] SizeMode 속성에 따른 이미지 출력

어떻게 다른지 이해가 되나요?

지금까지 앞에서 다룬 컨트롤은 단순히 문자열을 출력하는 컨트롤이었기 때문에, Text 속성에 문자열을 입력하면 출력이 되었습니다. 하지만 픽쳐 박스는 Image 속성에 입력해야 하는데요. 이것을 코드 편집 창에서 입력하려면 조금 번거로운 변환 작업을 거쳐야 합니다. 예제를 진행하기에 앞서 필자의 블로그에 접속해 아래의 이미지를 내려받은 후, 예제 폴더 내의 [Bin] – [Debug] 폴더에 복사해 주세요.

Lena 이미지는 과거 플레이보이 잡지에 실린 모델의 사진이며, 영상 처리 알고리즘을 비롯한 다양한 컴퓨터 서적에서 널리 쓰이는 이미지입니다. 한때 해당 잡지사에서 저작권 소송을 제기하려 했으나, 이를 철회했으며 현재 자유롭게 사용되고 있습니다.

[그림 5.20] Lena 이미지

준비를 마쳤으면 [예제 5-6]처럼 프로그램 코드를 추가합니다.

::: 예제 5-6

```
... <코드 생략> ...
    public partial class frmMain : Form
    {
4:      string path = AppDomain.CurrentDomain.BaseDirectory;
        public frmMain()
        {
            InitializeComponent();
            pictureBox1.SizeMode = PictureBoxSizeMode.AutoSize;
11:         pictureBox1.Image = new Bitmap(path + "lena.jpg");
        }
    }
... <코드 생략> ...
```

4행은 문자열 변수 path에 현재 프로그램이 실행되고 있는 경로를 가져와서 저장하고 있습니다. 10행에서는 이렇게 얻어온 경로를 이용해 lena.jpg 이미지를 출력하도록 했습니다. 픽쳐 박스의 Image 속성은 기본적으로 Image 형으로 선언된 일종의 변수이며, 기존에 레이블에서 Text 속성을 지정하듯이 입력하면 오류가 발생합니다. 때문에 Bitmap 형태로 객체를 선언하며 경로를 지정해 주어야 합니다. 11행에서 사용한 표현은 앞으로도 자주 사용하므로 반드시 기억하도록 합니다.

실행 결과는 다음과 같습니다.

::: 실행 결과

5.6 입력을 위한 컨트롤

여기까지 익히는 동안 의욕적인 독자라면 이미 근사한 프로그램을 구상하고 있을 것입니다. 2장에서 출력문, 입력문, 조건문, 반복문을 익힌 시점에서 여러분은 이미 프로그래머라고 말씀드렸습니다.

사실 윈폼 프로그래밍은 대단한 것이 아닙니다. 그저 GUI를 구현하기 쉬운 도구가 추가되었을 뿐입니다. 물론 대단하지 않다고 표현하기에 실용성이 매우 뛰어나지만요. 어쨌든 여러분은 이미 프로그래밍할 때 사용하는 문법은 2장에서 모두 익혔습니다. 즉, 조건문과 반복문은 콘솔 프로그램이든 윈폼 프로그램이든 같다는 것이지요. 출력을 위한 컨트롤은 이미 배웠으니 이제 여러분이 익혀야 할 것은 입력을 위한 컨트롤입니다.

5.6.1 버튼(Button)

[그림 5.21] 버튼

버튼은 명령을 내리기에 가장 적합한 형태의 컨트롤입니다. 어떠한 사용자든 버튼에 대해 따로 설명하지 않아도 직관적으로 사용할 수 있기 때문입니다. 버튼의 중요한 속성은 다음과 같습니다.

[표 5.8] 버튼의 속성

속성	내용
BackColor	버튼의 배경색을 결정합니다
BackgroundImage	버튼에 출력할 배경 이미지를 결정합니다
BackgroundImageLayout	배경 이미지의 출력 패턴을 결정합니다. 픽처 박스의 SizeMode와 비슷합니다
Enabled	버튼의 활성화 여부를 결정합니다
FlatAppearance	버튼의 선택 상태 및 마우스 상태를 나타내는 데 사용되는 색 및 테두리 모양을 결정합니다
FlatStyle	버튼의 평면 스타일 모양을 결정합니다
Image	버튼의 표면에 출력되는 이미지를 결정합니다
ImageAlign	이미지의 출력 위치를 결정합니다. 레이블의 TextAlign 속성과 비슷합니다
Text	버튼의 표면에 출력할 문자열입니다
TextAlign	버튼의 표면의 문자열이 출력될 위치를 결정합니다. 레이블의 TextAlign 속성과 동일합니다

BackColor 속성과 BackgroundImage 속성은 버튼의 배경에 관련된 속성입니다. 버튼은 기본적으로 일반 버튼과 이미지 버튼이 있습니다. BackgroundImage 속성과 Image 속성에 이미지를 지정하면 이미지 버튼을 만들 수 있습니다.

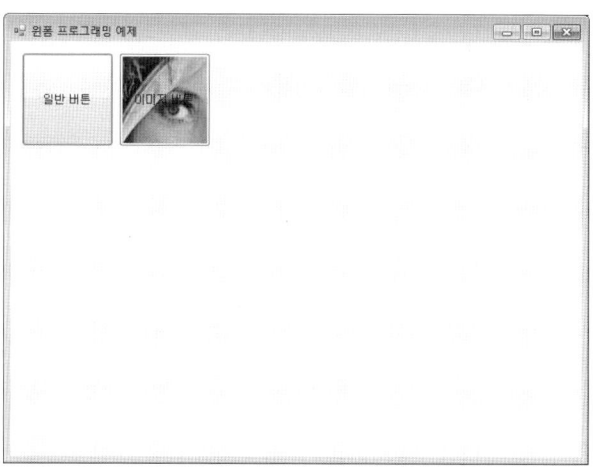

[그림 5.22] 일반 버튼(좌)과 이미지 버튼(우)

FlatAppearance 속성과 FlatStyle 속성은 버튼의 스타일을 지정할 수 있습니다. 3D 효과를 지니는 일반 버튼부터 평면 버튼까지 다양한 스타일의 버튼으로 바꿀 수 있으며, 마우스 포인터를 가져다 댔을 때 나타날 효과를 지정할 수 있습니다. 대표적으로 많이 사용되는 것은 기본 설정인 Standard와 FlatAppearance 속성을 통해 설정된 스타일을 적용할 수 있는 Flat입니다. [그림 5.23]은 두 가지 경우를 비교한 것입니다.

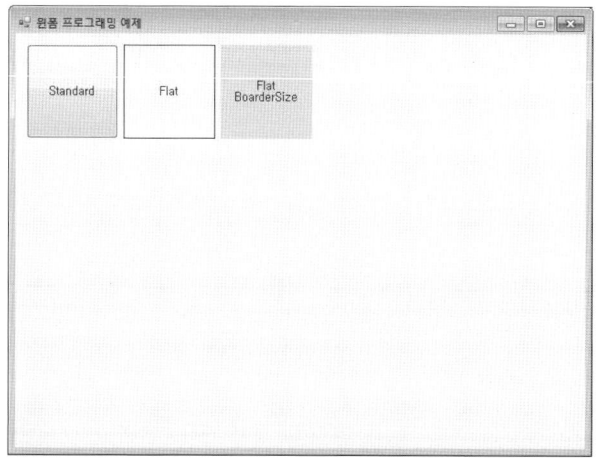

[그림 5.23] Flat 속성에 의한 버튼 스타일(좌측부터 Standard, Flat, FlatAppearance.BorderSize를 0으로 설정한 경우)

버튼의 가장 기본적인 이벤트는 Click 이벤트입니다. 그러므로 버튼 컨트롤을 더블 클릭하면 자동으로 코드 편집 창에 Click 이벤트가 생성됩니다.

::: 예제 5-7

```
... <코드 생략> ...
    public partial class frmMain : Form
    {
        public frmMain()
        {
            InitializeComponent();
        }
        private void button1_Click(object sender, EventArgs e)
        {
        }
    }
... <코드 생략> ...
```

버튼을 클릭할 경우, 레이블을 통해 버튼이 눌렸음을 알리는 프로그램을 작성해 봅시다. 이미 앞에서 레이블 컨트롤을 익힐 때, 레이블의 Text 속성을 조작하는 법을 익혔기 때문에 매우 쉬울 것입니다.

먼저 frmMain의 적당한 위치에 레이블을 하나 배치하고 [예제 5-8]을 참고해 코드를 추가합니다.

::: 예제 5-8

```
... <코드 생략> ...
    public partial class frmMain : Form
    {
        public frmMain()
        {
            InitializeComponent();
        }
        private void button1_Click(object sender, EventArgs e)
        {
```

```
            label1.Text = "버튼이 눌렸습니다!!";
        }
    }
... <코드 생략> ...
```

간단하게 버튼이 클릭될 경우, 레이블의 Text 속성에 "버튼이 눌렸습니다!!"라는 문장을 출력하도록 했습니다. 바로 실행해 봅시다.

::: 실행 결과

버튼은 거의 모든 프로그램에 필수적으로 사용됩니다. 가령 예를 들면 Windows에서 기본적으로 제공하는 계산기만 하더라도 수많은 버튼을 가지고 있으며, 여러분이 웹서비스를 이용하며 접하는 로그인 화면도 버튼이 있습니다. 그러므로 앞으로 익힐 다른 컨트롤 예제에서도 지속해서 버튼을 사용할 것입니다.

5.6.2 텍스트 박스(TextBox)

[그림 5.24] 텍스트 박스

프로그램을 개발하다 보면 문자열이나 숫자로 된 입력을 받아야 할 때가 있습니다. 이때 필요한 컨트롤이 텍스트 박스입니다. 앞서 2장에서 문법을 익힐 때 배운 Console.Read( ) 또는 Console.ReadLine( )에 해당되는 것이 바로 텍스트 박스입니다.

또한, 여러분이 많이 사용하는 워드프로세서나 메모장 등의 텍스트 에디터 또한 텍스트 박스 또는 텍스트 박스 기반의 컨트롤을 이용해 개발된 것입니다.

텍스트 박스의 핵심적인 속성은 바로 Text 속성입니다. 레이블과 다른 점이 있다면 레이블은 단지 출력을 위한 컨트롤이고, 텍스트 박스는 사용자가 실행 중인 프로그램에서 Text 속성을 변경할 수 있다는 것입니다.

[표 5.9] 텍스트 박스의 속성

속성	내용
BackColor	텍스트 박스의 배경색을 결정합니다
BorderStyle	텍스트 박스의 테두리 스타일을 결정합니다. 총 세 가지 모드를 지원합니다. <table><tr><th>설정</th><th>내용</th></tr><tr><td>None</td><td>텍스트 박스의 테두리를 출력하지 않습니다</td></tr><tr><td>FixedSingle</td><td>텍스트 박스를 평면으로 출력합니다</td></tr><tr><td>Fixed3D</td><td>텍스트 박스에 3차원 효과를 줍니다</td></tr></table>
Font	텍스트 박스의 글꼴과 크기를 지정합니다. 레이블과 동일합니다
ForeColor	텍스트 박스의 글자 색을 결정합니다
MaxLength	최대한 입력이 가능한 글자 수입니다. 기본 값은 32767입니다
Multiline	줄 바꿈을 허용해 여러 줄 출력 가능 여부를 결정합니다
PasswordChar	비밀번호 입력 시, 출력될 문자를 결정합니다
ReadOnly	사용자에게 Text 속성에 대한 수정 권한을 부여할지 결정합니다
PasswordChar	비밀번호 입력 시, 출력될 문자를 결정합니다
Text	텍스트 박스에 현재 입력되어 있는 문자열입니다
TextAlign	텍스느 박스 내에서 문자열이 출력될 위치를 결정합니다. 레이블과 동일합니다

MaxLength 속성은 텍스트 박스에만 있는 속성입니다. 텍스트 박스에 최대한 들어갈 수 있는 글자 수인데요. 최댓값은 2147483647입니다. 즉, 거의 무한대로 작성할 수 있다는 것입니다.

ReadOnly 속성을 True로 설정하면, 사용자는 Text 속성의 편집이 불가능하며, 오직 읽을 수만 있습니다.

Multiline 속성은 줄 바꿈을 허용할지에 관련된 속성입니다. 이 속성을 True로 할 경우 일반적인 메모장처럼 사용할 수 있지만, False일 경우 줄 바꿈이 되지 않고 한 줄로만 작성할 수 있습니다.

PasswordChar 속성은 비밀번호 입력 시 출력될 문자를 결정하는 속성입니다. 예를 들어 '*'로 설정할 경우 [그림 5.25]와 같은 결과를 볼 수 있습니다. [그림 5.25]의 두 텍스트 박스는 모두 동일한 Text 속성을 가지고 있으나, 하단의 텍스트 박스는 PasswordChar 속성을 '*'로 설정했습니다.

[그림 5.25] PasswordChar 속성의 설정 예

이번 절에서는 텍스트 박스를 이용한 간단한 입력 창을 만들도록 하겠습니다. 먼저 frmMain이 쓸데없이 넓으므로 크기를 조정하겠습니다. 다음과 같이 수정하세요.

[표 5.10] frmMain의 속성

속성	내용
Size	300, 110
Text	윈폼 프로그래밍 예제

다음으로 두 개의 레이블과 텍스트 박스, 그리고 버튼을 다음과 같이 생성합니다.

[표 5.10] 첫 번째 레이블의 속성

속성	내용
Location	12, 9
Text	이름이 무엇입니까?

[표 5.11] 두 번째 레이블의 속성

속성	내용
Name	laResult
Location	10, 55
Text	

[표 5.12] 세 번째 텍스트 박스의 속성

속성	내용
Name	txtName
Location	12, 24
MaxLength	5
Size	187, 21

[표 5.13] 버튼의 속성

속성	내용
Name	btnOK
Location	205, 24
Size	75, 23
Text	확인

모든 컨트롤을 추가하면 다음과 같은 폼이 완성될 것입니다.

[그림 5.26] 완성된 폼

우리가 만들 프로그램은 텍스트 박스에 이름을 입력한 뒤, 확인 버튼을 누르면 하단의 레이블에 입력된 이름을 출력하는 프로그램입니다. 이미 [예제 2-19]에서 입력문을 배울 때, 작성한 적이 있습니다.

프로그램 코드를 작성하기 위해 코드 편집 창으로 이동해야 합니다. 하지만 그 전에 곰곰이 생각하면, 버튼을 눌렀을 때 이름이 출력되는 것이므로, 버튼에 Click 이벤트를 추가해야 할 것 같습니다. 버튼의 Click 이벤트를 생성하고, 다음과 같이 코드를 추가합니다.

::: 예제 5-9

```
... <코드 생략> ...
    public partial class frmMain : Form
    {
        public frmMain()
        {
            InitializeComponent();
        }
        private void btnOK_Click(object sender, EventArgs e)
        {
            laResult.Text = "아하! 당신은 " + txtName.Text + "이군요.";
        }
    }
... <코드 생략> ...
```

매우 간단하므로, 굳이 설명하지 않아도 이해하실 것입니다. 실행 결과를 보시죠.

::: 실행 결과

[예제 2-19]를 완전히 윈폼 프로그램으로 변경하는 데 성공했습니다. 하지만 넘어가기 전에 조금 더 짚고 넘어가겠습니다. 이름을 입력하다 보면 좀 불편한 점을 발견할 수 있습니다. 키보드로 이름을 입력한 뒤, 마우스 포인터를 이동해 확인 버튼을 눌러야 한다는 점이 불편한데요. 마우스를 조작할 필요 없이 텍스트 박스에서 엔터키를 누르면 이름이 입력되도록 해 봅시다.

디자인 창으로 다시 와서 텍스트 박스의 이벤트 중 KeyDown 이벤트를 생성한 뒤, 다음과 같이 코드를 추가합니다.

::: 예제 5-10

```
... <코드 생략> ...
    public partial class frmMain : Form
    {
        public frmMain()
        {
            InitializeComponent();
        }
        private void btnOK_Click(object sender, EventArgs e)
        {
            laResult.Text = "아하! 당신은 " + txtName.Text + "이군요.";
        }
        private void txtName_KeyDown(object sender, KeyEventArgs e)
        {
            if (e.KeyCode == Keys.Enter)
                laResult.Text = "아하! 당신은 " + txtName.Text + "이군요.";
        }
    }
... <코드 생략> ...
```

조건문을 넣어 KeyDown 이벤트에 입력된 키 값이 엔터 키일 때, 이름을 출력하도록 했습니다. 이제 이름을 입력한 뒤, 굳이 확인 버튼을 누를 것 없이 엔터를 누르면 바로 이름이 출력됩니다.

하나만 더 짚고 넘어갑시다. 유명한 인터넷 검색 서비스인 Google에는 '순간 검색'이라는 기능을 제공하고 있습니다. 이것은 사용자가 굳이 검색 버튼 또는 엔터키를 누르기 전에 현재 검색 창에 입력된 단어를 실시간으로 검색해주는 기능인데요. 우리도 굳이 사용자가 확인 버튼 또는 엔터키를 누르지 않아도 실시간으로 사용자가 입력 중인 이름을 출력하도록 변경해 봅시다. 사실 이 기능을 추가하면 버튼의 Click 이벤트나 텍스트 박스의 KeyDown 이벤트가 없어도 되지만, 일단 삭제는 하지 않겠습니다.

[그림 5.27] 구글 순간 검색

텍스트 박스의 이벤트 창에서 TextChanged 이벤트를 생성한 후, 다음과 같이 코드를 추가합니다.

::: 예제 5-11

```csharp
... <코드 생략> ...
    public partial class frmMain : Form
    {
        public frmMain()
        {
            InitializeComponent();
        }
        private void btnOK_Click(object sender, EventArgs e)
        {
            laResult.Text = "아하! 당신은 " + txtName.Text + "이군요.";
        }
        private void txtName_KeyDown(object sender, KeyEventArgs e)
        {
            if (e.KeyCode == Keys.Enter)
                laResult.Text = "아하! 당신은 " + txtName.Text + "이군요.";
        }
        private void txtName_TextChanged(object sender, EventArgs e)
        {
            laResult.Text = "아하! 당신은 " + txtName.Text + "이군요.";
        }
    }
... <코드 생략> ...
```

TextChanged 이벤트는 텍스트 박스에 Text 속성이 변경될 때마다 발생합니다. 즉, 텍스트 박스에서 어떤 문자든 입력될 때마다 발생하는 것입니다. 실행하면 다음과 같이 입력 중간에도 이름이 출력되는 것을 볼 수 있습니다.

::: 실행 결과

5.6.3 체크 박스(TextBox)

[그림 5.28] 체크 박스

체크 박스라는 것은 조건을 선택할 때 흔히 사용하는 작은 사각형 모양의 컨트롤입니다. 여러 개의 선택 사항을 중복으로 선택할 수 있는 상황에서 사용합니다. 체크 박스의 속성은 다음과 같습니다.

[표 5.14] 체크 박스의 속성

속성	내용
BackColor	체크 박스의 배경색을 결정합니다
BackgroundImage	체크 박스에 출력할 배경 이미지를 결정합니다
BackgroundImageLayout	배경 이미지의 출력 패턴을 결정합니다. 픽쳐 박스의 SizeMode와 비슷합니다
Checked	체크 박스가 선택된 상태인지 나타냅니다
CheckState	체크 박스의 선택 상태를 나타냅니다
Enabled	체크 박스의 활성화 여부를 결정합니다
FlatAppearance	체크 박스의 선택 상태 및 마우스 상태를 나타내는 데 사용되는 색 및 테두리 모양을 결정합니다
FlatStyle	체크 박스의 평면 스타일 모양을 결정합니다
Image	체크 박스의 표면에 출력되는 이미지를 결정합니다

속성	내용
ImageAlign	이미지의 출력 위치를 결정합니다. 레이블의 TextAlign 속성과 비슷합니다
Text	체크 박스의 표면에 출력할 문자열입니다
TextAlign	체크 박스의 표면의 문자열이 출력될 위치를 결정합니다. 레이블의 TextAlign 속성과 동일합니다

[표 5.14]의 속성을 잘 살펴보세요. 대부분 버튼의 속성과 동일하지 않습니까? 체크 박스는 버튼 베이스(ButtonBase)로부터 상속받고 있기 때문에 속성이 비슷합니다.

특이할 만한 속성은 Checked 속성과 CheckState 속성입니다. Checked 속성은 체크 박스가 선택된 상태인지 나타내는 속성인데요. True로 설정할 경우 선택된 상태, False로 설정할 경우 해제된 상태가 됩니다. CheckState 속성은 총 세 가지의 상태가 있는데, 다음과 같습니다.

[그림 5.29] CheckState 속성의 상태

① Unchecked : 체크 박스가 선택되지 않은 상태입니다. 이 상태가 선택되면 Checked 속성은 자동으로 False가 됩니다.

② Checked : 체크 박스가 선택된 상태입니다. Checked 속성은 자동으로 True가 됩니다.

③ Indeterminate : 체크 박스의 선택/비선택의 중간 상태로 사각형이 출력됩니다. 하지만 이 상태에서 Checked 속성은 True가 됩니다.

이번 절에서는 폼 위에 레이블과 체크 박스를 배치해 단순하게 체크 박스의 선택 여부를 확인할 수 있는 프로그램을 작성하겠습니다. 가장 먼저 이전 절에서 작성한 프로그램에서 폼 위의 모든 컨트롤을 지운 뒤, 다음과 같이 레이블과 체크 박스를 생성합니다.

[표 5.15] 레이블의 속성

속성	내용
Name	laResult
Location	12, 9
Text	체크 박스가 선택되지 않았습니다.

[표 5.16] 체크 박스의 속성

속성	내용
Name	chkExample
Location	14, 24
Text	체크 박스 예제

[그림 5.30] 완성된 폼

다음으로 이벤트를 추가해야 하겠죠? 체크 박스의 이벤트 중 눈여겨볼 것은 CheckedChanged 이벤트입니다. 이것은 체크 박스의 선택 여부가 변경될 때 발생하는 이벤트입니다.

그럼 체크 박스의 선택 여부를 레이블에 출력하기 위해 다음과 같이 코드를 추가합니다.

::: 예제 5-12

```
... <코드 생략> ...
    public partial class frmMain : Form
    {
        public frmMain()
        {
            InitializeComponent();
        }
        private void chkExample_CheckedChanged(object sender, EventArgs e)
        {
10:         if (chkExample.Checked)
                laResult.Text = "체크 박스가 선택되었습니다.";
            else
13:             laResult.Text = "체크 박스가 선택되지 않았습니다.";
        }
    }
... <코드 생략> ...
```

10행부터 13행까지 조건문을 통해 chkExample의 Checked 속성이 참일 때와 거짓일 때 각각 레이블에 적당한 문장을 출력하도록 했습니다. if문은 비교 연산자(==)를 명시하지 않더라도 기본적으로 '참인 경우'로 인식하기 때문에, 비교 연산자는 생략했습니다.

실행 결과를 살펴봅시다.

::: 실행 결과

우리가 목표로 한 실행 결과가 출력되는 것을 볼 수 있습니다.

하지만 [예제 5-12]는 엄밀히 말하면 권장하는 프로그래밍 방법이 아닙니다. 윈폼 프로그래밍에서 컨트롤을 생성하면 기본적으로 전역 변수처럼 선언되기 때문에 Checked 이벤트 내에서도 별도의 선언 없이 사용할 수 있지만, 이러한 프로그래밍 방법은 한두 개가 아닌 여러 개의 체크 박스를 생성할 경우, 혼란을 초래할 수 있습니다. 때문에 이벤트 내에서 이벤트를 호출한 컨트롤을 복사해 사용하는 것을 권장합니다. [예제 5-13]을 보세요.

::: 예제 5-13

```
... <코드 생략> ...
    public partial class frmMain : Form
    {
        public frmMain()
        {
            InitializeComponent();
        }
8:      private void chkExample_CheckedChanged(object sender, EventArgs e)
        {
10:         CheckBox chkExam = sender as CheckBox;
            if (chkExam.Checked)
                laResult.Text = "체크 박스가 선택되었습니다.";
            else
                laResult.Text = "체크 박스가 선택되지 않았습니다.";
        }
    }
... <코드 생략> ...
```

이벤트는 객체(Object)형으로 선언된 sender 변수를 통해 이벤트를 호출한 컨트롤을 전달받습니다. 8행을 보면 체크 박스의 형태로 chkExam이라는 객체에 sender 변수를 체크 박스로 변환해 복사하는 것을 볼 수 있습니다.

다음으로 10행에서 이렇게 복사된 chkExam 객체를 이용해 체크 박스의 선택 여부를 확인하는데요. 즉, chkExam 객체는 우리가 폼 위에 배치한 chkExample을 완벽하게 복사하고 있는 것입니다.

앞서 설명한 대로 컨트롤이 무수히 많을 때를 대비해, 이벤트 내에서 새로운 컨트롤을 선언해 복사함으로써 이용하는 방법을 이해해야 합니다.

5.6.4 라디오 버튼(RadioButton)

[그림 5.31] 라디오 버튼

라디오 버튼은 체크 박스와 마찬가지로 여러 가지 조건 중 선택해야 하는 상황에 사용합니다. 하지만 체크 박스와의 차이점은 체크 박스는 중복 선택이 가능하지만, 라디오 버튼은 오로지 단 한 개의 항목만을 선택할 수 있다는 점입니다.

[표 5.17] 라디오 버튼의 속성

속성	내용
BackColor	라디오 버튼의 배경색을 결정합니다
BackgroundImage	라디오 버튼에 출력할 배경 이미지를 결정합니다
BackgroundImageLayout	배경 이미지의 출력 패턴을 결정합니다. 픽쳐 박스의 SizeMode와 비슷합니다
Checked	라디오 버튼이 선택된 상태인지 나타냅니다
Enabled	라디오 버튼의 활성화 여부를 결정합니다
FlatAppearance	라디오 버튼의 선택 상태 및 마우스 상태를 나타내는 데 사용되는 색 및 테두리 모양을 결정합니다
FlatStyle	라디오 버튼의 평면 스타일 모양을 결정합니다
Image	라디오 버튼의 표면에 출력되는 이미지를 결정합니다
ImageAlign	이미지의 출력 위치를 결정합니다. 레이블의 TextAlign 속성과 비슷합니다
Text	라디오 버튼의 표면에 출력할 문자열입니다
TextAlign	라디오 버튼의 표면의 문자열이 출력될 위치를 결정합니다. 레이블의 TextAlign 속성과 동일합니다

이전 절에서 다룬 체크 박스와 매우 비슷합니다. 체크 박스의 CheckState 속성이 존재하지 않을 뿐 대부분의 속성이 대동소이합니다.

이번 절에서는 여러 개의 라디오 버튼을 생성한 뒤, 어떤 항목이 선택되었는지 확인하는 프로그램을 작성하겠습니다. 가장 먼저 세 개의 라디오 버튼과 한 개의 레이블을 생성해 주세요.

[표 5.18] 레이블의 속성

속성	내용
Name	laResult
Location	12, 9
Text	1번 라디오 버튼이 선택되었습니다

[표 5.19] 첫 번째 라디오 버튼의 속성

속성	내용
Name	raItem1
Checked	True
Location	12, 24
Text	1 번

[표 5.20] 두 번째 라디오 버튼의 속성

속성	내용
Name	raItem2
Location	63, 24
Text	2번

[표 5.21] 세 번째 라디오 버튼의 속성

속성	내용
Name	raItem3
Location	114, 24
Text	3번

모두 생성했다면, 각 라디오 버튼에 CheckedChanged 이벤트를 추가하고, 레이블에 선택한 라디오 버튼의 정보를 출력하도록 합니다.

::: 예제 5-14

```csharp
... <코드 생략> ...
    public partial class frmMain : Form
    {
        public frmMain()
        {
            InitializeComponent();
        }
        private void raItem1_CheckedChanged(object sender, EventArgs e)
        {
            laResult.Text = "1번 라디오 버튼이 선택되었습니다.";
        }
        private void raItem2_CheckedChanged(object sender, EventArgs e)
        {
            laResult.Text = "2번 라디오 버튼이 선택되었습니다.";
        }
        private void raItem3_CheckedChanged(object sender, EventArgs e)
        {
            laResult.Text = "3번 라디오 버튼이 선택되었습니다.";
        }
    }
... <코드 생략> ...
```

실행 화면을 확인합시다.

::: 실행 결과

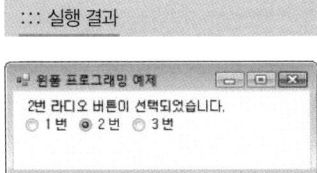

각 라디오 버튼을 선택하면 다른 라디오 버튼의 선택이 해제되는 것을 확인할 수 있습니다. 이처럼 라디오 버튼은 체크 박스와 달리 중복 선택이 아닌 단 한 가지의 선택을 요구할 때 사용하는 컨트롤입니다.

5.6.5 리스트 박스(ListBox)

[그림 5.32] 리스트 박스

우리가 일반적으로 계획한 일 또는 하나의 카테고리로 공통된 정보를 나열해 작성한 목록을 리스트라고 하는데요. 예를 들면 영화 또는 가요 순위 목록 또한 리스트라고 볼 수 있습니다. 그리고 리스트 박스는 이러한 목록이 출력된 박스(컨트롤)입니다.

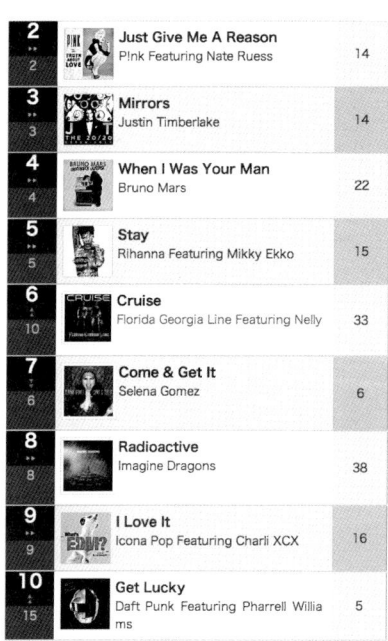

[그림 5.33] 빌보드 차트

리스트 박스의 속성은 다음과 같습니다.

[표 5.22] 리스트 박스의 속성

속성	내용
BackColor	리스트 박스의 배경색을 결정합니다
BorderStyle	리스트 박스의 테두리가 어떻게 출력되는지 결정합니다
FormatString	값을 표시하는 방법을 나타내는 형식을 지정합니다
FormattingEnabled	값을 출력할 때, FormatString 속성에 정의된 형식을 사용할지에 대해 결정합니다
Items	리스트 박스에 출력할 목록입니다
SelectionMode	단일 또는 여러 개의 항목의 선택 가능 여부를 결정합니다
Sorted	목록의 정렬 여부를 결정합니다. 이 속성이 True이면 가나다순으로 정렬됩니다

리스트 박스에서 가장 중요한 속성은 Items 속성입니다. Items 속성은 리스트 박스에 출력할 목록을 나타냅니다. SelectionMode 속성은 리스트 박스의 선택 모드를 결정합니다. 즉, 리스트 박스에서 단 하나의 항목만을 선택할 수 있는지 아니면 여러 개의 항목을 중복해 선택할 수 있는지를 결정하는 속성입니다.

Items에 목록을 추가하는 코드를 작성하겠습니다. 목록은 컴퓨터의 드라이브 목록입니다. 먼저 frmMain의 속성을 다음과 같이 변경합니다.

[표 5.23] frmMain의 속성

속성	내용
Size	200, 300

다음으로 레이블과 리스트 박스를 생성합니다.

[표 5.24] 레이블의 속성

속성	내용
Name	laResult
Location	12, 9
Text	선택된 항목이 없습니다

[표 5.25] 리스트 박스의 속성

속성	내용
Name	lstDrives
Location	12, 24
Size	160, 232

이제 프로그램 코드를 다음과 같이 작성합니다.

::: 예제 5-15

```
... <코드 생략> ...
1: using System.IO;
namespace WinForm
{
    public partial class frmMain : Form
    {
8:      DriveInfo[] drives = DriveInfo.GetDrives();
        public frmMain()
        {
            InitializeComponent();
14:         for (int n = 0; n < drives.Length; n++)
            {
                lstDrives.Items.Add(drives[n].Name + " - " + drives[n].DriveType);
17:         }
        }
    }
... <코드 생략> ...
```

컴퓨터의 드라이브 목록을 가져오려면 System.IO 네임스페이스를 추가해야 하므로, 1행에서 추가했습니다.

8행에서 DriveInfo 형태로 선언된 drives 배열에 컴퓨터의 드라이브 목록을 가져옵니다.

14행부터 17행에서 반복문을 통해 가져온 드라이브의 개수만큼 반복해 lstDrives에 드라이브를 추가합니다. Item 속성에 항목을 추가하기 위해 Item.Add( )를 호출했습니다.

정상적으로 항목이 추가되었는지 확인합시다.

::: 실행 결과

다음으로 리스트 박스에서 어떤 항목을 선택했을 때, 선택된 항목을 출력하는 코드를 추가하겠습니다. [예제 5-16]을 확인하세요.

::: 예제 5-16

```
... <코드 생략> ...
    public partial class frmMain : Form
    {
        DriveInfo[] drives = DriveInfo.GetDrives();
        public frmMain()
        {
            InitializeComponent();
            for (int n = 0; n < drives.Length; n++)
            {
                lstDrives.Items.Add(drives[n].Name + " - " + drives[n].DriveType);
            }
        }
        private void lstDrives_SelectedIndexChanged(object sender, EventArgs e)
        {
            laResult.Text = "선택된 항목은 " + lstDrives.SelectedItem.ToString() + "입니다.";
        }
    }
... <코드 생략> ...
```

리스트 박스에서 어떠한 항목을 선택할 때 발생하는 이벤트는 SelectedIndexChanged 이벤트입니다. SelectedItem 속성은 선택된 항목을 가져옵니다. 이렇게 가져온 항목을 레이블에 출력하기 위해 문자열형으로 변환해 출력했습니다.

실행 결과를 확인하세요.

::: 실행 결과

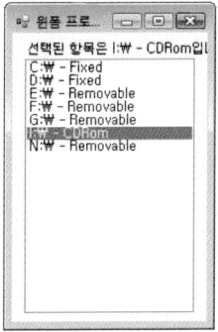

항목을 선택하면, 정상적으로 출력되는 것을 볼 수 있습니다. 하나만 더 짚고 넘어갑시다. 두 개 이상의 항목을 선택하면, 몇 개의 항목이 선택되었는지 확인하는 코드를 추가해 봅시다.

먼저 리스트 박스의 속성을 다음과 같이 수정합니다.

[표 5.26] 리스트 박스의 속성

속성	내용
SelectionMode	MultiSimple

다음으로 SelectedIndexChanged 이벤트에 [예제 5-17]과 같이 프로그램 코드를 추가합니다.

::: 예제 5-17

```
... <코드 생략> ...
    public partial class frmMain : Form
    {
        DriveInfo[] drives = DriveInfo.GetDrives();
        public frmMain()
        {
            InitializeComponent();
            for (int n = 0; n < drives.Length; n++)
            {
                lstDrives.Items.Add(drives[n].Name + " - " + drives[n].DriveType);
            }
        }
        private void lstDrives_SelectedIndexChanged(object sender, EventArgs e)
        {
17:         int selCount = lstDrives.SelectedItems.Count;
19:         if (selCount <= 1 && selCount > 0)
                laResult.Text = "선택된 항목은 " + lstDrives.SelectedItem.ToString() + "입니다.";
            else if (selCount >= 2)
                laResult.Text = "선택된 항목은 총 " + selCount.ToString() + "개 입니다.";
            else if (selCount == 0)
                laResult.Text = "선택된 항목이 없습니다.";
        }
    }
... <코드 생략> ...
```

17행에서 정수형의 selCount 변수를 선언해 리스트 박스에서 총 선택된 항목의 개수를 받아옵니다.

19행부터 조건문을 통해 출력을 구분하는데 선택된 항목이 한 개일 경우 선택된 항목이 무엇인지 출력하고, 두 개 이상일 경우 총 몇 개의 항목이 선택되었는지 출력하며, 마지막으로 선택된 항목이 없을 때 선택된 항목이 없음을 출력했습니다.

실행 결과를 확인해 볼까요?

::: 실행 결과

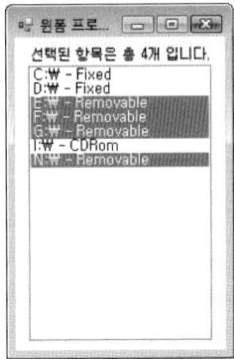

정상적으로 원하는 결과가 출력되는 것을 볼 수 있습니다.

응용 예제 5.1

1. 리스트 박스의 SelectionMode 속성을 MultiExtended로 변경하면 실행 결과가 어떻게 다른지 확인합시다.

5.6.6 콤보 박스(ComboBox)

[그림 5.34] 콤보 박스

풀-다운(Full-Down) 메뉴라는 것이 있습니다. Visual Studio 2013 등의 프로그램에서 상단 메뉴를 클릭하면 메뉴가 출력되는 형태를 풀-다운 메뉴라고 합니다.

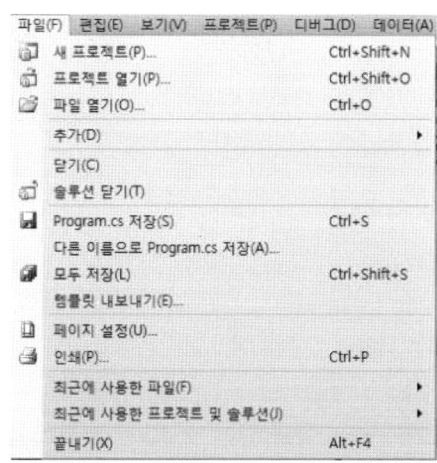

[그림 5.35] 풀-다운 메뉴

갑자기 풀-다운 메뉴 이야기를 왜 하느냐고요? 이번 절에서 익힐 콤보 박스가 풀-다운 메뉴와 매우 비슷하기 때문입니다. 우리는 이전 절에서 리스트 박스에 대해 익혔습니다. 콤보 박스는 리스트 박스와 매우 비슷하지만, 리스트 박스와 달리 마우스로 클릭한 상태에서만 항목이 출력된다는 차이점이 있습니다.

[표 5.27] 콤보 박스의 속성

속성	내용
BackColor	콤보 박스의 배경색을 결정합니다
DropDownStyle	콤보 박스의 모양과 기능을 제어합니다
Items	콤보 박스에 출력할 목록입니다
Sorted	목록의 정렬 여부를 결정합니다. 이 속성이 True이면 가나다순으로 정렬됩니다

콤보 박스의 속성은 [표 5.27]과 같습니다. DropDownStyle 속성을 제외하고서는 리스트 박스의 속성과 비슷합니다. 오히려 리스트 박스에 있는 속성이 없기도 합니다. 그래서 이번 절은 간략하게 짚고 마치도록 하겠습니다.

기존에 작성한 [예제 5-16]을 불러와 리스트 박스를 삭제한 뒤, 콤보 박스를 추가합니다.

[표 5.28] 콤보 박스의 속성

속성	내용
Name	cmbDrives
Location	12, 24

다음으로 코드 편집 창으로 이동해 다음과 같이 프로그램 코드를 수정합니다.

::: 예제 5-18

```
... <코드 생략> ...
    public partial class frmMain : Form
    {
        DriveInfo[] drives = DriveInfo.GetDrives();
        public frmMain()
        {
            InitializeComponent();
            for (int n = 0; n < drives.Length; n++)
            {
12:             cmbDrives.Items.Add(drives[n].Name + " - " + drives[n].DriveType);
            }
        }
    }
... <코드 생략> ...
```

12행에서 볼 수 있듯이 콤보 박스에 항목을 추가하는 방법은 리스트 박스와 동일합니다.

다음으로 리스트 박스와 마찬가지로 SelectedIndexChanged 이벤트를 추가한 뒤 다음의 코드를 작성합니다.

::: 예제 5-19

```
... <코드 생략> ...
    public partial class frmMain : Form
    {
        DriveInfo[] drives = DriveInfo.GetDrives();
        public frmMain()
        {
            InitializeComponent();
            for (int n = 0; n < drives.Length; n++)
            {
                cmbDrives.Items.Add(drives[n].Name + " - " + drives[n].DriveType);
            }
        }
        private void cmbDrives_SelectedIndexChanged(object sender, EventArgs e)
        {
            laResult.Text = "선택된 항목은 " + cmbDrives.SelectedItem.ToString() + "입니다.";
        }
    }
... <코드 생략> ...
```

콤보 박스는 단 한 개의 항목만 선택할 수 있으므로, 복잡한 코드가 필요하지 않습니다. 그러므로 [예제 5-17]과 같이 여러 개의 항목을 선택하는 경우를 생각하지 않아도 됩니다.

실행 결과를 확인합니다.

::: 실행 결과

어떻습니까? 오히려 리스트 박스보다 간편하지 않습니까?

이번 절을 시작하며 풀-다운 메뉴를 거론했는데, 다음 절에서는 진짜 풀-다운 메뉴를 작성하도록 하겠습니다.

응용 예제 5.2

1. 콤보 박스의 DropDownStyle 속성을 변경해 실행 결과를 확인합시다.

5.6.7 메뉴 스트립(MenuStrip)

[그림 5.36] 메뉴 스트립

이번 절에서는 앞 절에서 말한 대로 풀-다운 메뉴를 작성하도록 하겠습니다. 이미 윈폼 프로그래밍에서는 메뉴 스트립이라는 컨트롤을 통해 풀-다운 메뉴를 제공하고 있습니다.

[표 5.29] 메뉴 스트립의 속성

속성	내용
BackColor	메뉴 스트립의 배경색을 결정합니다
BackgroundImage	메뉴 스트립에 출력할 배경 이미지를 결정합니다
Dock	메뉴 스트립이 폼의 어느 위치에 배치될지 결정합니다
Items	메뉴 스트립에 출력할 목록입니다
ShortcutKeys	메뉴 스트립의 항목에 연결된 바로 가기 키입니다

[표 5.29]에서 보다시피 메뉴 스트립은 특별한 속성이 없습니다. 메뉴 스트립을 더블 클릭하면 폼 위에 생성되는 것을 볼 수 있습니다. 기본적으로 "여기에 입력"이라고 출력되는데 이곳을 클릭해 메뉴 항목의 이름을 변경하면 됩니다. 다음과 같이 변경합니다.

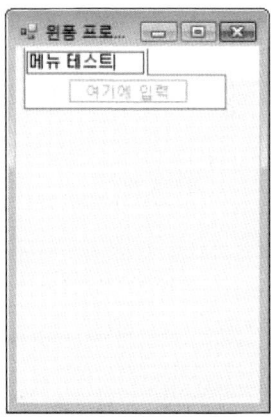

[그림 5.37] 메뉴 이름 변경

추가로 변경을 진행해 [그림 5.37]과 같이 작성합니다.

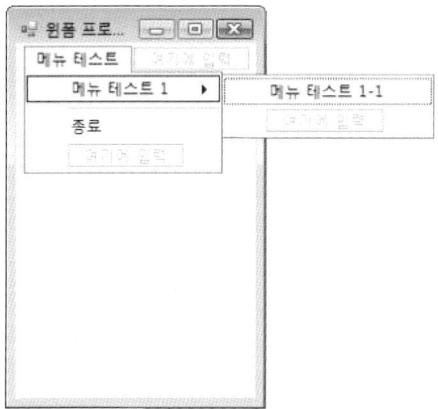

[그림 5.38] 메뉴 작성

메뉴 테스트 1 항목과 종료 항목 사이에 있는 구분선은 메뉴 항목의 이름을 입력할 때, 하이픈(-)으로 입력하면 구분선으로 전환되는 것을 볼 수 있습니다.

다음으로 종료 항목을 선택한 후, ShortcutKeys 속성을 다음과 같이 변경합니다.

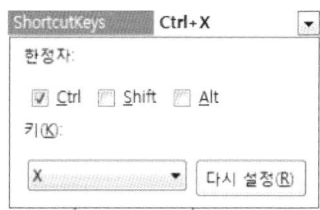

[그림 5.39] ShortcutKeys 속성 설정

ShortcutKeys 속성을 설정하면 다음과 같이 메뉴 항목의 옆에 바로 가기 키가 등록되는 것을 볼 수 있습니다.

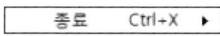

[그림 5.40] 바로 가기 키가 등록된 상태

이제 이벤트를 추가해야 합니다. 종료 항목을 선택했을 시, 프로그램이 종료되는 코드를 작성하겠습니다. 폼에서 메뉴 스트립을 선택한 뒤, 종료 항목을 더블 클릭하면 Click 이벤트가 추가됩니다.

::: 예제 5-20

```
... <코드 생략> ...
    public partial class frmMain : Form
    {
        public frmMain()
        {
            InitializeComponent();
        }
        private void 종료ToolStripMenuItem_Click(object sender, EventArgs e)
        {
            this.Close();
        }
    }
... <코드 생략> ...
```

제대로 동작하는지 확인해 볼까요? 실행 후 다음과 같은 화면이 출력되고, 종료 항목 선택 시, 프로그램이 종료된다면 메뉴 스트립이 정상적으로 동작하는 것입니다.

::: 실행 결과

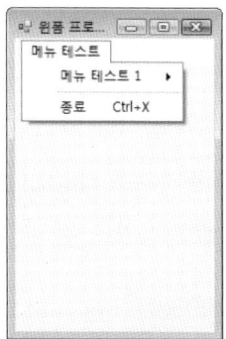

이것으로 입력에 관련된 컨트롤을 마칩니다. 어떻습니까? 2장에서 익힌 C#의 문법보다 오히려 쉽지 않습니까? 다음 절에서는 입출력과 관계없이 알아두면 유용한 컨트롤에 대해 다루고, 이후에 실전 프로젝트를 통해 윈폼 프로그래밍을 복습함으로써 이번 장을 마치도록 하겠습니다.

5.7 자주 사용하는 기타 컨트롤

윈폼 프로그래밍에서 제공하는 컨트롤은 무수히 많으며, 기본적으로 제공되는 컨트롤 외에 추가할 수도 있습니다. 하지만 이 책에서 모든 컨트롤에 대해 다루는 것은 무리가 있기 때문에 자주 사용하는 컨트롤을 위주로 다루었습니다.

이번 절에서는 입력과 출력에 관련된 컨트롤 외에 자주 사용하는 컨트롤인 타이머와 다이얼로그 컨트롤에 대해 다루겠습니다.

5.7.1 타이머(Timer)

[그림 5.41] 타이머

프로그램을 작성하다 보면 일정 시간마다 지속해서 수행해야 하는 동작이 있습니다. 이것을 앞 장에서 배운 스레드 프로그래밍을 이용해 작성할 수도 있지만, 매우 번거로운 작업입니다. 타이머는 스레드 프로그래밍보다 간편하고 쉬우며, 시간 간격을 조정하기도 편리합니다.

타이머에서 눈여겨볼 속성은 Interval 속성, 단 한 가지입니다.

[표 5.30] 타이머의 속성

속성	내용
Interval	타이머의 Tick 이벤트의 호출 빈도(밀리 초)입니다

Interval 속성은 타이머의 Tick 이벤트가 호출될 빈도를 결정하는 속성으로서 밀리 초 단위로 설정할 수 있습니다. 가령 예를 들어 Interval 속성을 1000으로 설정한 경우, 1초에 한 번씩 Tick 이벤트가 호출되는 것입니다.

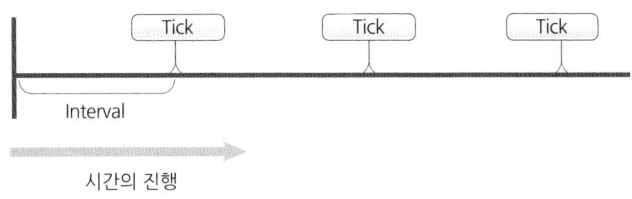

[그림 5.42] Tick 이벤트 호출

이해가 잘 안 된다고요? 정확한 이해를 위해 간단한 시계를 만들어 봅시다. 먼저 frmMain을 다음과 같이 수정합니다.

[표 5.31] frmMain의 속성

속성	내용
Size	200, 100

다음으로 레이블 한 개를 생성합니다.

[표 5.32] 레이블의 속성

속성	내용
Name	laTime
Location	12, 9
Text	00:00:00

레이블의 생성을 마친 후, 다음과 같이 프로그램 코드를 추가합니다.

::: 예제 5-21

```
... <코드 생략> ...
    public partial class frmMain : Form
    {
        public frmMain()
        {
            InitializeComponent();
7:          laTime.Text = DateTime.Now.Hour + ":"
                + DateTime.Now.Minute + ":"
                + DateTime.Now.Second;
        }
    }
... <코드 생략> ...
```

간단하게 레이블에 현재 시각의 시, 분, 초를 출력하도록 했습니다. 실행 결과를 확인합니다.

::: 실행 결과

분명 현재 시각이 출력됩니다. 하지만 시간이 멈춘 채로 변경되지 않습니다. 왜일까요? 시간을 출력하는 코드가 프로그램이 시작할 때, 단 한 번만 실행되고, 다시는 실행되지 않기 때문입니다. 지속해서 실행하기 위해 [예제 5-21]의 7행의 앞과 뒤에 반복문인 while문을 추가해도 문제는 해결되지 않습니다.

이럴 때 타이머를 사용합니다. 일단 다음과 같이 타이머를 생성합니다. 타이머는 지금까지 다루었던 컨트롤과 달리 폼 위에 배치되지 않고, [그림 5.43]처럼 디자인 창의 하단부에 추가됩니다.

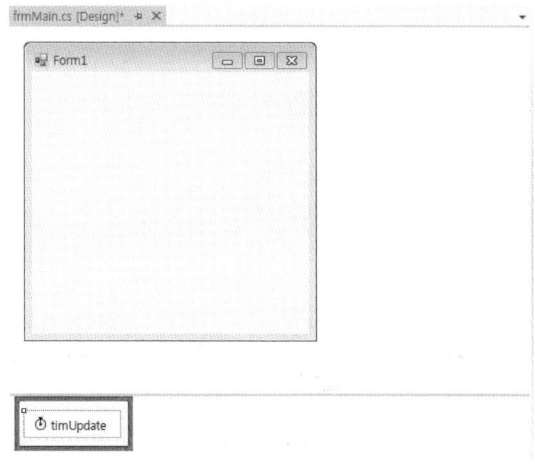

[그림 5.43] 추가된 타이머

[표 5.33] 타이머의 속성

속성	내용
Name	timUpdate
Interval	100

타이머를 생성한 뒤 Tick 이벤트를 추가하고, 다음과 같이 코드를 추가합니다.

::: 예제 5-22

```
... <코드 생략> ...
    public partial class frmMain : Form
    {
        public frmMain()
        {
            InitializeComponent();
7:          timUpdate.Start();
        }
10:     private void timUpdate_Tick(object sender, EventArgs e)
        {
            laTime.Text = DateTime.Now.Hour + ":"
                + DateTime.Now.Minute + ":"
                + DateTime.Now.Second;
        }
    }
... <코드 생략> ...
```

7행에서 타이머를 동작시켰습니다. 이제 이 타이머는 Interval 속성에 설정된 시간마다 Tick 이벤트를 수행할 것입니다.

10행부터 Tick 이벤트입니다. 이곳에서 레이블에 현재 시각을 출력하고 있습니다. 현재 타이머의 Interval 속성이 100으로 설정되어 있고, Tick 이벤트에서 현재 시각을 출력하고 있으므로, 100 밀리 초마다 현재 시각으로 갱신되어 출력될 것입니다.

실행 결과를 확인해 볼까요?

::: 실행 결과

5.7.2 다이얼로그(OpenFileDialog/SaveFileDialog)

윈폼 프로그래밍에서는 메모장 또는 워드프로세서 프로그램을 사용할 때 자주 보는 파일 열기 창과 파일 저장하기 창도 컨트롤로 제공하고 있습니다. 이러한 창을 다이얼로그라 부릅니다. 심지어 인쇄 다이얼로그와 그림판의 색 편집 다이얼로그도 제공합니다.

도구 상자의 가장 하단에 내려가면 대화 상자라는 항목이 있습니다. 대화 상자 항목에는 다양한 다이얼로그가 있는데, 그 중 대표적인 것이 파일 열기 다이얼로그와 파일 저장하기 다이얼로그입니다. 이것이 이번 절에서 다룰 컨트롤입니다.

[그림 5.44] 다이얼로그

두 가지 다이얼로그에서 눈여겨볼 속성은 다음과 같습니다.

[표 5.34] 다이얼로그의 속성

속성	내용
Filter	다이얼로그에 표시할 파일 형식입니다
FilterIndex	다이얼로그에서 선택한 Filter 속성의 인덱스입니다. 첫째 항목은 1입니다
Title	다이얼로그의 제목 표시줄에 나타날 이름입니다

이번 절에서 작성할 프로그램은 파일 열기 다이얼로그와 파일 저장하기 다이얼로그를 통해 선택한 파일의 이름을 레이블에 출력하는 프로그램을 작성하겠습니다.

먼저 파일 열기 다이얼로그와 파일 저장 다이얼로그, 그리고 한 개의 레이블과 두 개의 버튼을 생성합니다.

[표 5.35] 레이블의 속성

속성	내용
Name	laFileName
Location	12, 9

[표 5.36] 첫 번째 버튼의 속성

속성	내용
Name	btnOpen
Location	12, 24
Size	75, 23
Text	열기

[표 5.37] 두 번째 버튼의 속성

속성	내용
Name	btnSave
Location	93, 24
Size	75, 23
Text	저장하기

다음으로 각 버튼에 Click 이벤트를 생성한 뒤, 다음의 코드를 추가합니다.

::: 예제 5-23

```
... <코드 생략> ...
    public partial class frmMain : Form
    {
        public frmMain()
        {
            InitializeComponent();
        }
        private void btnOpen_Click(object sender, EventArgs e)
        {
10:         openFileDialog1.Filter = "이미지 파일|*.jpg"
11:         openFileDialog1.Title = "이미지 열기"
12:         openFileDialog1.FileName = ""
13:         openFileDialog1.ShowDialog();
15:         if (openFileDialog1.FileName != null)
                laFileName.Text = "열기 : " + openFileDialog1.FileName;
        }
        private void btnSave_Click(object sender, EventArgs e)
        {
21:         saveFileDialog1.Filter = "이미지 파일|*.jpg"
22:         saveFileDialog1.Title = "이미지 저장"
23:         saveFileDialog1.FileName = ""
24:         saveFileDialog1.ShowDialog();
26:         if (saveFileDialog1.FileName != null)
                laFileName.Text = "저장 : " + saveFileDialog1.FileName;
        }
    }
... <코드 생략> ...
```

10행과 21행은 각각 파일 열기 다이얼로그와 파일 저장하기 다이얼로그에서 확장자가 jpg인 파일을 출력하도록 했습니다. 11행과 22행은 다이얼로그의 Title 속성을 변경함으로써 다이얼로그의 제목을 변경했으며, 12행과 23행은 다이얼로그가 출력되었을 때, 기본적으로 파일 이름을 공백으로 출력되도록 했습니다.

13행과 24행에서 다이얼로그를 출력했습니다.

만약 다이얼로그에서 취소 버튼을 눌러 파일 이름이 공백일 때, 오류가 발생할 수 있으므로, 15행과 26행에서 조건문을 통해 파일 이름이 공백이 아닐 때만 레이블에 파일 이름을 출력하도록 했습니다. 물론 이 프로그램에서는 오류가 발생하지 않겠지만, 후에 다른 프로그램을 개발하면서 조건문을 추가해 예외 처리를 하지 않으면 오류가 발생할 수 있습니다.

실행 결과를 확인합시다.

::: 실행 결과

5.8 컨트롤 배열

지금까지 다양한 컨트롤에 대해 배웠는데요. 한 가지 생각해봅시다. 만약에 무수히 많은 컨트롤이 필요한 프로그램이 있다면, 과연 컨트롤을 어떻게 배치할까? 한두 개의 컨트롤이라면 문제가 없겠지만, 수백 개 이상의 컨트롤이 존재하는 프로그램이라면? 가령 예를 들어 지뢰 찾기와 같은 프로그램은 어떻게 만들어야 할까요?

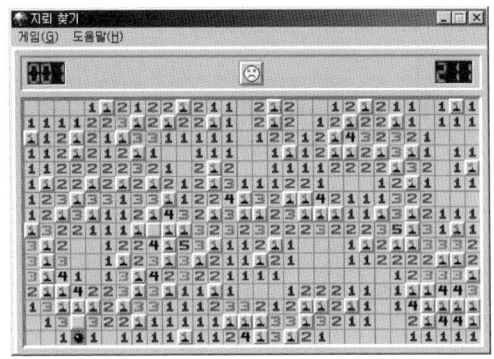

[그림 5.45] 지뢰 찾기

만약 지뢰 찾기를 만들기 위해 버튼을 무수히 많이 배치하고, 모든 버튼에 이벤트를 만든다면 그야말로 엄청난 노동력의 낭비가 아닐 수 없습니다.

이러한 상황을 방지하기 위한 것이 바로 컨트롤 배열입니다! 여러분은 이미 2장에서 배열에 관해 익혔는데요. 당시에 배열의 장점 중 하나로 다룬 것이 바로 반복문을 통해 반복되는 코드를 획기적으로 줄일 수 있다는 점이었습니다. 마찬가지입니다. 컨트롤 배열도 반복되는 이벤트와 시간의 낭비를 획기적으로 줄일 수 있는 방법입니다.

이번 절에서는 간단하게 총 열두 개의 버튼을 배열로 선언해 배치해 보겠습니다. 먼저 frmMain을 다음과 같이 변경합니다.

[표 5.38] frmMain의 속성

속성	내용
Size	242, 346

우리의 목표는 [그림 5.46]과 같이 총 열두 개의 버튼을 한 줄에 네 개씩 배치해서 4 × 3으로 배치하는 것입니다.

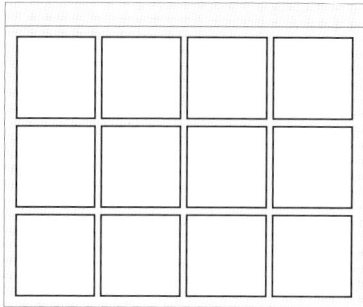

[그림 5.46] 4 × 3의 버튼 배치

다음으로 코드 편집 창으로 이동해 다음과 같이 코드를 변경합니다.

::: 예제 5-24

```
... <코드 생략> ...
    public partial class frmMain : Form
    {
3:      Button[] buttons = new Button[12];
        public frmMain()
        {
            InitializeComponent();
9:          for (int n = 0; n < buttons.Length; n++)
            {
11:             buttons[n] = new Button();
12:             buttons[n].Text = n.ToString();
13:             buttons[n].Size = new Size(50, 50);
14:             buttons[n].Location = new Point(((n - (((int)(n / 4)) * 4)) * buttons[n].Width)
                    + ((n - (((int)(n / 4)) * 4)) * 5) + 6
                    , (((int)(n / 4)) * buttons[n].Height) + (((int)(n / 4)) * 5) + 6);
15:             this.Controls.Add(buttons[n]);
            }
        }
    }
... <코드 생략> ...
```

3행에서 총 12개의 버튼을 배열로 선언했습니다.

9행부터 버튼이 선언된 개수만큼 반복하는 반복문을 통해 버튼을 생성하고 속성을 결정합니다. 11행에서 선언된 버튼은 13행에서 Size 속성이 결정되며, 14행에서 배치되고 있습니다. 이때, 증가하는 변수 n의 값에 따라 적절히 4 × 3으로 배치하기 위해 버튼의 위치를 계산합니다.

마지막으로 15행에서 frmMain에 생성된 버튼을 추가합니다. 코드 작성을 마쳤다면 실행해 결과를 확인합니다.

::: 실행 결과

실행 결과 이상 없이 버튼이 배치된 것을 볼 수 있습니다.

하지만 이렇게 생성된 버튼에 이벤트를 추가하기 위해서는 어떻게 해야 할까요? 이번 절에서 우리는 버튼을 배치할 때 도구 상자를 사용하지 않았고, 속성을 지정할 때 또한 속성 창을 사용하지 않았습니다. 따라서 디자인 창을 보아도 버튼이 배치되어 있지 않습니다. 즉, 이 프로그램에서 버튼은 프로그램이 실행되는 과정, 즉 런타임 중에 동적으로 생성되고 있는 것입니다. 지금까지 컨트롤을 더블 클릭하거나 이벤트 창을 통해 이벤트를 추가했는데, 이젠 그럴 수 없게 되었습니다. 어떻게 해야 할까요?

윈폼 프로그래밍에서는 속성 창을 사용하지 않고 프로그램 코드를 통해 속성을 지정할 수 있듯이 이벤트 창을 통하지 않더라도 이벤트를 생성할 수 있도록 하고 있습니다. Click 이벤트를 생성하고 어떤 버튼을 눌렀는지 출력하는 프로그램을 작성하겠습니다. 레이블을 하나 생성하고 이어서 이벤트를 추가해 봅시다.

[표 5.39] 레이블의 속성

속성	내용
Name	laResult
Location	12, 289
Text	

::: 예제 5-25

```
... <코드 생략> ...
    public partial class frmMain : Form
    {
        Button[] buttons = new Button[12];
        public frmMain()
        {
            InitializeComponent();
            for (int n = 0; n < buttons.Length; n++)
            {
                buttons[n] = new Button();
                buttons[n].Text = n.ToString();
                buttons[n].Size = new Size(50, 50);
                    buttons[n].Location = new Point(((n - (((int)(n / 4)) * 4)) * buttons[n].Width)
                        + ((n - (((int)(n / 4)) * 4)) * 5) + 6
                        , (((int)(n / 4)) * buttons[n].Height) + (((int)(n / 4)) * 5) + 6);
15:             buttons[n].Tag = n;
17:             buttons[n].Click += new EventHandler(buttons_Click);
                this.Controls.Add(buttons[n]);
            }
        }
        void buttons_Click(object sender, EventArgs e)
        {
```

```
        }
    }
... <코드 생략> ...
```

17행에서 Click 이벤트를 추가하도록 했습니다. 17행을 작성하면 자동으로 Click 이벤트가 생성됩니다.

하지만 이대로 실행할 경우 우리가 원하는 결과를 얻을 수 없습니다. 열두 개의 버튼 중 아무 버튼이나 눌러도 모두 동일한 이벤트인 buttons_Click 이벤트를 호출하기 때문인데요. 우리가 원하는 결과는 버튼을 눌렀을 때 어떤 버튼이 눌렸는지 출력하는 것입니다. 어떻게 해야 할까요? 해답은 15행과 [예제 5-13]에 있습니다.

::: 예제 5-26

```
... <코드 생략> ...
    public partial class frmMain : Form
    {
        Button[] buttons = new Button[12];
        public frmMain()
        {
            InitializeComponent();
            for (int n = 0; n < buttons.Length; n++)
            {
                buttons[n] = new Button();
                buttons[n].Text = n.ToString();
                buttons[n].Size = new Size(50, 50);
                buttons[n].Location = new Point(((n - (((int)(n / 4)) * 4)) * buttons[n].Width)
                    + ((n - (((int)(n / 4)) * 4)) * 5) + 6
                    , (((int)(n / 4)) * buttons[n].Height) + (((int)(n / 4)) * 5) + 6);
15:             buttons[n].Tag = n;
                buttons[n].Click += new EventHandler(buttons_Click);
                this.Controls.Add(buttons[n]);
            }
```

```
            }
            void buttons_Click(object sender, EventArgs e)
            {
                Button button = sender as Button;
                int index = (int)button.Tag;
                laResult.Text = index.ToString() + "번의 버튼이 눌렸습니다.";
            }
        }
... <코드 생략> ...
```

[예제 5-13]에서 이벤트는 객체(Object)형으로 선언된 sender 변수를 통해 이벤트를 호출한 컨트롤을 전달받는다고 했습니다. 즉, 전달받은 객체를 통해 이벤트를 호출한 컨트롤을 통째로 복사할 수 있는데요. 이에 앞서 15행에서 Tag 속성에 변수 n의 값을 대입했습니다. 그러므로 전달받은 객체의 Tag 속성을 정수형으로 변환하면 어떤 버튼이 눌렸는지 알 수 있는 것입니다.

실행 결과를 확인하면 어떤 버튼이 눌렸는지 출력이 되는 것을 볼 수 있습니다.

::: 실행 결과

5.9 계산기를 만들자!

지금까지 우리는 윈폼 프로그래밍의 다양한 컨트롤에 대해 배웠습니다. 이제 직접 프로그램을 개발할 차례입니다. 그래서 이번 절에서는 Windows의 기본 프로그램 중 계산기를 만들어 보겠습니다.

[그림 5.47] 계산기

이번 절에서는 앞 절에서 배운 컨트롤을 자유롭게 이용하는 것이 목표이므로 다양한 기능보다는 간단하게 사칙연산(+, −, ×, ÷)을 수행할 수 있는 계산기를 만들도록 하겠습니다.

가장 먼저 "Calculator"라는 이름으로 새 프로젝트를 생성하고, 솔루션 탐색기에서 Form1.cs를 frmCalculator.cs로 변경합니다. 다음으로 frmCalculator를 다음과 같이 수정합니다.

[표 5.40] frmCalculator의 속성

속성	내용
FormBorderStyle	FixedSingle
MaximizeBox	Flase
MinimizeBox	Flase
Size	265, 365
Text	계산기 1.0

다음으로 버튼을 배치하기 위해 코드 편집 창을 열고 다음과 같이 프로그램 코드를 작성합니다.

::: 예제 5-27

```
... <코드 생략> ...
    public partial class frmCalculator : Form
    {
      Button[] btnNums = new Button[10];
       public frmCalculator()
       {
           InitializeComponent();
           for (int n = 0; n < btnNums.Length; n++)
           {
               int m = 9 - n;
               btnNums[n] = new Button();
               btnNums[n].Text = n.ToString();
               btnNums[n].Size = new Size(50, 50);
               btnNums[n].Location = new Point(
                   124 - ((m - (((int)(m / 3)) * 3)) * btnNums[n].Width)
                   - ((m - (((int)(m / 3)) * 3)) * 6) - ((int)(m / 9) * 112)
                   , (((int)(m / 3)) * btnNums[n].Height) + (((int)(m / 3)) * 6) + 90);
               btnNums[n].Tag = n;
               btnNums[n].Click += new EventHandler(btnNums_Click);
               this.Controls.Add(btnNums[n]);
           }
       }
       void btnNums_Click(object sender, EventArgs e)
       {
           Button btnNum = sender as Button;
           int index = (int)btnNum.Tag;
       }
    }
... <코드 생략> ...
```

단순히 배열로 선언된 버튼을 배치하는 코드이므로 이전 절에서 모두 이해하셨으리라 생각합니다. 실행을 통해 올바른 실행 결과가 출력되는지 확인합니다.

::: 실행 결과

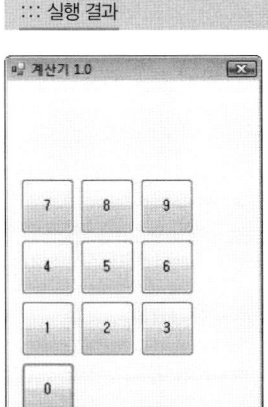

버튼은 배치가 정상적으로 되었습니다. 이제 추가적인 컨트롤을 배치합시다.

[표 5.41] 첫 번째 버튼의 속성

속성	내용
Name	btnSum
Location	180, 90
Size	50, 50
Tag	Sum
Text	+

[표 5.42] 두 번째 버튼의 속성

속성	내용
Name	btnMinus
Location	180, 146
Size	50, 50
Tag	Minus
Text	-

[표 5.43] 세 번째 버튼의 속성

속성	내용
Name	btnMulti
Location	180, 202
Size	50, 50
Tag	Multi
Text	×

[표 5.44] 네 번째 버튼의 속성

속성	내용
Name	btnDivide
Location	180, 258
Size	50, 50
Tag	Divide
Text	/

[표 5.45] 다섯 번째 버튼의 속성

속성	내용
Name	btnResult
Location	124, 258
Size	50, 50
Tag	Result
Text	=

[표 5.46] 여섯 번째 버튼의 속성

속성	내용
Name	btnClear
Location	68, 258
Size	50, 50
Tag	Clear
Text	C

[표 5.47] 레이블의 속성

속성	내용
Name	laDisplay
BackColor	White
Font	돋움, 27pt
Location	12, 9
Size	218, 78
Text	0
TextAlign	MiddleRight

모든 컨트롤을 배치하고 실행하면 다음과 같습니다.

::: 실행 결과

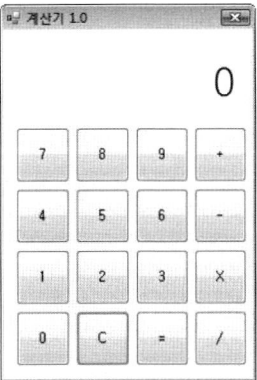

다음으로 화면 우측의 사칙연산(+, -, ×, /) 버튼과 기타(=, C) 버튼의 Click 이벤트를 추가해야 합니다. 이벤트 창으로 이동해 사칙연산 각 버튼의 Click 이벤트를 모두 btnCalculates_Click로 통일하고 다음의 코드를 추가합니다.

::: 예제 5-28

```
... <코드 생략> ...
    public partial class frmCalculator : Form
    {
        Button[] btnNums = new Button[10];
        int[] val = new int[2];
        int step, result;
        string oper;
        public frmCalculator()
        {
            InitializeComponent();
            for (int n = 0; n < btnNums.Length; n++)
            {
                int m = 9 - n;
                btnNums[n] = new Button();
                btnNums[n].Text = n.ToString();
                btnNums[n].Size = new Size(50, 50);
```

```csharp
                btnNums[n].Location = new Point(
                    124 - ((m - (((int)(m / 3)) * 3)) * btnNums[n].Width)
                    - ((m - (((int)(m / 3)) * 3)) * 6) - ((int)(m / 9) * 112)
                    , (((int)(m / 3)) * btnNums[n].Height) + (((int)(m / 3)) * 6) + 90);
                btnNums[n].Tag = n;
                btnNums[n].Click += new EventHandler(btnNums_Click);
                this.Controls.Add(btnNums[n]);
            }
        }
        void btnNums_Click(object sender, EventArgs e)
        {
            Button btnNum = sender as Button;
            int index = (int)btnNum.Tag;
            if(laDisplay.Text == "0" || result != 0)
                laDisplay.Text = index.ToString();
            else
                laDisplay.Text += index.ToString();
        }
        private void btnCalculates_Click(object sender, EventArgs e)
        {
            Button btnCal = sender as Button;
            string tag = (string)btnCal.Tag;
            result = 0;
            val[step] = int.Parse(laDisplay.Text);
            step = (step + 1) % 3;
            if (tag == "Result" || step >= 2)
            {
                switch (oper)
                {
                    case "Sum":
                        result = val[0] + val[1];
                        break;
                    case "Minus":
                        result = val[0] - val[1];
                        break;
                    case "Multi":
                        result = val[0] * val[1];
                        break;
                    case "Divide":
```

```
                    result = val[0] / val[1];
                    break;
            }
            laDisplay.Text = result.ToString();
            step = 0;
        }
        else if(tag == "Clear")
        {
            step = 0;
            laDisplay.Text = (0).ToString();
        }
        else
        {
            laDisplay.Text = (0).ToString();
        }
        oper = tag;
    }
}
... <코드 생략> ...
```

숫자 키패드를 누를 때 만약 기존에 레이블의 Text 속성이 "0"이면 첫 입력이므로 숫자 키패드의 값을, 아니라면 기존의 Text 속성 뒤에 문자로 이어서 출력하도록 했습니다. 계산기에서 숫자를 입력할 때, "012"라는 형태로 출력될 수 없기 때문입니다.

btnCalculrate_Click 이벤트에서 입력된 값을 val 배열에 순차적으로 입력하도록 했으며, 만약 입력된 수가 두 개 이상이거나 계산(=) 버튼을 눌렀을 경우 val 배열에 입력된 값으로 계산을 수행하도록 했습니다.

만약 초기화(C) 버튼을 누른 경우라면 모든 계산을 처음으로 초기화하도록 했으며, 하나의 수를 입력한 후, 사칙연산 버튼을 누른 경우 새로운 수를 입력받기 위해 레이블에 "0"을 출력하도록 했습니다.

실행 결과는 다음과 같습니다.

::: 실행 결과

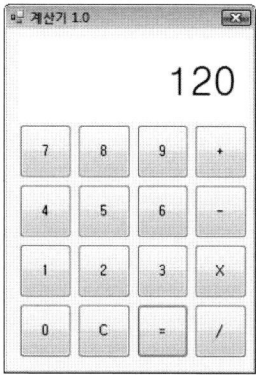

5.10 윈폼 프로그래밍을 마치며

이것으로 5장 윈폼 프로그래밍를 마칩니다. 윈폼 프로그래밍은 C#을 공부하면서 가장 쉽고 빠르게 프로그램을 개발할 수 있는 기술이며, 가장 널리 쓰이는 기술이기도 합니다. 또한 C# 뿐만 아니라 비주얼 베이직이나 C++에서도 비슷한 기능을 제공하고 있습니다.

가장 많은 프로그래머가 각종 언어에서 윈폼 프로그래밍에 대한 지식을 기반으로 프로그래머라는 직업을 유지하고 있다는 점만으로도 윈폼 프로그래밍이 어느 정도의 힘을 지니는지 유추할 수 있을 것입니다.

사실 여기까지 마쳤다면 여러분은 어느 정도 규모가 있는 프로젝트를 충분히 수행할 수 있는 능력을 쌓은 겁니다. 이후의 부분은 그래픽 프로그래밍과 네트워크 프로그램을 개발하기 위한 소켓 프로그래밍입니다.

즉, 지금까지는 C#을 다루기 위해 반드시 익혀야 하는 부분이었다면, 이후의 부분은 C#을 응용하기 위한 별도의 분야입니다. 더 공부할지는 여러분의 선택입니다. 필자가 권하는 길은 곧바로 뒷부분으로 이어서 진행하지 말고, 컴퓨터를 통해 접하는 수많은 프로그램이나 게임을 모방하거나 스스로 창의적으로 프로그램을 개발하는 취미(?)를 가져보길 권장합니다.

실패를 거듭할 수도 있고 벽을 만나 좌절할 수도 있습니다. 하지만 그럴 때마다 본 책이나 데브피아나 훈스닷넷과 같은 인터넷상의 좋은 커뮤니티, 또는 마이크로소프트에서 제공하는 MSDN을 통해 문제점을 해결하는 습관을 몸에 익힌다면 그것만으로도 여러분은 충분히 발전할 수 있는 프로그래머의 첫 자세를 가지게 되는 것입니다. 훗날 그래픽 프로그래밍 또는 네트워크 프로그램을 개발하고 싶어지는 날이 온다면 뒷부분을 이어서 공부해도 무방합니다.

그럼 지금까지 윈폼 프로그래밍을 공부하느라 수고하셨습니다!

CHAPTER

그래픽 06

이번 장은 매우 흥미롭습니다. 그래픽 프로그래밍은 가장 흥미로운 분야이며, 이어서 영상 처리(Image Processing)라는 분야의 초석이 됩니다. 여러분은 이 장에서 GDI+(Graphical Device Interface Plus)라는 클래스 라이브러리를 이용하여 선을 비롯한 갖가지 도형을 그리고 색칠할 것입니다.

6.1 GDI+의 개요

GDI+는 GDI에 기반을 둔 클래스 라이브러리입니다. GDI+는 프로그램 개발자가 운영체제는 물론 영상 처리를 비롯한 그래픽 관련 기술에 대해 전혀 알지 못해도 장치 독립적(Device Independent)으로 프로그램을 작성할 수 있도록 구성되어 있습니다.

즉, 화면에 선 또는 면 등의 그래픽 요소를 출력하고자 할 때, GDI+ 내부에 선언된 적절한 함수를 호출하는 일 이외에는 신경 쓰지 않아도 됩니다. 또한, GDI+는 C#을 비롯한 .net Framework 기반의 환경에 완벽히 통합되어 있어서 매우 안정적입니다.

GDI+의 기반이 되는 GDI는 Windows에서 제공하는 API 중 하나입니다. 즉, 사용자가 쉽게 장치에 접근하여 제어하기 위한 명령어들의 집합인 셈이죠. GDI는 사용자의 명령을 받아 그래픽 객체를 모니터나 프린터 등의 출력 장치에 출력하도록 합니다. 사용자는 간단하게 GDI에서 제공하는 함수를 호출하여, 직선 또는 곡선을 비롯하여 다양한 도형을 그릴 수 있습니다.

다만, GDI는 속도가 느리다는 단점이 있습니다. 직접 출력 장치에 접근하는 것이 아닌, 프레임 버퍼를 거쳐 제어하기 때문이지요. 그러므로 빠른 처리 속도를 요구하는 게임 소프트웨어의 경우 Direct X나 OpenGL을 이용하여 그래픽을 출력합니다. 하지만 과거에는 GDI를 이용하여 게임을 개발하는 경우도 많았습니다. 아직도 Windows에서 기본적으로 제공하는 지뢰 찾기나 카드 게임의 경우 GDI를 기반으로 개발되고 있습니다.

Windows XP가 등장하면서 GDI+가 등장을 하게 되었습니다. 물론 앞서 말한 대로 기반은 GDI입니다. 크게 변하지 않고, 기존 GDI에서 지원하는 기능은 물론 그라디언트, 안티앨리어싱(도트 깨짐 방지), JPEG 포맷과 PNG 포맷을 지원합니다. 오래 전 Windows 98 이전에 제공되는 그림판에서는 오로지 BMP 포맷만 지원하는 데 비해, Windows XP 이후에는 JPEG 포맷과 PNG 포맷도 지원하고 있습니다.

이번 장에서는 GDI+에서 지원하는 기본적인 기능들을 알아보고, 간단한 프로그램을 개발해 보겠습니다.

6.2 좌표계

그래픽 프로그래밍을 하기 위해서는 먼저 좌표의 개념을 이해해야 합니다. 기본적으로 GDI+는 좌표계 위의 두 점을 연결하여 선을 그리기 때문입니다.

GDI+의 좌표계는 기본적으로 2차원 평면상의 직교 좌표계입니다. 아마 여러분은 좌표 평면이라는 표현을 더 많이 들어보셨을 것입니다. 이것은 임의의 차원을 내적 공간(혹은 유클리드 공간)에 나타내기 위한 표현 방법으로, 임의의 벡터를 평면상에 나타내기에 매우 용이합니다.

최초의 고안자는 프랑스의 수학자 데카르트였기 때문에 데카르트 좌표계라고 부르기도 합니다. 우리가 사용할 좌표계는 X축과 Y축이 서로 직교함으로써 발생되며, 이때, X축과 Y축이 만나는 지점을 원점이라고 부릅니다. 원점은 (0, 0)의 지점에 위치합니다. 좌표계를 간략하게 그리면 다음과 같습니다.

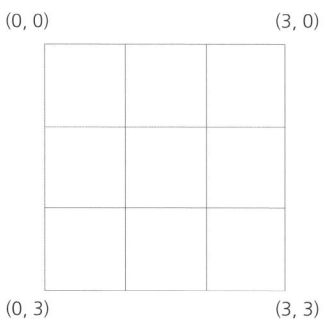

[그림 6.1] 3 × 3 크기의 모눈종이

좌표계는 모눈종이라고 생각하면 됩니다. [그림 6.1]은 X축과 Y축이 각각 0부터 3까지의 범위를 가진 모눈종이입니다. 이곳에 선을 하나 그려보겠습니다.

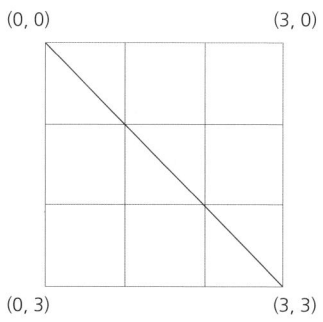

[그림 6.2] (0, 0)부터 (3, 3)까지의 직선

[그림 6.2]는 주어진 좌표계에 X와 Y축이 각각 (0, 0)인 원점부터 (3, 3)인 점까지를 직선으로 연결한 것입니다. 여러분이 수학 시간에 배운 좌표계의 경우, 좌측 하단에 원점이 위치하지만, GDI+의 좌표계는 원점이 좌측 상단에 위치합니다.

결론적으로 좌표계는 직선 또는 평면 위에 존재하는 임의의 벡터를 표시하기 위한 도구입니다.

6.3 System.Drawing.Pen

선을 그리는 데 사용되는 클래스입니다. Pen 클래스를 이용하여 선의 색상 및 굵기를 지정할 수 있으며, 시작과 끝 지점의 모양(가령 예를 들면, 화살표)과 선의 종류(실선, 점선 등)를 지정할 수 있습니다. Pen 객체를 선언하는 방법은 다음과 같습니다.

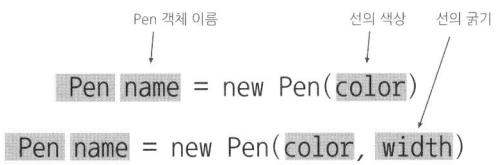

[그림 6.3] Pen 객체의 선언 방법

Pen 객체를 선언하는 방법은 두 가지입니다. 하나는 색상만을 지정하는 방법입니다. 이 경우, 기본적으로 선의 굵기는 1이 됩니다. 그리고 다른 하나는 선의 굵기도 함께 지정하는 방법입니다. 본 장에서는 굳이 선의 굵기를 조절해서 사용할 예제가 없으므로, 전자의 방법을 주로 사용합니다.

6.4 System.Drawing.Brush

Brush 클래스는 앞서 다룬 Pen 클래스와는 다르게 면 또는 도형을 색칠할 때 사용합니다. 이때, 색상으로만 채우는 것이 아닌, 다른 이미지로 채울 수도 있습니다. Brush 클래스는 다음과 같은 기능을 제공합니다.

[표 6.1] Brush 클래스

종류	설명
SolidBrush	도형을 단색으로 채울 때 사용합니다
TextureBrush	도형을 이미지를 불러와 채웁니다
LinearGradientBrush	도형에 단방향 그러데이션 효과를 넣습니다
PathGradientBrush	도형의 중앙으로부터 그러데이션 효과를 넣습니다

6.5 System.Drawing.Graphics

이번 장에서는 Graphics 클래스를 이용하여 선을 비롯한 여러 가지 도형을 그려보겠습니다.

6.5.1 DrawLine

DrawLine( )은 좌표계 위의 한 점에서 다른 점까지 직선을 그리는 Graphics 클래스의 메소드입니다.

[표 6.2] DrawLine의 사용법

DrawLine(pen, x1, y1, x2, y2);	
pen	직선을 그리는 데 사용할 Pen 객체입니다 미리 선언하여 사용할 수도 있고, 함수 내에서 선언할 수도 있습니다
x1, y1	직선의 시작점의 좌표입니다
x2, y2	직선의 끝점의 좌표입니다 DrawLine은 (x1, y1)부터 (x2, y2)까지 직선을 그리게 됩니다

우리가 작성할 예제는 폼의 좌측 상단 끝에서 우측 하단 끝까지 가로지르는 직선을 그리는 프로그램입니다.

먼저 'Draw'라는 이름으로 [Windows Forms 응용 프로그램] 형식의 새 프로젝트를 생성하고, 폼의 각 속성을 다음과 같이 입력합니다.

[표 6.3] Form1.cs의 속성

속성	내용
Name	Draw
BackColor	Black
FormBorderStyle	None
Size	640, 480
Text	그리기 예제

속성을 입력하였다면, 버튼을 하나 생성하고 각 속성을 다음과 같이 입력합니다.

[표 6.4] 버튼의 속성

속성	내용
Name	btnDrawLine
Size	120, 80
Text	선 그리기

다음으로 코드 편집 창으로 이동하여 다음과 같이 입력합니다.

::: 예제 6-1

```
using System;
using System.Collections.Generic;
using System.ComponentModel;
using System.Data;
using System.Drawing;
using System.Linq;
using System.Text;
using System.Threading.Tasks;
```

```
using System.Windows.Forms;

namespace Draw
{
    public partial class Draw : Form
    {
        public Draw()
        {
            InitializeComponent();
        }

        private void btnDrawLine_Click(object sender, EventArgs e)
        {
            Graphics graphics = CreateGraphics();
23:         Pen pen = new Pen(Color.White);

25:         graphics.DrawLine(pen, 0, 0, this.Width, this.Height);

27:         graphics.Dispose();
        }
    }
}
```

작성을 마쳤다면, F5를 눌러 실행합니다. 실행 후 선 그리기 버튼을 누르면 폼의 좌측 상단부터 우측 하단까지 대각선이 그려지는 것을 볼 수 있습니다.

::: 실행 결과

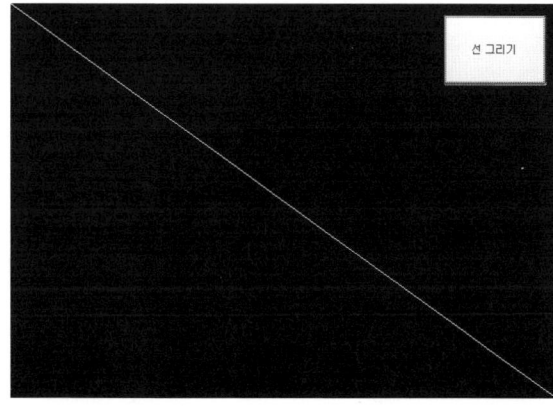

실행 결과, 좌측 상단 끝에서 우측 하단 끝까지 직선이 그려진 것을 볼 수 있습니다. 23행에서 Pen 객체인 pen을 선언하며 흰색으로 설정했습니다.

Pen pen = new Pen(Color.White);

다음으로 25행에서 DrawLine( )를 호출했는데, 시작점은 폼의 좌측 상단 지점인 (0, 0)이고, 우측 하단까지 직선을 그리기 위해 끝점을 폼의 너비와 높이로 설정하였습니다.

graphics.DrawLine(pen, new Point(0,0), new Point(this.Width, this.Height));

마지막으로 27행에서 Dispose( )를 통해 메모리상에서 graphics를 해제합니다.

이번에는 조금 더 흥미로운 예제를 작성합시다.

필자가 초등학교에 재학 중이던 시절, 방학 숙제 중에 〈탐구생활〉이라는 교재가 있었습니다. 〈탐구생활〉에 직선을 이용하여 곡면을 그리는 문제가 있었습니다.

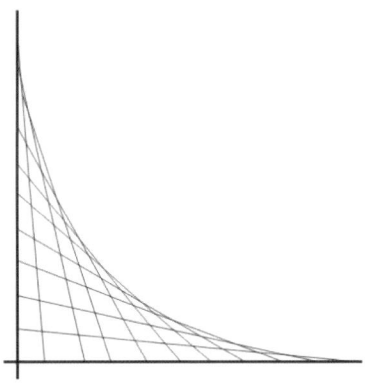

[그림 6.4] 직선을 이용한 곡면 그리기

난해해 보이지만 자세히 보면 연속적으로 시작점의 y축은 감소시키고, 끝점의 x축은 증가시키면서 직선을 그린 것입니다. [그림 6.4]와 같은 실행결과를 DrawLine( )를 이용해서 그려보겠습니다.

먼저 적당한 위치에 새로운 버튼을 하나 추가합니다.

[표 6.5] 버튼의 속성

속성	내용
Name	btnDrawCurvedSurface
Size	120, 80
Text	곡면 그리기

다음으로 코드 편집 창으로 이동하여 다음과 같이 입력합니다.

::: 예제 6-2

```
... <코드 생략> ...
        private void btnDrawLine_Click(object sender, EventArgs e)
        {
            Graphics graphics = CreateGraphics();
            Pen pen = new Pen(Color.White);

6:          for (int lines = 1; lines < 50; lines++)
            {
8:              graphics.DrawLine(pen, 0, lines * 10, lines * 10, this.Height);
9:          }

            graphics.Dispose();
        }
... <코드 생략> ...
```

실행 후 곡면 그리기 버튼을 누르면 무수한 직선을 이용하여 곡면을 그린 것을 볼 수 있습니다.

::: 실행 결과

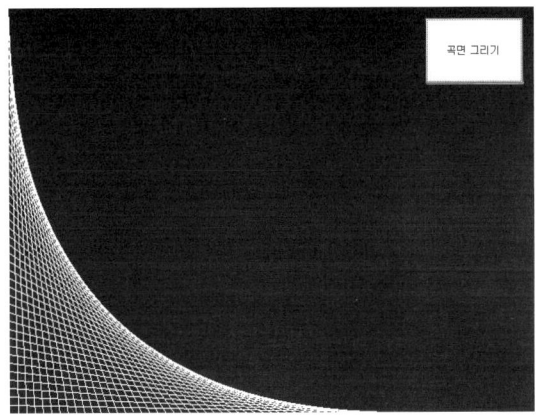

[예제 6-2]에서 주의 깊게 볼 부분은 6행부터 9행까지입니다. 반복문을 이용하여 lines라는 변수를 1부터 49까지 증가시켰습니다. 8행을 보면 이렇게 증가되는 변수를 이용하여 직선의 시작점의 y좌표와 끝점의 x좌표를 10 픽셀의 간격으로 증가시켰습니다.

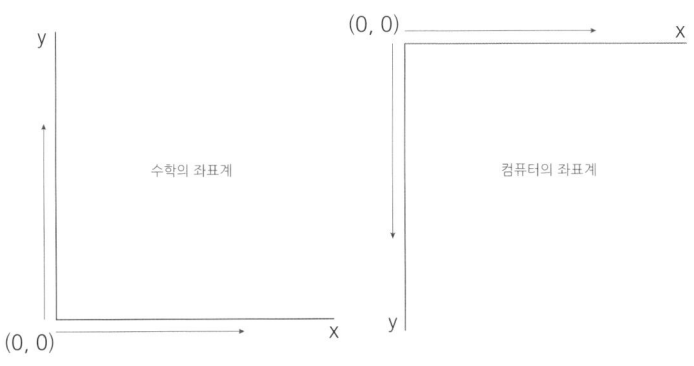

[그림 6.5] 수학의 좌표계(좌)와 컴퓨터의 좌표계(우)

하지만 이상한 점을 발견할 수 있습니다. 앞서 이 문제를 설명할 때, 연속적으로 시작점의 y축은 감소시키고, 끝점의 x축은 증가시키면서 직선을 그린다고 했습니다. 하지만 8행을 보면 반복문이 실행될수록 시작점의 y좌표와 끝점의 x좌표가 모두 증가하고 있습니다. 이것은 [그림 6.5]에 보는 것처럼 수학의 좌표계와 컴퓨터의 좌표계가 다르기 때문입니다.

수학 좌표계의 y축은 y좌표가 증가할수록 좌표의 위치가 위로 이동하지만, 컴퓨터의 좌표계는 y좌표가 증가할수록 아래로 이동하기 때문입니다. 즉, 여러분이 수학 시간에 흔히 사용하는 좌표계는 1사분면을 사용하지만, 컴퓨터의 좌표계는 기본적으로 4사분면이기 때문입니다. 그러므로 시작점의 y좌표와 끝점의 x좌표를 모두 증가시켜야 원하는 결과를 얻을 수 있습니다.

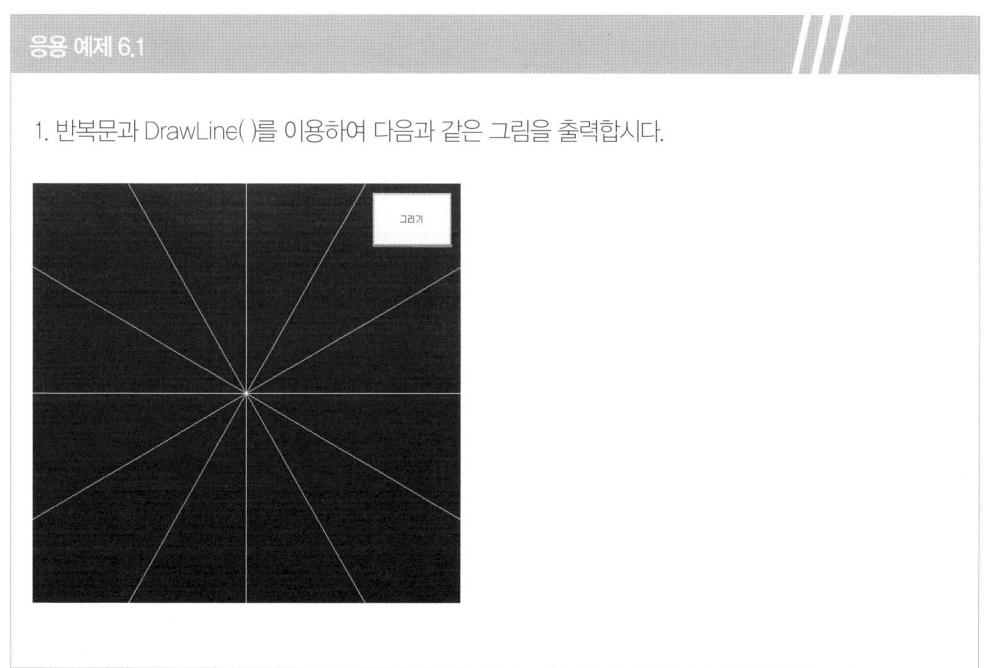

6.5.2 DrawRectangle

이번 절에서는 사각형을 그려볼 것입니다. 사각형은 직선과 달리 기본적으로 시작점과 너비, 그리고 높이를 입력해 주어야 합니다. DrawRectangle( )의 사용 방법은 다음과 같습니다.

[표 6.6] DrawRectangle의 사용법

DrawRectangle(pen, x, y, width, height);	
pen	사각형을 그리는 데 사용할 Pen 객체입니다
x, y	사각형의 좌측 상단 꼭지점입니다
width	사각형의 가로 너비입니다
height	사각형의 세로 높이입니다

이번에 작성할 예제는 폼의 중앙에 너비 200 픽셀, 높이 100 픽셀의 정사각형을 출력하는 프로그램입니다. 먼저 적당한 위치에 새로운 버튼을 추가합니다.

[표 6.7] 버튼의 속성

속성	내용
Name	btnDrawRectangle
Size	120, 80
Text	사각형 그리기

다음으로 코드 편집 창으로 이동하여 다음과 같이 입력합니다.

::: 예제 6-3

```
... <코드 생략> ...
        private void btnDrawRectangle_Click(object sender, EventArgs e)
        {
            Graphics graphics = CreateGraphics();
            Pen pen = new Pen(Color.White);

            graphics.DrawRectangle(pen, this.Width / 2, this.Height / 2, 200, 100);

            graphics.Dispose();
        }
... <코드 생략> ...
```

작성을 마쳤다면 실행합니다. 실행 후 사각형 그리기 버튼을 누르면 폼에 사각형이 출력되는 것을 볼 수 있습니다.

::: 실행 결과

하지만 실행 결과가 이상합니다. 중앙에 사각형을 출력하려고 했는데, 중앙에서 오른쪽으로 약간 치우쳐 있습니다. 왜일까요?

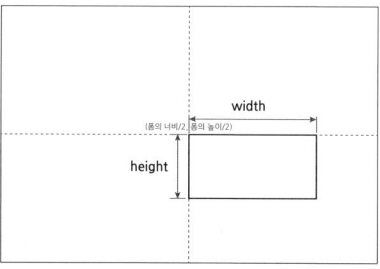

[그림 6.6] DrawRectangle의 x, y 좌표의 실제 출력 위치

앞에서 설명한 대로 DrawRectangle( )의 매개 변수 중 x, y 좌표는 사각형의 중앙이 아닌 좌측 상단입니다. 때문에 사각형을 폼의 중앙으로 옮기기 위해서는 [예제 6-3]의 6행을 다음과 같이 수정하고 실행합니다.

```
graphics.DrawRectangle(pen, (this.Width / 2) - 100, (this.Height / 2) - 50, 200, 100);
```

실행하면 폼의 중앙에 사각형이 출력되는 것을 볼 수 있습니다.

::: 실행 결과

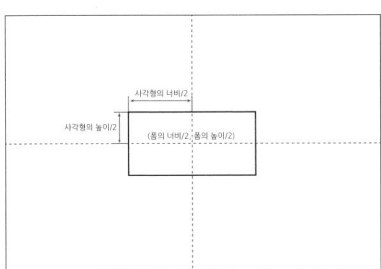

[그림 6.7] width와 height를 이용하여 이동한 좌표

폼의 너비와 높이의 절반이 되는 중심점에서 사각형의 각각 너비와 높이의 절반만큼 뺀 결과 정확히 중앙에 출력할 수 있었습니다.

조금 더 흥미로운 예제를 작성해 봅시다. 100개의 각기 색상이 다른 사각형이 랜덤하게 화면에 출력되도록 하겠습니다. 먼저 폼에 다음과 같은 버튼을 추가합니다.

[표 6.8] 버튼의 속성

속성	내용
Name	btnRandomRectangle
Size	120, 80
Text	랜덤 사각형 그리기

다음으로 랜덤 객체를 선언합니다. 이 랜덤 객체는 사각형을 그릴 pen의 색상뿐 아니라, 각 사각형의 x, y 좌표를 결정하는 데 사용됩니다.

Random rnd = new Random( );

다음으로 랜덤 값을 이용하여 사각형의 색상과 위치를 무작위로 출력합니다.

pen = new Pen(Color.FromArgb(255, rnd.Next(256), rnd.Next(256), rnd.Next(256)));
graphics.DrawRectangle(pen, rnd.Next(this.Width), rnd.Next(this.Height), 30, 30);

pen의 색상은 RGB 색상 값으로 결정하도록 할 텐데요. 이때 밝기는 255로 고정합니다. RGB 색상의 범위는 0 ~ 255이므로, 256 미만으로 발생하도록 합니다. 사각형의 x, y 좌표도 폼의 너비 및 높이 안에서 발생하도록 합니다. 이때, 사각형의 너비와 높이는 30 픽셀로 고정하였습니다.

완성된 코드는 다음과 같습니다.

::: 예제 6-4

```
... <코드 생략> ...
    private void btnRandomRectangle_Click(object sender, EventArgs e)
    {
        Graphics graphics = CreateGraphics();
        Pen pen;
        Random rnd = new Random();

6:      pen = new Pen(Color.FromArgb(255, rnd.Next(256), rnd.Next(256), rnd.Next(256)));
```

```
7:            graphics.DrawRectangle(pen, rnd.Next(this.Width), rnd.Next(this.Height), 30, 30);

              graphics.Dispose();
        }
... <코드 생략> ...
```

현재는 단 한 개의 사각형만을 그리므로 결과는 다음과 같이 출력됩니다.

::: 실행 결과

앞서 계획한 우리의 목표는 색상이 각기 다른 사각형이 100개가 출력되는 것이었으므로, 6행과 7행에 앞뒤로 반복문을 추가합니다.

::: 예제 6-5

```
... <코드 생략> ...
        private void btnRandomRectangle_Click(object sender, EventArgs e)
        {
            Graphics graphics = CreateGraphics();
            Pen pen;
            Random rnd = new Random();
```

```
            for (int n = 0; n < 100; n++)
            {
                pen = new Pen(Color.FromArgb(255, rnd.Next(255), rnd.Next(255), rnd.Next(255)));
                graphics.DrawRectangle(pen, rnd.Next(this.Width), rnd.Next(this.Height), 30, 30);
            }

            graphics.Dispose();
        }
... <코드 생략> ...
```

반복문 추가 후, 실행하면 나름 근사한 결과를 볼 수 있습니다. 꽤 흥미롭지 않습니까?

::: 실행 결과

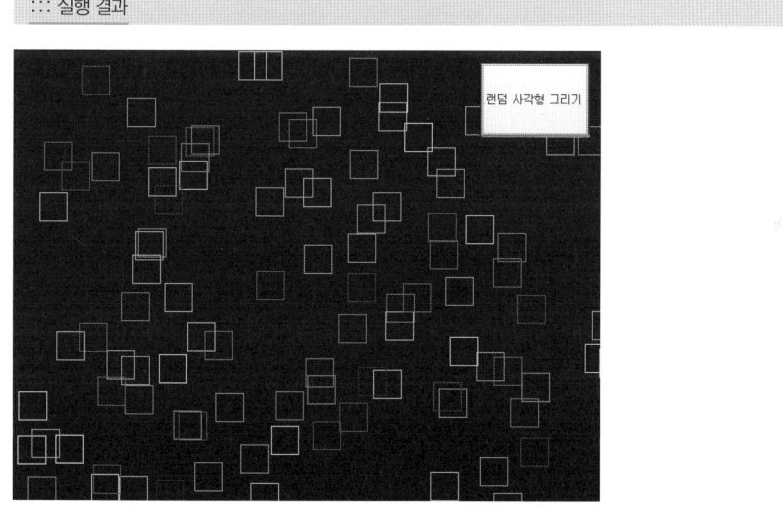

6.5.3 FillRectangle

앞 장에서 우린 빈 사각형을 그려보았습니다. 이번에는 색칠된 사각형을 그려보겠습니다.

[표 6.9] FillRectangle의 사용법

FillRectangle(brush, x, y, width, height);	
brush	사각형을 색칠하는 데 사용할 Brush 객체입니다
x, y	사각형의 좌측 상단 꼭지점입니다
width	사각형의 가로 너비입니다
height	사각형의 세로 높이입니다

사용 방법은 DrawRectangle( )와 같습니다. 다만 Pen 객체가 아닌 Brush 객체를 사용한다는 점이 다릅니다. 앞 절에서 [예제 6-5]에 색칠한 사각형을 그려봄으로써 FillRectangle( )에 대해 가볍게 짚고 넘어가겠습니다.

::: 예제 6-6

```
... <코드 생략> ...
        private void btnRandomRectangle_Click(object sender, EventArgs e)
        {
            Graphics graphics = CreateGraphics();
            Brush brush;
            Random rnd = new Random();

            for (int n = 0; n < 100; n++)
            {
                brush = new SolidBrush(
                            Color.FromArgb(255, rnd.Next(255), rnd.Next(255), rnd.Next(255)));
                graphics.FillRectangle(brush, rnd.Next(this.Width), rnd.Next(this.Height), 30, 30);
            }

            graphics.Dispose();
        }
... <코드 생략> ...
```

실행하면 실행 결과는 [예제 6-5]와 비슷하나 색칠한 사각형이 출력되는 것을 볼 수 있습니다.

::: 실행 결과

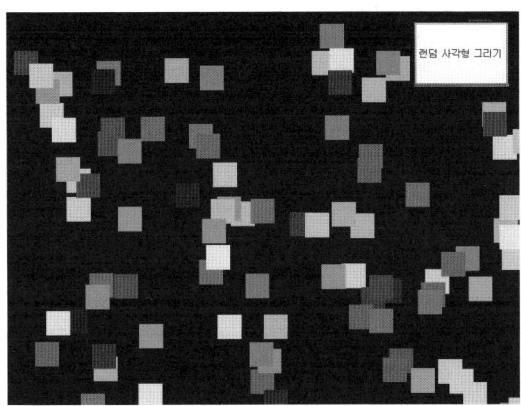

6.5.4 DrawEclipse

마지막으로 그려볼 도형인 원입니다. DrawEclipse( )는 원뿐만이 아닌 타원도 그릴 수 있으며, 기본적으로 DrawRectangle( )과 사용 방법이 같습니다. 따라서 이번 절에서는 기본적인 원을 그리는 대신 바로 응용해 보도록 하겠습니다.

[표 6.10] DrawEclipse의 사용법

DrawEclipse(pen, x, y, width, height);	
pen	원을 그리는 데 사용할 Pen 객체입니다
x, y	원에 외접하는 사각형의 좌측 상단 꼭짓점입니다
width	원의 가로 너비입니다
height	원의 세로 높이입니다

원의 경우에 가상의 사각형 내부에 위치하게 됩니다. 따라서 x, y 좌표는 원에 접하는 가상의 사각형의 좌측 상단 꼭짓점이 되며, 너비와 높이는 각각 지름이 됩니다.

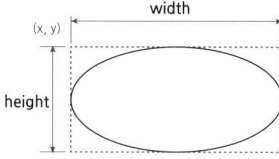

[그림 6.8] DrawEclipse의 x, y 좌표와 width, height

우리가 이번 장에서 만들 예제는 다음과 같습니다. 마치 바늘 시계의 숫자처럼 원을 30°간격으로 출력하는 것입니다.

[그림 6.9] 바늘 시계와 실행 목표

먼저 원을 배치할 x, y 좌표를 구하기 위해서, 삼각 함수를 이용한 원의 테두리 공식을 알아야 합니다. 공식은 다음과 같습니다.

$$x = centerx + radius + \cos(\theta)$$
$$y = centery + radius + \sin(\theta)$$

centerx는 테두리를 그릴 원의 x 좌표이며, centery는 y 좌표입니다. radius는 반지름이며, θ는 각도에 따른 호의 길이로서, 여기서 다시 θ의 공식을 살펴보면 다음과 같습니다.

$$\theta = \angle x(\pi \div 180)$$
($\angle$은 각도)

즉, 전체적으로 그림으로 그리면 다음과 같습니다. 12개의 원을 그릴 것이므로, 반복문을 12번 반복하면서, 30°의 간격으로 원을 그리면 됩니다.

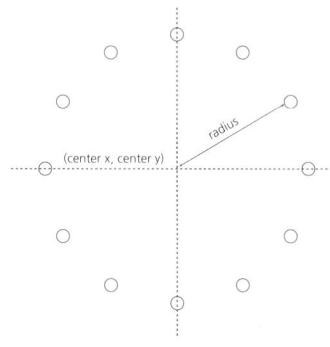

[그림 6.10] 중점에서 동일한 반지름의 거리에 일정한 간격으로 원을 출력한 예

먼저 폼에 다음과 같은 버튼을 추가합니다.

[표 6.11] 버튼의 속성

속성	내용
Name	btnDrawCircle
Size	120, 80
Text	원 그리기

다음으로 코드를 작성합니다. 먼저 실수형의 하나인 double 형으로 x, y, 그리고 theta를 선언합니다.

double x, y, theta;

다음으로 theta와 x, y 좌표를 계산해야 하는데요. 앞서 다룬 공식을 참고하여 작성합니다. 이 때, 먼저 theta를 구하고, 이를 이용하여 x, y 좌표를 구합니다.

theta = (n * 30) * (Math.PI / 180);

총 12개의 원을 그려야 하므로 반복문을 사용할 것입니다. 변수 n은 반복문에서 사용할 변수이며, 30은 각 원을 그릴 각도입니다. 즉, n이 0부터 11까지 증가하면서 각도 또한 0부터 330까지 증가할 것입니다. 는 실수 3.14를 이용해도 무방하나, 더욱 정확한 결과를 얻기 위해 Math.PI를 이용합니다.

이렇게 구한 theta를 이용하여 x, y 좌표를 구합니다. 폼의 중앙을 기준으로 테두리를 구한 후, 작은 원을 배치할 것이므로, centerx와 centery는 각각 폼의 너비와 높이를 절반으로 나눈 값으로 입력합니다. centerx와 centery로부터 200 픽셀 떨어진 위치에 원을 배치하기 위해 radius에는 200을 대입합니다. 마지막으로 Math.Cos( )과 Math.Sin( ) 그리고 앞에서 구한 theta를 이용하여 x, y 좌표를 구합니다.

```
x = (this.Width / 2) + 200 * Math.Cos(theta);
y = (this.Height / 2) + 200 * Math.Sin(theta);
```

지금까지 다룬 부분을 반복문을 통해 열두 번 반복하면 우리가 목표로 한 결과를 얻을 수 있습니다. 전체 프로그램 코드는 다음과 같습니다.

::: 예제 6-7

```
... <코드 생략> ...
    private void btnCircle_Click(object sender, EventArgs e)
    {
        Graphics graphics = CreateGraphics();
        Pen pen = new Pen(Color.White);
        double x, y, theta;

        for (int n = 0; n < 12; n++)
        {
            theta = (n * 30) * (Math.PI / 180);

            x = (this.Width / 2) + 200 * Math.Cos(theta);
            y = (this.Height / 2) + 200 * Math.Sin(theta);

            graphics.DrawEllipse(pen, (float)x - 10, (float)y - 10, 20, 20);
        }
```

```
            graphics.Dispose();
        }
... <코드 생략> ...
```

실행하면 마치 시계를 보는 듯이 열두 개의 원이 깔끔하게 출력되는 것을 볼 수 있습니다.

::: 실행 결과

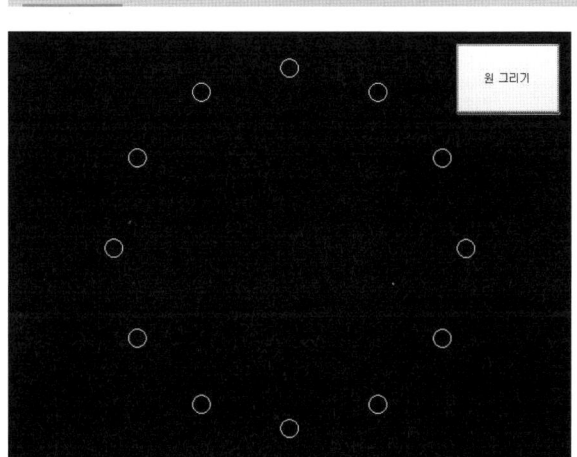

6.5.5 FillEclipse

원을 그려보았으니, 이번엔 색칠해 봅시다. 사용 방법은 앞서 배운 FillRectangle( )와 같습니다.

[표 6.12] FillEclipse의 사용법

FillEclipse(brush, x, y, width, height);	
brush	원을 색칠하는 데 사용할 Brush 객체입니다
x, y	원에 외접하는 사각형의 좌측 상단 꼭지점입니다
width	사각형의 가로 너비입니다
height	사각형의 세로 높이입니다

CHAPTER 06 | 그래픽   319

그러데이션이라는 것이 있습니다. 포토샵이나 그림판 등의 이미지 편집 도구에서 쉽게 볼 수 있는 기능인데요. 그러데이션이란 여러 색상의 점 또는 원을 나열하여 하나의 색상에서 다른 색상으로 점진적으로 부드럽고 매끄럽게 변해가는 효과를 말하는데요. 이번 장에서 우리는 바로 색칠한 원을 이용하여 그러데이션을 구현할 것입니다.

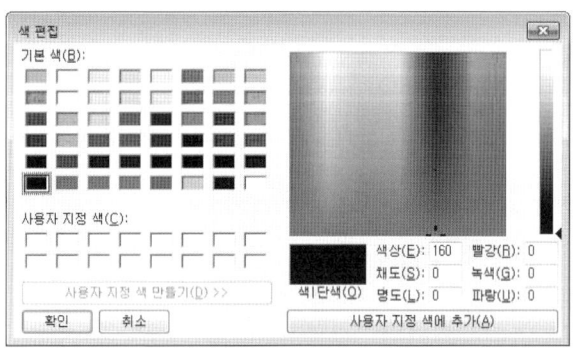

[그림 6.11] 그림판 색 편집 창에서 볼 수 있는 그러데이션

원리는 다음과 같습니다. 우리가 모니터에서 보는 색의 구성을 살펴보면 적색, 녹색, 청색의 3원색으로 이루어지며, 각 색상은 0부터 255까지의 단계로 구성되어 있습니다. 이것을 빛의 3원색이라 합니다. 이러한 3원색을 조합하여 하나의 색상을 나타낼 수 있는 것인데요. 점을 그릴 색상의 값을 0부터 255까지 변화시킨다면 그러데이션과 같은 효과를 낼 수 있을 것입니다.

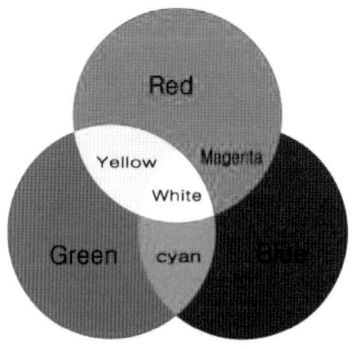

[그림 6.12] 빛의 3원색

색을 변화시키며 점을 출력하기 위해서는 어떻게 해야 할까요? 정답은 반복문입니다. 반복문을 사용하여 색상 값을 증가시키면서, 점을 출력하는 위치도 이동하며 출력하면 그러데이션과 같은 부드러운 효과를 나타낼 수 있을 것입니다. 그럼 직접 구현해 볼까요?

먼저 폼에 다음과 같은 버튼을 추가합니다.

[표 6.13] 버튼의 속성

속성	내용
Name	btnGradation
Size	120, 80
Text	그러데이션

다음으로 코드 편집 창에서 다음과 같이 작성합니다.

::: 예제 6-8

```
... <코드 생략> ...
    private void btnGradation_Click(object sender, EventArgs e)
    {
        Graphics graphics = CreateGraphics();

5:      int width = (int)Math.Round((double)this.Width / 255, 0);
6:      int height = (int)Math.Round((double)this.Height / 255, 0);

8:      for (int n = 0; n < 255; n++)
        {
10:         for (int m = 0; m < 255; m++)
            {
12:             graphics.FillRectangle(new SolidBrush(Color.FromArgb(n, m, 100))
                    , n * width, m * height, width, height);
            }
        }
    }
... <코드 생략> ...
```

먼저 5행과 6행을 보면, 화면을 가득 채울 수 있도록 폼의 넓이를 전체 색상의 수인 255로 나누어 주었습니다. 만약 원의 너비와 높이를 각각 255로 나눈 후, 차례대로 배치한다면 화면을 가득 채울 수 있을 것입니다. 이때, 사용된 Math.Round( )는 반올림할 때 사용하는 함수이며, 사용 방법은 다음과 같습니다.

Math.Round(반올림할 수, 출력할 소수점 자릿수)

매개 변수 중 반올림할 수는 실수형이므로 (double)로써 형 변환을 합니다. 다음으로 소수점 아래 첫째 자리에서 반올림을 함으로써, 정수로 반올림할 것이므로 출력할 소수점 자릿수는 0으로 입력하였습니다. 이렇게 작성한 경우, 예를 들어 2.5는 3이라는 결과가 나오게 됩니다.

8행과 10행에서는 반복문을 사용하여, 색상 값을 0부터 255까지 변화하도록 하였고, 12행에서 변화되는 색상 값을 이용하여 색칠한 원을 출력하고 있습니다.

작성을 마치고 실행을 하면, 다음과 같은 결과가 출력됩니다.

이번에는 색칠한 원을 이용하여 우주공간을 날아 봅시다.

이번에는 앞 장에서 배운 원의 테두리 공식을 이용하여 좀 더 흥미로운 예제를 작성합시다.

혹시 〈우주여행〉이라는 화면 보호기를 아십니까? Windows 95에서 제공하던 화면 보호기인데, 마치 우주선을 타고 우주공간을 날아가는 듯 별들이 지나갑니다. 이번 장에서는 바로 다양한 색상의 별이 등장하는 〈우주여행〉을 만들어 봅시다.

[그림 6.13] 화면 보호기 〈우주여행〉

어떻게 만들어야 할까요?

〈우주여행〉의 원리는 다음과 같습니다. 먼저 화면의 중심점을 중앙에 위치한 중심점을 기준으로 수많은 별을 원형으로 배치합니다. 중심점부터 각 별 사이의 거리를 랜덤하게 지정하면, 우주공간을 표현할 수 있습니다.

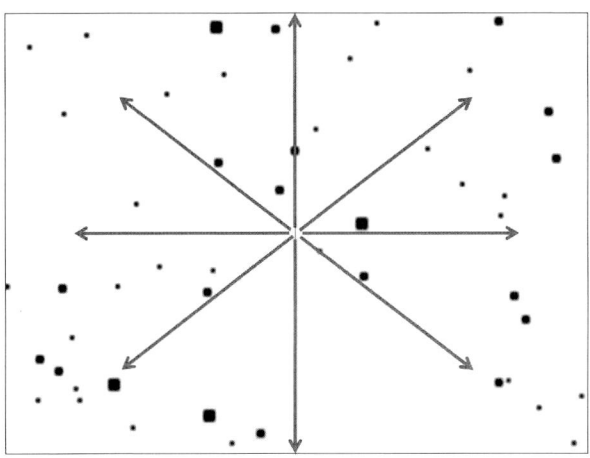

[그림 6.14] 〈우주여행〉의 원리

다음으로 [그림 6.14]처럼 시간의 흐름에 따라 중심점과 각 별 사이의 거리를 일정하게 증가시키면 우주선을 타고 우주공간을 날아가는 것과 같은 느낌을 구현할 수 있습니다. 이때, 고려해야 할 사항으로 운동시차가 있습니다. 운동시차란 무엇일까요? 운동시차의 사전적 의미를 살펴보면 다음과 같습니다.

> **운동시차(運動視差)**
> 〈물리〉 탈것을 타고 달리며 밖을 바라볼 때에, 멀리 있는 것은 그대로 있고 가까이 있는 것만 빠르게 뒤로 움직이는 것처럼 느껴지는 현상.

즉, 간단히 말해 기차나 자동차를 타고 이동할 때, 멀리 있는 산보다 가까이 있는 가로수가 더 많이 이동하는 것처럼 느껴지는 현상입니다.

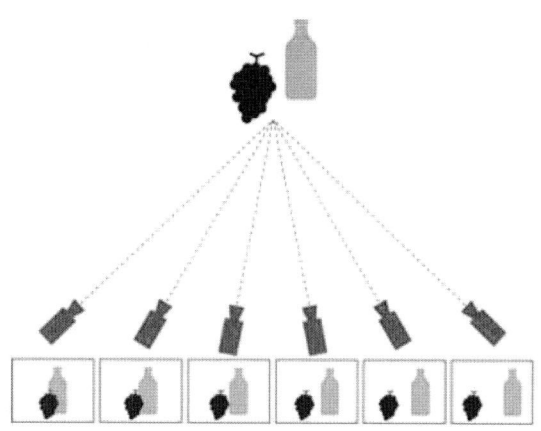

[그림 6.15] 운동시차

우리가 구현할 〈우주여행〉에서도 멀리 있는 별보다 가까이 있는 별이 더 빠르게 이동해야 합니다. 즉, 각 별은 중심점에서 멀어질수록 빠르게 이동해야 합니다. 또한 각 별의 크기도 증가해야 합니다. 또한 각 별이 화면의 가장자리까지 이동하면, 다시 원위치로 돌아와야 합니다.

지금까지 살펴본 과정을 간단히 정리하면 다음과 같습니다.

① 중심점을 기준으로 수많은 별을 원형으로 배치. 각 별의 반지름은 랜덤하게 설정
② 시간의 흐름에 따라 각 별은 중심점으로부터 바깥쪽으로 이동
③ 중심점과 별의 거리가 멀어질수록 이동 속도와 크기가 증가
④ 화면의 가장자리에 도달할 경우, 다시 원위치로 이동
⑤ 반복

그림 구현해봅시다!

먼저 새 프로젝트를 열고 'SpaceOdyssey'라는 프로젝트를 생성하고, Form1.cs의 이름을 SpaceOdyssey.cs로 변경합니다.

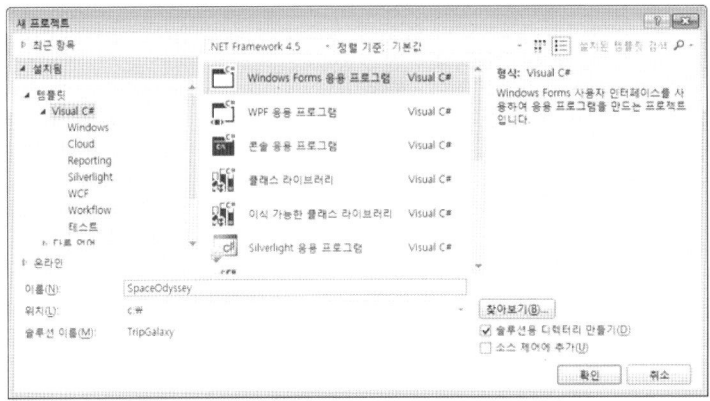

[그림 6.16] SpaceOdyssey 프로젝트 생성

다음으로 SpaceOdyssey.cs의 속성을 다음과 같이 입력합니다.

[표 6.14] SpaceOdyssey.cs의 속성

속성	내용
Name	frmSpaceOdyssey
BackColor	Black
FormBorderStyle	None
Size	640, 480
StartPosition	Manual
Text	우주여행

이제 우주 공간이 만들어졌습니다. 이곳은 별이 그려질 캔버스가 될 것입니다.

[그림 6.17] SpaceOdyssey 폼

출력될 별을 클래스로 만들겠습니다. 솔루션 탐색기의 프로젝트 위에서 마우스 오른쪽 버튼을 클릭한 후, [추가] – [새 항목]을 선택합니다. 이름은 Star.cs로 입력하고 추가를 누릅니다.

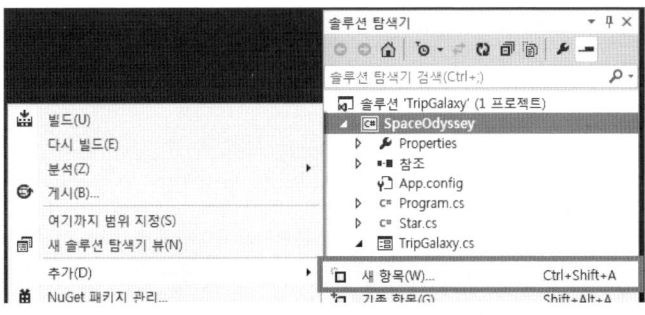

[그림 6.18] 새 항목 추가

추가된 Star.cs에 생성자를 추가합니다. 이때 생성자는 기본 생성자와 별을 그릴 캔버스의 Graphics 객체를 받아오기 위해, SpaceOdyssey 객체를 매개 변수로 받는 생성자, 이렇게 두 가지 형태를 추가합니다. 이때, 각 별 객체마다 부여할 인덱스도 매개 변수로 전달하도록 합니다.

::: 예제 6-9

```csharp
using System;
using System.Collections.Generic;
using System.Linq;
using System.Text;
using System.Threading.Tasks;
using System.Drawing;

namespace SpaceOdyssey
{
    class Star
    {
        public Star()
        { }

        public Star(SpaceOdyssey parents, int ind)
        {

        }
    }
}
```

생성자가 추가되었다면, 기본적인 클래스 기능을 설계합니다. 가장 먼저 별 객체를 초기화해야 합니다. 초기화 함수에서는 별이 그려질 최초 위치와 색상을 설정해야 합니다. 다음으로 별의 위치를 계산하여 이동하는 함수가 필요합니다. 이 함수는 별이 그려질 새로운 위치를 계산합니다. 계산된 위치에 별을 그리는 함수가 필요하며, 마지막으로 별이 화면의 가장자리에 도달하였을 경우, 원위치로 이동하기 위해 중심점부터 화면의 가장자리까지의 거리를 구하는 함수가 필요합니다.

결과적으로 필요한 함수를 정리하면 다음과 같습니다.

[표 6.15] Star 클래스의 함수

Star		
함수명	자료형	설명
Init	void	별이 그려질 최초 위치와 색상을 설정합니다
Move	void	이동한 별의 위치를 계산합니다
Draw	void	별을 그립니다
GetLongestDistance	int	중심점부터 화면의 가장자리까지의 거리를 구합니다

다음으로 클래스의 속성을 설계합니다. 가장 먼저 별을 그릴 캔버스의 Graphics 객체를 받아오기 위한 SpaceOdyssey 객체가 필요하고, 화면의 중심점과 별 간의 거리를 랜덤하게 설정할 랜덤 변수가 필요합니다.

다음으로 화면의 중심점의 위치를 저장할 변수와 중심점과의 거리를 저장할 변수가 필요합니다. 각 별의 색상도 랜덤하게 설정되므로 색상 정보를 저장할 변수도 필요합니다. 그리고 별을 중심점을 기준으로 원형으로 배치할 때 사용할 값을 저장할 변수가 필요하며, 마지막으로 별의 크기를 저장할 변수가 필요합니다.

결과적으로 필요한 상수를 정리하면 다음과 같습니다.

[표 6.16] Star 클래스의 변수

Star		
변수명	자료형	설명
frmMain	SpaceOdyssey	별이 그려질 메인 폼의 객체
rnd	Random	중심점으로부터의 거리와 색상을 랜덤하게 설정하기 위한 변수
color	Color	별의 색상이 저장될 변수
cx	int	화면의 중심점의 가로 좌표
cy	int	화면의 중심점의 세로 좌표
radius	int	중심점과 별의 거리
theta	double	중심점을 기준으로 원형으로 배치하기 위한 θ 값
size	float	별의 크기

그럼 먼저 변수를 추가하고 함수를 추가합시다.

::: 예제 6-10

```
... <코드 생략> ...
    class Star
    {
        SpaceOdyssey frmMain;
        Random rnd;
        Color color;
        int cx, cy, radius;
        double theta;
        float size;

        public Star()
        { }

        public Star(SpaceOdyssey parents, int ind)
        {

        }

        void Init()
        {

        }

        public void Move()
        {

        }

        void Draw()
        {

        }

        int GetLongestDistance()
```

```
            {
                    return 0;
            }
      }
}
```

추가를 마쳤다면, 함수의 기능을 구현합니다. 먼저 화면의 생성자를 통해 화면의 중심점을 구하고, 별의 위치와 색상을 초기화하는 Init( )를 호출합니다.

::: 예제 6-11

```
... <코드 생략> ...
        public Star(SpaceOdyssey parents, int ind)
        {
            frmMain = parents;

5:          cx = parents.Width / 2;
6:          cy = parents.Height / 2;

            Init();
        }
... <코드 생략> ...
```

눈여겨 볼 곳은 5행과 6행입니다. 생성자에서 매개 변수를 통해 넘겨받은 SpaceOdyssey 객체인 parent의 너비와 높이를 2로 나눔으로써 cx와 cy에 화면의 중심점을 저장합니다.

다음으로 별의 위치와 색상을 초기화하는 Init( )를 작성합니다.

::: 예제 6-12

```
... <코드 생략> ...
        void Init()
        {
            int degree;
```

```
5:          rnd = new Random();
6:          radius = rnd.Next(0, GetLongestDistance());
7:          color = Color.FromArgb(255, rnd.Next(0, 256), rnd.Next(0, 256), rnd.Next(0, 256));

9:          degree = rnd.Next(0, 360);
10:         theta = degree * Math.PI / 180;
        }
... <코드 생략> ...
```

5행에서 랜덤 변수를 초기화하고, 6행에서 이 랜덤 변수를 이용하여 중심점부터 별이 배치될 거리를 구합니다. 이때, 거리는 0부터 중심점과 화면의 가장 자리까지의 거리 사이에서 결정되어야 합니다. 다음으로 7행에서 랜덤 변수를 이용하여 별의 색상을 결정합니다. 마지막으로 9행과 10행에서는 중심점을 기준으로 원형으로 별을 배치할 때의 각도와 θ 값을 결정합니다.

별을 이동하는 Move( )를 작성합니다.

::: 예제 6-13

```
... <코드 생략> ...
        public void Move()
        {
3:          radius += 1;
            size = 1;

6:          Draw();

8:          if (radius > GetLongestDistance())
            {
                radius = rnd.Next(0, GetLongestDistance());
            }
        }
... <코드 생략> ...
```

3행에서 Move( )를 호출할 때마다 중심점과 별의 거리를 증가시킴으로써 별이 가장자리로 이동하도록 합니다. 6행에서 Draw( )를 호출하여 별을 그리며, 마지막으로 별이 화면의 가장자리로 이동하였을 때, 다시 원위치로 이동하도록 합니다.

다음으로 별을 그리는 함수인 Draw( )를 작성합니다.

::: 예제 6-14

```
... <코드 생략> ...
        void Draw()
        {
            double x, y;

5:          x = cx + radius * Math.Cos(theta);
6:          y = cy + radius * Math.Sin(theta);

            frmMain.g.FillEllipse(new SolidBrush(color)
                        , (float)x - size / 2, (float)y - size / 2, (float)size, (float)size);
        }
... <코드 생략> ...
```

5행과 6행에서 중심점과 중심점부터 별까지의 거리, 그리고 값을 이용하여 별을 그릴 좌표를 구한 후, 8행을 통해 별을 그립니다.

마지막으로 앞서 구현한 함수에서 중심점부터 화면의 가장자리까지의 거리를 구하는 함수인 GetLongestDistance( )를 구현합시다. 이때, 구해야 하는 거리는 다음과 같습니다.

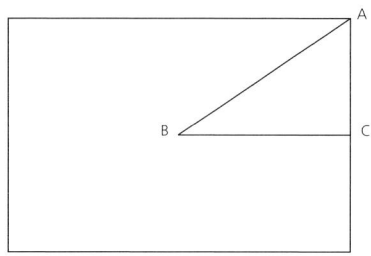

[그림 6.19] 중심점에서 가장자리까지의 거리

선분 B-C는 화면의 너비를 절반으로 나눈 것과 같으므로 중심점인 cy와 같은 값을 지니게 됩니다. 하지만 이것은 화면 내에서 가장 긴 거리가 아닙니다. 그 이유를 다음과 같습니다. 만약 [예제 6-13]의 8행의 GetLongestDistance( )에서 cy의 값을 리턴할 경우, 대각선인 꼭짓점 A의 방향으로 이동하는 별은 꼭짓점 A 점이 도달하기 전에 원위치 됩니다. 즉, 화면의 가장자리까지 이동하기도 전에 원위치 되는 것입니다. 때문에, 최대 거리로 구해야 할 값은 선분 A-B의 길이입니다.

그럼 선분 A-B의 길이는 어떻게 구해야 할까요? 혹시 '피타고라스의 정리'를 아시나요? 피타고라스의 정리를 이용하면 선분 A-C와 선분 B-C를 이용하여 선분 A-B의 길이를 구할 수 있습니다. 다시 말해, 선분 A-C와 선분 B-C는 각각 중심점의 세로와 가로 좌표인 cy, cx와 같은 값을 지니므로, 이를 이용하여 구할 수 있습니다. 그럼 잠시 피타고라스의 정리에 대해 짚고 넘어가겠습니다.

 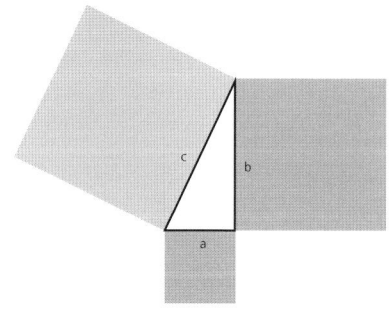

[그림 6.20] 고대 그리스의 수학자 피타고라스(좌)와 피타고라스의 정리(우)

피타고라스의 정리는 다음과 같습니다.

> 임의의 직각삼각형에서 빗변을 한 변으로 하는 정사각형의 넓이는 다른 두 변을 각각 한 변으로 하는 정사각형의 넓이의 합과 같다.

즉, 식으로 표현하면 다음과 같이 정리할 수 있습니다.

$$a^2 + b^2 = c^2$$

이 식을 c에 대하여 정리하면 다음과 같이 정리할 수 있으며, 이것은 직각삼각형의 두 밑변의 길이를 알면 그로부터 나머지 한 변의 길이를 계산할 수 있음을 의미합니다.

$$c = \sqrt{a^2 + b^2}$$

우리는 바로 이 식을 이용하여 구현할 것입니다. 이 식을 코드로 작성하면 $\sqrt{}$를 의미하는 Math.Sqrt( )와 제곱을 의미하는 Math.Pow( )를 이용하여 작성할 수 있습니다.

Math.Sqrt(Math.Pow(cx, 2) + Math.Pow(cy, 2));

그럼 작성된 코드를 이용하여 GetLongestDistance( )를 작성하겠습니다.

::: 예제 6-15

```
... <코드 생략> ...
    int GetLongestDistance()
    {
        return (int)(Math.Sqrt(Math.Pow(cx, 2) + Math.Pow(cy, 2)));
    }
... <코드 생략> ...
```

마지막으로 GetLongestDistance( )의 자료형이 정수형이므로, (int)를 붙여 형 변환을 합니다.

지금까지 완성된 Star 클래스의 코드는 다음과 같습니다.

::: 예제 6-16

```
using System;
using System.Collections.Generic;
using System.Linq;
using System.Text;
using System.Threading.Tasks;
using System.Drawing;

namespace SpaceOdyssey
{
    class Star
    {
        SpaceOdyssey frmMain;
        Random rnd;
        Color color;
        int cx, cy, radius;
        double theta;
        float size;

        public Star()
        { }

        public Star(SpaceOdyssey parents, int ind)
        {
            frmMain = parents;

            cx = parents.Width / 2;
            cy = parents.Height / 2;

            Init();
        }

        void Init()
        {
            int degree;
```

```csharp
            rnd = new Random();
            radius = rnd.Next(0, GetLongestDistance());
                color = Color.FromArgb(255, rnd.Next(0, 256), rnd.Next(0, 256), rnd.Next(0, 256));

            degree = rnd.Next(0, 360);
            theta = degree * Math.PI / 180;
        }

        public void Move()
        {
            radius += 1;

            Draw();

            if (radius > GetLongestDistance())
            {
                radius = rnd.Next(0, GetLongestDistance());
            }
        }

        void Draw()
        {
            double x, y;

            x = cx + radius * Math.Cos(theta);
            y = cy + radius * Math.Sin(theta);

            frmMain.g.FillEllipse(new SolidBrush(color)
                        , (float)x - size / 2, (float)y - size / 2, (float)size, (float)size);
        }

        int GetLongestDistance()
        {
            return (int)(Math.Sqrt(Math.Pow(cx, 2) + Math.Pow(cy, 2)));
        }
    }
}
```

다음으로 메인 폼인 SpaceOdyssey 클래스를 작성합니다. 이곳에 타이머를 하나 추가하고 속성을 다음과 같이 설정합니다.

[표 6.17] 타이머의 속성

속성	내용
Name	timUpdate
Interval	100

다음으로 필요한 변수와 함수를 선언합니다. 필요한 변수는 Star의 객체 배열과 그래픽 객체 g, 그리고 별의 개수를 정의할 변수입니다. 별은 총 50개를 출력하도록 하겠습니다.

::: 예제 6-17

```
... <코드 생략> ...
    public partial class SpaceOdyssey : Form
    {
      Star[] stars;
      public Graphics g;
      public int countStar = 50;

        public SpaceOdyssey()
        {
            InitializeComponent();

11:         Init();

13:         timUpdate.Start();
        }

16:   void Init()
      {
            g = this.CreateGraphics();
            stars = new Star[countStar];

            for (int n = 0; n < stars.Length; n++)
            {
```

```
                stars[n] = new Star(this, n);
            }
        }

27:     private void timUpdate_Tick(object sender, EventArgs e)
        {
            for (int n = 0; n < stars.Length; n++)
            {
                stars[n].Move();
            }
        }
    }
... <코드 생략> ...
```

16행의 Init( )에서 그래픽 객체 g와 Star 객체 배열을 초기화한 뒤, 반복문을 통해 별을 생성합니다. 다음으로 27행의 timUpdate_Tick 이벤트에서 모든 Star 객체 배열의 Move 함수를 호출함으로써 이동시킵니다. 마지막으로 11행과 13행에서 생성자 내에 Init( )를 호출하고, timUpdate를 실행합니다.

실행 결과를 살펴봅시다.

::: 실행 결과

뭔가 결과가 이상합니다. 출력된 별이 단 한 개밖에 없습니다. 이유가 무엇일까요? 이유는 랜덤 변수의 시드(seed) 값에 있습니다. 우리는 앞서 [예제 6-12]에서 랜덤 변수인 rnd를 선언할 때, 시드 값을 주지 않았습니다. 따라서 모든 별이 동일한 난수를 생성하였으므로, 동일한 위치에 출력되는 것입니다. Star 클래스를 다음과 같이 수정해 봅시다.

::: 예제 6-18

```
... <코드 생략> ...
    public Star(SpaceOdyssey parents, int ind)
    {
        frmMain = parents;

        cx = parents.Width / 2;
        cy = parents.Height / 2;

        Init(ind);
    }

    void Init(int ind)
    {
        int degree;

        rnd = new Random(ind);
        radius = rnd.Next(0, GetLongestDistance());
        color = Color.FromArgb(255, rnd.Next(0, 256), rnd.Next(0, 256), rnd.Next(0, 256));

        degree = (360 / frmMain.countStar) * ind;
        theta = degree * Math.PI / 180;
    }
... <코드 생략> ...
```

앞서 생성자에서 매개 변수로 받았던 별의 인덱스를 시드 값으로 전달하여, 각기 다른 난수가 발생하도록 하였습니다. 또한 중심점을 기준으로 별의 위치하는 각도도 서로 겹치지 않고 균등하게 배치되도록 하기 위해, 360°를 별의 총 개수로 나눈 뒤, 각 별의 인덱스를 곱하였습니다.

수정을 마친 후, 실행하면 다음과 같은 실행 결과가 출력됩니다.

::: 실행 결과

아직 결과가 마음에 들지 않습니다. 잔상이 남기 때문입니다. 잔상을 없애기 위해, 코드를 다음과 같이 수정합니다.

::: 예제 6-19

```
... <코드 생략> ...
    public void Move()
    {
        Draw(new SolidBrush(Color.Black));

        radius += 1;
        size = 1;

        Draw(new SolidBrush(color));

        if (radius > GetLongestDistance())
        {
            radius = rnd.Next(0, GetLongestDistance());
        }
    }
```

```
void Draw(SolidBrush brush)
{
    double x, y;

    x = cx + radius * Math.Cos(theta);
    y = cy + radius * Math.Sin(theta);

    frmMain.g.FillEllipse(brush, (float)x - size / 2
                        , (float)y - size / 2, (float)size, (float)size);
}
... <코드 생략> ...
```

Draw( )에 매개 변수로 색상 값을 전달하도록 하였으며, 중심점에서 별까지의 거리가 증가하기 전에 검은색으로 별을 그리도록 함으로써, 이전에 출력된 별을 지우게 됩니다.

실행하면 다음과 같은 결과를 볼 수 있습니다.

::: 실행 결과

별이 출력되긴 했지만, 우주공간을 날아가는 듯한 느낌은 들지 않습니다. 바로 이전에 설명하였던 운동시차를 간과한 탓인데요. 운동시차를 느낄 수 있도록 코드를 수정하겠습니다. 또한, 별이 가까이 접근할 경우, 크기도 증가하도록 하겠습니다.

::: 예제 6-20

```
... <코드 생략> ...
        public void Move()
        {
            Draw(new SolidBrush(Color.Black));

5:          radius += 1 + (radius / 10);
6:          size = 1 + (radius / 50);

            Draw(new SolidBrush(color));

            if (radius > GetLongestDistance())
            {
                radius = rnd.Next(0, GetLongestDistance());
            }
        }
... <코드 생략> ...
```

5행과 6행을 보면, 중심점으로부터 별이 멀어진 값을 각각 10과 50으로 나눈 뒤, 증가하는 수치에 합산함으로써, 별이 가까이 접근할수록 빠르게 이동하고, 크기가 크게 보이도록 하였습니다.

실행결과는 다음과 같습니다.

::: 실행 결과

어떻습니까? 우주공간을 날아가는 느낌이 느껴지십니까? 이로써 근사한 〈우주여행〉이 완성되었습니다.

다시 한 번 전체 코드를 정리하면 다음과 같습니다.

::: 예제 6-21 – SpaceOdyssey.cs

```csharp
using System;
using System.Collections.Generic;
using System.ComponentModel;
using System.Data;
using System.Drawing;
using System.Linq;
using System.Text;
using System.Threading.Tasks;
using System.Windows.Forms;

namespace SpaceOdyssey
{
    public partial class SpaceOdyssey : Form
    {
        Star[] stars;
        public Graphics g;
        public int countStar = 50;

        public SpaceOdyssey()
        {
            InitializeComponent();

            Init();

            timUpdate.Start();
        }

        void Init()
        {
            g = this.CreateGraphics();
            stars = new Star[countStar];
```

```csharp
            for (int n = 0; n < stars.Length; n++)
            {
                stars[n] = new Star(this, n);
            }
        }

        private void timUpdate_Tick(object sender, EventArgs e)
        {
            for (int n = 0; n < stars.Length; n++)
            {
                stars[n].Move();
            }
        }
    }
}
```

::: 예제 6-22 – Star.cs

```csharp
using System;
using System.Collections.Generic;
using System.Linq;
using System.Text;
using System.Threading.Tasks;
using System.Drawing;

namespace SpaceOdyssey
{
    class Star
    {
        SpaceOdyssey frmMain;
        Random rnd;
        Color color;
        int cx, cy, radius;
        double theta;
        float size;
```

```csharp
        public Star()
        { }

        public Star(SpaceOdyssey parents, int ind)
        {
            frmMain = parents;

            cx = parents.Width / 2;
            cy = parents.Height / 2;

            Init(ind);
        }

        void Init(int ind)
        {
            int degree;

            rnd = new Random(ind);
            radius = rnd.Next(0, GetLongestDistance());
                color = Color.FromArgb(255, rnd.Next(0, 256), rnd.Next(0, 256), rnd.Next(0, 256));

            degree = (360 / frmMain.countStar) * ind;
            theta = degree * Math.PI / 180;
        }

        public void Move()
        {
            Draw(new SolidBrush(Color.Black));

            radius += 1 + (radius / 10);
            size = 1 + (radius / 50);

            Draw(new SolidBrush(color));

            if (radius > GetLongestDistance())
            {
                radius = rnd.Next(0, GetLongestDistance());
            }
```

```
            }

            void Draw(SolidBrush brush)
            {
                double x, y;

                x = cx + radius * Math.Cos(theta);
                y = cy + radius * Math.Sin(theta);

                frmMain.g.FillEllipse(brush, (float)x - size / 2
                                    , (float)y - size / 2, (float)size, (float)size);
            }

            int GetLongestDistance()
            {
                return (int)(Math.Sqrt(Math.Pow(cx, 2) + Math.Pow(cy, 2)));
            }
        }
    }
```

6.5.6 DrawImage

이번 절에서는 저장된 이미지를 불러와 출력하겠습니다. DrawImage( )라는 함수를 사용하는데, 사용법은 다음과 같습니다.

[표 6.18] DrawImage의 사용법

DrawImage(bitmap, x, y, width, height);	
bitmap	이미지 정보를 불러올 Bitmap 객체입니다
x, y	출력되는 이미지의 좌측 상단 꼭지점입니다
width	출력되는 이미지의 가로 너비입니다
height	출력되는 이미지의 세로 높이입니다

우리가 작성할 예제는 [라이브러리] – [사진] – [사진 샘플]에 저장되어 있는 이미지를 슬라이드 쇼의 형식으로 일정 시간마다 바꿔가며 출력하는 프로그램입니다.

먼저 'SlideShow'라는 이름으로 [Windows Forms 응용 프로그램] 형식의 새 프로젝트를 생성하고, 폼의 각 속성을 다음과 같이 입력합니다.

[표 6.18] Form1.cs의 속성

속성	내용
Name	SlideShow
BackColor	Black
FormBorderStyle	None
Size	800, 600
StartPosition	CenterScreen
Text	슬라이드쇼

다음으로 타이머를 하나 추가하고 속성을 다음과 같이 입력합니다.

[표 6.19] 타이머의 속성

속성	내용
Name	timUpdate
Interval	3000

마지막으로 코드 편집 창으로 이동하여 다음과 같이 코드를 작성합니다.

::: 예제 6-23

```
using System;
using System.Collections.Generic;
using System.ComponentModel;
```

```
using System.Data;
using System.Drawing;
using System.Linq;
using System.Text;
using System.Threading.Tasks;
using System.Windows.Forms;
using System.IO;

namespace SlideShow
{
    public partial class SlideShow : Form
    {
        Graphics graphics;
17:     string[] imgFiles = Directory.GetFiles("C:\\Users\\Public\\Pictures\\Sample Pictures", "*.jpg");
        int index = 0;

        public SlideShow()
        {
            InitializeComponent();

            graphics = this.CreateGraphics();

            timUpdate.Start();
        }

        private void timUpdate_Tick(object sender, EventArgs e)
        {
29:         Bitmap bitmap = new Bitmap(imgFiles[index]);
30:         double imgHeight = (bitmap.Width * this.Height) / this.Width;
31:         graphics.DrawImage(bitmap, 0, 0, this.Width, (int)imgHeight);
32:         index++;

34:         if (index >= imgFiles.Length)
                index = 0;
        }
    }
}
```

폴더 내의 이미지 파일의 경로를 문자열 배열에 가져오기 위해, System.IO 네임스페이스 내의 함수를 사용해야 합니다. 그러므로 System.IO 네임스페이스를 삽입했습니다. 이를 이용하여 17행에서 [라이브러리] – [사진] – [사진 샘플]에 저장된 이미지 파일의 경로를 문자열 배열에 받습니다.

29행에서 이미지 파일을 출력하기 위한 Bitmap 객체를 선언함과 동시에 문자열 배열을 통해 출력할 이미지를 불러옵니다. 30행에서는 출력할 이미지의 높이를 현재 폼에 맞게 조정하기 위해 간단한 비례식을 구성하여 계산합니다. 이때, 폼의 너비가 기준이 되며, 계산 식은 다음과 같습니다.

$$\text{폼의 너비} : \text{폼의 높이} = \text{이미지의 너비} : \text{이미지의 높이}(x)$$

$$\text{이미지의 높이}(x) = \frac{\text{이미지의 너비} \times \text{폼의 높이}}{\text{폼의 너비}}$$

다음으로 31행에서 이미지를 출력하며, 32행에서 문자열 배열의 인덱스 값을 증가시킴으로써, 이미지가 중복되지 않고 차례대로 출력되도록 합니다.

마지막으로 34행에서는 인덱스 값을 통하여 마지막 이미지가 출력되었을 경우, 처음으로 돌아가도록 합니다.

실행 결과는 다음과 같습니다.

::: 실행 결과

6.5.7 DrawString

이번 장에서는 문자를 출력합니다. 문자를 출력하는 메소드는 DrawString( )으로서 사용 방법은 다음과 같습니다.

[표 6.20] DrawString의 사용법

DrawString(string, font, brush, x, y);	
string	출력할 문자 또는 문자열입니다
font	출력할 문자의 글꼴입니다
brush	문자를 출력할 시 사용할 Brush 객체입니다
x, y	문자를 출력할 x, y 좌표입니다

여러분은 2장에서 처음 C#을 접할 때, 작성했던 'Hello, World!'를 기억하십니까? 그땐, 출력문을 이용하여 구현했지만, 이번에는 DrawString( )을 이용하여 구현하겠습니다. 단순히 문자열만 출력하는 것은 재미가 없으니, 몇 가지 효과를 추가해 보겠습니다. 간단한 물리 법칙을 적용해서 바닥에 튀기는 효과를 만들어 봅시다.

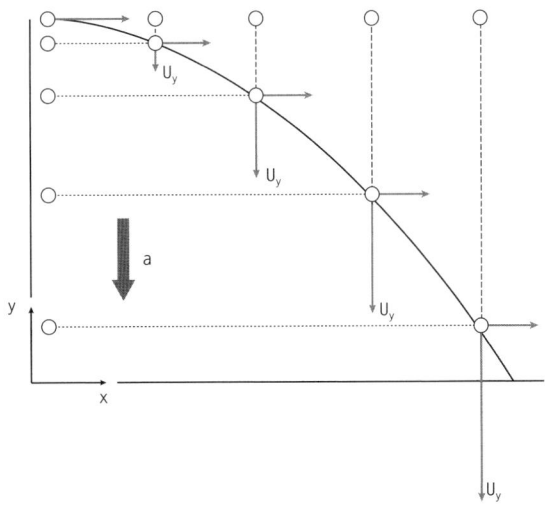

[그림 6.21] 중력 가속도에 의한 물체의 낙하

먼저 'HelloWorld'라는 이름으로 [Windows Forms 응용 프로그램] 형식의 새 프로젝트를 생성하고, Form1.cs의 이름을 HelloWorld.cs로 변경한 후, 속성을 다음과 같이 입력합니다.

[표 6.21] HelloWorld.cs의 속성

속성	내용
Name	HelloWorld
BackColor	White
FormBorderStyle	None
Size	200, 600
StartPosition	CenterScreen
Text	Hello! World!

다음으로 타이머를 하나 추가하고 속성을 다음과 같이 입력합니다.

[표 6.22] 타이머의 속성

속성	내용
Name	timUpdate
Interval	1

다음으로 코드 편집 창을 열고 다음과 같이 작성합니다.

::: 예제 6-24

```
using System;
using System.Collections.Generic;
using System.ComponentModel;
using System.Data;
using System.Drawing;
using System.Text;
```

```csharp
using System.Windows.Forms;

namespace HelloWorld
{
    public partial class HelloWorld : Form
    {
        private const int fontSize = 15;
        private double x = 0, y = 0;
        private double acc = 0;    // 낙하 가속도(acceleration)

        public HelloWorld()
        {
            InitializeComponent();

            timUpdate.Start();
        }

        private void timUpdate_Tick(object sender, EventArgs e)
        {
            ReDraw();
```
```
28:         y += acc;         // 가속도 + 현재 위치
29:         x += 1;

31:         if (y > this.Height - fontSize)     // 문자열이 바닥에 닿은 경우
            {
33:             acc *= -1;   // 운동 방향 전환
34:             acc *= 0.8; // 가속도 80%로 감소

36:             if (Math.Abs(acc) < 1)
                    timUpdate.Stop();
            }
            else
            {
41:             acc += 0.2; // 가속도 증가
            }
        }

        private void ReDraw()
```

```
        {
            Graphics graphics = CreateGraphics();

            graphics.Clear(Color.Black);
            graphics.DrawString("Hello! World!", new Font("Times New Roman", fontSize)
                , new SolidBrush(Color.White), (float)x, (float)y);
        }
    }
}
```

기본적인 운동 방향은 우측 하단입니다. 낙하를 위해 28행에서 y 좌표에 가속도 acc를 더해 주면서, 29행에서 x 좌표를 증가시킵니다. 31행에서 문자열이 바닥에 닿았는지를 확인하여, 바닥에 닿았을 경우 튀기는 효과를 구현하기 위해, 33행과 34행에서 가속도를 80%로 감소시키고, 운동 방향을 반대로 바꿉니다. 36행에서는 가속도의 절댓값이 1 미만일 경우, 운동을 멈춥니다.

마지막으로 41행에서 문자열이 바닥에 닿지 않은 경우, 가속도를 증가시킴으로써 시간이 흐름에 따라 낙하 속도가 증가하도록 합니다.

실행결과는 다음과 같습니다.

::: 실행 결과

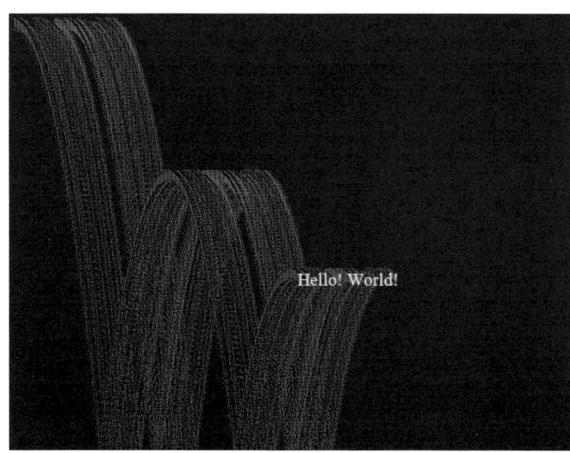

6.6 아날로그 시계 만들기

이번 장에서는 지금까지 배운 함수를 이용하여 아날로그 시계를 만들어 봅시다. 얼핏 보기에는 어려울 것 같지만, 앞에서 다룬 예제로 구현할 수 있으므로, 어렵지 않습니다.

먼저 아날로그 시계를 만들기 위해 어떻게 구성되는지 살펴볼 필요가 있는데요. 여러분도 아시다시피 아날로그 시계는 시간과 분을 나타내는 밑판과 초침, 분침, 시침으로 구성된 바늘로 구성되어 있습니다.

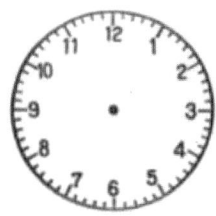 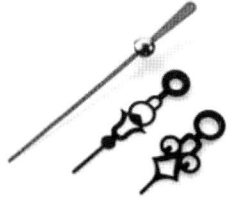

[그림 6.22] 아날로그 시계의 구성

그럼 개발을 시작해봅시다. 가장 먼저 'AnalogClock'이라는 이름으로 [Windows Forms 응용 프로그램] 형식의 새 프로젝트를 생성하고, Form1.cs의 이름을 frmMain.cs로 변경합니다. 폼의 각 속성을 다음과 같이 입력합니다.

[표 6.23] frmMain.cs의 속성

속성	내용
Name	frmMain
BackColor	Black
FormBorderStyle	None
Size	640, 640
Text	아날로그시계

다음으로 밑판과 바늘 클래스를 구성하겠습니다. 총 두 개의 클래스를 추가할 텐데요. 솔루션 탐색기의 프로젝트 위에서 마우스 오른쪽 버튼을 클릭한 후, [추가] - [새 항목]을 선택합니다. 이름은 각각 Board.cs와 Pins.cs로 입력합니다.

먼저 밑판부터 구성하겠습니다. 앞서 6. 5. 4절에서 DrawEclipse( )를 배울 때, 열두 개의 원을 시계처럼 배치했던 것을 기억합니까?

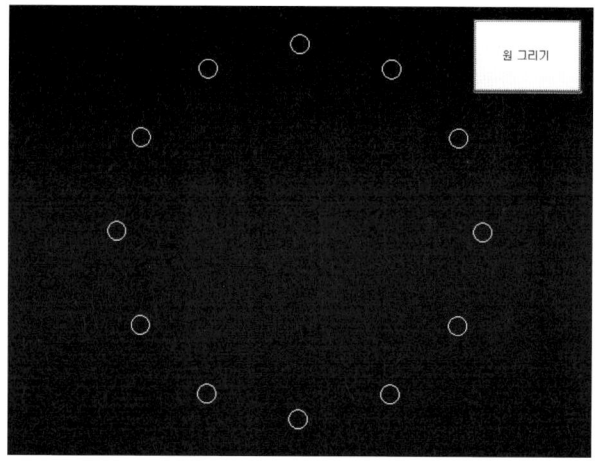

[그림 6.23] 6. 5. 4절의 실행 화면

시계의 밑판 구성은 6. 5. 4절의 실행 화면과 동일하게 구성할 것입니다. 먼저 Board 클래스에 생성자를 추가합니다. 이때 생성자는 기본 생성자와 frmMain 객체를 매개 변수로 받는 생성자, 이렇게 두 가지 형태를 추가합니다. 생성자 추가를 마친 후, 밑판을 그릴 함수인 DrawBoard( )를 추가합니다.

다음으로 frmMain의 객체를 받아오기 위한 객체를 선언하고, 생성자에서 매개 변수를 통해 전달받습니다.

::: 예제 6-25

```
using System;
using System.Collections.Generic;
```

```
    using System.Linq;
    using System.Text;
    using System.Drawing;

    namespace AnalogClock
    {
        class Board
        {
11:         frmMain frmMain;

            public Board()
            { }

            public Board(frmMain parent)
            {
18:             frmMain = parent;
            }

            public void DrawBoard()
            {

            }
        }
    }
```

먼저 밑판을 출력하기 위해, Drawing 클래스를 추가하였습니다. 다음으로 11행에서 밑판을 출력하기 위해 frmMain 객체를 선언하였으며, 18행에서 생성자의 매개 변수를 통해 frmMain 객체를 전달받았습니다.

다음으로 6. 5. 4절의 [예제 6-7]을 참고하여 DrawBoard( )를 완성합니다.

::: 예제 6-26

```
... <코드 생략> ...
        public void DrawBoard()
        {
```

```
            Pen pen = new Pen(Color.White);
            double x, y, theta, radius;
            int centerX = frmMain.Width / 2;
            int centerY = frmMain.Height / 2;

            for (int n = 0; n < 12; n++)
            {
                theta = (n * 30) * (Math.PI / 180);

                x = centerX  + (centerX  - 40) * Math.Cos(theta);
                y = centerY + (centerY - 40) * Math.Sin(theta);

                frmMain.g.DrawEllipse(pen, (float)x - 10, (float)y - 10, (float)20, (float)20);
            }
        }
... <코드 생략> ...
```

지금까지 작성된 코드의 실행 결과를 확인합시다. 그러기 위해서 먼저 frmMain.cs를 작성해야 할 것입니다. frmMain.cs를 다음과 같이 작성합니다.

::: 예제 6-27

```
... <코드 생략> ...
    public partial class frmMain : Form
    {
        public Graphics g;
        Board board;

        public frmMain()
        {
            InitializeComponent();

            Init();
        }

        private void Init()
```

```
            {
                g = this.CreateGraphics();

                board = new Board(this);
            }
        }
... <코드 생략> ...
```

다음으로 메인 폼이 그려질 때마다 밑판의 DrawBoard( )를 호출해야 합니다. frmMain.cs의 디자인 창으로 나간 뒤, 속성 창에서 Paint 이벤트를 추가합니다.

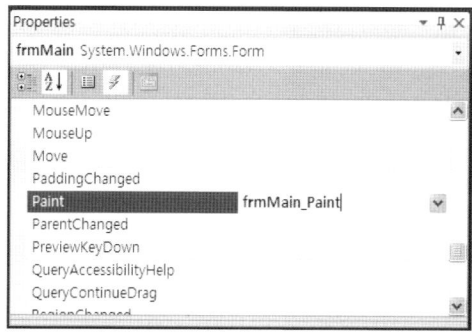

[그림 6.24] Paint 이벤트 추가

Paint 이벤트는 폼이 다른 창에 가려졌다가 다시 선택되거나, 다시 그려져야 할 때 실행되는 이벤트입니다. 마우스로 빈칸을 더블 클릭하여 이벤트를 추가합니다. 추가된 이벤트에 다음과 같이 코드를 작성합니다.

::: 예제 6-28

```
... <코드 생략> ...
    public partial class frmMain : Form
    {
    ... <코드 생략> ...
        private void frmMain_Paint(object sender, PaintEventArgs e)
        {
```

```
                board.DrawBoard();
            }
    }
... <코드 생략> ...
```

실행하면 다음과 같은 실행 결과가 출력됩니다.

::: 실행 결과

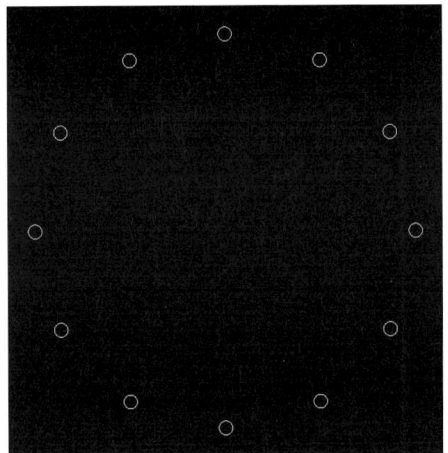

이제 밑판을 만들었으니 바늘을 만들어야겠죠? 우리는 앞서 이미 Pins.cs라는 클래스를 생성하였습니다. 이곳에 시침, 분침, 그리고 초침을 출력하는 코드를 모두 작성할 것입니다. 그럼 Pins.cs로 이동한 후, [예제 6-25]를 참고하여 기본적인 생성자를 추가합니다.

::: 예제 6-29

```
using System;
using System.Collections.Generic;
using System.Linq;
using System.Text;
using System.Drawing;

namespace AnalogClock
```

```
{
    class Pins
    {
        frmMain frmMain;

        public Pins()
        { }

        public Pins(frmMain parent)
        {
            frmMain = parent;
        }
    }
}
```

여기까지 작성하였다면 과연 어떤 함수들이 필요한지 가만히 생각해 봅시다. 먼저 시간에 맞춰 시곗바늘을 출력해야 하므로, 시간을 구하는 함수가 필요할 것입니다. 다음으로 얻어진 시간을 토대로 각각의 시곗바늘을 출력하는 함수가 필요할 것입니다. 그리고 마지막으로 메인 폼의 입장에서 이 함수들을 한꺼번에 실행해주는 함수가 있으면 좋을 것 같군요.

정리하면 다음과 같습니다.

[표 6.24] Pins 클래스의 함수

Pins		
함수명	자료형	설명
GetTimes	void	현재 시간을 구합니다
DrawPins	void	시침, 분침, 초침을 출력합니다
Refrash	void	GetTimes 함수로 시간을 구한 후, DrawPins 함수로 바늘을 출력합니다

그럼 하나씩 추가해봅시다. 단, DrawPins( )는 일단 비워둡시다.

::: 예제 6-30

```
... <코드 생략> ...
    class Pins
    {
    ... <코드 생략> ...

        public void Refrash()
        {
            int hour = 0, minute = 0, second = 0;

            GetTime(ref hour, ref minute, ref second);
            DrawPins(hour, minute, second);
        }

        private void GetTime(ref int hour, ref int minute, ref int second)
        {
            hour = DateTime.Now.Hour;
            minute = DateTime.Now.Minute;
            second = DateTime.Now.Second;
        }

        private void DrawPins(int hour, int minute, int second)
        {

        }
    }
... <코드 생략> ...
```

Pins.cs 클래스의 기본 형태가 갖추어졌습니다. 다음으로 실제 시곗바늘을 그리는 함수를 구현해야 하는데요. Refrash( )로부터 넘겨받은 시, 분, 초 값을 이용하여 시곗바늘을 그리도록 합니다. 모든 시곗바늘은 메인 폼의 중심점에서 시작하여 시간이 지남에 따라 끝점을 이동시키며 시간을 나타내게 됩니다. 때문에 DrawPins( )를 구현할 때, 현재 시각에 적합한 끝점만 구하면 되는 것입니다.

먼저 간단하게 구현할 수 있는 분침부터 시작합니다. 분침은 그저 전달받은 분 값을 이용하여 출력하면 되기 때문에, 다음과 같이 간단하게 구현할 수 있습니다. 이때, 분침은 60분을 넘어갈 수 없고, 60분의 시간 동안 원을 한 바퀴 돌아야 하므로, 분 값에 6을 곱해야 합니다. 즉, 쉽게 예를 들면, 가령 15분을 출력한다고 칠 때, 15분은 12시 지점부터 90° 이동한 위치에 있습니다.

$$15 \times x = 90$$
$$x = \frac{90}{15}$$
$$x = 6$$

때문에, 15라는 수를 이용하여 90이라는 값을 얻기 위해서는 위의 식과 마찬가지로 6을 곱해야 합니다. 그러므로 프로그램 코드 상에서 분 값에 6을 곱하는 것입니다.

::: 예제 6-31

```
... <코드 생략> ...
    class Pins
    {
... <코드 생략> ...
    private void DrawPins(int hour, int minute, int second)
    {
        double x, y, theta;
        int centerX = frmMain.Width / 2;
        int centerY = frmMain.Height / 2;

        theta = (minute * 6) * (Math.PI / 180);

        x = centerX + (centerX - 40) * Math.Cos(theta);
        y = centerY + (centerY - 40) * Math.Sin(theta);

        frmMain.g.DrawLine(new Pen(Color.Red), centerX, centerY, (float)x, (float)y);
    }
    }
... <코드 생략> ...
```

결과를 확인하기 위해, 잠시 메인 폼으로 돌아갑시다. frmMain.cs를 열고 Timer 컨트롤을 추가한 후, 속성을 다음과 같이 설정합니다. 적어도 1초에 한 번씩 시곗바늘을 움직여야 하므로, Interval 속성은 1000으로 설정합니다.

[표 6.25] Timer 컨트롤의 속성

속성	내용
Name	timUpdate
Enabled	False
Interval	1000

다음으로 Tick 이벤트를 추가하고, 다음과 같은 코드를 추가합니다.

::: 예제 6-32

```
... <코드 생략> ...
    public partial class frmMain : Form
    {
        ... <코드 생략> ...
        Pins pins;

        private void Init()
        {
            g = this.CreateGraphics();

            pins = new Pins(this);
            board = new Board(this);
        }

        ... <코드 생략> ...
        private void timUpdate_Tick(object sender, EventArgs e)
        {
            this.Refresh();
        }
```

```
            private void frmMain_Paint(object sender, PaintEventArgs e)
            {
                pins.Refrash();
                board.DrawBoard();
            }
    }
... <코드 생략> ...
```

Tick 이벤트를 통해 1000μs(=1초)마다 메인 폼을 다시 그려주게 됩니다. 이때마다 자동으로 Paint 이벤트가 실행되고, 이 때문에 Pins.cs 클래스의 Refrash( )와 Board.cs 클래스의 DrawBoard( )가 실행됨으로써 시곗바늘과 밑판이 다시 그려지게 될 것입니다.

그럼 실제 실행 화면을 확인하겠습니다.

::: 실행 결과

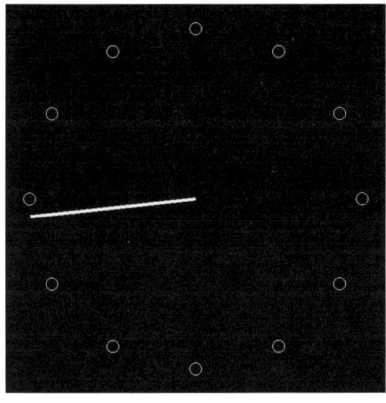

분침이 출력되는 것을 볼 수 있습니다. 하지만 뭔가 이상한 점이 있습니다. 바로 현재 분 값보다 15분 크게 출력되는 것을 볼 수 있는데요. 이것은 기본적으로 원의 테두리 공식을 이용하여 원을 그릴 때, 0°의 위치가 12시 위치가 아닌 3시 위치이기 때문입니다. 즉, 각도에서 3시에 해당하는 90°를 빼야만 정확한 위치를 출력할 수 있다는 결론이 나옵니다. 이제 Pins.cs 클래스의 코드를 수정합시다.

::: 예제 6-33

```
... <코드 생략> ...
    class Pins
    {
    ... <코드 생략> ...
    private void DrawPins(int hour, int minute, int second)
    {
        double x, y, theta;
        int centerX = frmMain.Width / 2;
        int centerY = frmMain.Height / 2;

        theta = (minute * 6 - 90) * (Math.PI / 180);

        x = centerX + (centerX - 40) * Math.Cos(theta);
        y = centerY + (centerY - 40) * Math.Sin(theta);

        frmMain.g.DrawLine(new Pen(Color.Red), centerX, centerY, (float)x, (float)y);
    }
    }
... <코드 생략> ...
```

수정 후, 실행하면 분침이 정확히 출력되는 것을 볼 수 있습니다.

다음으로 시침을 추가합니다. 시침의 경우, 단순히 시 값을 이용하는 것뿐만 아니라, 분 값도 이용해야 합니다. 그 이유는 분에 따라 시침도 조금씩 움직이기 때문입니다.

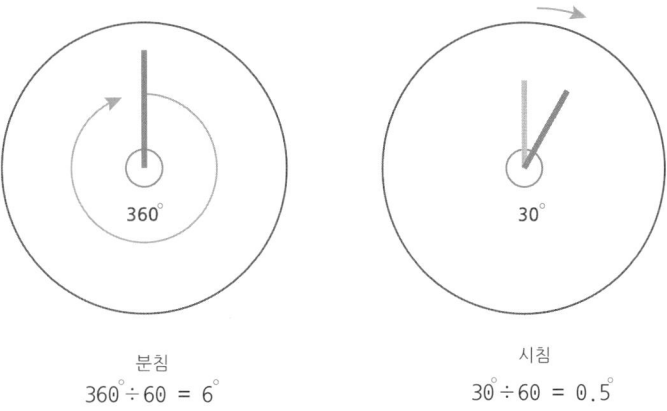

[그림 6.25] 1분 동안 시침이 움직이는 각도

분침
360° ÷ 60 = 6°

시침
30° ÷ 60 = 0.5°

이때, 1분마다 시침이 움직일 각도는 [그림 6.25]와 같습니다. 분침은 한 시간(60분)에 한 바퀴(360°)를 돌지만, 시침은 숫자 한 칸을 이동합니다. 이때, 각 숫자 사이의 각도는 30°이기 때문에, 1분마다 30° ÷ 60 = 0.5°씩 이동해야 합니다. 이것을 프로그램 코드로 구현하면 다음과 같습니다.

::: 예제 6-34

```
... <코드 생략> ...
   class Pins
   {
... <코드 생략> ...
   private void DrawPins(int hour, int minute, int second)
   {
      double x, y, theta;
      int centerX = frmMain.Width / 2;
      int centerY = frmMain.Height / 2;

      theta = ((hour * 30 - 90) + minute * 0.5) * (Math.PI / 180);

      x = centerX + (centerX - 120) * Math.Cos(theta);
      y = centerY + (centerY - 120) * Math.Sin(theta);
```

```
            frmMain.g.DrawLine(new Pen(Color.White, 5), centerX, centerY, (float)x, (float)y);

        theta = (minute * 6 - 90) * (Math.PI / 180);

        x = centerX + (centerX - 40) * Math.Cos(theta);
            y = centerY + (centerY - 40) * Math.Sin(theta);

        frmMain.g.DrawLine(new Pen(Color.White, 5), centerX, centerY, (float)x, (float)y);
    }
        }
... <코드 생략> ...
```

분침을 출력할 때는, 분침의 길이를 메인 폼의 중심점의 길이보다 40 픽셀만큼 짧게 출력하게 하였지만, 시침은 분침보다 짧아야 하므로, 120 픽셀만큼 짧게 출력하였습니다. 시침을 추가한 후, 실행하면 다음과 같은 결과가 출력됩니다.

:::: 실행 결과

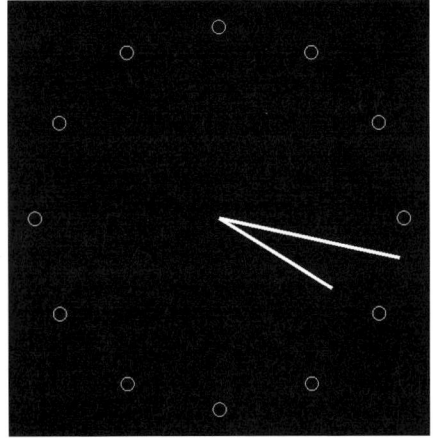

이제 시침과 분침이 출력되었습니다. 마지막으로 초침을 출력하면 되는데요. 초침의 경우 분침과 동일하게 구현하면 되므로 매우 쉽게 추가할 수 있을 것입니다. 초침을 추가한 후, 최종적인 결과는 다음과 같은데요. 이 부분은 여러분께 응용 예제로 남겨 놓도록 하겠습니다. 직접 프로그램 코드를 추가하여 구현해보세요~!!

::: 실행 결과

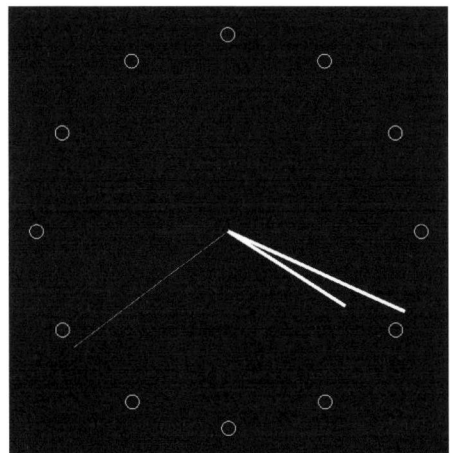

CHAPTER

07
사용자 정의 컨트롤

여러분은 5장에서 윈폼 프로그래밍을 통해 Visual Studio의 기본적인 컨트롤 사용법을 습득했습니다. 하지만 프로그램을 작성하다 보면 기본 컨트롤만으로 만족하지 못할 때가 발생할 수 있습니다. 또한, 비교적 규모가 큰 프로젝트를 개발하다 보면 반복되는 기능을 구현하기 위해 프로그램의 코드가 무한히 늘어날 수도 있습니다(반복되는 프로그램 코드는 수많은 버그를 양산하는 원인이 됩니다). 이러한 문제를 해결하기 위해 7장에서는 사용자 정의 컨트롤에 대해 익히겠습니다.

7.1 사용자 정의 컨트롤

7.1.1 개요

사용자 정의 컨트롤이란 둘 이상의 컨트롤을 조합하여 만든 새로운 형태의 컨트롤을 말합니다. 사용자 정의 컨트롤은 합성 컨트롤이라고도 하며, 이때 조합에 사용된 기본 컨트롤을 성분 컨트롤이라 부릅니다. 사용자 정의 컨트롤을 만드는 일은 앞에서 익힌 윈폼 프로그래밍과 유사하며, 속성과 이벤트를 새롭게 정의할 수 있습니다.

사용자 정의 컨트롤은 프로그래밍의 객체 지향과 연관이 있습니다. 즉, 이렇게 만들어진 컨트롤은 재사용이 용이하며, 반복되는 프로그래밍 작업을 줄일 수 있습니다.

7.1.2 무작정 따라 하기

백문이 불여일견(百聞不如一見)이라고 했습니다. '사용자 정의 컨트롤의 장점은 이것이다.'라고 백번 이야기하는 것보다 한 번 보는 것이 낫습니다. 물론 조금 더 보태면 백 번 보는 것보다 한 번 직접 구현해 보는 것이 낫습니다.

그래서 준비했습니다. 사용자 정의 컨트롤, 무작정 따라서 만들기! 이번 절에서는 사용자 정의 컨트롤을 만들기 위한 기본적인 준비 과정에 대해 설명한 후, 직접 간단한 컨트롤을 만들어 보도록 하겠습니다.

사용자 정의 컨트롤을 만들기 전에 다음과 같은 상황에 대해 미리 결정해야 합니다.

1) 사용자 정의 컨트롤의 용도 또는 요구 사항을 정의합니다.
2) 사용자 정의 컨트롤에 필요한 속성을 정의합니다.
3) 사용자 정의 컨트롤에 필요한 이벤트를 정의합니다.

우리가 이 절에서 만들 컨트롤은 여러 개의 버튼을 생성하고 배치한 뒤, 사용자가 버튼을 눌렀을 때, 어떤 버튼이 눌렸는지 출력하는 컨트롤입니다. 요구 사항을 정리하면 다음과 같습니다.

- 레이블이 상단에 위치하고 버튼 세 개가 나란히 배치될 것
- 각 버튼의 이름은 사용자가 변경할 수 있을 것
- 각 버튼을 누를 경우 어떤 버튼을 눌렀는지 레이블에 출력될 것

그럼 개발을 하기 위해, 'ExampleUserControl'이라는 이름으로 새로운 [Windows Forms 응용 프로그램] 솔루션을 생성합니다.

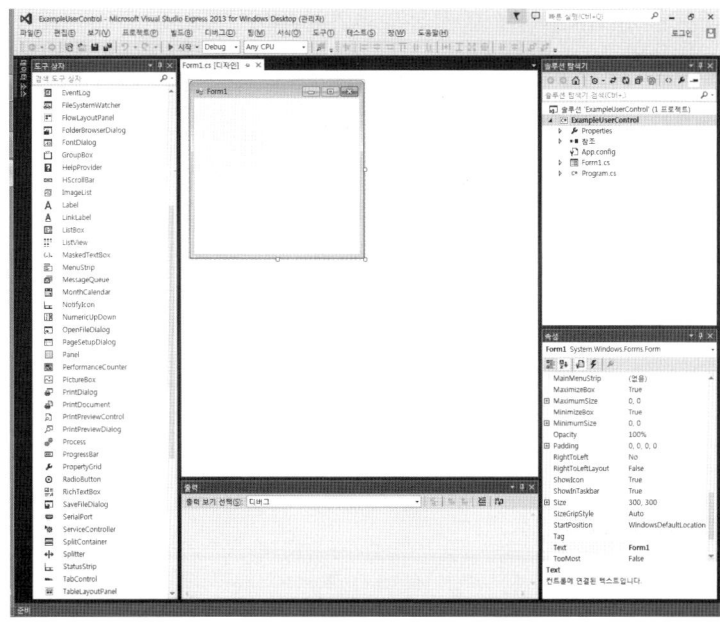

[그림 7.1] 새로운 솔루션 생성

솔루션이 생성되었다면, 프로젝트에 Control이라는 폴더를 추가합니다. 앞으로 새롭게 개발하는 사용자 정의 컨트롤은 모두 이 폴더에서 관리할 것입니다.

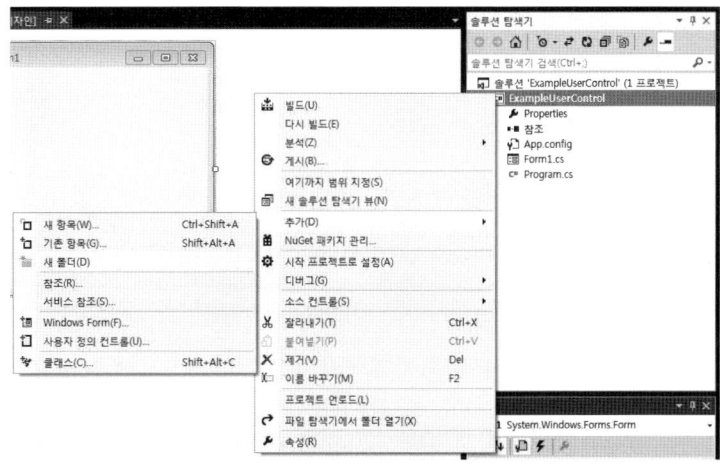

[그림 7.2] 프로젝트에 폴더 추가 화면

CHAPTER 07 | 사용자 정의 컨트롤 373

새롭게 만들어진 Control 폴더에 새 항목을 추가합니다.

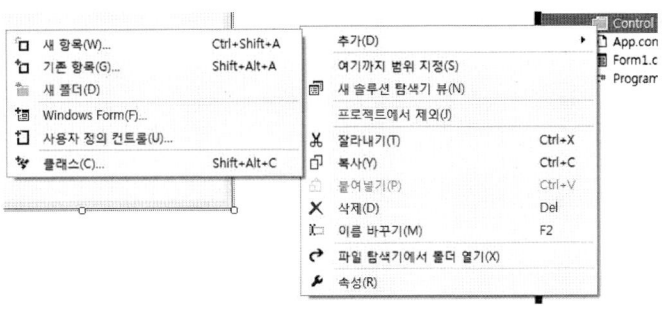

[그림 7.3] 새 항목 추가 메뉴

새 항목을 선택하면 [새 항목 추가] 창이 출력됩니다. 이곳에서 [사용자 정의 컨트롤]을 선택하고 Example1.cs를 이름으로 입력한 후, 추가 버튼을 선택합니다.

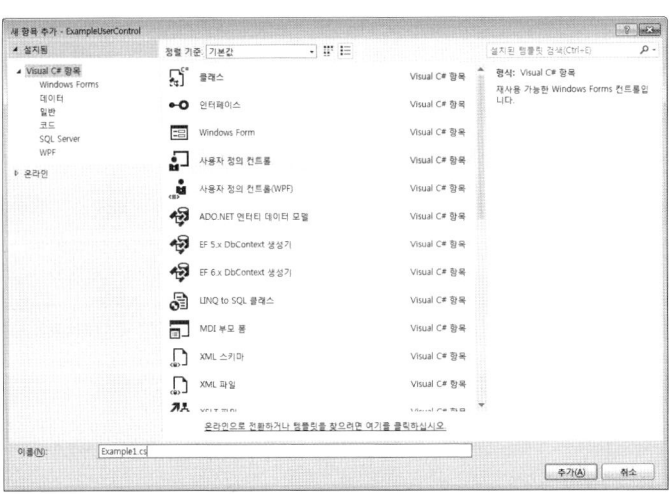

[그림 7.4] 새 항목 추가 화면

이제 사용자 정의 컨트롤이 추가되었습니다. 마치 윈폼 프로그래밍을 처음 익히던 때와 비슷한 화면이 등장하는데요. 이곳에 기본 컨트롤을 배치하여 새로운 컨트롤을 만들도록 하겠습니다.

가장 먼저 새로 추가된 사용자 정의 컨트롤의 속성을 다음과 같이 변경합니다.

[표 7.1] 사용자 정의 컨트롤의 속성

속성	내용
BackColor	WindowsText
Size	300, 100

다음으로 레이블을 선택하여 배치한 뒤, 속성을 다음과 같이 변경합니다.

[표 7.2] 레이블의 속성

속성	내용
Name	laNotification
ForeColor	ControlLightLight
Location	10, 10
Text	아무 버튼도 선택하지 않았습니다.

여기까지 잘 따라 했다면 사용자 정의 컨트롤은 다음과 같은 상태일 것입니다.

[그림 7.5] 개발 중인 사용자 정의 컨트롤

다음으로 코드 편집 창으로 이동하여 [예제 7-1]과 같이 프로그램 코드를 추가합니다.

::: 예제 7-1

```
... <코드 생략> ...
    public partial class Example1 : UserControl
    {

        Button[] buttons = new Button[3];


        public Example1()
        {
            InitializeComponent();

            for (int n = 0; n < buttons.Length; n++)
            {
                buttons[n] = new Button();
                buttons[n].Size = new Size(
                    (int)((this.Width * 0.8) / 3)
                    , (int)((this.Height * 0.6) - laNotification.Height));
                buttons[n].Location = new Point(
                    (((this.Width - (buttons[n].Width * buttons.Length)) / 4) * (n + 1)) +
                    (buttons[n].Width * n), (this.Height -
                    (laNotification.Height + laNotification.Location.Y)) / 2);
                buttons[n].BackColor = Color.White;

                this.Controls.Add(buttons[n]);
            }
        }
    }
... <코드 생략> ...
```

이제 여러분이 개발한 사용자 정의 컨트롤의 1차 버전이 완성되었습니다. 실행 결과를 확인하기 위해서는 솔루션의 Form1으로 돌아가 Example1 컨트롤을 추가해야 합니다. Form1으로 이동하면 좌측의 도구 상자에 Example1 컨트롤이 생성되어 있는 것을 볼 수 있습니다. Example1 컨트롤을 더블 클릭하면 자동으로 폼 위에 배치됩니다.

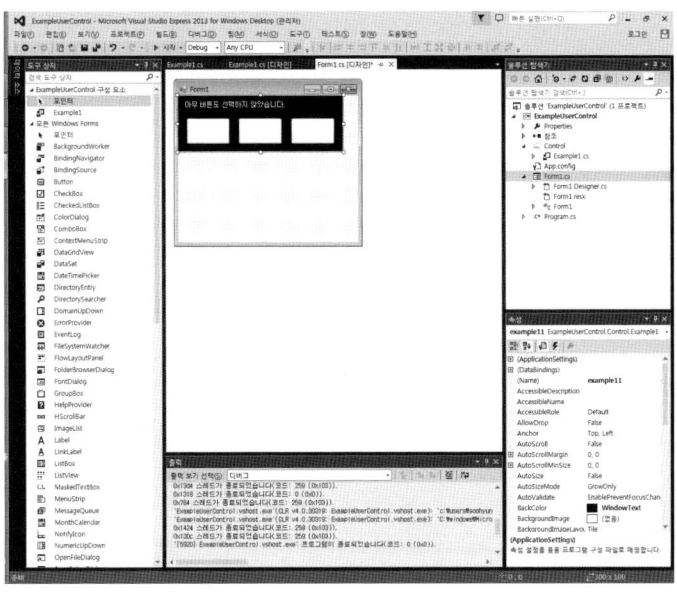

[그림 7.6] Example1 컨트롤 추가

앞서 명세한 요구 사항 중 첫 번째 요구 사항은 모두 완성했습니다. 다음으로 Form1에서 컨트롤의 세부 사항을 설정할 수 있도록 속성을 만들어 봅시다.

 폼(Form1)으로 왔는데 도구 상자에 사용자 정의 컨트롤(Example1)이 보이지 않아요

구현된 사용자 정의 컨트롤이 출력되지 않는 이유는 아직 빌드를 수행하지 않았기 때문입니다. 폼 위에 사용자 정의 컨트롤을 추가하지 않은 상태에서 F5를 누르거나 빌드를 수행하면 도구 상자에 사용자 정의 컨트롤이 추가됩니다.

■ **사용자 정의 컨트롤의 메소드를 만들자**

두 번째 요구 사항은 '각 버튼의 이름은 사용자가 변경할 수 있을 것'이었습니다. 즉, 우리가 만들 메소드는 다음과 같습니다.

[표 7.3] 사용자 정의 컨트롤에 추가할 속성

속성	내용
SetButtonsText	각 버튼에 출력할 문자열과 인덱스를 전달받아 해당 버튼에 출력합니다

Example1.cs로 돌아가서 코드 편집 창을 열고 메소드를 추가합니다.

::: 예제 7-2

```
... <코드 생략> ...
    public partial class Example1 : UserControl
    {
        Button[] buttons = new Button[3];

        public Example1()
        {
            InitializeComponent();

            for (int n = 0; n < buttons.Length; n++)
            {
                buttons[n] = new Button();
                buttons[n].Text = (n + 1).ToString() + "번째 버튼";
                buttons[n].Size = new Size(
                    (int)((this.Width * 0.8) / 3)
                    , (int)((this.Height * 0.6) - laNotification.Height));
                buttons[n].Location = new Point(
                    (((this.Width - (buttons[n].Width * buttons.Length)) / 4) *
                     (n + 1)) + (buttons[n].Width * n), (this.Height -
                    (laNotification.Height + laNotification.Location.Y)) / 2);
                buttons[n].BackColor = Color.White;

                this.Controls.Add(buttons[n]);
            }
        }

        public bool SetButtonsText(int index, string text)
        {
            buttons[index].Text = text;

            return true;
        }
    }
... <코드 생략> ...
```

메소드는 하나의 함수입니다. 정상적으로 동작하는지 확인하기 위해서는 Form1에서 확인해야 합니다. Form1에 코드를 추가해주세요.

::: 예제 7-3

```
... <코드 생략> ...
    public partial class Form1 : Form
    {
        public Form1()
        {
            InitializeComponent();

            example11.SetButtonsText(0, "1 번째 버튼");
            example11.SetButtonsText(1, "2 번째 버튼");
            example11.SetButtonsText(2, "3 번째 버튼");
        }
    }
... <코드 생략> ...
```

실행 결과를 확인해볼까요?

::: 실행 결과

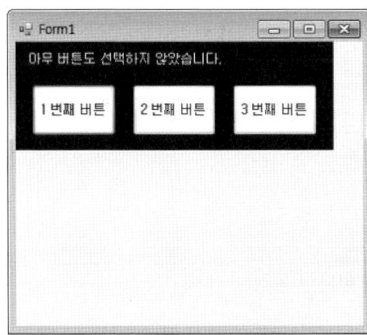

메소드가 정상적으로 동작합니다. 다음으로 마지막 요구 사항인 각 버튼을 누를 경우 어떤 버튼을 눌렀는지 레이블에 출력하도록 합시다. Example1.cs로 이동하여 버튼에 이벤트를 추가합니다.

::: 예제 7-4

```csharp
... <코드 생략> ...
    public partial class Example1 : UserControl
    {
        Button[] buttons = new Button[3];

        public Example1()
        {
            InitializeComponent();

            for (int n = 0; n < buttons.Length; n++)
            {
                buttons[n] = new Button();
                buttons[n].Text = (n + 1).ToString() + "번째 버튼";
                buttons[n].Size = new Size(
                    (int)((this.Width * 0.8) / 3)
                    , (int)((this.Height * 0.6) - laNotification.Height));
                buttons[n].Location = new Point(
                    (((this.Width - (buttons[n].Width * buttons.Length)) / 4) *
                    (n + 1)) + (buttons[n].Width * n), (this.Height -
                    (laNotification.Height + laNotification.Location.Y)) / 2);
                buttons[n].BackColor = Color.White;

                buttons[n].Click += new EventHandler(Example1_Click);

                this.Controls.Add(buttons[n]);
            }
        }

        void Example1_Click(object sender, EventArgs e)
        {
            Button button = sender as Button;

            laNotification.Text = button.Text + "이 눌렸습니다.";
        }

        public bool SetButtonsText(int index, string text)
        {
            buttons[index].Text = text;

            return true;
```

```
        }
    }
... <코드 생략> ...
```

코드 추가를 마쳤다면 정상적으로 동작하는지 확인하기 위해 실행합니다.

::: 실행 결과

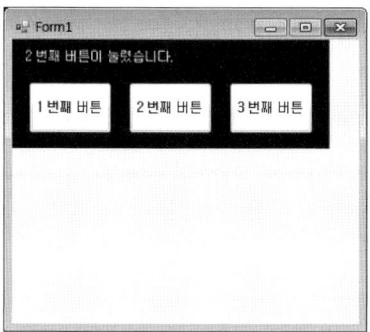

정말 쉽죠? 윈폼 프로그래밍과 대동소이합니다. 이렇게 만든 컨트롤의 장점을 나열하면 다음과 같습니다.

1) 다른 솔루션에서도 쉽게 사용할 수 있으므로, 프로젝트의 재사용성을 크게 향상시킵니다.
2) 관리적인 측면에서 각각의 응용 프로그램을 모듈화시키게 되어, 오류나 버그 수정 등의 유지 보수 작업이 쉽습니다.
3) 응용 프로그램을 개발할 시, 각 부분에 대한 책임이 명확해지므로, 대규모 팀 프로젝트를 수행할 때 효율이 향상됩니다.
4) 만약 이미 개발되어 배포되어 있거나 상업적으로 판매되고 있는 사용자 정의 컨트롤을 사용할 경우, 작업량을 크게 줄일 수 있습니다.

그러므로 프로젝트를 수행하는 입장에서 무턱대고 윈폼 프로그래밍으로 직행할 것이 아니라, 프로젝트를 객체 지향적으로 설계하고 각 파트에 해당하는 사용자 정의 컨트롤을 모듈 단위로 구현한 후, 통합하는 식으로 접근해야 합니다.

다음 절에서는 좀 더 난이도 있는 예제를 통해 사용자 정의 컨트롤에 대해 알아보겠습니다.

7.1.3 이미지 버튼 만들기

우리는 이 절에서 마우스 포인터가 지나갈 때, [내 문서]의 [내 그림] 폴더에서 랜덤하게 이미지를 불러와 출력하는 버튼을 만들고자 합니다. 요구 사항을 정리하면 다음과 같습니다.

- [내 그림] 폴더에서 jpg 형식의 이미지를 가져올 것
- 마우스 포인터가 지나갈 시, 랜덤하게 불러온 이미지를 출력할 것

Control 폴더에 새 항목을 추가합니다. 이번에 만들 사용자 정의 컨트롤의 이름은 RandomImageButton.cs로 입력합니다.

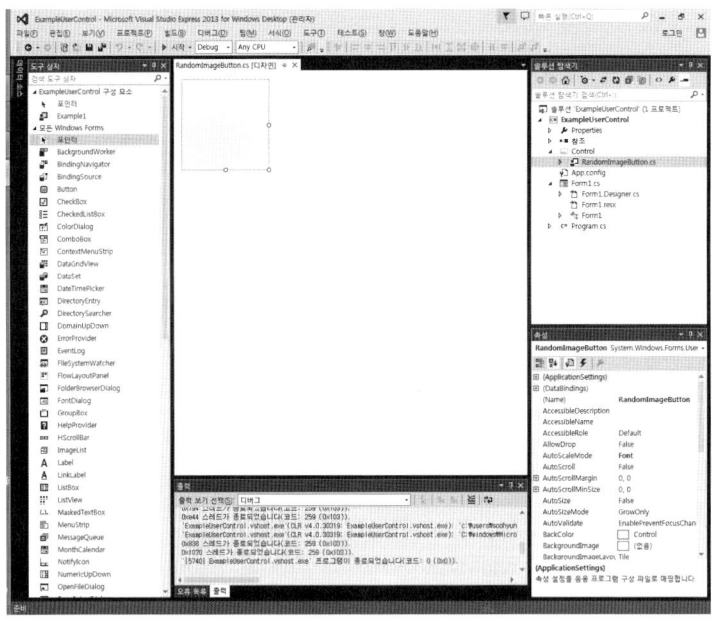

[그림 7.7] 새 항목 추가

다음으로 이곳에 버튼 컨트롤을 추가해주시고, 화면 전체에 가득하도록 크기를 조정합니다.

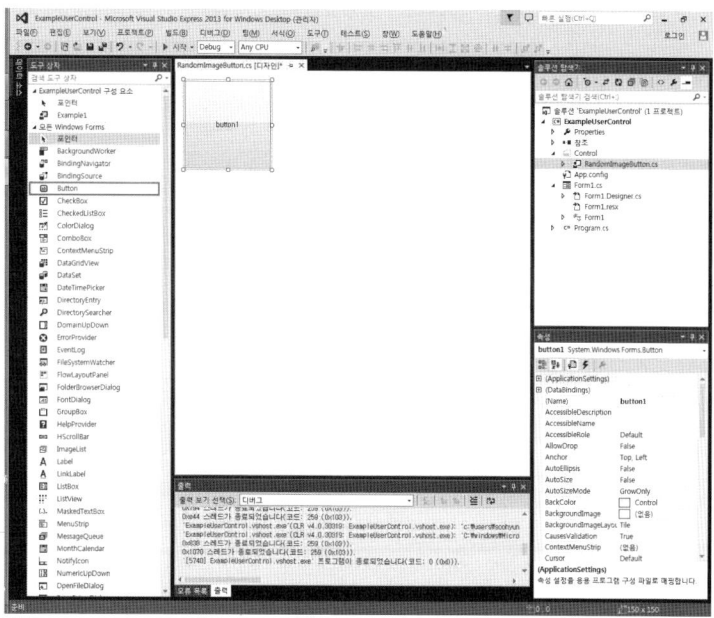

[그림 7.8] 버튼 배치 화면

이제 요구 조건에 맞춰 코드를 추가해야겠죠? 이전에 명시한 요구 조건을 다시 한 번 살펴봅시다. "[내 그림] 폴더에서 jpeg 형식의 이미지를 가져올 것"이라는 항목이 있었습니다. 그럼 먼저 [내 그림] 폴더의 경로를 찾아야 하며, 해당 폴더에 있는 모든 jpg 형식의 파일들의 경로를 알아내야 할 것입니다. 다음 코드를 추가합니다.

::: 예제 7-5

```
... <코드 생략> ...
using System.IO;

namespace ExampleUserControl.Control
{
    public partial class RandomImageButton : UserControl
    {
7:      string path =
            Environment.GetFolderPath(Environment.SpecialFolder.MyPictures);
8:      string[] files;
```

```
9:      Random rnd = new Random(DateTime.Now.Millisecond);

        public RandomImageButton()
        {
            InitializeComponent();
        }
... <코드 생략> ...
```

앞 장에서 익힌 대로 System.IO 네임 스페이스는 폴더와 파일을 다루는 클래스와 데이터를 읽고 쓰는 데 필요한 클래스를 포함하고 있습니다. [내 그림] 폴더에서 jpg 형식의 이미지 파일을 모두 가져와야 하므로, 해당 네임 스페이스를 반드시 참조 해주어야 합니다.

7행은 시스템의 [내 그림] 폴더의 경로를 구하는 구문입니다. Enviroment 클래스는 Windows의 사용자 폴더의 경로를 구할 때 사용합니다.

8행에서 string 배열 형식으로 선언된 files 배열은 해당 폴더 내 파일들의 경로를 가져오기 위해 선언한 배열로, 초기화 함수에서 사용될 것입니다.

9행의 rnd는 이미지를 랜덤하게 불러오기 위한 랜덤 변수입니다. 이때, 랜덤 값을 발생시키는 시드 값을 현재 시각의 밀리 초로 설정함으로써, 실행할 때마다 반복되지 않도록 합니다.

추가했다면, 본격적으로 이미지 파일을 불러옵시다. 생성자의 아래에 초기화 함수를 추가합니다.

::: 예제 7-7

```
... <코드 생략> ...
using System.IO;

namespace ExampleUserControl.Control
{
    public partial class RandomImageButton : UserControl
    {
        string path =
```

```
            Environment.GetFolderPath(Environment.SpecialFolder.MyPictures);
        string[] files;
        Random rnd = new Random(DateTime.Now.Millisecond);

        public RandomImageButton()
        {
            InitializeComponent();
        }

        // 초기화 함수
        public void Init()
        {
            files = Directory.GetFiles(path, "*.jpg");
        }
... <코드 생략> ...
```

이제 files 배열에는 [내 그림] 폴더의 jpeg 형식 파일들의 경로가 저장될 것입니다. 초기화 함수의 작성을 마쳤다면, 생성자에서 호출하도록 합니다.

::: 예제 7-8

```
... <코드 생략> ...
using System.IO;

namespace ExampleUserControl.Control
{
    public partial class RandomImageButton : UserControl
    {
        string path =
            Environment.GetFolderPath(Environment.SpecialFolder.MyPictures);
        string[] files;
        Random rnd = new Random(DateTime.Now.Millisecond);

        public RandomImageButton()
        {
            InitializeComponent();
```

```
        Init();
    }

    // 초기화 함수
    public void Init()
    {
        files = Directory.GetFiles(path, "*.jpg");
    }
... <코드 생략> ...
```

이제 마우스 포인터가 지나갈 때, 랜덤하게 이미지가 변경되는 기능을 작성하기 위해 [그림 7.8]에서 추가한 버튼 컨트롤(button1)에 MouseMove 이벤트를 추가합니다.

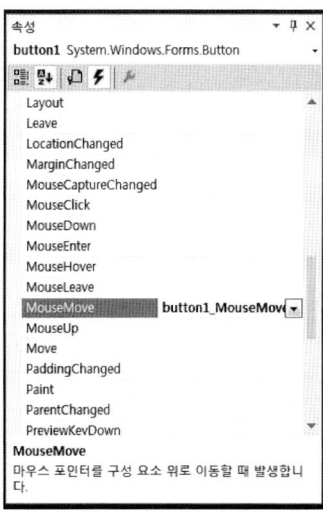

[그림 7.9] MouseMove 이벤트 추가

추가된 이벤트에 다음과 같이 코드를 작성합니다.

::: 예제 7-9

```csharp
... <코드 생략> ...
using System.IO;

namespace ExampleUserControl.Control
{
    public partial class RandomImageButton : UserControl
    {
        string path =
            Environment.GetFolderPath(Environment.SpecialFolder.MyPictures);
        string[] files;
        Random rnd = new Random(DateTime.Now.Millisecond);

        public RandomImageButton()
        {
            InitializeComponent();

            Init();
        }

        // 초기화 함수
        public void Init()
        {
            files = Directory.GetFiles(path, "*.jpg");
        }

        private void button1_MouseMove(object sender, MouseEventArgs e)
        {
26:         int index = rnd.Next(0, files.Length - 1);
27:         button1.Image = new Bitmap(files[index]);
        }
... <코드 생략> ...
```

26행은 불러올 이미지 파일의 인덱스 번호를 랜덤하게 구하는 부분입니다. 이때, 랜덤 값은 0부터 files 배열의 크기 사이에서만 발생하도록 합니다.

27행은 button1의 이미지를 설정하는 부분입니다.

이제 RandomImageButton의 1차 버전이 완성되었습니다. 실행 결과를 확인하기 위해서는 Form1으로 돌아가 RandomImageButton을 추가합니다.

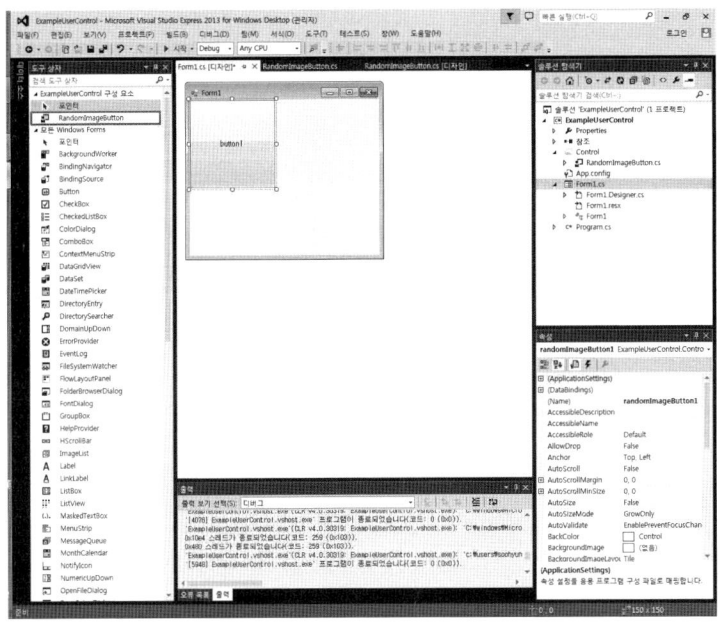

[그림 7.10] RandomImageButton 컨트롤 추가

도구 상자에서 RandomImageButton을 더블클릭하거나 직접 배치합니다. 실행을 하면 버튼 위에서 마우스를 움직일 때 다음과 같은 화면이 출력될 것입니다.

::: 실행 결과

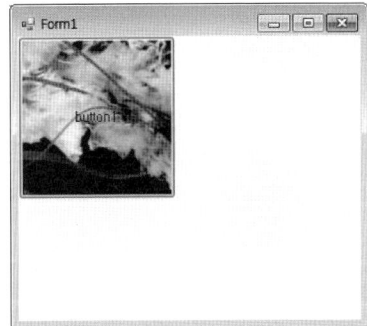

실행한 결과를 보면 처음 제시한 요구 조건을 모두 만족했습니다. 하지만 몇 가지 아쉬운 점이 있을 텐데요. 바로 버튼의 Text를 사용자 마음대로 변경할 수 없다는 점과 버튼을 눌러도 아무런 반응이 없다는 점, 그리고 RandomImageControl의 크기를 변경해도 버튼의 크기가 변경되지 않는다는 것입니다. 컨트롤의 이름을 변경할 수 있도록 메소드를 추가하는 방법은 앞에서 익혔죠? 하지만 이번에는 메소드가 아닌 속성을 통해 해결해 보겠습니다. 하나씩 차근차근 코드를 추가합시다.

■ 속성을 만들자

첫 번째로 버튼의 Text를 바꿀 수 있도록 속성을 추가하는 일입니다. 다시 RandomImageButton 컨트롤의 코드 편집 창으로 와서, 초기화 함수 아래에 다음과 같은 코드를 추가합니다.

::: 예제 7-10

```
... <코드 생략> ...
using System.IO;

namespace ExampleUserControl.Control
{
    public partial class RandomImageButton : UserControl
    {
7:      private string text = "RandomImageButton";

9:      public string Text
        {
            get
            {
                return text;
            }
            set
            {
                text = value;
            }
        }

        string path =
```

```
        Environment.GetFolderPath(Environment.SpecialFolder.MyPictures);
        string[] files;
        Random rnd = new Random(DateTime.Now.Millisecond);

        public RandomImageButton()
        {
            InitializeComponent();

            Init();
        }

        // 초기화 함수
        public void Init()
        {
            files = Directory.GetFiles(path, "*.jpg");
        }

        private void button1_MouseMove(object sender, MouseEventArgs e)
        {
            int index = rnd.Next(0, files.Length - 1);
            button1.Image = new Bitmap(files[index]);
        }
... <코드 생략> ...
```

7행에서 선언된 text 변수는 내부적으로 버튼의 Text 속성을 관리하기 위해 선언된 변수입니다.

9행에 선언된 Text 변수는 RandomImageButton 컨트롤에 Text라는 속성을 추가하기 위해 선언된 변수입니다.

이제 RandomImageButton에 Text 속성을 변경하였을 시, 적용되도록 하기 위해 Paint 이벤트를 추가합니다.

[그림 7.11] Paint 이벤트 추가

추가된 이벤트에 다음과 같이 코드를 작성합니다.

::: 예제 7-11

```
... <코드 생략> ...
using System.IO;

namespace ExampleUserControl.Control
{
    public partial class RandomImageButton : UserControl
    {
        private string text = "RandomImageButton";

        public string Text
        {
            get
            {
                return text;
            }
            set
            {
                text = value;
```

```csharp
        }
    }

    string path = 
    Environment.GetFolderPath(Environment.SpecialFolder.MyPictures);
    string[] files;
    Random rnd = new Random(DateTime.Now.Millisecond);

    public RandomImageButton()
    {
        InitializeComponent();

        Init();
    }

    // 초기화 함수
    public void Init()
    {
        files = Directory.GetFiles(path, "*.jpg");
    }

    private void button1_MouseMove(object sender, MouseEventArgs e)
    {
        int index = rnd.Next(0, files.Length - 1);
        button1.Image = new Bitmap(files[index]);
    }

    private void RandomImageButton_Paint(object sender, PaintEventArgs e)
    {
        button1.Text = text;
    }

... <코드 생략> ...
```

컨트롤을 다시 빌드한 후, Form1으로 오면 버튼의 Text가 RandomImageButton으로 변경되어 있는 것을 확인할 수 있습니다. 속성이 제대로 생성되었는지 확인하기 위해 Form1의 생성자 내에 다음과 같은 코드를 추가하겠습니다.

::: 예제 7-12

```
... <코드 생략> ...
    public partial class Form1 : Form
    {
        public Form1()
        {
            InitializeComponent();

            randomImageButton1.Text = "이미지 버튼";
        }
    }
... <코드 생략> ...
```

추가 후, 실행하면 코드에서 적용한 문구가 출력되는 것을 확인할 수 있습니다.

::: 실행 결과

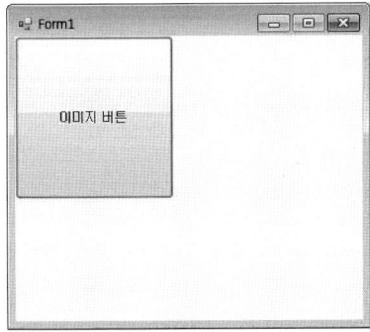

■ 이벤트를 만들자

두 번째로 버튼을 눌렀을 시, 반응이 없다는 점이 문제였습니다. 이를 해결하기 위해 사용자 정의 컨트롤에 이벤트를 만드는 법을 익혀봅시다. 다시 RandomImageButton.cs의 코드 편집 창으로 와서 다음과 같은 코드를 추가합니다.

::: 예제 7-19

```csharp
... <코드 생략> ...
using System.IO;

namespace ExampleUserControl.Control
{
    public partial class RandomImageButton : UserControl
    {
        public event ClickEvent Click;
        public delegate void ClickEvent(object sender, EventArgs e);

        private string text = "RandomImageButton";

        public string Text
        {
            get
            {
                return text;
            }
            set
            {
                text = value;
            }
        }

        string path =
        Environment.GetFolderPath(Environment.SpecialFolder.MyPictures);
        string[] files;
        Random rnd = new Random(DateTime.Now.Millisecond);

        public RandomImageButton()
        {
            InitializeComponent();

            Init();
        }
... <코드 생략> ...
```

Click 이벤트를 추가했습니다. Click 이벤트는 버튼을 눌렀을 때 발생하는 이벤트이므로 버튼에 Click 이벤트를 추가하고 다음과 같은 코드를 작성합니다.

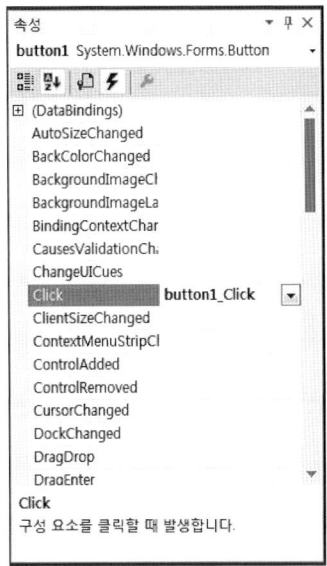

[그림 7.12] 버튼의 Click 이벤트 추가

::: 예제 7-20

```
... <코드 생략> ...
using System.IO;

namespace ExampleUserControl.Control
{
    public partial class RandomImageButton : UserControl
    {
        public event ClickEvent Click;
        public delegate void ClickEvent(object sender, EventArgs e);

        private string text = "RandomImageButton";

        public string Text
        {
            get
```

```
            {
                return text;
            }
            set
            {
                text = value;
            }
        }

        string path = 
            Environment.GetFolderPath(Environment.SpecialFolder.MyPictures);
        string[] files;
        Random rnd = new Random(DateTime.Now.Millisecond);

        public RandomImageButton()
        {
            InitializeComponent();

            Init();
        }
... <코드 생략> ...
        private void RandomImageButton_Paint(object sender, PaintEventArgs e)
        {
            button1.Text = text;
        }

        private void button1_Click(object sender, EventArgs e)
        {
43:         if(this.Click != null)
44:             this.Click(this, new EventArgs());
        }
... <코드 생략> ...
```

43행은 RandomImageButton 컨트롤이 추가될 Form1에 만약 해당 컨트롤의 Click 프로시저가 없을 경우, 오류를 방지하기 위해 추가된 조건문입니다.

44행은 앞에서 선언한 이벤트를 발생하는 부분입니다.

작성을 마쳤다면 Form1으로 와서 RandomeImageButton 컨트롤에 Click 이벤트를 추가하고, 실행 결과를 확인해보겠습니다.

[그림 7.13] RandomImageButton 컨트롤의 Click 이벤트 추가

::: 예제 7-22

```
... <코드 생략> ...
    public partial class Form1 : Form
    {
        public Form1()
        {
            InitializeComponent();

            randomImageButton1.Text = "이미지 버튼"
        }

        private void randomImageButton1_Click(object sender, EventArgs e)
        {
            this.Close();
        }
    }
... <코드 생략> ...
```

가볍게 동작 여부를 확인하기 위해 버튼을 누를 시, 프로그램이 종료되도록 하였습니다. 실행해보세요. 동작이 잘 됩니까?

■ 사용자 정의 컨트롤의 크기를 변경하자

사실 이 문제의 해결책에 대해서 눈치가 빠른 분들은 이미 알아챘을 겁니다. 우린 앞에서 사용자 정의 컨트롤의 속성을 만들 때, RandomImageButton 컨트롤에 Text 속성을 변경하였을 시, 즉시 적용되도록 하기 위해 추가한 이벤트가 하나 있습니다. 바로 Paint 이벤트입니다. Paint 이벤트는 해당 컨트롤이 출력되는 동안 지속적으로 실행되는 이벤트이므로, 이곳에 다음과 같은 코드를 추가하면 쉽게 해결되는 문제입니다.

::: 예제 7-23

```
... <코드 생략> ...
using System.IO;

namespace ExampleUserControl.Control
{
... <코드 생략> ...
        private void RandomImageButton_Paint(object sender, PaintEventArgs e)
        {
            button1.Text = text;

            button1.Size = new Size(this.Width, this.Height);
        }

        private void button1_Click(object sender, EventArgs e)
        {
            if(this.Click != null)
                this.Click(this, new EventArgs());
        }
... <코드 생략> ...
```

추가를 마친 후, Form1으로 와서 RandomImageButton 컨트롤의 크기를 자유롭게 조절하면 버튼의 크기도 함께 변하는 것을 확인할 수 있습니다.

::: 실행 결과

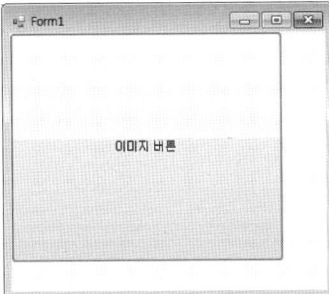

어떻습니까? 이렇게 개발된 사용자 정의 컨트롤은 오류 발생 시 수정이 편하고, 쉽게 재사용할 수 있습니다. RandomImageButton 컨트롤의 전체 프로그램 코드는 다음과 같습니다.

::: 예제 7-24

```csharp
using System;
using System.Collections.Generic;
using System.ComponentModel;
using System.Drawing;
using System.Data;
using System.Linq;
using System.Text;
using System.Windows.Forms;
using System.IO;

namespace ExampleUserControl.Control
{
    public partial class RandomImageButton : UserControl
    {
        public event ClickEvent Click;
        public delegate void ClickEvent(object sender, EventArgs e);

        private string text = "RandomImageButton";

        public string Text
```

```csharp
    {
        get
        {
            return text;
        }
        set
        {
            text = value;
        }
    }

    string path =
     Environment.GetFolderPath(Environment.SpecialFolder.MyPictures);
    string[] files;
    Random rnd = new Random(DateTime.Now.Millisecond);

    public RandomImageButton()
    {
        InitializeComponent();
        Init();
    }

    // 초기화 함수
    public void Init()
    {
        files = Directory.GetFiles(path, "*.jpg");
    }

    private void button1_MouseMove(object sender, MouseEventArgs e)
    {
        int index = rnd.Next(0, files.Length - 1);
        button1.Image = new Bitmap(files[index]);
    }

    private void RandomImageButton_Paint(object sender, PaintEventArgs e)
    {
        button1.Text = text;
        button1.Size = new Size(this.Width, this.Height);
    }
```

```
        private void button1_Click(object sender, EventArgs e)
        {
            if(this.Click != null)
                this.Click(this, new EventArgs());
        }
    }
}
```

완성된 컨트롤을 Form1에 여러 개 배치한 결과는 다음과 같습니다.

::: 실행 결과

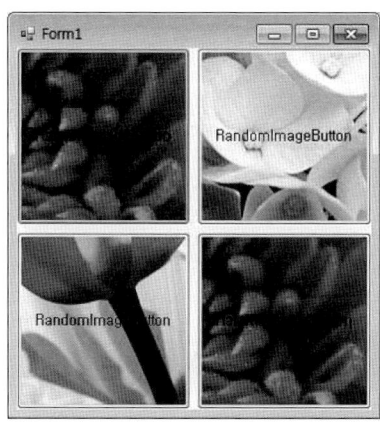

랜덤하게 이미지가 변경되는 것을 볼 수 있습니다. 다른 프로젝트를 진행할 때, 쉽게 재사용할 수 있겠죠?

7.1.4 스프라이트 컨트롤 만들기

이번에는 스프라이트 컨트롤을 만들어 보겠습니다. 스프라이트가 뭘까요? 단어의 정의를 살펴보면 다음과 같습니다.

스프라이트 [Sprite]

화면 표시에서 반복 이용되는 도형의 무늬를 등록하고, 그 무늬에 다른 그림을 겹쳐서 합성시키는 기능. 고속 표시가 가능하며 연속되는 그림을 매끄럽게 움직일 수 있다.

쉽게 설명하면 그림을 연속적으로 움직이게 하는 기능을 스프라이트라고 합니다. 어디에 사용하느냐고요? 사실 여러분은 이미 스프라이트라는 기능을 많이 접했을 것입니다. 다음 그림을 보세요.

[그림 7.14] 스프라이트 애니메이션(출처 : Prince of Persia II)

이제 감이 오시나요? 스프라이트는 주로 게임을 개발할 때 사용됩니다. 캐릭터의 동작을 장면 별로 한 장씩 출력하는 것이 아닌, 여러 장의 이미지를 한 장의 이미지 파일 속에 배열한 뒤, 내부 연산을 통해 순차적으로 출력하는 것입니다. 즉, 스프라이트 애니메이션을 출력하는 원리는 다음과 같습니다.

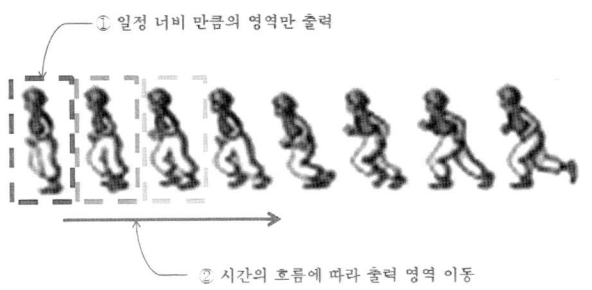

① 일정 너비 만큼의 영역만 출력
② 시간의 흐름에 따라 출력 영역 이동

[그림 7.15] 스프라이트의 원리

연속된 동작을 하나의 이미지 파일에 일렬로 배열한 뒤, 일정 영역만 출력합니다. 다음으로 시간의 흐름에 따라 해당 영역을 이동하면 전체적으로 움직이는 것과 같이 애니메이션이 출력되는 원리입니다.

그럼 직접 만들어 보겠습니다. 먼저 예제를 작성하기 전에 필자의 블로그에 접속하여 스프라이트이미지를 내려 받아 예제 폴더 내의 [Bin] – [Debug] 폴더에 복사합니다. 다음으로 Control 폴더에 사용자 정의 컨트롤을 추가하고 이름을 Sprite.cs로 입력합니다. 다음으로 코드 편집 창을 열고 다음과 같이 속성을 추가합니다.

::: 예제 7-25

```
... <코드 생략> ...
public partial class Sprite : UserControl
{
    private int width = 55;
    private int height = 55;

    public int Width
    {
        get
        {
            return width;
        }
        set
```

```
        {
            width = value;
        }
    }

    public int Height
    {
        get
        {
            return height;
        }
        set
        {
            height = value;
        }
    }

    public Sprite()
    {
        InitializeComponent();
    }
}
... <코드 생략> ...
```

다음으로 스프라이트 애니메이션을 출력하기 위해서 6장에서 배운 Graphics 객체를 선언해야 합니다. 또한 스프라이트 애니메이션을 위한 이미지 파일 경로를 저장할 변수를 선언합니다. 그리고 이미지 파일 내에 포함된 전체 동작 개수와 현재 출력해야 하는 영역의 인덱스를 저장하기 위한 변수를 선언합니다.

::: 예제 7-26

```
... <코드 생략> ...
public partial class Sprite : UserControl
{
    private Graphics graphics;
    private string imagePath;
```

```
        private int frameCount, index;
    private int width = 55;
    private int height = 55;

... <코드 생략> ...

    public Sprite()
    {
        InitializeComponent();

        graphics = CreateGraphics();
    }
}
... <코드 생략> ...
```

다음으로 이미지 파일을 설정하는 메소드를 만들겠습니다. 이때 필요한 매개 변수는 다음과 같습니다.

1) 이미지 파일의 경로 및 파일명
2) 이미지 파일에 포함된 출력해야 하는 동작의 수

대강 어떻게 만들어야 할지 머릿속에 그려지죠? 바로 추가하도록 하겠습니다.

::: 예제 7-27

```
... <코드 생략> ...
public partial class Sprite : UserControl
{
    private Graphics graphics;
    private string imgPath;
    private int width = 55;
    private int height = 55;

... <코드 생략> ...

    public Sprite()
```

```
    {
        InitializeComponent();
    }

    public bool SetSpriteImage(string imagePath, int frameCount)
    {
        this.imagePath = imagePath;
        this.frameCount = frameCount;
        this.index = 0;

        return true;
    }
}
... <코드 생략> ...
```

출력해야 할 이미지 파일을 설정했다면, 실제로 그려야 합니다. DrawSprite( )를 추가합니다.

::: 예제 7-28

```
... <코드 생략> ...
public partial class Sprite : UserControl
{
    private Graphics graphics;
    private string imgPath;
    private int width = 55;
    private int height = 55;

... <코드 생략> ...

    public Sprite()
    {
        InitializeComponent();
    }

    public bool SetSpriteImage(string imagePath, int frameCount)
    {
        this.imagePath = imagePath;
```

```
            this.frameCount = frameCount;
            this.index = 0;

20:         DrawSprite();

            return true;
        }

        private void DrawSprite()
        {
27:         Bitmap bitmap = new Bitmap(imagePath);
28:         bitmap.MakeTransparent(bitmap.GetPixel(0, 0));

            GraphicsUnit units = GraphicsUnit.Pixel;

32:         this.Size = new Size(bitmap.Width / frameCount, bitmap.Height);

34:         graphics.DrawImage(
                bitmap,
                new Rectangle(0, 0, bitmap.Width / frameCount, bitmap.Height),
                index * (bitmap.Width / frameCount),
                0,
                bitmap.Width / frameCount,
                bitmap.Height,
                units);
        }
}
... <코드 생략> ...
```

20행에서 이미지 파일을 설정할 때, DrawSprite( )를 호출함으로써 이미지를 그립니다.

27행에서는 설정된 파일의 경로를 토대로 이미지를 출력하기 위한 Bitmap 객체를 생성합니다.

28행은 투명한 색을 설정합니다. Bitmap 객체는 MakeTransparent( )를 통해 투명하게 출력할 색상을 선택할 수 있는데, 이때 (0, 0) 위치의 색상을 선택해 주었습니다.

이미지 파일 내에서 (0, 0) 좌표의 색상은 배경색일 테니까요. 투명한 색상을 위해 일반적으로 스프라이트 애니메이션을 제작할 땐 캐릭터에 사용되지 않는 색상을 배경색으로 지정합니다. [그림 7.16]을 보세요. 배경색인 하늘색은 정작 캐릭터 내에서 사용하지 않으므로, 투명색으로 지정해도 캐릭터는 정상적으로 출력됩니다.

[그림 7.16] 스프라이트 애니메이션의 투명색 설정(출처 : Farland Story)

32행에서 설정된 이미지의 크기에 맞춰 컨트롤의 크기를 조정하였으며, 이때 너비는 출력할 영역의 너비만큼 지정해 주었습니다. 즉, 전체 이미지의 너비를 총 장면 개수로 나누면 한 장면의 단위 영역이 계산됩니다.

34행에서는 입력받은 이미지를 출력합니다.

여기까지 구현한 결과를 확인하기 위해 Form1으로 이동하여 Sprite 컨트롤을 추가해 결과를 확인합시다.

::: 예제 7-29

```
... <코드 생략> ...
public partial class Form1 : Form
{
    public Form1()
    {
        InitializeComponent();

        sprite1.SetSpriteImage("sprite.bmp", 6);
    }
}
... <코드 생략> ...
```

실행 결과를 확인하면 다음과 같이 출력될 것입니다.

::: 실행 결과

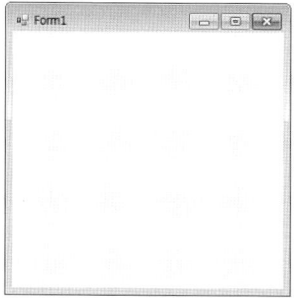

출력되지 않았습니다! 왜일까요? 본래 DrawSprite( )를 호출하며 그림을 그리지만 폼을 출력하는 과정에서 다시 그려지지 않기 때문입니다. 출력되는 것을 보고 싶다면 Sprite 컨트롤에 Paint 이벤트를 추가한 뒤, DrawSprite( )를 호출하면 됩니다.

하지만 Paint 이벤트를 추가해도 움직이지 않습니다! 이래서는 스프라이트 애니메이션이라고 말할 수 없지요. 진짜 애니메이션을 구현하기 위해서는 Timer 컨트롤이 필요합니다. Sprite 컨트롤로 이동해서 타이머 컨트롤을 추가합니다.

[표 7.3] 타이머의 속성

속성	내용
Name	TimAni
Interval	100

다음으로 타이머에 Tick 이벤트를 추가한 뒤, 다음과 같이 코드를 작성합니다. 타이머를 추가한 뒤에는 바로 전에 [예제 7-29]에서 실행 결과를 확인하기 위해 추가했던 Paint 이벤트를 삭제합니다.

::: 예제 7-30

```csharp
... <코드 생략> ...
public partial class Sprite : UserControl
{
    private Graphics graphics;
    private string imgPath;
    private int width = 55;
    private int height = 55;

... <코드 생략> ...

    public Sprite()
    {
        InitializeComponent();
    }

    public bool SetSpriteImage(string imagePath, int frameCount)
    {
        this.imagePath = imagePath;
        this.frameCount = frameCount;
        this.index = 0;

        DrawSprite();

        timAni.Start();

        return true
    }

    private void DrawSprite()
    {
        Bitmap bitmap = new Bitmap(imagePath);
        bitmap.MakeTransparent(bitmap.GetPixel(0, 0));

        GraphicsUnit units = GraphicsUnit.Pixel;

        this.Size = new Size(bitmap.Width / frameCount, bitmap.Height);
```

```
            graphics.DrawImage(
                bitmap,
                new Rectangle(0, 0, bitmap.Width / frameCount, bitmap.Height),
                index * (bitmap.Width / frameCount),
                0,
                bitmap.Width / frameCount,
                bitmap.Height,
                units);
        }
    }

    private void timAni_Tick(object sender, EventArgs e)
    {
        index++;

        DrawSprite();
    }
}
... <코드 생략> ...
```

실행하면 캐릭터가 움직이면서 애니메이션이 출력되는 것을 볼 수 있습니다.

::: 실행 결과

하지만 아직 완성이 아닙니다. 애니메이션이 출력되다가 출력할 영역의 좌표가 이미지 파일의 크기를 넘어갈 경우, 아무것도 출력되지 않기 때문입니다.

[그림 7.17] 출력 영역의 이탈

[그림 7.17]처럼 출력할 영역을 벗어나는 경우가 발생하게 되는데요. DrawSprite( )에 이를 방지하기 위한 코드를 추가합니다.

::: 예제 7-31

```
... <코드 생략> ...
public partial class Sprite : UserControl
{
... <코드 생략> ...
    private void DrawSprite( )
    {
        Bitmap bitmap = new Bitmap(imagePath);
        bitmap.MakeTransparent(bitmap.GetPixel(0, 0));

        GraphicsUnit units = GraphicsUnit.Pixel;

        this.Size = new Size(bitmap.Width / frameCount, bitmap.Height);

        if (index >= frameCount)
            index = 0;

        graphics.DrawImage(
            bitmap,
            new Rectangle(0, 0, bitmap.Width / frameCount, bitmap.Height),
            index * (bitmap.Width / frameCount),
            0,
            bitmap.Width / frameCount,
```

```
            bitmap.Height,
            units);
        }
    }
}
... <코드 생략> ...
```

다시 실행하면 애니메이션이 출력되는 것을 볼 수 있습니다. 하지만 이상합니다. 잔상이 남습니다. 잔상을 제거하기 위한 코드를 추가해야겠죠.

::: 예제 7-32

```
... <코드 생략> ...
public partial class Sprite : UserControl
{
... <코드 생략> ...
    private void DrawSprite()
    {
        Bitmap bitmap = new Bitmap(imagePath);
        bitmap.MakeTransparent(bitmap.GetPixel(0, 0));

        GraphicsUnit units = GraphicsUnit.Pixel;

        this.Size = new Size(bitmap.Width / frameCount, bitmap.Height);

        if (index >= frameCount)
            index = 0;

        graphics.Clear(this.BackColor);

        graphics.DrawImage(
            bitmap,
            new Rectangle(0, 0, bitmap.Width / frameCount, bitmap.Height),
            index * (bitmap.Width / frameCount),
            0,
            bitmap.Width / frameCount,
            bitmap.Height,
```

```
                    units);
            }
        }
    }
    ... <코드 생략> ...
```

실행하여 결과를 확인합니다.

::: 실행 결과

어떻습니까? 만족스럽지 않습니까? 사실 스프라이트 컨트롤에 대해 여기까지 다루려고 했지만, 좀 더 재미있는 시도가 하고 싶어졌습니다. 캐릭터를 좌우로 왔다 갔다 이동하도록 만들어 보고 싶어졌습니다. 어떻게 하면 될까요? 좌우로 이동하는 메소드와 방향을 전환하는 함수를 만들면 되지 않을까요? Turn( )이라는 메소드를 만들고, Move( )와 방향을 설정하는 Direction 속성을 추가하겠습니다.

::: 예제 7-33

```
... <코드 생략> ...
public partial class Sprite : UserControl
{
... <코드 생략> ...

    private bool direction;
```

```
 6: [DefaultValue(false)]
    public bool Direction      // left = false, right = true;
    {
        get
        {
            return direction;
        }
        set
        {
            direction = value;
        }
    }

    public Sprite()
    {
        InitializeComponent();
    }

24: public bool Turn()
    {
26:     int n = (Convert.ToInt32(direction) + 1) % 2;
        direction = Convert.ToBoolean(n);

        return direction;
    }

32:public int Move(int distance)
    {
        if(direction)
            this.Left += distance;
        else
            this.Left -= distance;

        return this.Left;
    }

    private void DrawSprite()
    {
```

```
            Bitmap bitmap = new Bitmap(imagePath);
            bitmap.MakeTransparent(bitmap.GetPixel(0, 0));

47:         if (direction == false)
                bitmap.RotateFlip(RotateFlipType.RotateNoneFlipX);

            GraphicsUnit units = GraphicsUnit.Pixel;

            this.Size = new Size(bitmap.Width / frameCount, bitmap.Height);

            if (index >= frameCount)
                index = 0;

            graphics.Clear(this.BackColor);

            graphics.DrawImage(
                bitmap,
                new Rectangle(0, 0, bitmap.Width / frameCount, bitmap.Height),
                index * (bitmap.Width / frameCount),
                0,
                bitmap.Width / frameCount,
                bitmap.Height,
                units);
        }
    }
}
    ... <코드 생략> ...
```

Direction 속성은 캐릭터의 방향을 결정하는 속성입니다. 6행에서 Direction 속성의 기본 값을 거짓(false)으로 설정해 주었습니다. Sprite 컨트롤은 Direction 속성이 거짓일 때 좌측으로, 참일 때 우측으로 향하도록 했습니다.

24행에서 선언한 Turn( ) 함수는 캐릭터가 방향을 전환하도록 하는 메소드입니다. Turn( ) 이 호출되면 캐릭터는 방향 전환은 물론 전환된 방향으로 이동할 것입니다.

26행에서 Direction 속성을 정수형의 값으로 변환한 후, 1을 더한 뒤 2로 나누어 나머지 값에 따라 참과 거짓을 결정하도록 하였습니다. 즉, 현재 Direction 속성이 거짓인 경우 정수 값으로 변환하면 0이 되므로, 1을 더하면 값이 1이 됩니다. 이 값을 2로 나눌 경우 나머지가 1이 되므로, 다시 참/거짓형으로 변환하면 참이 됩니다. 마찬가지로 Direction 속성이 참인 경우 정수 값으로 변환하면 1이 되고, 여기에 1을 더하면 2가 됩니다. 이 값을 2로 나누면 나머지가 0이므로, 최종적으로 거짓이 되는 것입니다. 이를 통해 호출될 때마다 참과 거짓을 전환할 수 있으며, 방향을 전환할 수 있게 되는 것입니다.

32행에서 선언된 Move( ) 함수는 캐릭터를 이동시키는 메소드입니다. 이때, 이동할 거리를 매개 변수로 받게 되고, Direction 속성을 확인하여 해당하는 방향으로 이동하게 됩니다.

47행에서는 현재의 Direction 속성에 따라 이미지의 방향을 다르게 출력합니다. 즉, 참일 경우 정상적인 이미지를 출력하지만, 거짓인 경우 반전하여 출력함으로써 좌측 방향을 향하도록 출력하게 됩니다.

실행 결과를 확인하기에 앞서 Form1에 타이머 컨트롤과 Tick( ) 이벤트 및 아래의 코드를 추가한 뒤, 실행합니다.

::: 예제 7-34

```
... <코드 생략> ...
public partial class Form1 : Form
{
    public Form1()
    {
        InitializeComponent();

        sprite1.SetSpriteImage("sprite.bmp", 6);

        timer1.Start();
    }

    private void timer1_Tick(object sender, EventArgs e)
    {
        sprite1.Move(20);
```

```
            if (((sprite1.Left + sprite1.Width > this.Width) && sprite1.Direction == true)
                || (sprite1.Left <= 0 && sprite1.Direction == false))
                sprite1.Turn();
        }
    }

    ... <코드 생략> ...
```

실행하여 결과를 확인합니다.

::: 실행 결과

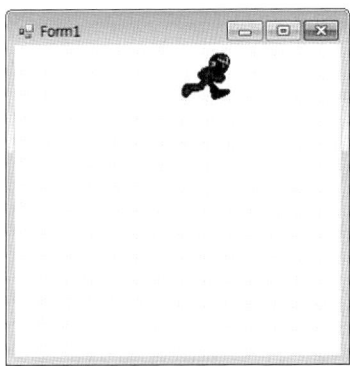

어떻습니까? 완벽한 애니메이션을 출력하고 있지 않습니까?

Sprite 컨트롤의 전체 코드는 다음과 같습니다.

::: 예제 7-35

```
using System;
using System.Collections.Generic;
using System.ComponentModel;
using System.Drawing;
using System.Data;
using System.Linq;
```

```csharp
using System.Text;
using System.Windows.Forms;

namespace ExampleUserControl.Control
{
    public partial class Sprite : UserControl
    {
        private Graphics graphics;
        string imagePath;
        int frameCount, index;
        private int width = 55;
        private int height = 55;
        private bool direction;

        public bool Turn()
        {
            int n = (Convert.ToInt32(direction) + 1) % 2;
            direction = Convert.ToBoolean(n);

            return direction;
        }

        public int Move(int distance)
        {
            if(direction)
                this.Left += distance;
            else
                this.Left -= distance;

            return this.Left;
        }

        [DefaultValue(false)]
        public bool Direction      // left = false, right = true;
        {
            get
            {
                return direction;
            }
```

```csharp
        set
        {
            direction = value;
        }
    }

    public int Width
    {
        get
        {
            return width;
        }
        set
        {
            width = value;
        }
    }

    public int Height
    {
        get
        {
            return height;
        }
        set
        {
            height = value;
        }
    }

    public Sprite()
    {
        InitializeComponent();

        graphics = CreateGraphics();
    }

    public bool SetSpriteImage(string imagePath, int frameCount)
    {
```

```csharp
            this.imagePath = imagePath;
            this.frameCount = frameCount;
            this.index = 0;

            DrawSplrite();
            timAni.Start();

            return true;
        }

        private void DrawSprite()
        {
            if (imagePath != null)
            {
                Bitmap bitmap = new Bitmap(imagePath);
                bitmap.MakeTransparent(bitmap.GetPixel(0, 0));

                if (direction == false)
                    bitmap.RotateFlip(RotateFlipType.RotateNoneFlipX);

                GraphicsUnit units = GraphicsUnit.Pixel;

                this.Size = new Size(bitmap.Width / frameCount, bitmap.Height);

                graphics.Clear(this.BackColor);

                if (index >= frameCount)
                    index = 0;

                graphics.DrawImage(
                    bitmap,
                    new Rectangle(0, 0, bitmap.Width / frameCount, bitmap.Height),
                    index * (bitmap.Width / frameCount),
                    0,
                    bitmap.Width / frameCount,
                    bitmap.Height,
                    units);
            }
        }
```

```
        private void timAni_Tick(object sender, EventArgs e)
        {
            index++;

            DrawSprite();
        }
    }
}
```

여기에 약간 작업을 추가한다면 다음과 같이 만들 수 있습니다.

::: 실행 결과

7.1.5 말풍선 인터페이스 만들기

말풍선은 만화에서 대화를 표현할 때 자주 등장하는 기법으로 매우 익숙한 방법입니다. 과거 휴대 전화의 문자 메시지 애플리케이션은 단순한 리스트의 형태로 메시지를 제공했지만, 최근 스마트폰은 말풍선을 이용해 메시지를 보여줌으로써 직관성 높은 인터페이스를 제공하고 있습니다. 또한 대표적인 메시징 애플리케이션인 카카오톡(KAKAO TALK)도 말풍선 인터페이스를 제공하고 있습니다.

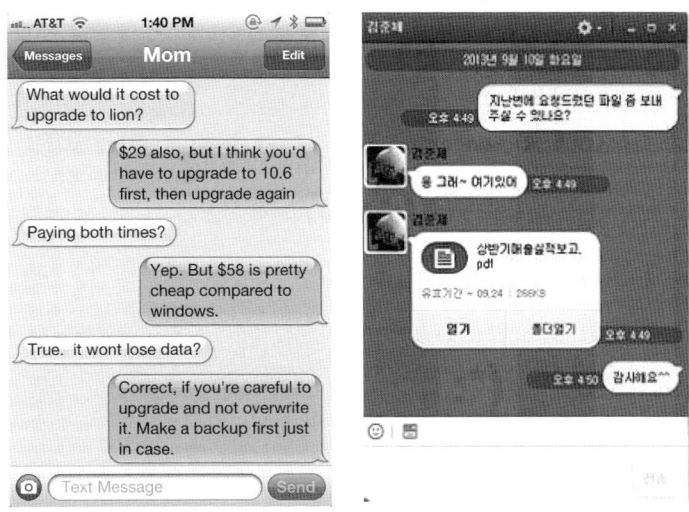

[그림 7.18] 아이폰(iPhone)의 메시지 앱과 카카오톡

그래서 준비했습니다. 우리도 말풍선 인터페이스를 만들어봅시다. 여기서 만든 컨트롤은 추후 채팅 프로그램을 개발할 때 유용하게 사용할 수 있습니다.

지금까지 만든 컨트롤은 모두 단층 구조였으나, 이번에 만들 컨트롤은 말풍선 대화창 컨트롤 내에 말풍선 컨트롤이 포함되는 형태입니다. 그러므로 말풍선 컨트롤과 말풍선을 포함하는 말풍선 대화창 컨트롤을 각각 구현해야 합니다.

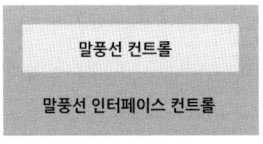

[그림 7.19] 말풍선 대화창 컨트롤의 구조

먼저 Control 폴더에 새 항목으로 사용자 정의 컨트롤을 추가합니다. 먼저 말풍선 컨트롤부터 만들고자 하니 이름은 Balloon.cs로 입력합니다. 컨트롤의 속성은 [표 7.4]와 같이 설정합니다.

[표 7.4] Balloon.cs의 속성

속성	내용
Name	Balloon
Size	300, 30

말풍선을 그리기 위해서는 Graphic 객체가 필요합니다. 코드 편집 창을 열고 Graphic 객체를 추가합니다.

::: 예제 7-36

```
... <코드 생략> ...
public partial class Balloon : UserControl
{
    private Graphics graphics;

    public Balloon()
    {
        InitializeComponent();
    }
}
... <코드 생략> ...
```

이제 본격적으로 말풍선을 그려야 합니다. 말풍선을 그리기 위해서는 다각형을 그려야 하는데 그 이유는 말풍선이 단순한 사각형이 아니기 때문입니다.

[그림 7.20] 말풍선 디자인

[그림 7.20]에서 원으로 표시된 지점을 명시하여 연결해야 최종적으로 말풍선이 그려지게 됩니다. 이를 위해 Graphic 객체에서 다각형을 그리고 채색하는 메소드인 FillPolygon( ) 을 사용하도록 하겠습니다.

::: 예제 7-37

```
... <코드 생략> ...
public partial class Balloon : UserControl
{
    private Graphics graphics;

    public Balloon()
    {
        InitializeComponent();
    }

    private void DrawBalloon()
    {
        graphics = CreateGraphics();

14:     Point[] points = new Point[]{
            new Point(0, 0), new Point(this.Width - 5, 0),
            new Point(this.Width, 5), new Point(this.Width, this.Height - 5),
            new Point(this.Width - 5, this.Height), new Point(15, this.Height),
            new Point(10, this.Height - 5), new Point(10, 10)
        };

16:     graphics.FillPolygon(Brushes.LightYellow, points);
    }

19: private void Balloon_Paint(object sender, PaintEventArgs e)
    {
        DrawBalloon();
    }
}
... <코드 생략> ...
```

14행에서 FillPolygon( )을 위한 각 지점을 Point 형태의 배열을 이용하여 명시하였습니다. 이렇게 명시된 지점을 이용하여 16행에서 말풍선을 그리고 있습니다. 마지막으로 19행에서 Paint 이벤트를 통해 항상 말풍선이 출력되도록 합니다.

다음으로 말풍선에 문자열이 입력되었을 때, 문자열을 출력하는 속성과 함수를 추가하겠습니다.

::: 예제 7-38

```
... <코드 생략> ...
public partial class Balloon : UserControl
{
    private Graphics graphics;

5:  private string text;

7:  public override string Text
    {
        get
        {
            return text;
        }
        set
        {
            text = value;
16:         this.Refresh();
        }
    }

    public Balloon()
    {
        InitializeComponent();
    }

    private void DrawText()
    {
27:     graphics.DrawString(text, new Font(FontFamily.GenericSansSerif, 9)
```

```
                , new SolidBrush(Color.Black), 15, 5);
        }

        private void DrawBalloon()
        {
            graphics = CreateGraphics();

            Point[] points = new Point[]{
                new Point(0, 0), new Point(this.Width - 5, 0),
                new Point(this.Width, 5), new Point(this.Width, this.Height - 5),
                new Point(this.Width - 5, this.Height), new Point(15, this.Height),
                new Point(10, this.Height - 5), new Point(10, 10)
            };

            graphics.FillPolygon(Brushes.LightYellow, points);
        }

        private void Balloon_Paint(object sender, PaintEventArgs e)
        {
            DrawBalloon();
42:         DrawText();
        }
}
... <코드 생략> ...
```

5행과 7행은 Balloon 컨트롤의 Text 속성을 위해 선언한 부분입니다. 이때, 기본적으로 System.Windows.Forms 구조체 내에 Text 속성이 선언되어 있으므로, 중복으로 인한 오류를 막기 위해 override 키워드를 추가합니다.

Text 속성이 변경된 경우, 16행을 통해 컨트롤을 다시 그림으로써 입력된 문자열을 출력합니다.

27행은 입력된 문자열을 그리기 위한 함수입니다.

마지막으로 42행에서 Paint 이벤트 내에 DrawText( ) 함수를 호출하도록 하여, 컨트롤이 다시 그려질 때마다 출력된 문자열을 항상 최신 상태로 유지하도록 하였습니다.

이제 말풍선 대화창 컨트롤을 만듭시다. Control 폴더에 Board.cs라는 이름으로 새로운 사용자 정의 컨트롤을 추가합니다. 다음으로 [표 7.5]와 같이 속성을 지정합니다.

[표 7.5] Board.cs의 속성

속성	내용
Name	Board
BackColor	255, 192, 128
Size	400, 300

Board 컨트롤은 Balloon 컨트롤을 배치하고, Form1으로부터 입력받은 문자열을 전달하는 역할을 담당합니다.

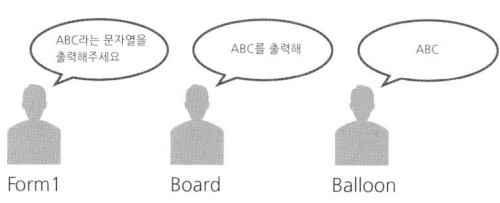

[그림 7.21] Board 컨트롤의 역할

속성 설정을 마쳤으면 코드 편집 창을 열고 다음과 같이 코드를 작성합니다.

::: 예제 7-38

```
... <코드 생략> ...
    public partial class Board : UserControl
    {
3:      Balloon[] balloons = new Balloon[9];
4:      int nextY, index = 0;
```

```
        public Board()
        {
            InitializeComponent();

10:         for (int n = 0; n < balloons.Length; n++)
            {
                balloons[n] = new Balloon();
                balloons[n].Visible = false;
                this.Controls.Add(balloons[n]);
            }
        }
    }
... <코드 생략> ...
```

3행에서 Balloon 컨트롤을 배열로서 선언했습니다.

4행에서 정수형으로 선언된 nextY는 말풍선이 그려질 때마다 다음에 출력될 말풍선의 위치를 계산하여 저장하는 변수입니다. index는 문자열이 입력되었을 때 출력될 말풍선의 번호입니다.

배열로서 선언된 Balloon 컨트롤은 10행에서 반복문을 통해 Board 컨트롤에 추가됩니다.

다음으로 Form1에서 문자열을 입력할 때 사용하는 메소드인 AddMessages를 작성합시다. 매개 변수로는 문자열을 전달받습니다.

::: 예제 7-39

```
... <코드 생략> ...
    public partial class Board : UserControl
    {
        Balloon[] balloons = new Balloon[9];
        int nextY, index = 0;

        public Board()
        {
```

```csharp
            InitializeComponent();

            for (int n = 0; n < balloons.Length; n++)
            {
                balloons[n] = new Balloon();
                this.Controls.Add(balloons[n]);
            }
        }

        public void AddMessages(string text)
        {
19:         if (index >= balloons.Length)
                index = 0;

22:         balloons[index].Text = text;

24:         if (nextY + balloons[index].Height > this.Height || index == 0)
            {
                for(int n = 0; n < balloons.Length; n++)
                    balloons[n].Visible = false;

                nextY = 5;
            }

            balloons[index].Location = new Point(5, nextY);
            balloons[index].Visible = true;

35:         nextY += balloons[index].Height + 5;
36:         index++;
        }
    }
... <코드 생략> ...
```

가장 먼저 19행에서 index가 선언된 Balloon 컨트롤의 개수보다 커지면, 다시 0번째 컨트롤부터 사용하게 함으로써, 불필요한 메모리 낭비를 방지했습니다.

다음으로 22행을 통해 전달받은 문자열을 Balloon 컨트롤에 전달합니다.

24행은 말풍선이 쌓여서 화면을 넘어가거나 index가 0, 즉, 첫 대화일 경우 말풍선을 무조건 (5, 5)의 지점에 출력하기 위한 반복문입니다. 만약 전자의 조건처럼 말풍선이 화면을 넘어갈 경우, 이미 출력된 모든 말풍선의 Visible 속성을 거짓으로 설정함으로써, 화면을 깨끗하게 비워주게 됩니다.

35행에서 현재 말풍선이 출력된 위치와 말풍선의 크기를 기준으로 다음에 출력될 말풍선의 출력 지점을 계산합니다. 36행에서는 index를 증가시킴으로써 이후에 AddMessages( ) 메소드가 호출될 시, 다음번 말풍선에 문자열이 출력되도록 합니다.

정상적으로 동작하는지 확인하기 위해, Form1으로 이동하여 Board 컨트롤과 버튼을 추가한 후, 다음과 같이 Click 이벤트를 작성합니다.

::: 예제 7-40

```
... <코드 생략> ...
    public partial class Form1 : Form
    {
        public Form1()
        {
            InitializeComponent();
        }

        private void button1_Click(object sender, EventArgs e)
        {
            board1.AddMessages("말풍선 컨트롤 테스트입니다.");
        }
    }
... <코드 생략> ...
```

실행 결과를 확인합니다.

::: 실행 결과

말풍선이 정상적으로 출력되는 것을 볼 수 있습니다. 하지만 뭔가 부족해 보입니다. 문자열이 모두 출력되지 못한 것을 볼 수 있습니다. 이를 해결하기 위해 Balloon 컨트롤에 문자열 입력 시 크기가 자동으로 조절되는 함수를 추가해야 할 것입니다.

다시 Balloon 컨트롤로 이동하여 코드 편집 창을 엽니다.

::: 예제 7-41

```
... <코드 생략> ...
public partial class Balloon : UserControl
{
... <코드 생략> ...

    public override string Text
    {
        get
        {
            return text;
        }
        set
        {
            text = value;
13:         this.ReSize();
            this.Refresh();
        }
```

```
        }

        public Balloon()
        {
            InitializeComponent();
        }

      private void ReSize()
      {
            string temp = null;
26:         int lines = (int)(Encoding.Default.GetByteCount(text) / 18) + 2;
            int m = 0;

29:         this.Height = (lines * 9) + 20;

31:         for (int n = 0; n < text.Length; n++)
            {
                temp += text.Substring(n, 1);
                m += Encoding.Default.GetByteCount(text.Substring(n, 1));

                if (m > 18) { m = 0; temp += '\n'; }
            }

39:         text = temp;
      }

        private void DrawText()
        {
            graphics.DrawString(text, new Font(FontFamily.GenericSansSerif, 9)
                , new SolidBrush(Color.Black), 15, 5);
        }

... <코드 생략> ...

        private void Balloon_Paint(object sender, PaintEventArgs e)
        {
            DrawBalloon();
            DrawText();
        }
}
... <코드 생략> ...
```

13행에 추가된 ReSize( ) 함수는 Text 속성이 입력되었을 때, 문자열의 길이에 따라 컨트롤의 크기를 조정하는 함수입니다.

26행은 이해하기 어려울 수 있습니다. 문자열의 경우 한글은 2byte, 영문과 숫자는 1byte 이므로, 단순히 문자의 길이만을 가지고 줄 바꿈을 실행할 경우, 크기가 맞지 않을 수 있습니다. 그러므로 Byte 형태로 변환한 뒤, 연산을 수행해야 합니다. 현재 우리가 만든 말풍선은 가로를 기준으로 총 18byte의 문자열을 한 줄에 출력할 수 있습니다.

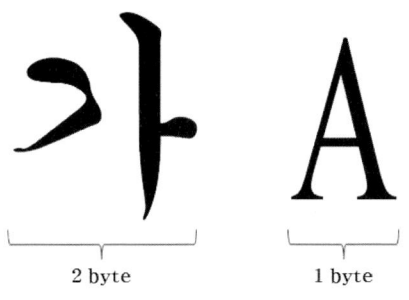

[그림 7.22] 한글과 영문을 Byte로 변환했을 때 차이

결과적으로 26행은 입력받은 문자열을 18byte의 길이로 나누었을 때, 총 몇 줄로 줄 바꿈을 해야 하는지 연산하고 있으며, 이렇게 얻은 결과를 토대로 29행에서 컨트롤의 크기를 조정하게 됩니다.

31행에서는 반복문을 통해 문자열을 한 글자씩 읽으면서 18byte마다 줄 바꿈 문자를 추가하며, 이렇게 줄 바꿈 문자가 포함된 문자열을 39행을 통해 Text 속성로 전달하게 됩니다.

실행하면 다음과 같은 결과를 볼 수 있습니다.

::: 실행 결과

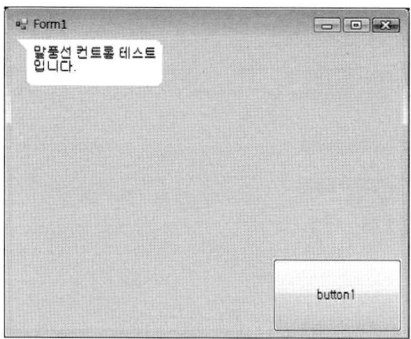

문자열이 길어도 깔끔하게 크기가 조절되어 출력되는 것을 볼 수 있습니다.

다음으로 기능 하나만 추가해봅시다. 서로 대화를 하는 대화창이니까 내가 입력한 문자열이라면 화면의 우측에, 상대방이 입력한 문자열이라면 좌측에 표시하고 싶습니다. 또한 색상도 다르게 하고 싶습니다.

이를 위해 Balloon 컨트롤에 IsMine이라는 속성을 추가하겠습니다.

::: 예제 7-42

```
... <코드 생략> ...
public partial class Balloon : UserControl
{
    private Graphics graphics;
    private string text;

... <코드 생략> ...

7:  private bool isMine;

    [DefaultValue(false)]
    public bool IsMine
    {
        get
        {
```

```csharp
            return isMine;
        }
        set
        {
            isMine = value;

            this.Refresh();
        }
    }

    public Balloon()
    {
        InitializeComponent();
    }
```

... <코드 생략> ...

```csharp
    private void DrawText()
    {
32:     int x = 15;

34:     if (IsMine)
            x = 5;

        graphics.DrawString(text, new Font(FontFamily.GenericSansSerif, 9)
            , new SolidBrush(Color.Black), x, 5);
    }

    private void DrawBalloon()
    {
        graphics = CreateGraphics();

        Point[] points = new Point[8];
        Brush brush;

48:     if (isMine)
        {
            points = new Point[]{
                new Point(5, 0), new Point(this.Width, 0),
```

```
                    new Point(this.Width - 5, 5), new Point(this.Width - 5, this.Height - 5),
                    new Point(this.Width - 10, this.Height), new Point(5, this.Height),
                    new Point(0, this.Height - 5), new Point(0, 5)
                };
```
52:             brush = Brushes.LightYellow;
```
            }
            else
            {
                points = new Point[8]{
                    new Point(0, 0), new Point(this.Width - 5, 0),
                    new Point(this.Width, 5), new Point(this.Width, this.Height - 5),
                    new Point(this.Width - 5, this.Height), new Point(15, this.Height),
                    new Point(10, this.Height - 5), new Point(10, 10)
                };
```
58:             brush = Brushes.LightGreen;
```
            }

            graphics.FillPolygon(brush, points);

        }

        private void Balloon_Paint(object sender, PaintEventArgs e)
        {
            DrawBalloon();
            DrawText();
        }
    }
}
... <코드 생략> ...
```

7행에 선언된 IsMine 속성은 기본적으로 거짓으로 설정됩니다. IsMine 속성이 거짓인 경우, 상대방의 말풍선을 출력하며, 참인 경우 사용자 본인이 입력한 말풍선을 출력하게 됩니다.

32행과 34행을 통해 문자열의 출력 위치를 조정합니다.

48행에서는 IsMine 속성의 참/거짓 여부에 따라 그려야 하는 말풍선의 모양을 다르게 설정하였습니다. 참/거짓 여부에 따라 52행과 58행에서 말풍선의 배경색을 변경합니다.

작성을 마쳤나요? 하지만 실행을 하기에 앞서 추가해야 할 것이 하나 더 있습니다. 바로 Board 컨트롤인데요. Board 컨트롤의 AddMessages( ) 메소드에 매개 변수로서 참/거짓형의 IsMine 변수를 추가해야 합니다.

::: 예제 7-43

```
... <코드 생략> ...
    public partial class Board : UserControl
    {
        Balloon[] balloons = new Balloon[9];
        int nextY, index = 0;

        public Board()
        {
            InitializeComponent();

            for (int n = 0; n < balloons.Length; n++)
            {
                balloons[n] = new Balloon();
                this.Controls.Add(balloons[n]);
            }
        }

17:     public void AddMessages(string text, bool isMine)
        {
            int x = 5;

            if (index >= balloons.Length)
                index = 0;

24:         balloons[index].IsMine = isMine;
            balloons[index].Text = text;
```

```
            if (nextY + balloons[index].Height > this.Height || index == 0)
            {
                for(int n = 0; n < balloons.Length; n++)
                    balloons[n].Visible = false

                nextY = 5;
            }

35:         if (isMine)
                x = this.Width - balloons[index].Width - 5;

            balloons[index].Location = new Point(5, nextY);
            balloons[index].Visible = true

            nextY += balloons[index].Height + 5;
            index++;
        }
    }
... <코드 생략> ...
```

17행에서 AddMessages( ) 메소드에 매개 변수로서 참/거짓 형태의 isMine 변수를 추가하였습니다. 이렇게 전달받은 isMine 변수의 값은 24행에서 Balloon 컨트롤에 전달됩니다.

35행에서는 isMine 변수의 참/거짓 여부에 따라 말풍선의 위치를 변경합니다.

마지막으로 Form1에 약간의 확인용 코드를 추가합니다.

::: 예제 7-44

```
... <코드 생략> ...
public partial class Form1 : Form
{
    public Form1()
    {
```

```
        InitializeComponent();
    }

    private void button1_Click(object sender, EventArgs e)
    {
        board1.AddMessages("안녕하세요", true);
        board1.AddMessages("네! 잘 지내시죠?", false);
        board1.AddMessages("비가 올 것 같아요.", true);
        board1.AddMessages("우산 가지고 오셨어요? 안가지고 오셨으면 같이 쓰고 갈까요?", false);
    }
}
... <코드 생략> ...
```

코드를 추가했다면 실행합니다.

::: 실행 결과

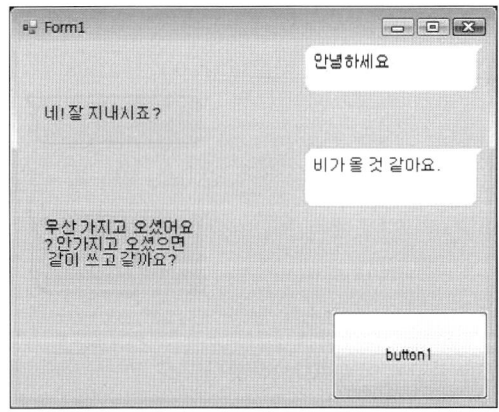

이제 제법 근사한 결과가 나오네요.

7.2 마치며

이번 장에서는 기본적으로 제공되는 컨트롤을 사용하는 것이 아닌 조합을 통해 더욱 유용한 컨트롤을 구현하는 방법에 대해 익혔습니다.

앞서 언급한 대로 소규모 프로젝트를 진행할 땐 굳이 사용자 정의 컨트롤을 만들지 않아도 괜찮을 수 있지만, 팀 프로젝트를 진행하거나 대규모 프로젝트를 진행할 땐 정말 필수적인 기술이라고 말씀드릴 수 있습니다.

가령 예를 들어 팀 프로젝트 시, 프로젝트 내에서 사용하는 컨트롤의 개발을 팀원 중 한 명이 책임지고 개발한 후, 상위 애플리케이션 개발자에게 전달하는 식으로 활용될 수도 있으며, 만약 버그가 발생했을 때, 버그가 발생한 컨트롤만 수정하면, 해당 컨트롤을 사용하는 모든 부분에서 버그가 수정될 수 있기 때문에 작업의 효율성이 늘어날 수 있습니다. 물론 제대로 설계하지 않고, 주먹구구식으로 구현했다면, 오히려 범용성이 떨어지게 되어 프로젝트의 개발 기간을 불필요하게 증가시키고, 버그를 양산하는 원인이 될 수도 있습니다.

하지만 처음부터 완벽하게 만들 수는 없는 법입니다. 여러분이 처음엔 서툴고 어려울지 몰라도 요구 사항을 정리하고, 그에 따라 설계를 최적화하는 습관을 들인다면, 사용자 정의 컨트롤은 여러분께 엄청난 능률을 약속할 것입니다.

네트워크 프로그래밍

CHAPTER 08

우리는 컴퓨터를 이용하여 다양한 작업을 합니다. 메신저를 이용하여 친구와 이야기를 하거나 파일을 주고받으며 인터넷을 통해 쇼핑합니다. 만약 인터넷에 연결되어 있지 않다면 어떨까요? 아마 컴퓨터로 할 수 있는 일이 매우 제약적일 것입니다.

이러한 인터넷을 이용하는 네트워크 프로그램을 만들기 위해서는 소켓을 사용하여야 합니다. 소켓은 이기종 간에도 호환성을 유지하며 네트워크를 통하여 통신을 가능하도록 해주는 인터페이스와 같습니다. 이번 8장에서는 네트워크 프로그래밍에 대해 공부하겠습니다.

8.1 네트워크 프로그래밍이란?

그렇다면 네트워크 프로그래밍은 무엇일까요? 앞에서 말했듯이 우리는 인터넷을 통해 이미 많은 일을 하고 있습니다. 이런 인터넷을 이용해 프로그래밍하는 것이 바로 네트워크 프로그래밍입니다.

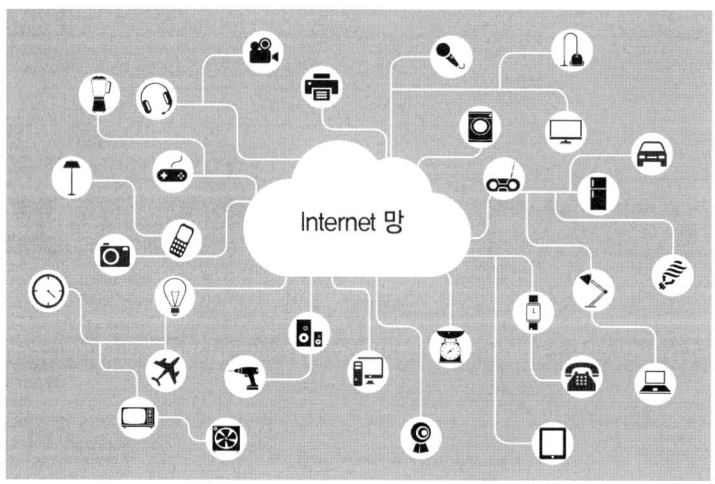

[그림 8.1] 인터넷의 이해

위의 그림에서 볼 수 있듯이 인터넷은 여러 디바이스와 디바이스를 연결해 줍니다. 그리고 인터넷을 통해 전 세계 여러 종류의 디바이스들이 연결되어 있습니다. 그리고 우리는 이렇게 연결된 인터넷을 통해 수많은 일을 하고 있습니다. 먼저 인터넷에는 전 세계 여러 종류의 디바이스들이 연결되어 있다고 했습니다. 그렇다면 단순히 인터넷 선만 디바이스와 디바이스 사이에 연결하면 인터넷이라 할 수 있을까요? 물론 이것도 하나의 작은 인터넷이라 할 수 있습니다. 하지만 전 세계의 수많은 디바이스를 효과적으로 연결하고 관리하기 위해서는 수많은 인터넷 관련 기술이 필요합니다.

그중 우리가 자주 접하게 되는 용어가 IP 주소, DNS, 서브넷 마스크와 같은 용어들입니다. 우리 컴퓨터에도 위의 기술을 설정하고 사용하고 있습니다. 이런 용어들을 우린 어디서 확인할 수 있을까요? 이제 우리의 컴퓨터에서 확인해 봅시다.

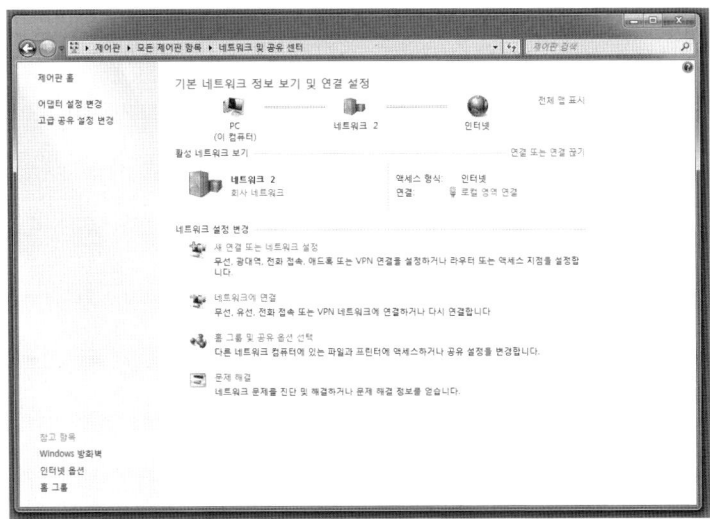

[그림 8.2] 네트워크 및 공유 센터

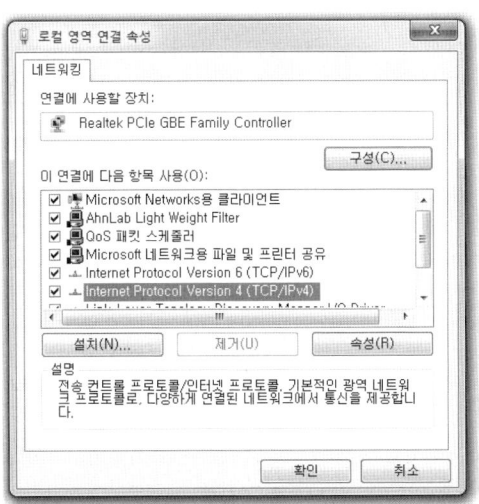

[그림 8.3] 로컬 영역 연결 속성

[제어판] -> [네트워크 및 공유센터] -> [어댑터 설정 변경] -> [로컬 영역 연결] ->
마우스 오른쪽 클릭-> [속성] -> [Internet Protocol Version 4 (TCP/IPv4)] -> [속성]

위의 순서대로 따라가면 아래 그림과 같은 화면이 나옵니다.

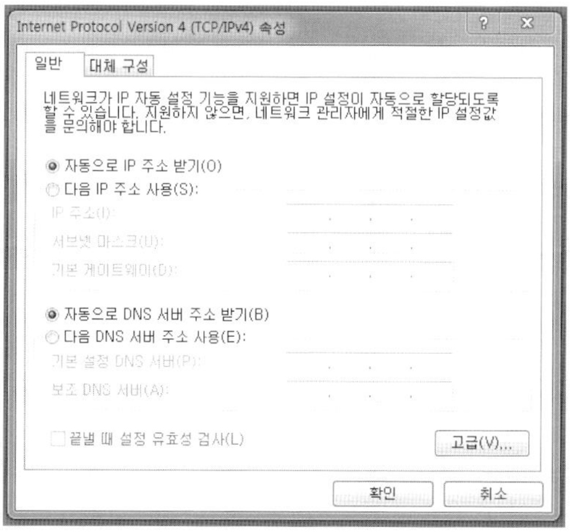

[그림 8.4] Internet Protocol Version 4 (TCP/IPv4) 속성

위의 그림에는 "자동으로 IP 주소 받기(O)"로 선택이 되어 있는데요. 보통 가정집은 위의 그림과 같이 되어 있을 겁니다. 이는 IP 주소가 한정적이어서 인터넷을 제공하는 회사에서 IP 주소를 유동적으로 할당하기 때문입니다. 동시에 인터넷을 제공하는 회사에서 관련된 자원도 함께 관리합니다. 이런 서비스를 제공하는 회사를 우리는 Internet Service Provider(ISP)라고 부릅니다. 그럼 위의 IP 주소, 서브넷 마스크, 기본 게이트웨이, DNS는 무엇일까요? 간략하게 설명하면 아래와 같습니다.

- **IP 주소** 인터넷에 연결된 컴퓨터의 고유 주소입니다. 지금 이 순간 하나의 IP 주소는 하나의 컴퓨터를 나타냅니다. 인터넷에 연결된 모든 컴퓨터는 상대방의 IP주소를 이용하여 상대방 컴퓨터에 접속합니다.

- **서브넷 마스크** IP 주소는 총 4자리의 숫자를 이용하여 표시됩니다. 예를 들면 169.254.50.10와 같습니다. 보통은 IP 주소가 실제 물리적 위치와 연결되는 경우가 많습니다. 특정 지역에 169.254.X.X의 IP 주소가 할당되는 경우죠. 쉽게 설명하면 169.254.X.X의 IP 주소가"경기도"에 할당되었다 생각하면, 경기도 내 수원시에는 169.254.10.X와 같은 IP 주소가 할당된다고 생각하면 됩니다. 이렇게 큰 덩이의 IP 주소를 나누는 방법으로 서브넷 마스크를 사용합니다.

- **기본 게이트웨이** 위에 서브넷 마스크를 이용하여 큰 덩이의 IP 주소를 나눈다고 설명했습니다. 그럼 큰 덩이를 대표하는 IP 주소가 있어야겠죠? 바로 그 큰 덩이의 IP 주소를 대표하는 주소가 기본 게이트웨이입니다.

- **DNS** Domain Name System 인터넷에 연결된 모든 컴퓨터는 IP 주소를 가진다고 했습니다. 우리가 흔히 아는 Naver, Google과 같은 포털도 마찬가지로 IP 주소를 가지고 있습니다. 하지만 우리는 Naver에 접속할 때 Naver의 IP 주소를 입력하지 않습니다. 대신 http://www.naver.com를 입력합니다. 이렇게 문자로 해야 사람들이 쉽게 기억하기 때문입니다. DNS는 사람이 기억하기 쉽게 만든 문자열의 주소를 실제 IP 주소로 바꾸는 역할을 합니다.

8.1.1 개요

네트워크 프로그래밍은 인터넷을 이용하여 데이터를 주고받는 것입니다. 인터넷을 통하여 데이터를 송·수신하는 과정은 우리가 친구에게 전화를 걸어 통화하는 모습과 유사합니다. 먼저 전화 통화를 예로 들어보겠습니다.

친구에게 내일 약속 시각을 확인하기 위해 전화를 걸려 합니다. 전화를 걸기 위해서는 먼저 전화기가 있어야겠지요?

① 전화를 걸기 위해 전화기 앞에 갑니다. 친구에게 전화를 걸기 위해서는 전화번호가 필요합니다.
② 전화기에 친구 전화번호를 누릅니다. 전화기에 친구 전화번호가 입력되면,
③ 전화기 내부 전화 연결 시스템이 전화번호를 해석하여 해당 전화번호로 전화 연결을 시도합니다.
④ 수화기에 신호음이 들립니다. 신호음이 정상적인 것을 보니, 상대방이 전화를 받을 수 있고, 전화번호도 올바른 것 같습니다.
⑤ 친구가 전화 수화기를 들어 수신 확인을 합니다. 이는 친구가 전화 연결을 수락하는 것과 같습니다. 전화 연결이 되었으니,
⑥ 친구에게 내일 약속 시각을 확인합니다. 대화를 마칩니다.
⑦ 전화 수화기를 내려놓고, 통화를 종료합니다.

이제 네트워크를 이용하여 데이터를 송·수신하는 과정을 설명하여 보겠습니다. 위의 전화 통화 시 숫자와 네트워크를 이용하는 경우의 숫자를 비교하면 이해하기 쉬울 것입니다.

친구에게 메신저를 이용하여 내일 약속 시각을 확인하려 합니다. 메신저를 사용하기 위해서는 먼저 컴퓨터가 있어야겠지요?

① 메신저를 사용하기 위해 컴퓨터 앞에 갑니다. 컴퓨터를 켜고 메신저에 접속합니다. 메신저에 친구가 있군요. 메신저에 있는 친구 이름의 아이콘을 더블클릭하여 대화를 시도합니다. 이때 네트워크 내부적으로는

② 접속한 친구 컴퓨터의 고유 IP 주소를 확인합니다. 친구의 IP 주소가 확인되면

③ 소켓 인터페이스에 친구의 IP 주소를 입력합니다. 소켓 인터페이스는 친구의 IP 주소를 해석하여 친구의 PC로 접속을 시도합니다.

④ 소켓 인터페이스가 접속을 시도합니다. 접속 시도가 정상적인 것을 보니, 친구의 PC가 접속을 수신할 수 있으며, IP 주소도 올바른 것 같습니다.

⑤ 친구의 PC에서 접속을 수락합니다. 친구의 PC와 연결되었습니다.

⑥ 메신저를 이용하여 내일 약속 시각을 확인합니다.

⑦ 대화가 끝난 뒤에는 대화 창을 닫습니다. 이때 메신저 내부에서는 친구의 PC와 연결된 네트워크 접속을 종료합니다.

위에서 설명한 것과 같이 네트워크를 이용한 데이터 송·수신은 전화 통화와 유사하며, 전화 통화를 비교한다면 쉽게 이해할 수 있을 것입니다. 위에서는 네트워크를 통하여 메신저를 이용하여 내일 약속 시각을 확인하는 대화 내용을 송·수신했는데요.

위와 같이 네트워크를 통해 문자열을 송·수신할 수 있을 뿐만 아니라, 문서 파일, 동영상 파일과 같은 파일도 송·수신할 수 있습니다. 우리가 전화 통화에서 음성을 이용하여 친구와 정보를 주고받듯이, 네트워크에서는 010과 같은 연속된 이진수를 통해 데이터를 주고받기 때문에 주고받는 내용물의 형태(문자열, 문서 파일, 동영상 파일)는 모두 동일하게 취급됩니다.

[표 8.1] 네트워크 통신과 전화 통화 비교

번호	전화 통화	네트워크 통신
①	전화기	컴퓨터
②	전화번호	IP 주소
③	전화 연결 시스템	소켓 인터페이스
④	신호음	연결 시도
⑤	수신 확인	연결 수락
⑥	대화	데이터
⑦	수화기 내려놓음	연결 종료

따라서 간단한 메시지(문자열)를 전송하게 되면 채팅 프로그램이 되며, 파일을 전송하게 되면 파일 전송 프로그램이 되는 것입니다. 아래의 그림은 위에서 네트워크의 구조를 전화기에 비유하여 설명한 내용을 그림으로 표현한 것입니다. 이제부터 우리는 간단한 채팅 프로그램을 만들어 보며 네트워크 프로그래밍이 어떻게 이루어지는지 공부할 것입니다.

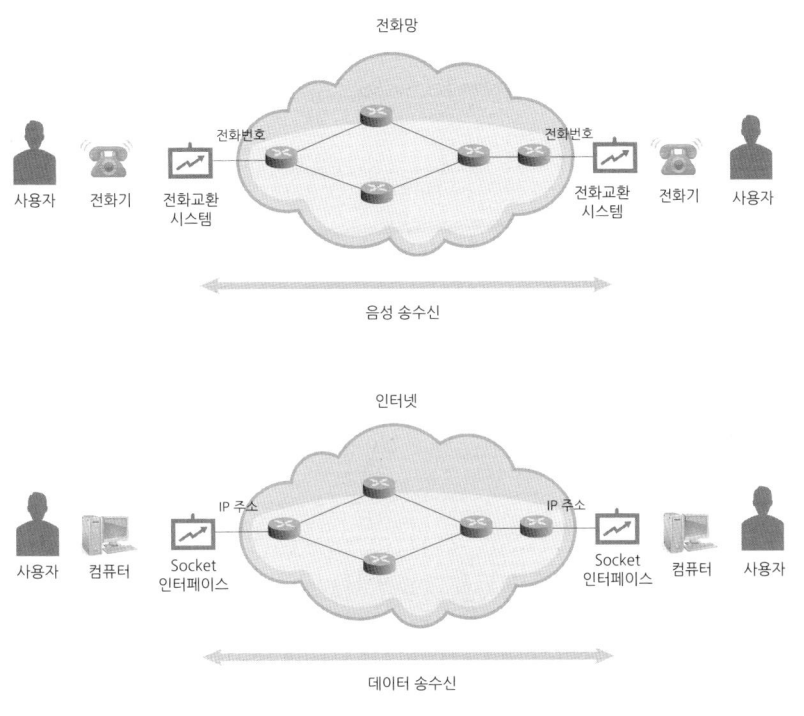

[그림 8.5] 인터넷과 전화망

8.1.2 네트워크에서 특정 PC 찾아가기(IP 주소, Port 번호)

위에서 메신저를 이용하여 친구와 대화를 하는 예를 들었습니다. 그렇다면 네트워크에 연결된 수많은 컴퓨터 중 친구의 PC를 찾을 수 있을까요? 그리고 친구의 PC 중에 실행되고 있는 많은 프로그램 중 어떻게 메신저 프로그램을 찾아 접속할 수 있을까요?

우리가 사는 현실에서 제가 철수를 찾아가는 것과 제 PC의 메신저 프로그램에서 친구의 PC

에 메신저 프로그램에 접속하는 과정을 비교해 보겠습니다. 먼저 현실에서 제가 철수를 찾아가는 과정을 설명하겠습니다.

철수를 찾아가기 위해서는 다음과 같은 과정이 필요합니다.

① 집 주소가 필요합니다. 철수네 집 주소는 경기도 수원시 영통구 매탄동 XXX 번지입니다.
② 집 주소의 구조는 경기도라는 가장 큰 범위의 주소에서 시작하여 매탄동이라는 작은 범위의 주소로 하향식 구조로 이루어져 있습니다. 철수네 집에 도착했습니다. 철수네 집의 초인종을 누릅니다. 철수 동생 민수가 문을 열어 주네요.
③ 저는 민수에게 철수를 불러 달라고 합니다. 드디어 저는 철수를 만났습니다.

이제 제 PC의 메신저 프로그램에서 철수 PC의 메신저 프로그램에 접속하는 과정을 설명하겠습니다. 위의 현실에서 철수를 찾아가는 과정에 표시한 번호를 비교하며 읽으면 이해하시기 쉬울 것입니다.

철수 PC의 메신저 프로그램에 접속하기 위해서는 먼저 철수의 PC에 접속해야 합니다. 철수의 PC에 접속하기 위해서는 다음과 같은 과정이 필요합니다.

① 철수 PC의 IP 주소가 필요합니다. 철수의 IP 주소는 192.168.0.32입니다.
② 인터넷에서 사용되는 IP 주소 역시 가장 큰 범위의 주소에서 가장 작은 범위의 주소로 이루어져 있습니다. 다시 이야기하면, 철수의 IP 주소 중 가장 앞에 있는 192는 가장 큰 범위의 주소를 나타내며, 맨 마지막에 나오는 32는 가장 작은 범위의 주소를 나타냅니다. 현실 세계의 번지수 정도라 생각하면 됩니다. IP 주소를 이용하여 철수의 PC에 접속합니다. PC에 접속이 완료되면, PC의 여러 프로그램 중 메신저 프로그램을 찾아야 합니다. 이때 사용되는 것이 Port 번호입니다. Port 번호는 PC에서 동작 중인 여러 프로그램 중 하나의 프로그램을 찾을 수 있게 합니다.
③ 메신저의 Port 번호(예. 12600)를 이용하여 철수 PC의 메신저 프로그램에 연결합니다. 이제 메신저를 이용하여 철수와 대화를 할 수 있습니다.

[표 8.2] 네트워크 주소와 현실 주소

번호	네트워크	실세계
①	IP 주소	집 주소
②	하향식 주소	하향식 주소
③	Port 번호	이름 (철수)

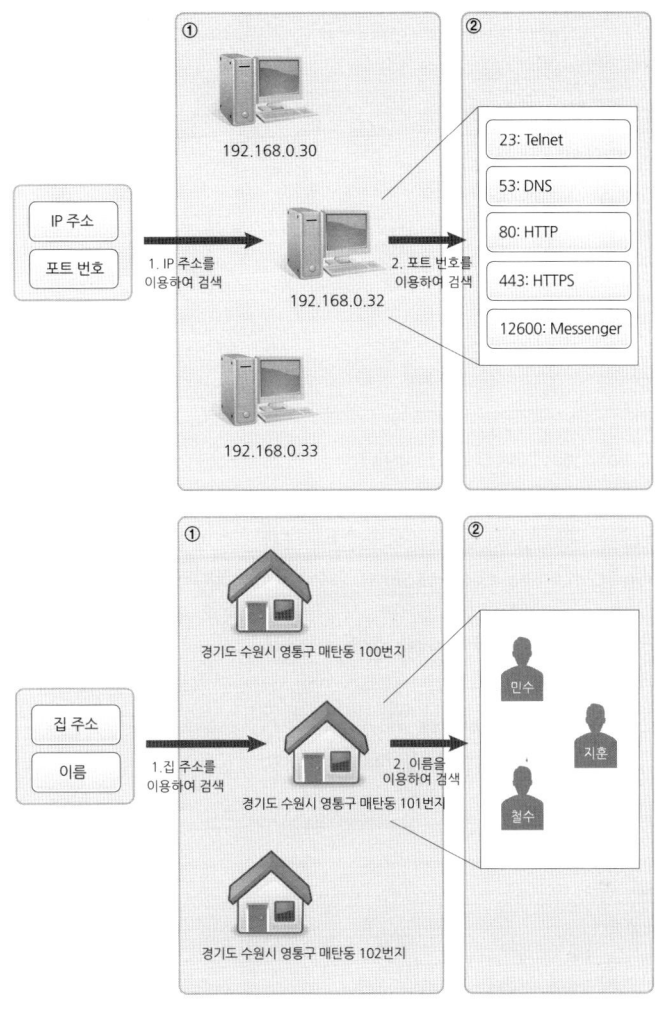

[그림 8.6] 네트워크에서 검색과 현실에서 검색 비교

8.1.3 내 IP 주소 확인하기

현실에서 집 주소를 사용하듯이 네트워크에서는 IP 주소를 사용한다고 했습니다. 그렇다면 내 PC의 IP 주소는 무엇일까요? 간단한 네트워크 프로그래밍을 통하여 내 IP 주소를 확인하여 봅시다.

::: 예제 8-1 내 IP 주소 확인하기

```
using System;
using System.Collections.Generic;
using System.Linq;
using System.Text;
using System.Net;

namespace MyIPAddress
{
    class Program
    {
        static void Main(string[] args)
        {
            String hostName = Dns.GetHostName();
            IPHostEntry host = Dns.GetHostEntry(hostName);

            for (int i = 0; i < host.AddressList.Length; i++)
            {
                String myIPAddress = host.AddressList[i].ToString();
                Console.WriteLine(myIPAddress);
            }
        }
    }
}
```

예제 코드를 작성했다면 실행해볼까요?

::: 실행 결과

```
fe80::883a:8a85:c902:2af0%11
fe80::386b:361e:252e:f665%15
192.168.0.32
2001:0:5ef5:79fb:386b:361e:252e:f665
계속하려면 아무 키나 누르십시오 . . .
```

위에서 3번째에 내 PC의 IP 주소가 출력되어 있는 것을 확인할 수 있습니다.

8.1.4 TCP와 UDP

네트워크 프로그래밍을 시작하기 위해서는 TCP(Transmission Control Protocol)와 UDP(User Datagram Protocol)의 개념을 알아야 합니다. TCP와 UDP를 이용하여 네트워크를 구성할 수 있는데, 어떤 프로토콜을 사용하느냐에 따라 네트워크의 성격이 달라지기 때문입니다.

간단히 TCP와 UDP의 차이점을 이야기하면, TCP는 위에서 설명한 전화를 통화하는 개념과 매우 유사합니다. 이에 반해 UDP는 편지를 보내는 것과 매우 유사합니다.

그럼 UDP를 편지에 비유하여 설명해 보겠습니다. UDP 연결 방식도 상대방의 IP 주소를 알아야 합니다. 편지를 보내기 위해서 상대방의 주소를 알아야 하는 것과 마찬가지죠. 우선 자신이 전달하고자 하는 내용을 편지지에 적습니다. 그리고 편지봉투에 상대방의 주소를 적어 우체통에 넣으면 끝입니다. 매우 간단하죠? 여기서 편지지는 소켓 인터페이스를 의미하고 편지지에 적은 내용이 전송하고자 하는 데이터를 의미합니다.

그렇다면 TCP와 UDP는 어떤 특징을 가졌는지 알아봅시다. TCP와 UDP의 주요 차이점은 ①연결 지향형 서비스, ②데이터 흐름 제어(congestion Control), ③신뢰적인 데이터 전달(reliable data transfer) 세 가지가 있습니다.

[표 8.3] TCP와 UDP의 특성 비교

	TCP	UDP
연결 지향성 서비스	O	X
혼잡 제어 사용	O	X
신뢰적인 데이터 전달	O	X

TCP와 UDP의 주요 차이점에 대해 앞서 예로 들었던 전화와 편지에 비유하며 하나씩 알아봅시다.

8.1.5 연결 지향형 서비스

TCP는 연결 지향형 서비스며 UDP는 비연결형 서비스입니다. TCP가 연결 지향형 서비스인 이유는 데이터를 전송하기 전에 핸드 셰이크(Hand Shake)를 통해 상대방과 연결을 형성하기 때문입니다.

이는 전화와 유사한데요. 우리가 상대방과 통화를 하기 위해서는 전화를 걸어 상호 간에 통화할 수 있는 1:1 회선이 형성되어야 하는 것과 같습니다. 이에 반해 UDP는 비연결형 서비스입니다. 데이터를 전송하는데 상대방과의 핸드 셰이크는 필요하지 않습니다. 따라서 상대방과 1:1 회선이 형성되지도 않습니다. 다만 패킷(Packet)에 상대방의 주소를 입력하여 네트워크로 전송할 뿐입니다. 이는 편지와 유사한데요. 우리는 편지를 써서 상대방에서 우체통에 넣을 뿐입니다. 어떠한 경로로 전달되는지 알 수 없이 편지가 잘 전달되리라 믿을 뿐이죠.

 핸드 셰이크가 뭔가요?

핸드 셰이크는 송신 측과 수신 측에서 데이터를 주고받을 때, 데이터와 함께 제어 신호를 주고받음으로써 데이터 송신이 정확하게 이루어졌는지 확인하는 방식입니다. 일반적으로 송신 측과 수신 측이 총 3번에 걸쳐 송수신 상태를 확인하는 3선 핸드 셰이크(3-way Hand Shake)가 가장 많이 사용됩니다.

8.1.6 혼잡 제어(Congestion Control) 사용

TCP에서는 혼잡 제어를 사용합니다. 혼잡 제어란 어떤 TCP 연결이 과도한 양의 데이터로 통신하는 호스트들 사이에 네트워크 자원이 폭주되는 것을 방지하기 위해 사용됩니다. 특정 호스트가 과도한 양의 데이터를 전송하려 하면, 송신 측의 TCP가 전송하려는 데이터의 양을 조절하여 네트워크로 보냄으로써 네트워크 자원이 폭주되는 것을 막습니다.

혼잡 제어가 사용되는 이유는 공용으로 사용되는 네트워크 자원을 공평하게 공유하기 위해서입니다. 특정 호스트가 네트워크 자원을 과점하여 과도한 양의 데이터를 전송하게 된다면 그만큼 다른 사람들이 네트워크로 전송할 수 있는 데이터의 양은 줄어들겠죠. 하지만 UDP는 이런 혼잡 제어를 사용하지 않습니다. 이는 우편과 비슷하죠. 우편을 보낼 때 편지의 제한을 두지는 않습니다. 우리는 원하는 만큼의 편지를 한꺼번에 우체통에 넣어서 보낼 수 있죠. 그날 우체국이 보내야 하는 전체 편지의 개수를 우리가 걱정할 필요는 없습니다.

8.1.7 신뢰적인 데이터 전달(Reliable data transfer)

TCP는 신뢰적인 데이터 전달을 보장합니다. 신뢰적인 데이터 전달이란 데이터가 순서대로, 정확하게 전달된다는 것을 의미합니다. 하지만 UDP는 신뢰적인 데이터 전달을 보장하지 않지요. 이는 데이터가 순서대로 전달되지도 않을 수 있으며, 중간에 일부 데이터가 누락될 수 있다는 것을 뜻합니다. TCP에서는 신뢰적인 데이터 전달을 하기 위해서 흐름제어, 순서 번호, 확인 응답 등의 메커니즘을 사용합니다.

TCP 연결과 UDP 연결의 차이점을 보면서 눈치가 빠르신 분은 이미 아셨겠지만, TCP 연결이 UDP 연결보다 더 많은 기능을 지원합니다. 위에 언급한 내용은 TCP에는 있지만 UDP에는 없는 내용이죠.

따라서 그만큼 TCP 연결이 무겁고 데이터를 전송하는 데 필요한 비용도 더 큽니다. UDP 연결은 비교적 더 가볍고 데이터를 전송하는데 드는 비용도 적은 편이죠. 이러한 특성을 이용해, 기본적으로 TCP 연결은 신뢰성 보장이 필요한 프로그램에서 많이 사용되는 편입니다.

예를 들면 채팅 프로그램이나 파일 전송 프로그램이 있죠. 내가 보낸 메시지가 상대방에게 도착하지 않는다면 오해가 발생할 수 있겠죠. 상대방으로부터 받은 파일이 일부 손상되어 파일이 실행되지 않는다면 이 또한 곤란한 상황이 발생하겠죠. 이에 반해 UDP 연결은 데이터 전송에 신뢰성을 보장하지 않습니다. 우편과 마찬가지죠. UDP 연결은 송신자가 보내는 데이터에 대해 파일 전송을 위해 노력을 하지만 반드시 보장되기 위해 또 다른 노력을 하지는 않죠. 단지 보내기만 할 뿐입니다.

물론 위에 언급한 여러 가지 메커니즘이 적용되지 않으므로 TCP보다 비교적 가벼운 편이죠. 따라서 신뢰성이 보장되지 않아도 되지만, 실시간으로 빠른 데이터 전송을 요구하는 프로그램에 많이 사용되는 편입니다. 예를 들면 화면 공유 프로그램이 있겠죠. 초당 수에서 수

십 프레임의 데이터를 전송하지만, 이 중 한두 프레임의 데이터가 전송되지 않는다고 해서 화면을 공유하는데 큰 지장은 없겠죠. 하지만 화면 공유는 실시간으로 이루어져야 하므로 비교적 가벼운 UDP 연결이 적합하다 할 수 있겠죠.

8.2 TCP 소켓 프로그래밍

8.2.1 개요

이제 네트워크 프로그래밍이 어떤 것인지 대략 알았으니, 실제 네트워크 프로그래밍을 하면서 공부합니다. 위에서 설명한 두 가지 연결 방법 중 TCP를 이용한 네트워크 프로그래밍을 알아 보겠습니다.

먼저 TCP 연결을 이해하면 UDP 연결 또한 유사한 개념이 많아 금방 이해할 수 있을 것입니다. 위에서 언급한 것과 같이 TCP 연결은 채팅 프로그램에 많이 사용됩니다. 이번 TCP 소켓 프로그래밍에서는 채팅 프로그램을 만들어 보며 TCP 연결에 대해 공부하게 될 것입니다. 채팅 프로그램이라고 해서 걱정할 필요가 없습니다. 차근차근 내용을 따라 공부하고 실습하다 보면 어느새 채팅 프로그램이 만들어져 있을 테니까요.

8.2.2 서버 & 클라이언트

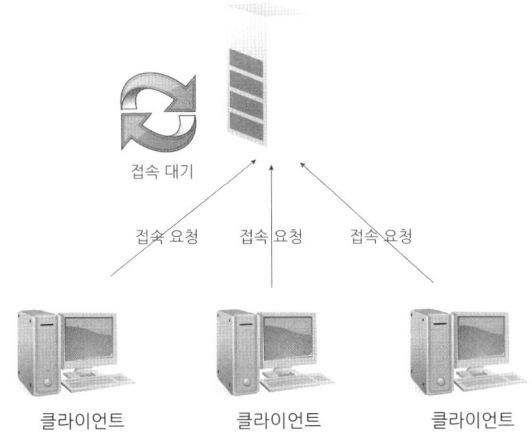

[그림 8.7] 1:N 형태의 서버/클라이언트 구조 모습

네트워크는 크게 서버와 클라이언트로 나뉩니다. 전화를 예로 들면, 우리가 통화하려면 한쪽에서는 다른 사람이 전화 걸기를 기다려야 하고 다른 한쪽에서는 상대방에게 전화를 걸어야 합니다.

마찬가지로 네트워크에서도 누군가는 연결 요청이 오기를 기다려야 하고 다른 누군가는 상대방에게 연결을 요청해야 합니다. 연결 요청을 기다리는 쪽이 서버가 되고, 상대방에 연결을 요청하는 쪽이 클라이언트입니다.

보통의 서버/클라이언트의 구조에서는 하나의 서버에 여러 클라이언트가 접속하는 1:N 형태를 띠게 됩니다. P2P 형태의 파일 공유 프로그램을 예로 들면 하나의 컴퓨터에서 파일을 공유하게 되면 다른 여러 컴퓨터에서 접속하여 공유 프로그램을 전송받는 형태를 띠고 있습니다.

여기에서 파일을 공유하여 다른 사람이 접속하여 파일을 전송해 가기를 기다리는 형태가 서버가 되고, 다른 사람에 접속하여 파일을 전송받기를 원하는 쪽이 클라이언트가 됩니다. 하지만 꼭 1:N의 형태를 띠는 것은 아니고, 프로그램의 성격에 따라 여러 가지 형태를 띠게 됩니다.

8.2.3 인터넷에서 주소를 나타내는 IPAddress 클래스

인터넷에서는 IP 주소를 통해 도착하고자 하는 컴퓨터를 찾아갑니다. IP 주소는 32비트의 이진수로 이루어져 있습니다. 실제로 우리가 인터넷 주소를 입력할 때는 읽기 쉽게 네 개의 십진수로 표현합니다. 이러한 표기법을 도트 4자리 표기법이라 합니다. 네 개의 십진수 중 한 개의 십진수는 0 ~ 255까지의 숫자를 가질 수 있습니다.

네트워크 프로그램에서 꼭 필요한 IP 주소를 C#에서는 IPAddress 클래스를 통해 관리합니다. 표현하는 방법은 아래와 같이 간단합니다.

```
IPAddress ipAddress = IPAddress.Parse("165.132.210.77");
```

[그림 8.8] IPAddress 객체 선언 방법

IPAddress 클래스에 객체를 만들고 접속하고자 하는 IP 주소를 IPAddress.Parse( ) 함수에 입력하면 됩니다. IPAddress 클래스에서 자주 사용하는 구성요소는 다음과 같습니다.

[표 8.4] IPAddress 생성자

이름	설명
IPAddress(Byte[])	Byte 배열로 지정된 주소를 사용하여 IPAddress 클래스의 새 인스턴스를 초기화합니다
IPAddress(Int64)	Int64로 지정된 주소를 사용하여 IPAddress 클래스의 새 인스턴스를 초기화합니다

[표 8.5] IPAddress 메서드

이름	설명
GetAddressBytes	IPAddress의 복사본을 바이트 배열로 제공합니다
Parse	IP 주소 문자열을 IPAddress 인스턴스로 변환합니다

8.2.4 IPEndPoint 클래스

인터넷에서는 IP 주소를 통해 원하는 컴퓨터를 찾아간다고 설명했습니다. 그런데 하나의 컴퓨터에는 여러 프로그램이 동시에 동작하고 있습니다. 그럼 원하는 프로그램은 어떻게 찾아갈까요? 이때 사용되는 정보가 포트 번호입니다.

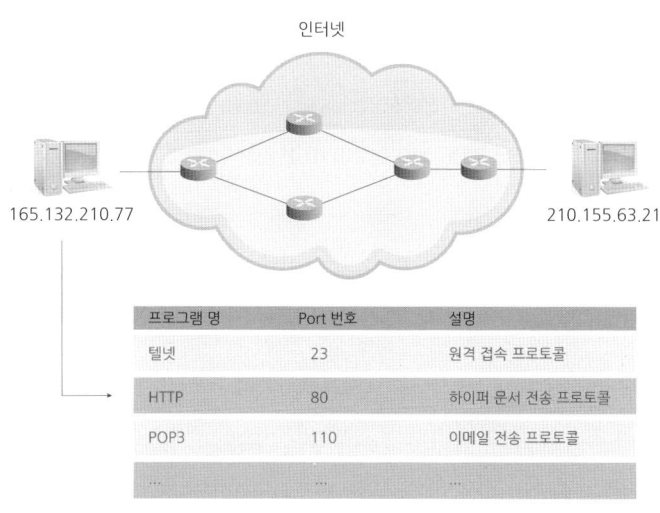

[그림 8.9] IP 주소와 Port 번호와의 관계

간단하게 우리가 메신저를 통해 상대방과 대화를 하고 있다고 가정해 봅시다. 우리가 원하는 메시지를 상대방에게 보내기 위해서는 IP 주소가 필요합니다. 메시지에 IP 주소를 적어 상대방 컴퓨터에 보냈다고 합시다.

그런데 상대방 컴퓨터에는 메신저 외에도 파일 전송프로그램, 인터넷 익스플로러, 온라인 게임과 같이 인터넷을 통해 데이터를 주고받는 여러 프로그램이 동작하고 있습니다. 내가 보내고자 하는 메시지에 IP 주소만 적어서 보낼 경우 어떤 프로그램이 해당 메시지를 받아야 하는지를 구별할 수 없게 됩니다. 이런 경우를 위해 포트 번호를 사용합니다.

다시 한 번 정리하자면 다음과 같습니다. IP 주소는 인터넷의 여러 컴퓨터 중 특정 컴퓨터를 찾아갈 수 있게 해 주고, 포트 번호는 특정 컴퓨터 안에서 동작하고 있는 여러 프로그램 중 하나의 프로그램을 찾아갈 수 있습니다. 결국 인터넷에서 데이터를 주고받기 위해서는 IP

주소와 포트 번호 두 가지 정보가 필요합니다.

그럼 이제 IP 주소와 포트 번호를 사용하여 특정 컴퓨터의 프로그램을 가리키는 방법에 대해 알아보겠습니다. 특정 컴퓨터의 프로그램을 가리키는 클래스 객체는 IPEndPoint 클래스입니다. 이름에서 알 수 있듯이 최종 단말의 위치를 가리키는 클래스입니다. 사용 방법은 아래와 같습니다.

```
IPAddress ipAddress = IPAddress.Parse("165.132.210.77");
IPEndPoint ipep = new IPEndPoint(ipAddress, 3317);
```

[그림 8.10] IPEndPoint 클래스의 사용 예

접속하고자 하는 컴퓨터의 IP 주소를 IPAddress 클래스를 이용하여 객체를 만듭니다. 그리고 특정 컴퓨터의 프로그램을 가리키는 IPEndPoint 클래스를 생성하며 앞에서 만들었던 IPAddress 객체와 접속하고자 하는 포트 번호(위에서는 3317번)를 입력합니다. 이것으로 특정 컴퓨터의 프로그램을 가리킬 수 있게 되었습니다.

8.2.5 소켓 클래스

네트워크를 나타내는 구성 요소인 IPAddress와 IPEndPoint 클래스에 대해 공부를 했는데요. 실제 서버와 클라이언트를 구축하기 위해서는 네트워크를 나타낼 수 있는 인터페이스가 필요합니다.

이러한 인터페이스가 바로 소켓 클래스입니다. 소켓은 서로 다른 운영체제 간에 네트워크 통신을 가능하게 해주며, 우리가 네트워크에 관한 전문적인 지식이 없어도 간단히 네트워크 프로그래밍을 할 수 있도록 도와줍니다.

소켓을 이용하여 앞에서 배운 서버와 클라이언트를 나타낼 수 있습니다. 서버와 클라이언트 간 소켓의 생명 주기는 아래와 같습니다. 먼저 서버에서 소켓을 생성하고 서버 설정을 한 뒤

접속을 대기합니다.

실제 접속이 일어나면 데이터 전송이 발생하고 마지막으로 소켓을 닫게 되는 것이죠. 마찬가지로 클라이언트에서도 소켓을 생성하고 서버에 접속한 뒤 데이터 전송을 합니다. 그리고 마지막으로 소켓을 닫아 자원을 회수하는 형태를 띠고 있습니다. 자세한 내용은 좀 더 공부해 봅시다.

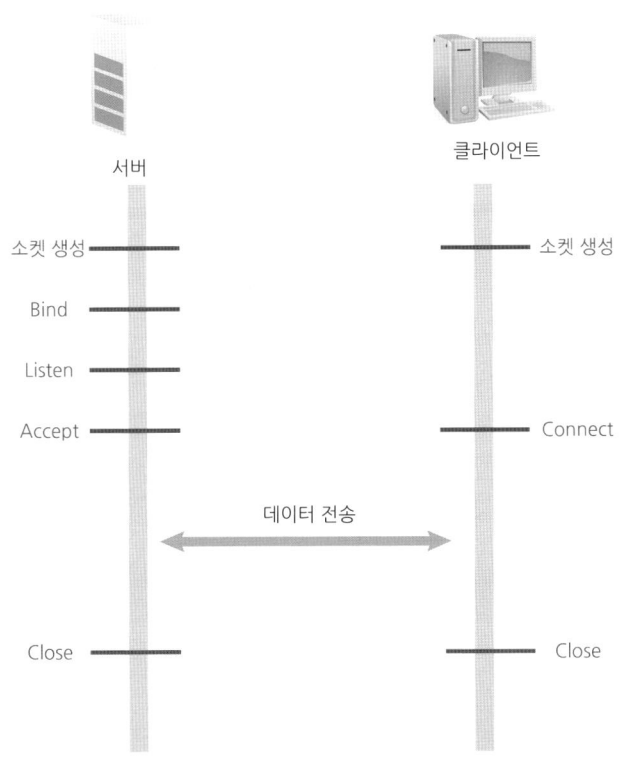

[그림 8.11] 소켓을 이용한 데이터 전송 과정

8.2.6 Console 기반의 간단한 TCP 서버 만들기

먼저 Console 기반의 TCP 서버를 만들어 봅시다. 서버를 만들기 위해서는 우리가 위에서 배운 IPAddress와 IPEndPoint 클래스를 사용해야 합니다. 서버는 상대방의 접속을 대기하는 역할을 하므로 특정 IP 주소를 입력하는 것이 아니라, 어떤 주소로부터라도 접속을 받을 수 있는 IP 주소를 입력하여야 합니다. 또한 컴퓨터 내부에서 서버 프로그램만의 Port

번호를 입력하여 상대방이 자신의 프로그램을 찾아 연결할 수 있도록 해야 합니다. 실제 코드를 보면 아래와 같습니다.

::: 예제 8-2 Console 기반 간단한 TCP 서버 만들기

```csharp
using System;
using System.Collections.Generic;
using System.Linq;
using System.Text;
using System.Net;                           // 네트워크 관련 클래스 사용
using System.Net.Sockets;                   // 소켓 클래스

namespace TCPServerConsole
{
    class Program
    {
        static void Main(string[] args)
        {
            Socket server = null;           // 서버로 사용할 소켓
            Socket client = null;           // 접속한 클라이언트를 나타내는 소켓
            byte[] data = new byte[1024];   // 데이터를 수신할 byte 배열

18:         IPEndPoint ipep = new IPEndPoint(IPAddress.Any, 3317);
            server = new Socket(AddressFamily.InterNetwork, SocketType.Stream,
                                ProtocolType.Tcp);

22:         server.Bind(ipep);
23:         server.Listen(10);              // 처리 대기큐 최대 크기

            Console.WriteLine("서버를 시작합니다.\n클라이언트의 접속을 대기합니다.");

27:         client = server.Accept();       // 클라이언트 접속 대기

            Console.WriteLine("클라이언트가 접속하였습니다.");

            // 클라이언트로부터 데이터 수신
32:         client.Receive(data);
```

```
                Console.WriteLine("클라이언트로부터 데이터를 수신하였습니다\n메시지: "
                    + Encoding.Default.GetString(data));
37:         client.Close();                    // 클라이언트 소켓 닫기
38:         server.Close();                    // 서버 소켓 닫기
        }
    }
}
```

18행에서 IPAddress.Any는 모든 형태의 클라이언트 인터페이스에 대해 접속을 허가하겠다는 뜻이며, 3317은 서버에서 사용할 Port 번호를 나타냅니다.

22행의 server.Bind(ipep)는 서버의 상세 값을 입력한 IPEndPoint 클래스의 객체 ipep를 소켓에 입력함으로써 서버 소켓의 상세 값을 설정하는 함수입니다.

23행의 server.Listen(10)은 서버의 기본 설정을 한 뒤 최대 접속 가능한 클라이언트의 수를 지정한 뒤 대기 상태를 지정합니다.

27행의 server.Accept( ) 함수는 클라이언트의 접속을 대기하며 동기화 상태에 진입하게 됩니다. 동기화란 프로그램이 더는 진행되지 않고 어떠한 결괏값이 나올 때까지 대기하게 되는 현상을 의미하는데 여기서는 클라이언트가 접속할 때까지 동기화가 이루어지며 실제 접속이 일어나면 클라이언트를 의미하는 소켓 객체가 반환됩니다.

32행의 client.Receive(data)는 접속한 클라이언트로부터 데이터를 수신하겠다는 의미로 실제 수신된 데이터는 data 변수에 byte 배열 형태로 저장됩니다.

37행~38행의 client.Close( ), server.Close( ) 함수는 사용한 소켓 객체에 대해 더는 사용하지 않을 것이며 자원을 반환하겠다는 의미입니다.

8.2.7 TCP 클라이언트 만들기

이제 Console 기반의 간단한 TCP 클라이언트를 만들어 봅시다. 클라이언트를 만들기 위해서 서버와 마찬가지로 IPAddress 클래스와 IPEndPoint 클래스를 사용해야 합니다. IPAddress 클래스에 접속하고자 하는 서버의 주소를 입력하고 IPEndPoint를 통해 접속하고자 하는 서버를 최종적으로 표시해야 합니다. 실제 코드를 보면 아래와 같습니다.

::: 예제 8-3 Console 기반 간단한 TCP 클라이언트 만들기

```
... <코드 생략> ...
namespace TCPClientConsole
{
    class Program
    {
        static void Main(string[] args)
        {
            byte[] data = new byte[1024];

            // 접속할 서버의 IP 주소
10:         IPAddress ipAddress = IPAddress.Parse("127.0.0.1");
            // 접속할 서버를 지정
12:          IPEndPoint ipep = new IPEndPoint(ipAddress, 3317);

            // 서버 소켓 생성
15:         Socket server = new Socket(AddressFamily.InterNetwork, SocketType.Stream,
                                ProtocolType.Tcp);

            Console.WriteLine("서버에 접속합니다.");

            // 서버에 접속
21:         server.Connect(ipep);

            Console.WriteLine("서버에 접속하였습니다.");

            data = Encoding.Default.GetBytes("클라이언트에서 보내는 메시지입니다.");
            // 서버에 데이터 전송
27:         server.Send(data);
```

```
                Console.WriteLine("서버에 데이터를 전송하였습니다.");
                // 서버 소켓 닫기
31:             server.Close();
            }
        }
    }
```

10행에서 IPAddress.Parse( ) 함수에 접속하고자 하는 서버의 IP 주소를 입력하여 IPAddress 객체를 생성합니다. 여기에 사용된 "127.0.0.1"은 내부적으로 약속된 IP 주소로, 자기 자신을 가리킵니다.

여기 예제에서는 한 컴퓨터에서 동일한 프로그램을 두 개 실행하여, 하나의 프로그램이 또 다른 프로그램에 접속하는 형태로 자기 자신을 가리키는 "127.0.0.1" IP 주소를 사용하였습니다. 그리고 12행에서 IPEndPoint 객체를 생성하여 접속하고자 하는 서버를 나타냅니다.

IPEndPoint 생성자에서 처음 인자 값으로 위에서 만든 IPAddress 객체를 입력하여 서버의 IP 주소를 나타내고 두 번째 인자 값으로 Port 번호를 입력하여 접속하고자 하는 컴퓨터 내부에서 특정 애플리케이션을 나타냅니다. 다음으로 소켓 클래스를 생성합니다.

15행은 소켓 클래스를 생성하며 입력된 첫 번째 인자 값 AddressFamily.InterNetwork는 IP 버전 4 주소 패밀리를 지정합니다. 두 번째 인자 값 SocketType.Stream은 흐름 제어로 데이터를 주고받는 표준 소켓을 나타냅니다. 세 번째 인자 값 ProtocolType.TCP는 소켓이 TCP 프로토콜을 사용하고 있음을 나타냅니다.

소켓 객체를 생성한 뒤, 21행에서 Connect( ) 함수를 통해 실제 서버에 접속하게 됩니다. 이때 위에서 서버의 정보를 담아 만든 IPEndPoint 객체 ipep를 Connect( ) 함수에 인자 값으로 입력하여 서버에 접속하게 됩니다.

서버에 접속하게 되면 27행에서 server.Send(data) 함수를 통해 서버에 데이터를 전송하게 됩니다. 전송하고자 하는 데이터 값은 변수 data에 byte 배열 형태로 저장됩니다.

소켓을 다 사용하게 되면 31행에서 server.Close( ) 함수를 통해 소켓을 더는 사용하지 않는다는 것을 알리고 소켓에 할당된 자원을 반환합니다.

위에서 작성한 코드가 동작하는 것을 확인하기 위해서는 서버를 먼저 실행하여 클라이언트의 접속을 기다려야 합니다. 그리고 클라이언트를 실행하게 되면 클라이언트가 서버에 접속하여 "클라이언트에서 보내는 메시지입니다."라는 메시지를 전송하고 종료되게 됩니다. 서버와 클라이언트를 각각 실행한 화면은 아래와 같습니다.

```
::: 실행 결과
서버를 시작합니다.
클라이언트의 접속을 대기합니다.
클라이언트가 접속하였습니다.
클라이언트로부터 데이터를 수신하였습니다.
메시지 : 클라이언트에서 보내는 메시지입니다.


계속하려면 아무 키나 누르십시오 . . .
```

```
::: 실행 결과
서버에 접속합니다.
서버에 접속하였습니다.
서버에 데이터를 전송하였습니다.
계속하려면 아무 키나 누르십시오 . . .
```

8.3 TCP를 이용한 채팅 프로그램1 - 윈폼 기반의 채팅 프로그램

위에서 배운 콘솔 환경 기반에 간단한 채팅 프로그램을 윈폼 기반의 채팅 프로그램으로 만들어 봅시다. 먼저 윈폼 기반의 UI를 만들고 채팅에 필요한 기능은 위에서 만든 콘솔 기반의 간단한 채팅 프로그램을 UI의 이벤트에 맞게 나누어 입력하겠습니다. 지금은 단순히 콘솔 기반의 간단한 채팅 프로그램을 윈폼 기반의 채팅 프로그램으로 옮기는 형태지만, 한 단계씩 구조를 향상하여 마지막에는 1:1 기반에 채팅 프로그램을 만들도록 하겠습니다.

8.3.1 채팅 프로그램 UI

새 프로젝트에서 [Windows Forms 응용 프로그램]을 선택한 뒤, 프로젝트 이름에 'ChatProgram'을 입력하여 새로운 프로젝트를 만듭니다.

생성된 프로젝트에는 기본으로 Form1.cs 클래스가 있습니다. 이 클래스의 이름을 Chat.cs로 변경합니다. 그 외 컨트롤 속성은 다음과 같습니다.

[그림 8.12] 채팅 프로그램 UI

[표 8.6] 채팅 프로그램의 각 컨트롤의 속성

번호	윈도우 폼	속성
①	Label	Text: 내 아이피
②	Label	Text: 내 포트 번호
③	TextBox	Name: mTxtMyIP
④	TextBox	Name: mTxtMyPortNum
⑤	Label	Text: 서버 아이피
⑥	Label	Text: 서버 포트 번호
⑦	TextBox	Name: mTxtServerIP
⑧	TextBox	Name: mTxtServerPortNum
⑨	Button	Text: 서버 시작 Name: mBtnStartServer
⑩	Button	Text: 서버 접속 Name: mBtnConnectToServer
⑪	TextBox	Name: mTxtChatWindow Multiline: true
⑫	TextBox	Name: mTxtInputMessage Multiline: true
⑬	Button	Text: 보내기 Name: mBtnSendMessage
⑭	GroupBox	Text: 서버용
⑮	GroupBox	Text: 클라이언트용

컨트롤을 배치했다면 코드 편집 창을 열고 다음과 같이 코드를 작성합니다.

::: 예제 8-4 채팅 프로그램 namespace 선언 및 생성자

```
using System;
using System.Collections.Generic;
using System.ComponentModel;
using System.Data;
using System.Drawing;
```

```csharp
using System.Linq;
using System.Text;
using System.Windows.Forms;
using System.Net.Sockets;                          // 소켓 사용
using System.Net;                                  // 네트워크 관련 클래스 사용

namespace ChatProgram
{
    public partial class Chat : Form
    {
        delegate void UpdateTextCallback(String message);

        /// <summary>
        /// Chat 클래스 생성자
        /// </summary>
        public Chat()
        {
            InitializeComponent();

            mTxtMyIP.Text = "127.0.0.1";               // 자신을 가르키는 IP 주소
            // 채팅 프로그램에서 사용할 port 번호
            mTxtMyPortNum.Text = "3317";
            mTxtServerIP.Text = "127.0.0.1";           // 서버 IP 주소
            mTxtServerPortNum.Text = "3317";           // 서버 port 번호
        }
    }
}
```

위에서 만든 윈폼 기반의 채팅 프로그램의 UI에는 지금 당장은 사용하지 않는 버튼들이 있습니다. 예를 들면 위에서 만든 콘솔 기반의 채팅 프로그램에는 없는 보내기 버튼의 기능이 있습니다. 이러한 기능은 지금 콘솔 기반의 채팅 프로그램을 윈폼 기반의 채팅 프로그램으로 옮기면서는 사용되지는 않지만, 최종적으로 완성될 채팅 프로그램에 사용될 기능으로 UI를 만들면서 함께 구현하겠습니다. 이제 위에서 만든 콘솔 기반의 채팅 프로그램의 기능을 각 버튼의 이벤트에 맞게 입력하도록 하겠습니다.

컨트롤을 위의 그림과 배치한 뒤 이벤트를 지정해 줍니다. 그리고 기본적으로 필요한 메소드를 입력하도록 하겠습니다. 추가할 메소드는 아래와 같습니다.

[표 8.7] 추가할 메소드

번호	메소드 명	용도	기능
1	Chat	공통	생성자. 초기화 기능 수행
2	NotifyMessage	공통	알림 메시지 전달
3	AppendMessage	공통	멀티 스레드에서 사용할 delegate 함수
4	mBtnStartServer_Click	서버	서버의 기능을 시작
5	mBtnConnectToSever_Click	클라이언트	서버에 접속

네트워크 관련 클래스와 소켓 클래스를 사용하기 위해 네임 스페이스(namespace)를 선언하고 멀티스레드 환경에서 UI에 접근하기 위해 델리게이트를 선언합니다. 그리고 생성자에서 필요한 초기화 기능을 수행합니다.

멀티 스레드 환경에서 UI에 접근하여 메시지를 출력할 델리게이트 메소드를 정의합니다.

::: 예제 8-5 멀티 쓰레드를 위한 AppendMessage 메소드 정의

```
... <코드 생략> ...
        public Chat()
        {
            InitializeComponent();

            mTxtMyIP.Text = "127.0.0.1";                // 자신을 가르키는 IP 주소
            // 채팅 프로그램에서 사용할 port 번호
            mTxtMyPortNum.Text = "3317";
            mTxtServerIP.Text = "127.0.0.1";            // 서버 IP 주소
            mTxtServerPortNum.Text = "3317";            // 서버 port 번호
        }


        /// <summary>
        /// 멀티 스레딩에서 사용할 delegate 함수
```

```csharp
        /// </summary>
        /// <param name="message">출력할 메시지</param>
        private void AppendMessage(String message)
        {
            try
            {
                if (mTxtInputMessage.InvokeRequired)
                {
                    UpdateTextCallback d = new UpdateTextCallback(AppendMessage);
                    Invoke(d, new object[] { message });
                }
                else
                {
                    mTxtChatWindow.AppendText(message + "\r\n");
                    mTxtChatWindow.ScrollToCaret();
                    mTxtInputMessage.Focus();
                }
            }
            catch { }
        }
... <코드 생략> ...
```

사용자에게 알림 메시지를 보여줄 메소드를 정의합니다.

::: 예제 8-6 알림 메시지를 보여줄 NotifyMessage 메소드 정의

```csharp
... <코드 생략> ...
        public Chat()
        {
            InitializeComponent();

            mTxtMyIP.Text = "127.0.0.1";                // 자신을 가르키는 IP 주소
            // 채팅 프로그램에서 사용할 port 번호
            mTxtMyPortNum.Text = "3317";
            mTxtServerIP.Text = "127.0.0.1";            // 서버 IP 주소
            mTxtServerPortNum.Text = "3317";            // 서버 port 번호
        }
```

```csharp
/// <summary>
/// 멀티 스레딩에서 사용할 delegate 함수
/// </summary>
/// <param name="message">출력할 메시지</param>
private void AppendMessage(String message)
{
    try
    {
        if (mTxtInputMessage.InvokeRequired)
        {
            UpdateTextCallback d = new UpdateTextCallback(AppendMessage);
            Invoke(d, new object[] { message });
        }
        else
        {
            mTxtChatWindow.AppendText(message + "\r\n");
            mTxtChatWindow.ScrollToCaret();
            mTxtInputMessage.Focus();
        }
    }
    catch { }
}

/// <summary>
/// 알림 메시지 전달
/// </summary>
/// <param name="message">Sync소켓s 클래스로부터 수신한 공지 사항</param>
public void NotifyMessage(String message)
{
    message = "------알림!------\r\n" + message +
              "\r\n---------------\r\n";

    AppendMessage(message);
}
... <코드 생략> ...
```

9번 서버 시작 버튼을 더블 클릭하여 서버를 시작할 때 동작해야 할 기능을 기존에 만든 콘솔 기반의 프로그램에서 가져옵니다.

::: 예제 8-7 서버 초기화 기능

```csharp
... <코드 생략> ...
        /// <summary>
        /// 서버 시작 버튼 클릭 이벤트
        /// </summary>
        /// <param name="sender"></param>
        /// <param name="e"></param>
        private void mBtnStartServer_Click(object sender, EventArgs e)
        {
            Socket server = null;               // 서버로 사용할 소켓
            Socket client = null;               // 접속한 클라이언트를 나타내는 소켓
            byte[] data = new byte[1024];       // 데이터를 수신할 byte 배열
            String message = "";                // 상대방으로부터 수신한 메시지


            // 서버에서 사용할 Port 번호
            int portNum = Int32.Parse(mTxtMyPortNum.Text.ToString());


            IPEndPoint ipep = new IPEndPoint(IPAddress.Any, portNum);
            server = new Socket(AddressFamily.InterNetwork, SocketType.Stream,
                            ProtocolType.Tcp);


            server.Bind(ipep);
            server.Listen(10);                  // 처리 대기큐 최대 크기


            NotifyMessage("서버를 시작합니다.\n클라이언트의 접속을 대기합니다.");


            client = server.Accept();           // 클라이너트 접속 대기


            NotifyMessage("클라이언트가 접속하였습니다.");


            client.Receive(data);               // 클라이언트로부터 데이터 수신


            message = Encoding.Default.GetString(data);
            message = "상대방: " + message;
```

```
            AppendMessage(message);

            client.Close();                     // 클라이언트 소켓 닫기
            server.Close();                     // 서버 소켓 닫기
        }
... <코드 생략> ...
```

10번 서버 접속 버튼을 더블 클릭하여 서버에 접속할 때 동작해야 할 기능을 콘솔 기반의 채팅 프로그램에서 가져옵니다.

::: 예제 8-8 서버에 접속하기

```
... <코드 생략> ...
        /// <summary>
        /// 서버 접속 이벤트 처리
        /// </summary>
        /// <param name="sender"></param>
        /// <param name="e"></param>
        private void mBtnConnectToServer_Click(object sender, EventArgs e)
        {
            byte[] data = new byte[1024];
            String serverIPAddress = "";            // 서버 IP 주소
            int portNum = 0;                        // 서버 port 번호

            serverIPAddress = mTxtServerIP.Text.Trim(); // 접속할 서버 IP 주소 획득
            // 접속할 서버 port 번호를 가져옴
            portNum = Int32.Parse(mTxtServerPortNum.Text.Trim());

            IPAddress ipAddress = IPAddress.Parse(serverIPAddress); //접속할 서버의 IP 주소
            IPEndPoint ipep = new IPEndPoint(ipAddress, portNum);   //접속할 서버를 지정

            // 서버/ 소켓 생성
            Socket server = new Socket(AddressFamily.InterNetwork, SocketType.Stream,
                                        ProtocolType.Tcp);

            NotifyMessage("서버에 접속합니다.");
```

```
            server.Connect(ipep);                              // 서버에 접속

            NotifyMessage("서버에 접속하였습니다.");

            data = Encoding.Default.GetBytes("클라이언트에서 보내는 메시지입니다.");
            server.Send(data);                                 // 서버에 데이터 전송

            NotifyMessage("서버에 데이터를 전송하였습니다.");

            server.Close();                                    // 서버 소켓 닫기
        }
... <코드 생략> ...
```

위에서 작성한 프로그램을 두 개 실행하여 한쪽은 서버 시작을 클릭하여 서버로 동작시키고 다른 한쪽은 서버 접속을 클릭하여 클라이언트로 동작시켜 서버에 접속하면 아래와 같은 실행 화면을 얻을 수 있습니다. 실행 결과는 콘솔 기반의 간단한 채팅 프로그램과 동일합니다.

::: 실행 결과

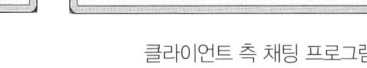

서버 측 채팅 프로그램   클라이언트 측 채팅 프로그램

8.4 TCP를 이용한 채팅 프로그램2 - 네트워크 기능 분리 및 비동기화를 위해 스레드 적용

위에서 원폼 기반의 채팅 프로그램을 만들어 보았습니다. 하지만 아직 채팅 프로그램이라고 하기에는 부족한 점이 여러 부분 보입니다. 먼저 UI 클래스에 네트워크 기능을 함께 입력하여 하나의 클래스가 두 가지 이상의 역할을 수행하고 있습니다.

클래스는 하나의 유사한 기능들을 수행하여야 나중에 프로그램을 수정하거나 관리할 때 편리합니다. 따라서 우리는 UI 클래스와 네트워크 클래스를 분리해 각각의 클래스가 하나의 기능을 수행하도록 만듭니다.

또한, 앞에서 만든 원폼 기반의 채팅 프로그램에서 서버 시작 버튼을 클릭하면 프로그램이 멈춘 것 같은 현상이 발생합니다. 이러한 프로그램을 동기화 프로그램이라고 합니다. 사용자가 불편함 없이 사용하기 위해서는 비동기화 프로그램으로 작성하여야 합니다. 위에서 언급한 두 가지 문제점을 아래에서 자세히 설명하고 해결하도록 하겠습니다.

8.4.1 네트워크 기능을 담당하는 네트워크 클래스 설계

사용자가 직접 접하게 되는 채팅창 클래스를 UI 클래스라고 부르는데요. 지금은 UI 클래스에 네트워크의 기능이 포함되어 있습니다. 일반적으로 프로그램을 설계할 때 UI 기능을 담당하는 클래스와 다른 기능을 담당하는 부분은 별도의 클래스로 나누어 구현합니다.

하나의 클래스가 하나의 기능을 담당하도록 설계하면 프로그램을 좀 더 체계적으로 구현할 수 있고 나중에 수정이 필요할 때도 편리하기 때문이죠. 우리도 UI 부분과 다른 기능을 담당하는 부분을 나누어 보겠습니다.

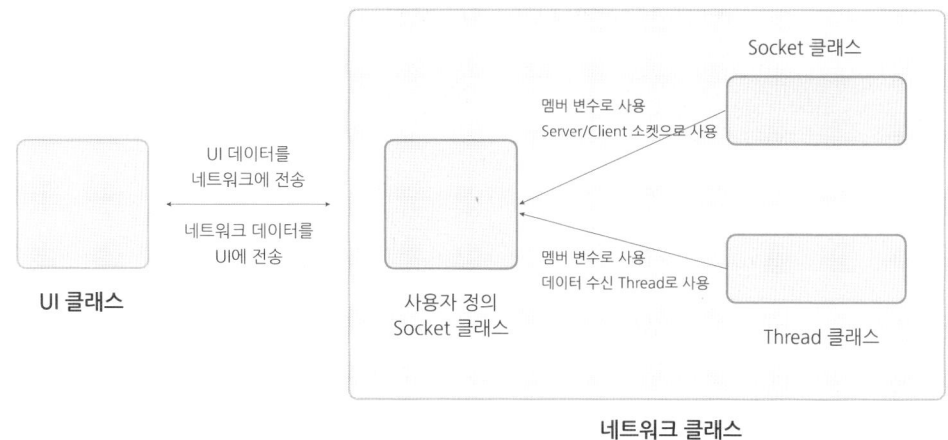

[그림 8.13] 채팅 프로그램 구조도

위에서 만든 윈폼 기반의 채팅 프로그램에는 크게 UI를 담당하는 부분과 네트워크를 담당하는 부분으로 나눌 수 있습니다. 각 기능에 따라 객체 지향적인 접근 방법에 따라 클래스를 나누어 설계하도록 하겠습니다.

앞에서 말한 것처럼 사용자가 접하게 되는 클래스를 UI 클래스로 하고 클래스 명은 앞에서 정한 것처럼 "Chat"으로 하겠습니다. 그리고 네트워크에서 데이터 전송하는 부분을 네트워크 클래스로 하고 "AsyncSocket"으로 하겠습니다.

8.4.2 스레드를 이용하여 비동기화 소켓 클래스 작성

위에서 설계한 네트워크 클래스인 비동기 소켓(AsyncSocket)의 이름에서 알 수 있듯이 우리가 만들고자 하는 사용자 정의 네트워크 클래스는 비동기적으로 동작하는 클래스입니다. 먼저 동기화와 비동기화에 대해 설명하도록 하겠습니다.

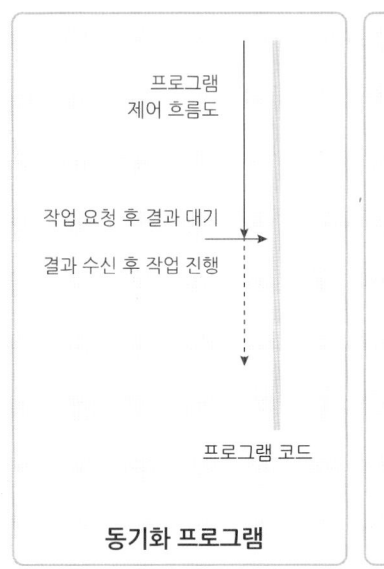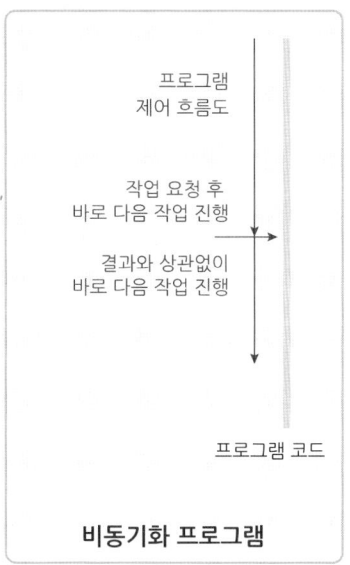

[그림 8.14] 동기화 프로그램과 비동기화 프로그램 비교

동기화는 어떠한 작업을 요청하고 요청한 작업의 결과를 수신할 때까지 대기하는 방식을 뜻합니다. 대표적으로 C 언어에서 사용하는 scanf( ) 함수가 있습니다. scanf( ) 함수를 잘 모르는 분들도 계실 텐데요, 사용자의 입력을 받는 함수입니다. 사용자의 입력이 들어올 때까지 프로그램의 제어가 멈추어 있습니다.

이와 대조적으로 비동기화 방식은 어떠한 작업을 요청하고 요청한 작업 결과의 수신 여부와 상관없이 다음 작업을 곧바로 진행하는 방식입니다. 위의 그림을 보면 좀 더 직관적으로 알 수 있습니다. 동기화는 작업을 요청한 뒤 결과를 수신할 때까지 대기하는 반면 비동기화는 작업을 요청한 뒤 결과의 수신 여부와 상관없이 다음 작업을 곧바로 진행합니다.

우리가 만들려고 하는 채팅 프로그램의 구조에 대해 생각해 봅시다. 우리가 만들려고 하는 채팅 프로그램은 1:1 방식의 서버/클라이언트 구조로 되어 있습니다. 한쪽이 서버가 되고 한쪽이 클라이언트가 되어 1:1 형식으로 문자열을 주고받을 수 있는 형태이지요. 따라서 동시에 2명까지만 대화할 수 있는데요, 1:1 방식의 구조를 공부하고 난 뒤에는 1:N 형태의 동시에 2명 이상의 대화가 가능한 채팅 프로그램을 만들 수 있을 것입니다.

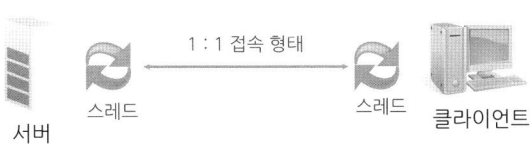

[그림 8.15] 채팅 프로그램의 구조도

먼저 시스템 측면에서 구조를 분석하여 보겠습니다. 1:1 방식으로 서버/클라이언트가 배치됩니다. 각 서버/클라이언트에는 상대방이 전송하는 데이터를 실시간으로 처리하기 위한 스레드가 하나씩 생성되게 됩니다.

그렇다면 동기화&비동기화가 위에서 작성한 윈폼 기반의 채팅 프로그램과 무슨 상관이 있을까요? 앞에서 작성한 윈폼 기반의 채팅 프로그램에서 프로그램을 실행하여 서버 시작 버튼을 누르면 클라이언트가 접속할 때까지 프로그램이 멈추어 있는 것을 확인할 수 있습니다.

::: 실행 결과

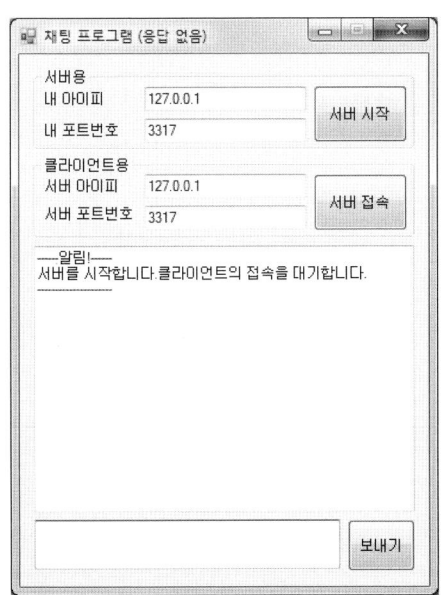

서버에서 접속 대기를 하며 프로그램이 멈춰 있는 화면

그리고 클라이언트가 접속을 시도하게 되면 그때 서버 프로그램이 클라이언트의 접속을 받아들이고 사용자가 입력할 수 있습니다. 클라이언트의 접속을 처리하는 부분이 동기화로 동작하기 때문에 발생하는 문제입니다.

하지만 서버에서 클라이언트의 접속을 대기하며 프로그램의 제어가 동기화가 된다면 클라이언트가 접속할 때까지 프로그램은 멈추어 있게 되고 사용자는 다른 작업을 할 수 없게 될 것입니다. 우리는 이러한 문제점을 해결하고자 비동기화 네트워크 클래스를 만들 것입니다. 네트워크 프로그래밍을 하며 소켓에서 제공하는 함수 중에 동기화되는 메소드는 대표적으로 두 가지가 있습니다.

[표 8.8] 소켓에서 제공하는 동기화 메소드

메소드	메소드 설명	반환값	반환값 설명
Accept( )	클라이언트의 접속을 대기 클라이언트의 접속이 성공하면 새로 만든 연결에 대한 새 Socket을 생성	Socket	접속 성공한 클라이언트의 연결에 대한 새 Socket
Receive(Byte[])	수신 버퍼에 바인드된 Socket의 데이터를 수신	int	수신한 데이터의 바이트 수

Accept( ) 메소드는 서버에서 클라이언트의 접속을 대기할 때 사용합니다. Accept( ) 메소드가 호출되면 클라이언트의 접속 요청이 있을 때까지 프로그램은 동기화됩니다.

그리고 Receive(Byte[ ]) 메소드는 상대방으로부터 데이터를 수신하는 메소드입니다. 이 메소드 역시 상대방으로부터 데이터를 수신할 때까지 프로그램은 동기화됩니다.

우리는 동기화 문제를 스레드를 사용하여 해결하려고 합니다. 스레드를 사용하면 하나의 프로그램 흐름을 두 개 이상의 흐름으로 나누어 병렬로 실행할 수 있습니다. 따라서 동기화되는 부분을 스레드를 사용하여 프로그램의 흐름을 두 개 이상으로 만들어 하나의 프로그램 흐름이 동기화되어 다른 프로그램의 흐름으로 전체 프로그램이 동기화되지 않고 동작할 수 있도록 할 수 있습니다.

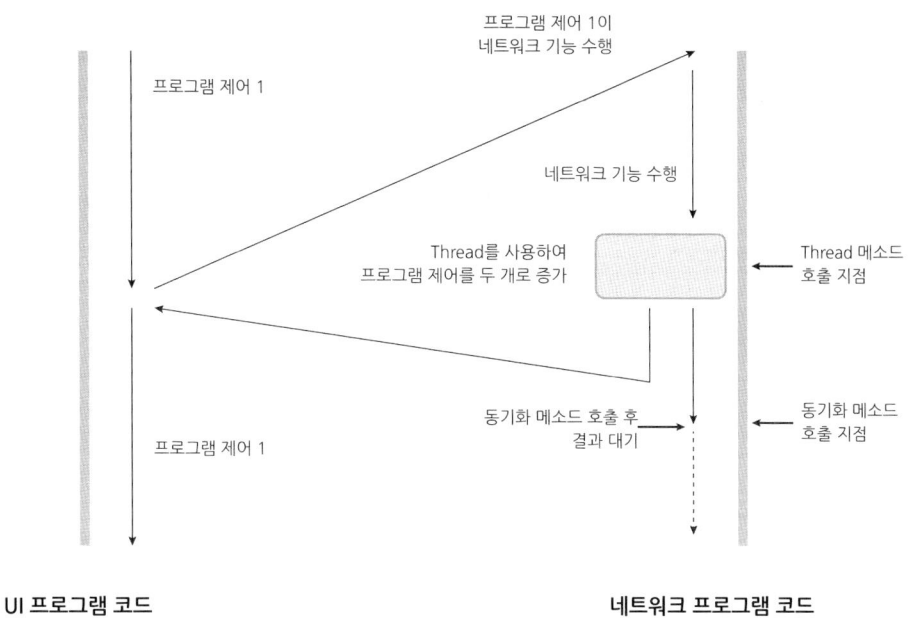

[그림 8.16] 비동기화 네트워크 프로그램의 제어 흐름도

위의 그림을 보면 좀 더 직관적으로 이해할 수 있습니다. 위에서 서버 시작 버튼을 눌렀을 때 프로그램이 멈추는 것과 같은 문제를 위의 그림을 예로 들며 해결해 보겠습니다. 서버 시작 버튼을 눌렀을 때 멈추는 것과 같은 문제가 발생하는 이유는 Accept( ) 메소드를 호출하며 프로그램이 동기화가 되기 때문입니다.

그렇다면 프로그램이 멈추는 것과 같은 문제점을 해결하기 위해서는 Accept( ) 메소드를 호출하기 전 Thread 메소드를 이용하여 프로그램 제어를 하나 더 만들어서 새롭게 생긴 프로그램 제어를 이용하여 Accept( ) 메소드를 실행하고 기존의 프로그램 제어는 계속해서 다른 작업을 진행하도록 하면 됩니다.

이제 위에서 언급한 네트워크 기능 분리와 스레드를 이용하여 비동기화 소켓 클래스 작성을 실제로 비동기 소켓을 정의하며 만들어 봅시다.

8.4.3 네트워크 기능을 담당하는 사용자 정의 비동기 소켓 작성

사용자 정의 네트워크 클래스 비동기 소켓을 만들어 봅시다. 앞에서 언급한 대로 비동기 소켓은 네트워크 관련 기능을 구현할 것이며, 내부적으로 비동기화 방식으로 동작하도록 구현할 예정입니다. 사용자 정의 비동기 소켓에 필요한 주요 기능들을 간단히 생각하여 보면 아래와 같습니다.

[표 8.9] 비동기 소켓에서 필요한 주요 기능

메소드 명	용도	기능
Connect	클라이언트	서버에 접속하는 기능을 수행
Disconnect	클라이언트	서버에 연결된 접속을 해지
StartServer	서버	서버의 기능 수행을 시작
StopServer	서버	서버의 기능을 정지
WaitConnection	서버	클라이언트의 접속을 대기
Receive	서버 · 클라이언트	상대방으로부터 데이터 수신
ReceiveData	서버 · 클라이언트	데이터 수신부를 세부적으로 구현
Send	서버 · 클라이언트	상대방으로 데이터를 전송
SendData	서버 · 클라이언트	데이터 전송부를 세부적으로 구현

위의 표에 정리된 메소드는 서버/클라이언트에 기본적으로 있어야 하는 기능들입니다. 프로그램을 작성할 때 일정 규모 이상의 프로그램을 작성하기 위해서는 위와 같이 기본적인 기능 명세를 한 뒤 실제 구현해야 합니다. 우리는 위에 언급된 기능들을 생각하며 사용자 정의 비동기 소켓에 위에서 만든 원폼 기반의 채팅 프로그램에 있는 기능들을 조금씩 옮기도록 하겠습니다.

위에서 작성하였던 "ChatProgram" 프로젝트를 선택한 뒤 마우스 오른쪽 버튼을 클릭하여 [추가] - [새 항목]을 선택하여 네트워크 기능을 담당할 비동기 소켓클래스 "AsyncSocket"을 추가합니다.

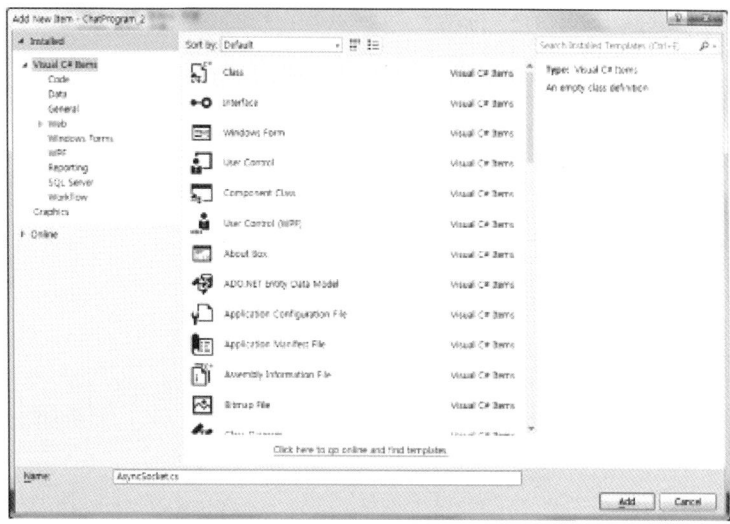

[그림 8.17] 비동기 소켓 AsyncSocket 클래스 추가

이제 위에서 설계했던 데이터 전송을 담당하는 비동기 소켓를 작성해 보겠습니다.

::: 예제 8-9 비동기 소켓 AsyncSocket 클래스 작성

```csharp
using System;
using System.Collections.Generic;
using System.Linq;
using System.Text;
using System.Net;                              // 네트워크 관련 클래스 사용
using System.Net.Sockets;                      // 소켓 사용
using System.Threading;                        // Thread 사용

namespace ChatProgram
{
    class AsyncSocket
    {
        private const int BUFFER_SIZE = 1024;            // 송·수신 버퍼 크기

        public const int DEFAULT_PORT_NUM = 3317;        // 기본 포트 번호
```

```csharp
        private Chat mChatWnd = null;                          // chat form

        private String mMyIPAddress = "";                      // 자신의 IP Address
        private String mCorrespondentIPAddress = "";           // 상대방의 IP Address
        private String mServerIPAddress = "";                  // 서버 IP Address
        private String mClientIPAddress = "";                  // 클라이언트 IP Address

        private int mServerPortNum = 0;                        // 서버 port num

        private Socket mServerSocket = null;                   // 접속 대기용 소켓
        private Socket mClientSocket = null;                   // 클라이언트용 소켓

        private Thread mServerThread = null;                   // 서버 시작 스레드
        private Thread mReceiverThread = null;                 // 클라이언트로부터 수신 스레드

        /// <summary>
        /// 기본 생성자
        /// </summary>
        public AsyncSocket()
        {

        }

        /// <summary>
        /// chat창 객체를 파라미터로 받는 생성자
        /// </summary>
        /// <param name="chat">chat창 객체 변수</param>
        public AsyncSocket(Chat chat)
        {
            mChatWnd = chat;                                   // main chat form의 객체를 연결
            Init();                                            // 초기화 작업
        }

        /// <summary>
        /// 소켓이 생성될때 필요한 초기화 작업을 수행
        /// </summary>
        private void Init()
        {
            SetMyIPAddress();                                  // 내 IP address 설정
```

```csharp
    }

    /// <summary>
    /// 서버에 접속
    /// </summary>
    /// <param name="address">서버의 IP 주소</param>
    /// <param name="portNum">서버의 port 번호</param>
    public void Connect(String address, int portNum)
    {
        mServerIPAddress = address;
        mServerPortNum = portNum;

        // 접속할 서버의 IPEndPoint 객체 생성
        IPEndPoint serverIpep = new IPEndPoint(IPAddress.Parse(mServerIPAddress),
                                    mServerPortNum);
        // 데이터 통신에 사용할 클라이언트용 소켓 생성
        mClientSocket = new Socket(AddressFamily.InterNetwork, SocketType.Stream,
                                ProtocolType.Tcp);
        // 서버에 접속
        mClientSocket.Connect(serverIpep);
        mChatWnd.NotifyMessage("서버에 접속하였습니다.");

        mCorrespondentIPAddress = mServerIPAddress;        // 상대방 IP 주소를 저장
        // 메시지 수신을 전담할 스레드 생성
        mReceiverThread = new Thread(new ThreadStart(Receive));
        mReceiverThread.Start();                           // 메시지 수신 스레드 시작
        mChatWnd.NotifyMessage("서버로부터 메시지 수신을 시작합니다.");
    }

    /// <summary>
    /// 서버와 접속 종료
    /// </summary>
    public void Disconnect()
    {
        // 클라이언트용 소켓을 닫음. 소켓을 닫기 전에 발생할 수 있는 error 처리
        if (mClientSocket == null)             // 소켓 객체가 null일 경우. error 처리
        {
            mChatWnd.NotifyMessage("에러!\r\n 클라이언트 소켓 객체가 null입니다.");
            return;
```

```csharp
        }
        // 서버에 연결이 되어 있지 않을 경우. error 처리
        if (mClientSocket.Connected == false)
        {
            mChatWnd.NotifyMessage("에러!\r\n 클라이언트 소켓이 접속되어 있지 않습니다.");
        }
        mClientSocket.Close();                  // 클라이언트용 소켓을 닫음. 소켓 자원을 반환

        // 데이터 수신 스레드를 종료함. 종료하기 전에 발생할 수 있는 error 처리
        if (mReceiverThread == null)            // 수신 스레드 객체가 null일 경우. error 처리
        {
            mChatWnd.NotifyMessage("에러!\r\n 수신 스레드 객체가 null입니다.");
            return;
        }
        // 수신 스레드가 동작하지 않을 경우. error 처리
        if (mReceiverThread.IsAlive == false)
        {
            mChatWnd.NotifyMessage("에러!\r\n 수신 스레드 객체가 동작하고 있지 않습니다.");
            return;
        }
        mReceiverThread.Abort();                // 데이터 수신 스레드를 종료
    }


    /// <summary>
    /// 서버를 시작
    /// </summary>
    /// <param name="portNum">서버 Port 번호</param>
    public void StartServer(int portNum)
    {
        mServerIPAddress = mMyIPAddress;
        mServerPortNum = portNum;

        // 접속 대기 함수를 스레드에 연결
        mServerThread = new Thread(new ThreadStart(WaitConnection));
        mServerThread.Start();                  // 접속 대기 함수 시작
    }


    /// <summary>
    /// 서버 중지
```

```csharp
/// </summary>
public void StopServer()
{
    // 클라이언트용 소켓을 닫음. 소켓을 닫기 전에 발생할 수 있는 error 처리
    if (mClientSocket != null)
    {
        if (mClientSocket.Connected == true)
        {
            mClientSocket.Close();                         // 클라이언트용 소켓을 닫음
        }
    }

    // 서버용 소켓을 닫음. 소켓을 닫기 전에 발생할 수 있는 error 처리
    if (mServerSocket != null)
    {
        if (mServerSocket.Connected == true)
        {
            mServerSocket.Close();                         // 서버용 소켓을 닫음
        }
    }

    // 데이터 수신 스레드를 종료함. 종료하기 전에 발생할 수 있는 error 처리
    // 수신 스레드 객체가 null일 경우. error 처리
    if (mReceiverThread == null)
    {
        mChatWnd.NotifyMessage("에러!\r\n 수신 스레드 객체가 null입니다.");
        return;
    }
    // 수신 스레드가 동작하지 않을 경우. error 처리
    if (mReceiverThread.IsAlive == false)
    {
        mChatWnd.NotifyMessage("에러!\r\n 수신 스레드 객체가 동작하고 있지 않습니다.");
        return;
    }
    mReceiverThread.Abort();                               // 데이터 수신 스레드를 종료
}

/// <summary>
/// 서버용 접속 대기 함수
```

```csharp
/// </summary>
private void WaitConnection()
{
    // 서버의 IPEndPoint 객체를 생성
    IPEndPoint serverIpep = new IPEndPoint(IPAddress.Any, mServerPortNum);
    IPEndPoint clientIpep = null;
    // 서버에서 접속 대기용으로 사용할 서버용 소켓을 생성
    mServerSocket = new Socket(AddressFamily.InterNetwork, SocketType.Stream,
                                ProtocolType.Tcp);
    mServerSocket.Bind(serverIpep);      // 생성한 서버 소켓에 IP주소와 Port 번호를 지정
    mServerSocket.Listen(10);            // 최대 접속 가능한 클라이언트의 수를 지정

    mChatWnd.NotifyMessage("서버가 시작되었습니다.\r\n 클라이언트의 접속을 대기합니다.");

    mClientSocket = mServerSocket.Accept();              // 클라이언트가 접속할 경우
    // 접속한 클라이언트의 IPEndPoint 객체를 얻음
    clientIpep = (IPEndPoint)mClientSocket.RemoteEndPoint;
    mChatWnd.NotifyMessage("IP주소 : " + clientIpep.Address.ToString() + "
                            의 클라이언트가 접속하였습니다.");
    // 상대방의 IP 주소를 저장
    mCorrespondentIPAddress = clientIpep.Address.ToString();
    // 데이터 수신 함수를 스레드에 지정
    mReceiverThread = new Thread(new ThreadStart(Receive));
    mReceiverThread.Start();                             // 데이터 수신 함수 시작
    mChatWnd.NotifyMessage("클라이언트로부터 메시지 수신을 시작합니다.");
}


/// <summary>
/// 상대방 호스트로부터 데이터 수신
/// </summary>
private void Receive()
{
    String message = "";                        // 수신한 message
    byte[] data = null;                         // 수신한 raw data

    data = new byte[BUFFER_SIZE];

    while (true)
    {
```

```csharp
            if (mClientSocket == null)          // socket 객체가 null일 경우 error 처리
            {
                mChatWnd.NotifyMessage("에러!\r\n 소켓 객체가 null입니다.");
                break;
            }
            // socket 객체가 연결이 되어 있지 않을 경우 error 처리
            if (mClientSocket.Connected == false)
            {
                mChatWnd.NotifyMessage("에러!\r\n 연결되어 있지 않습니다.");
                break;
            }

            // 데이터 수신
            mClientSocket.Receive(data, SocketFlags.None);

            message = Encoding.Default.GetString(data); //수신한 데이터를 String 형태로 변환

            mChatWnd.ReceiveMessage(message);           //chat 창에 메시지 전달
        }
    }

    /// <summary>
    /// 문자열 형태의 message를 전송
    /// </summary>
    /// <param name="message">전송할 문자열</param>
    public void Send(String message)
    {
        byte[] data = null;                     // 전송할 raw data

        if (mClientSocket == null)              // socket 객체가 null일 경우 error 처리
        {
            mChatWnd.NotifyMessage("에러!\r\n 소켓 객체가 null입니다.\r\n
                                    메시지를 전송할 수 없습니다.");
            return;
        }
        // socket 객체가 연결이 되어 있지 않을 경우 error 처리
        if (mClientSocket.Connected == false)
        {
            mChatWnd.NotifyMessage("에러!\r\n 연결되어 있지 않습니다.\r\n 메시지를 전송
```

```csharp
                                할 수 없습니다.");
            return;
        }

        // String 형태의 message 값을 byte 배열 형태로 변환
        data = Encoding.Default.GetBytes(message);

        mClientSocket.Send(data, 0, data.Length, SocketFlags.None);
}

/// <summary>
/// 자신의 IP 주소를 구하여 멤버 변수 mMyIPAddress에 저장
/// </summary>
private void SetMyIPAddress()
{
    String myIPAddress = "";
    IPHostEntry host;
    host = Dns.GetHostEntry(Dns.GetHostName());
    foreach (IPAddress ip in host.AddressList)
    {
        if (ip.AddressFamily == AddressFamily.InterNetwork)
        {
            myIPAddress = ip.ToString();
            break;
        }
    }
    mMyIPAddress = myIPAddress;
}

/// <summary>
/// 자신의 IP 주소를 반환
/// </summary>
/// <returns>자신의 IP 주소</returns>
public String GetMyIPAddress()
{
    return mMyIPAddress;
}

/// <summary>
```

```
        /// 상대방의 IP 주소를 반환
        /// </summary>
        /// <returns>상대방의 IP 주소</returns>
        public String GetCorrespondentIPAddress()
        {
            return mCorrespondentIPAddress;
        }
    }
}
```

8.4.4 채팅 프로그램 UI – 사용자 정의 비동기 소켓 적용

이제 위에서 작성한 사용자 정의 비동기 소켓를 채팅 프로그램 UI 클래스에 적용하여 봅시다. UI 컨트롤러는 그대로 사용하며, 수정된 부분은 다음과 같습니다.

이전에 선언했던 System.Net.Sockets, System.Net 네임스페이스를 제거하고 사용자 정의 비동기 소켓 객체를 선언합니다. Chat 클래스의 생성자에서 초기화 기능을 수행합니다.

::: 예제 8-10 채팅 프로그램 namespae 선언 및 생성자

```
using System;
using System.Collections.Generic;
using System.ComponentModel;
using System.Data;
using System.Drawing;
using System.Linq;
using System.Text;
using System.Windows.Forms;

namespace ChatProgram
{
    public partial class Chat : Form
    {
```

```csharp
delegate void UpdateTextCallback(String message);

// 동기 소켓으로 작동하는 사용자 정의 소켓 클래스
AsyncSocket mAsyncSocket = null;

/// <summary>
/// Chat 클래스 생성자
/// </summary>
public Chat()
{
    InitializeComponent();

    mAsyncSocket = new AsyncSocket(this);        // 사용자 정의 소켓 클래스 생성
    mTxtMyIP.Text = mAsyncSocket.GetMyIPAddress();
    mTxtMyPortNum.Text = AsyncSocket.DEFAULT_PORT_NUM.ToString();
    mTxtServerIP.Text = mAsyncSocket.GetMyIPAddress();
    mTxtServerPortNum.Text = AsyncSocket.DEFAULT_PORT_NUM.ToString();
}
```

서버 시작과 서버 접속 버튼을 클릭했을 때 필요한 기능을 수행합니다.

::: 예제 8-11 서버 초기화 기능

```csharp
/// <summary>
/// 서버 시작 버튼 클릭
/// </summary>
/// <param name="sender"></param>
/// <param name="e"></param>
private void mBtnStartServer_Click(object sender, EventArgs e)
{
    int portNum = 0;                                          //서버 port 번호
    portNum = Int32.Parse(mTxtMyPortNum.Text.Trim());  //자신의 port 번호를 입력
    mAsyncSocket.StartServer(portNum);                 //서버 시작
}

/// <summary>
/// 서버 접속 버튼 클릭
```

```
/// </summary>
/// <param name="sender"></param>
/// <param name="e"></param>
private void mBtnConnectToServer_Click(object sender, EventArgs e)
{
    String serverIPAddress = "";              // 서버 IP 주소
    int portNum = 0;                          // 서버 port 번호

    serverIPAddress = mTxtServerIP.Text.Trim(); // 접속할 서버 IP 주소 획득
    // 접속할 서버 port 번호를 가져옴
    portNum = Int32.Parse(mTxtServerPortNum.Text.Trim());

    mAsyncSocket.Connect(serverIPAddress, portNum);
}
```

메시지 보내기 버튼을 클릭하였을 때와 UI 클래스에서 메시지를 보낼 때 필요한 동작을 기술합니다.

::: 예제 8-12 메시지 전송 기능

```
/// <summary>
/// 보내기 버튼 클릭
/// </summary>
/// <param name="sender"></param>
/// <param name="e"></param>
private void mBtnSendMessage_Click(object sender, EventArgs e)
{
    String message = "";
    String myIPAddress = "";
    message = mTxtInputMessage.Text;
    myIPAddress = mAsyncSocket.GetMyIPAddress();

    SendMessage(message);

    message = "나 (" + myIPAddress + ")\r\n" + message;

    AppendMessage(message);
```

```
        mTxtInputMessage.Text = "";
        mTxtInputMessage.Focus();
    }

    /// <summary>
    /// 메시지 전송
    /// </summary>
    /// <param name="message"></param>
    private void SendMessage(String message)
    {
        mAsyncSocket.Send(message);
    }
```

키보드를 통해 입력이 일어났을 경우 필요한 동작을 기술합니다.

::: 예제 8-13 키보드 입력 처리

```
    /// <summary>
    /// 키보드 입력 이벤트 발생 처리
    /// </summary>
    /// <param name="sender"></param>
    /// <param name="e"></param>
    private void mTxtInputMessage_KeyDown(object sender, KeyEventArgs e)
    {
        if (e.KeyCode == Keys.Enter)
        {
            String message = "";
            String myIPAddress = "";
            message = mTxtInputMessage.Text;
            myIPAddress = mAsyncSocket.GetMyIPAddress();

            SendMessage(message);

            message = "나 (" + myIPAddress + ")\r\n" + message;

            AppendMessage(message);
```

```
            mTxtInputMessage.Text = "";
            mTxtInputMessage.Focus();
        }
    }
```

상대방으로부터 메시지를 수신하였을 때 필요한 기능을 기술합니다.

::: 예제 8-14 메시지 수신 기능

```
        /// <summary>
        /// 클라이언트로부터 메시지를 수신할 경우 호출
        /// </summary>
        /// <param name="message">클라이언트로부터 수신한 메시지</param>
        public void ReceiveMessage(String message)
        {
            String correspondentIPAddress = "";
            correspondentIPAddress = mAsyncSocket.GetCorrespondentIPAddress();

            message = "상대방 (" + correspondentIPAddress + ")\r\n" + message;

            AppendMessage(message);
        }
```

이번에 작성한 윈폼 기반의 채팅 프로그램을 실행하면 다음과 같은 실행 화면을 얻을 수 있습니다.

::: 실행 결과

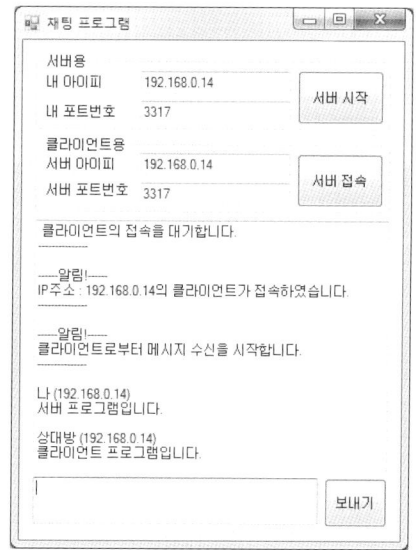
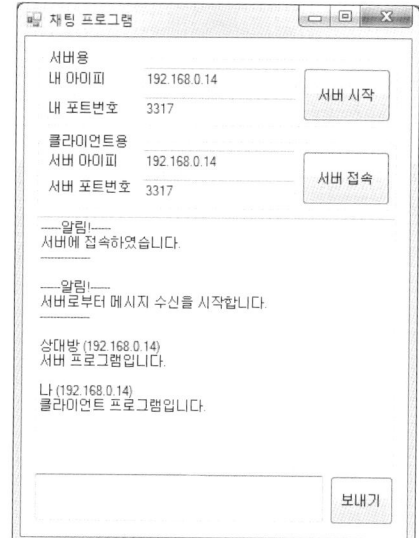

8.5 TCP를 이용한 채팅 프로그램3 – 패킷 정의

이제 TCP를 이용한 윈폼 기반의 채팅 프로그램 만들기의 막바지에 왔습니다. 사실 지금까지 만든 프로그램을 이용하여서도 다른 사람과 채팅을 주고받는 데 큰 문제점은 없습니다.

하지만 좀 더 견고한 네트워크 프로그래밍을 하기 위해서 한 가지 고려해야 할 부분이 남아 있습니다. 바로 TCP 내부 버퍼링입니다. 우리는 상대방이 전송한 데이터를 수신하기 위해 Receive( ) 메소드를 사용하였습니다. 이 메소드를 사용하면 마치 상대방으로부터 데이터를 직접 받아오는 것 같이 느껴질 것입니다. 하지만 실제로는 이미 내 컴퓨터에 수신된 데이터를 Receive( ) 메소드를 호출하여 가져오는 것입니다.

다시 말하면, 상대방이 전송한 데이터는 우리가 Receive( ) 메소드를 호출하기 전에 이미 수신되어 있고 우리는 Receive( ) 메소드를 호출하여 이미 수신된 데이터를 가져오는 것입니다. 이러한 정책을 사용하는 이유는 내부적으로 네트워크 자원을 좀 더 효과적으로 사용하기 위해서입니다. 하지만 TCP 내부 버퍼를 사용함으로써 우리는 내부적으로 몇 번의 데이터를 수신하였는지 알 수 없고, 따라서 얼마 만큼의 데이터가 한 번에 처리해야 할 단위인지 알 수가 없는 문제가 있습니다. 이제 이 부분에 대해서 이해하기 쉽게 좀 더 이야기를 하고 어떻게 하면 해결할 수 있는지 찾아보도록 하겠습니다.

8.5.1 TCP 내부 버퍼

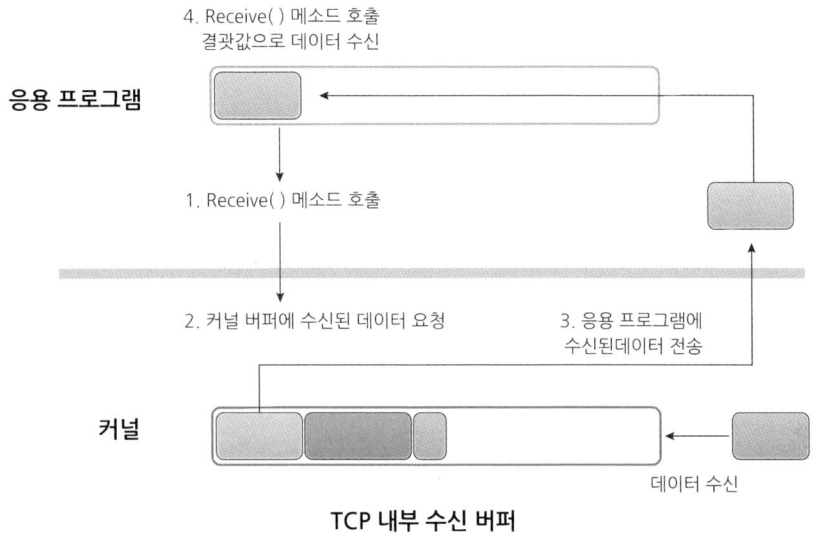

[그림 8.18] TCP 내부 버퍼의 동작 과정

위의 그림은 응용프로그램이 TCP 내부 버퍼로부터 데이터를 가져오는 모습입니다. 그림에서 보면 응용 프로그램이 커널에 Receive( ) 함수를 호출하여 데이터를 가져오는 것을 알 수 있습니다.

좀 더 자세히 설명하면 응용 프로그램이 Receive( ) 함수를 호출하는 것과는 별도로 커널에서 TCP 통신 규약에 따라 자체적으로 상대방 호스트로부터 데이터를 전송받습니다. 그리고 응용 프로그램은 커널에서 이미 수신하여 놓은 데이터를 Receive( ) 함수를 호출하여 가져오는 것입니다.

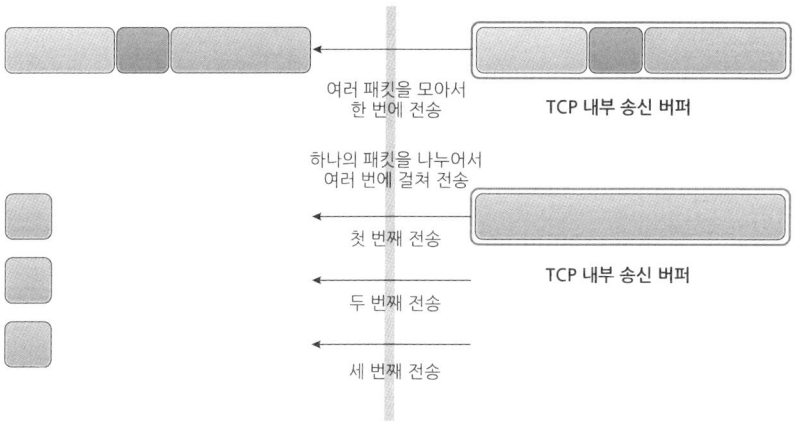

[그림 8.19] TCP 내부 버퍼의 데이터 전송 방법

커널에서 TCP 통신을 통해 데이터를 가져오는 것을 좀 더 자세히 살펴봅시다. 위에서 말했듯이, 응용 프로그램이 Receive( ) 함수를 호출하는 것과는 별도로 커널은 자체적으로 TCP 통신 규약에 따라 상대방 호스트로부터 데이터를 수신합니다.

이럴 때 보통은 두 가지 형태로 데이터를 보내게 됩니다. 첫 번째는 여러 데이터를 모아서 한 번에 상대방 호스트로 보내는 것입니다. 두 번째는 큰 데이터를 여러 조각으로 나누어 여러 번에 걸쳐 상대방 호스트로 데이터를 전송하는 것입니다.

첫 번째와 같이 여러 데이터를 모아서 한 번에 보내는 경우는 하나의 데이터 크기가 작을 때 발생합니다. 단순히 작은 데이터를 요청이 있을 때마다 한 번에 하나씩 전송하게 되면 불필요하게 네트워크 자원을 낭비하게 됩니다.

두 번째 같은 경우는 하나의 데이터 크기가 너무 클 경우에 발생합니다. 하나의 데이터 크기가 몇백 MB라고 하면 한 번에 많은 양의 데이터를 보내기에는 내부 버퍼의 용량 문제도 있고 데이터 전송을 실패했을 때 다시 전체를 보내야 하는 문제가 있습니다. 이럴 경우 여러 조각으로 나누어 데이터를 전송하게 됩니다.

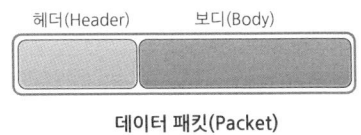

[그림 8.20] 패킷의 구성

그렇다면 응용프로그램이 커널에서 데이터를 가져올 때 어떤 부분을 고려하여야 할까요? 바로 응용 프로그램이 한 번에 처리하고자 하는 데이터의 크기입니다. 커널에는 여러 패킷이 쌓여 있습니다. 여기서 하나의 패킷만 가져오기 위해서는 쌓여 있는 패킷들에서 하나의 패킷의 데이터 크기만큼 요청을 하여 응용 프로그램에서 하나의 패킷만을 가져와야 합니다.

따라서 우리는 하나의 패킷의 크기를 알아야 하죠. 네트워크 프로그램을 하면 보통 패킷이라는 단위를 사용하여 하나의 데이터 처리 단위를 나누는데요. 이때 앞부분을 헤더(header)라 부르며 이 부분에 한 패킷의 크기가 들어 있습니다.

우리는 이 헤더 부분을 먼저 읽고 남은 데이터 부분의 크기를 알아낸 뒤 커널에 데이터의 크기만큼 요청하여 남은 데이터를 처리합니다. 그럼 우리가 만든 윈폼 기반의 채팅 프로그램에 패킷이라는 개념을 도입하여 좀 더 견고하게 프로그램을 만들어 봅시다.

8.5.2 윈폼 기반의 채팅 프로그램에 패킷 개념 적용

이제 위에서 설명한 패킷 개념을 적용하여 윈폼 기반의 채팅 프로그램을 좀 더 견고하게 만들어 봅시다. 위에서 설명하였듯이 네트워크에서 전송의 단위는 패킷이고 패킷은 헤더와 보디로 나뉩니다. 헤더에는 보디의 크기가 적혀있으며, 보디에는 데이터가 들어 있습니다.

이러한 패킷 개념을 윈폼 기반의 채팅 프로그램에 적용할 텐데요. 하지만 아직 한 가지 부족한 부분이 남아 있습니다. 바로 패킷의 종류를 나타내는 것입니다.

[그림 8.21] 패킷의 내부 구성

패킷을 수신하면 우리는 그 패킷을 처리하여 원하는 결괏값을 얻어야 합니다. 윈폼 기반의 채팅 프로그램에서는 원하는 결괏값이 상대방이 보낸 메시지가 되겠지요. 하지만 다른 네트워크 프로그램에서는 처리하여야 하는 데이터의 종류가 상대방이 보낸 메시지 이외에 여러 가지가 있을 것입니다.

예를 들어 로그인을 할 경우 아이디와 비밀번호가 들어 있을 테고 친구 추가를 할 경우 추가하고자 하는 사람의 아이디가 들어있을 것입니다. 따라서 전송되는 패킷이 어떠한 데이터를 담고 있는지를 나타내는 부분이 필요합니다.

우리는 이러한 정보를 얻기 위해 조금 전에 패킷을 한 번 더 감싸서 앞부분에 패킷의 종류를 나타내는 부분을 둘 것입니다. 위의 그림을 보면서 좀 더 자세히 설명하여 보겠습니다. 패킷은 앞에서도 말한 것처럼 네트워크 전송에 있어서 하나의 단위입니다.

하나의 패킷에 여러 정보를 담을 수 있는데, 필요에 따라서 하나의 패킷이 다른 패킷에 데이터가 되어 묶이기도 합니다. 위의 그림에 Packet2가 Packet1을 데이터 부분으로 두고 있는 것처럼 말이죠. 여기서 Packet2의 헤더에는 패킷 종류에 관한 정보가 담겨 있고 이 정보를 읽고 뒤에 Packet1의 데이터를 어디에서 처리해야 할지 결정할 수 있습니다. 그리고 Packet1의 헤더를 읽어 실제 데이터의 크기를 알고 남은 데이터를 읽을 수 있는 것이죠.

아래에 지금까지 설명한 패킷을 적용한 데이터 수신의 일련의 과정을 순서도로 표현해 보겠습니다.

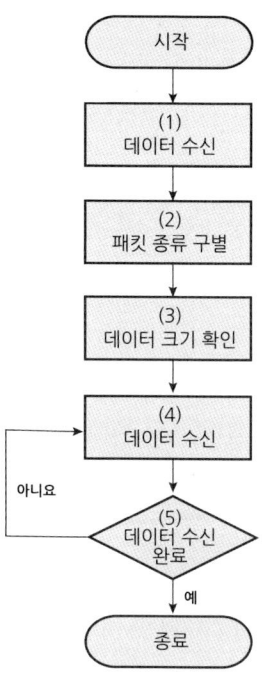

[그림 8.22] 데이터 수신 과정

먼저 상대방으로부터 데이터를 수신하기 위해 Receive( ) 메소드를 호출하여 데이터가 수신되기를 기다립니다.

이때 수신할 데이터의 크기를 Packet2의 헤더 크기만큼 지정합니다. 이 부분이 순서도의 (1) 데이터 수신 부분에 해당합니다.

데이터가 수신되면 Packet2의 헤더 부분을 읽어 패킷이 어떤 종류인지를 확인합니다. 이 부분이 순서도의 (2) 패킷 종류 구별에 해당합니다.

이제 해당 패킷이 처리되어야 하는 부분에서 Packet2의 데이터 부분으로 둘러싸여 있는 Packet1을 수신하여 실제 데이터를 처리하면 됩니다. Packet2의 데이터 부분으로 둘러싸여 있는 Packet1을 수신하기 위해 먼저 Packet1의 헤더 부분을 읽어 실제 Packet1의 데이터 크기를 확인합니다. 이 부분이 순서도의 (3) 데이터 크기 확인에 해당합니다.

Packet1의 데이터 크기를 확인했으면 이제 Packet1의 데이터를 수신하면 됩니다. 하지만 이때 주의해야 할 것이 Packet1의 데이터 부분의 크기가 커서 한 번에 수신하지 못할 수 있다는 것입니다. 만약 Packet1의 데이터 부분의 크기가 500MB라고 하면 한번에 500MB를 읽어 들이기 위해서는 프로그램 수신 버퍼의 크기를 500MB 이상으로 설정해야 하기 때문에 메모리가 낭비됩니다. 따라서 프로그램 수신 버퍼를 작게 두고 여러 번 반복하여 수신해야 합니다.

그럼 Packet1의 데이터를 수신해 봅시다. 먼저 Packet1의 데이터를 수신하고 수신한 데이터의 크기와 Packet1 헤더에서 읽어드린 Packet1의 데이터의 총 크기와 비교합니다. 읽어드린 데이터 크기와 Packet1의 데이터의 총 크기가 같을 경우 데이터 수신을 종료하고 읽어드린 데이터를 처리합니다.

하지만 읽어드린 데이터의 크기가 Packet1의 데이터의 총 크기보다 작을 경우 남은 데이터를 모두 읽어드릴 때까지 반복하여 Receive( ) 함수를 호출하여 커널에서 데이터를 읽어 옵니다. 이 부분이 순서도의 (4) 데이터 수신, (5) 데이터 수신 완료 부분에 해당합니다.

지금까지 네트워크 프로그래밍에서 패킷 개념의 필요성을 설명하고 실제 패킷 개념이 프로그램 안에서 어떻게 동작하는지를 설명하였습니다. 이제 원폼 기반의 채팅 프로그램에 패킷 개념을 적용하여 프로그램을 작성해 보겠습니다.

8.5.3 패킷 개념을 적용한 원폼 기반의 채팅 프로그램 작성

이제 지금까지 설명한 내용을 바탕으로 실제 채팅 프로그램을 작성해 보겠습니다. 기존에 있던 원폼 기반의 채팅 프로그램에 일부분을 수정하여 패킷 개념을 적용해 보겠습니다.

데이터를 수신하는 부분에 전송받을 데이터의 크기를 먼저 확인하고 남은 데이터 부분을 수신하도록 소스코드를 수정하도록 하겠습니다.

::: 예제 8-15 패킷 개념을 적용하여 데이터 수신 기능 작성

```csharp
/// <summary>
/// 상대방 호스트로부터 데이터 수신
/// </summary>
private void Receive()
{
    String message = "";                    // 수신한 message
    byte[] data = null;                     // 수신한 raw data
    while (true)
    {
        if (mClientSocket == null)          // socket 객체가 null일 경우 error 처리
        {
            mChatWnd.NotifyMessage("에러!\r\n 소켓 객체가 null입니다.");
            break;
        }
        // socket 객체가 연결이 되어 있지 않을 경우 error 처리
        if (mClientSocket.Connected == false)
        {
            mChatWnd.NotifyMessage("에러!\r\n 연결되어 있지 않습니다.");
            break;
        }

        data = ReceiveData();                                      // 데이터 수신
        message = Encoding.Default.GetString(data); // 수신한 데이터를 String 형태로 변환

        mChatWnd.ReceiveMessage(message);                          // chat 창에 메시지 전달
    }
}
```

실제 데이터를 수신하는 부분을 구현해 보겠습니다.

::: 예제 8-16 실제 데이터 수신 기능

```csharp
/// <summary>
/// 소켓의 버퍼에 있는 데이터 수신
/// </summary>
```

```csharp
/// <returns>수신 완료된 데이터</returns>
private byte[] ReceiveData()
{
    byte[] headerBuffer = new byte[PACKET_HEADER_SIZE];    // 패킷 해더 수신 버퍼
    byte[] dataBuffer = null;                               // 데이터 수신 버퍼 생성

    int totalDataSize = 0;                  // 전체 데이터 크기
    int accumulatedDataSize = 0;            // 지금까지 수신한 데이터 크기
    int leftDataSize = 0;                   // 미수신한 데이터 크기
    int receivedDataSize = 0;               // 수신한 데이터 크기

    // 데이터 수신.
    // receivedDataSize에는 Receive 함수를 한 번 호출함으로써 수신한 데이터 크기가 저장
    receivedDataSize = mClientSocket.Receive(headerBuffer, 0,
                                    PACKET_HEADER_SIZE, SocketFlags.None);

    // 수신해야 할 총 데이터 크기를 구함
    totalDataSize = BitConverter.ToInt32(headerBuffer, 0);

    // 남은 수신하여야 하는 데이터 크기를 leftDataSize에 저장
    leftDataSize = totalDataSize;
    // 수신할 총 데이터 크기만큼 데이터 배열 생성
    dataBuffer = new byte[totalDataSize];

    while (leftDataSize > 0)         // 수신하여야 할 남은 데이터가 없을 때 까지 반복
    {
        // 데이터 수신
        receivedDataSize = mClientSocket.Receive(dataBuffer,
                                    accumulatedDataSize, leftDataSize, 0);

        // 총 누적 수신된 데이터를 구함
        accumulatedDataSize = accumulatedDataSize + receivedDataSize;
        // 수신하여야 할 남은 데이터를 구함
        leftDataSize = leftDataSize - receivedDataSize;
    }

    return dataBuffer;          // 수신된 데이터가 들어 있는 dataBuffer 변수를 반환
}
```

Receive( ) 메소드와 마찬가지로 Send( ) 메소드도 패킷 개념을 적용하여 수정해 보겠습니다.

::: 예제 8-17 실제 데이터 수신 기능

```csharp
/// <summary>
/// 문자열 형태의 message를 전송
/// </summary>
/// <param name="message">전송할 문자열</param>
public void Send(String message)
{
    byte[] data = null;                         // 전송할 raw data

    if (mClientSocket == null)                  // socket 객체가 null일 경우 error 처리
    {
        mChatWnd.NotifyMessage("에러!\r\n 소켓 객체가 null입니다.\r\n 메시지를 전송
                                할 수 없습니다.");
        return;
    }
    // socket 객체가 연결이 되어 있지 않을 경우 error 처리
    if (mClientSocket.Connected == false)
    {
        mChatWnd.NotifyMessage("에러!\r\n 연결되어 있지 않습니다.\r\n 메시지를 전송
                                할 수 없습니다.");
        return;
    }

    // String 형태의 message 값을 byte 배열 형태로 변환
    data = Encoding.Default.GetBytes(message);
    SendData(data);                             // 데이터 전송
}
```

실제 데이터를 전송하는 부분을 구현하여 보겠습니다.

::: 예제 8-18 실제 데이터 송신 기능

```csharp
    /// <summary>
    /// byte 배열 형태의 데이터 값을 네트워크를 통해 전송
    /// </summary>
    /// <param name="dataBuffer">전송하고자 하는 값이 들어 있는 byte 배열</param>
    private void SendData(byte[] dataBuffer)
    {
        byte[] headerBuffer = new byte[PACKET_HEADER_SIZE];    // 패킷 해더 송신 버퍼

        int totalDataSize = 0;                          // 전체 데이터 크기
        int accumulatedDataSize = 0;                    // 지금까지 전송한 데이터 크기
        int leftDataSize = 0;                           // 미전송한 데이터 크기
        int sentDataSize = 0;                           // 전송한 데이터 크기

        totalDataSize = dataBuffer.Length;              // 전체 데이터 크기를 구함
        leftDataSize = totalDataSize - sentDataSize;    // 남은 데이터 크기를 구함

        // 전송할 데이터의 총 크기를 구함
        headerBuffer = BitConverter.GetBytes(totalDataSize);
        mClientSocket.Send(headerBuffer);               // 전체 데이터 크기를 전송

        while (leftDataSize > 0)                        // 데이터를 모두 전송할 때 까지 반복
        {
            // 데이터를 전송.
            // sentDataSize에는 Send 함수를 한 번 호출 함으로써 전송된 데이터의 크기가 저장
            sentDataSize = mClientSocket.Send(dataBuffer, accumulatedDataSize,
                                        leftDataSize, SocketFlags.None);
            // 지금까지 누적된 전송된 데이터의 총 크기를 구함
            accumulatedDataSize = accumulatedDataSize + sentDataSize;
            // 전송되어야 할 남은 데이터의 크기를 구함
            leftDataSize = leftDataSize - sentDataSize;
        }
    }
```

패킷 개념을 적용하여 새롭게 작성한 프로그램을 실행하면 아래와 같은 화면을 얻을 수 있습니다. 이전 프로그램에서 실행한 화면과 결과가 같은 것을 확인할 수 있는데요. 하지만 패킷

개념을 적용하면서 대용량의 데이터를 전송할 경우에도 견고하게 작동할 수 있는 프로그램을 작성할 수 있었습니다.

::: 실행 결과

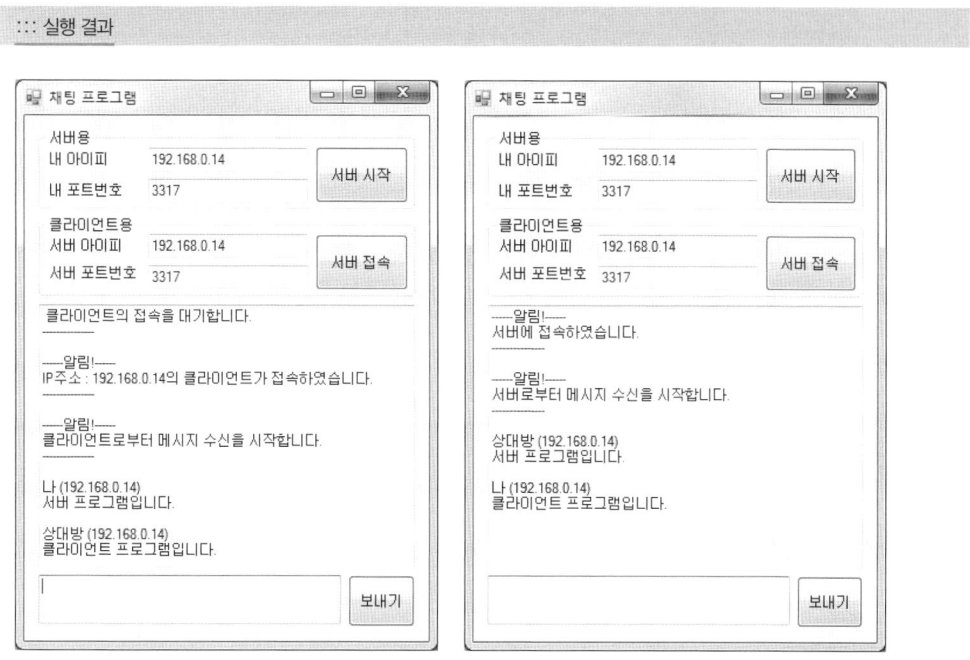

8.6 TCP를 이용한 네트워크 프로그래밍을 마무리하며

지금까지 우리는 TCP를 이용하여 네트워크 프로그래밍을 했습니다. TCP는 신뢰성을 기반으로 흐름 제어 기능을 갖추고 있는 네트워크 프로그래밍에서 널리 사용되는 통신 프로토콜입니다. 우리는 TCP를 이용하여 만들 수 있는 많은 프로그램 중 대표적으로 채팅 프로그램을 만들어 보았습니다.

우리가 만든 채팅 프로그램에는 로그인, 접속자 관리 등과 같은 상용 채팅 프로그램에 필요한 기능이 빠져 있기는 하지만 가장 중요한 데이터를 주고받는 부분을 견고하게 작성하여 다른 어떤 프로그램에도 적용할 수 있도록 했습니다. 상대방과 데이터를 주고받을 수만 있다면 로그인이나 접속자 관리 같은 기능은 추가만 하면 되는 부분이니, 지금까지 공부한 내용을 반복 학습을 통해 자신의 것으로 만들기를 바랍니다.

또한 채팅 프로그램이 아닌 네트워크를 이용한 다른 응용프로그램을 만들어 보면서 네트워크 관련 지식을 자신의 것으로 만들기 바랍니다. 이어서 UDP에 관하여 공부하도록 하겠습니다.

> **응용 예제 8.1**
>
> 1. 우리는 7장에서 사용자 정의 컨트롤을 익히며 말풍선 컨트롤을 만들어 보았습니다. 지금까지 만든 채팅 프로그램에 말풍선 인터페이스를 적용하여 카카오톡(KAKAO TALK)처럼 만들어 봅시다.

8.7 UDP 소켓 프로그래밍

8.7.1 개요

지금까지 TCP와 UDP의 전체적인 이론에 대해 공부하고 TCP를 이용한 네트워크 프로그램을 작성해 보았습니다. 이번 장에서는 UDP가 어떠한 특징을 가지고 있는 프로토콜이고 왜 이러한 특징을 가졌는지 공부해 보겠습니다. 그리고 이러한 특징을 활용하여 어떤 프로그램에 적용하면 더 적합하게 사용할 수 있는지 알아보도록 하겠습니다.

UDP의 특징을 공부한 뒤 간단한 UDP 프로그램을 작성하며 실제로 어떻게 프로그래밍 되는지 공부하고 마지막 부분에서는 UDP의 특징을 활용한 화면 전송 프로그램을 작성하며 실제 프로그램에서 어떻게 작성되고 활용되는지 공부하겠습니다.

8.7.2 UDP 프로토콜이란?

앞에서 TCP 프로토콜을 공부하며 간단히 UDP 프로토콜에 관해 언급했습니다. 그럼 TCP와 함께 많이 사용되는 UDP 프로토콜은 어떤 프로토콜인지 알아봅시다. 앞에서 TCP 통신을 전화에 비유해 설명했습니다. TCP 통신이 연결지향형이며 신뢰성을 가지고 데이터 통신을 하기 때문입니다.

UDP의 특징은 ① 전송하는 데이터양에 제한을 받지 않고, ② 신뢰성을 보장하지 않으며 ③ 전용 회선을 형성하지 않아 보낸 데이터가 순서대로 도착한다는 보장이 없습니다.

그렇다면 UDP는 실생활에서 무엇과 비슷할까요? UDP의 특징을 실생활의 일반 우편과 비교하면 비슷하다는 느낌을 받을 수 있을 것입니다. 일반 우편도 UDP의 데이터 전송과 비슷합니다. 일반 우편을 보낼 때 편지 봉투에 상대방 주소를 적습니다. 이는 UDP에서는 IP 주소와 같습니다. 그리고 편지를 우체통에 넣지요. 이게 일반 우편을 보낼 때 우리가 할 수 있는 마지막 단계입니다. UDP도 마찬가지입니다. 소켓을 통해 데이터를 보내기면 하고 보내는 과정이나 결과를 처리하지 않습니다.

그럼 일반 우편과 UDP를 차례 비교하여 봅시다.

① 먼저 전송하는 데이터양에 제한을 받지 않습니다. 우리가 편지를 보낼 때 10통의 편지든 100통의 편지든 얼마든지 상대의 의사와 상대방의 편지함의 크기와는 상관없이 보낼 수 있습니다. 물론 100통의 편지를 쓰기란 쉽지 않겠지요. 상대방에게 100통의 편지를 보냈다고 합니다.

그런데 상대방의 편지함은 20통의 편지만 보관할 수 있을 크기를 가지고 있다고 합시다. 그렇게 되면 남은 80통의 편지는 마땅히 보관할 곳이 없어 편지함 위에 쌓아 두게 되면 편지를 분실할 수 있고 편지가 비에 젖어 훼손될 수도 있습니다. 하지만 일판 우편과 UDP 모두 보내고자 하는 데이터양에 제약을 두지 않습니다.

② 데이터 전송의 신뢰성을 보장하지 않습니다. 우리가 일반 우편을 편지함에 넣은 뒤부터는 우리가 보낸 편지가 잘 도착했는지 알 수가 없습니다. 우편이 분실되는 경우도 있습니다. UDP도 소켓을 통해 데이터를 보내면 중간에 데이터가 손상되거나 소실되는 경우가 있습니다.

③ 데이터 전송을 위한 전용 회선을 형성하지 않습니다. TCP 통신의 경우 데이터 전송을 위한 전용 회선을 형성하여 TCP 통신이 이루어지는 동안에는 연결을 계속 유지합니다. 이를 연결 지향형 통신이라고 합니다. 하지만 UDP의 경우에는 데이터 전송을 위한 연결을 맺지 않고 단순히 데이터가 도착해야 하는 위치만 패킷에 표시하여 데이터가 중간 라우터에 의해 처리되도록 위임합니다. 따라서 어떤 패킷은 빠른 경로를 통해 전송되고 어떤 데이터는 빙 돌아서 전송되는 경우가 발생하여 늦게 보낸 데이터가 앞서 보낸 데이터보다 먼저 도착하는 경우가 발생합니다.

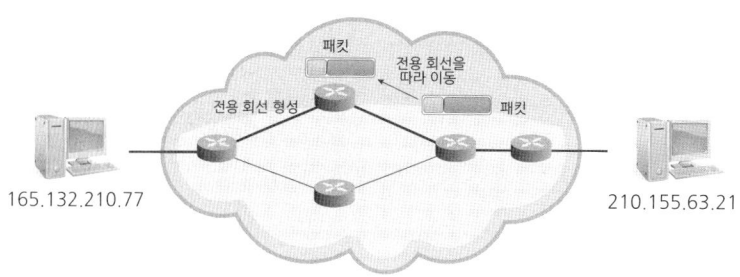

[그림 8.23] TCP 프로토콜에서 패킷의 이동

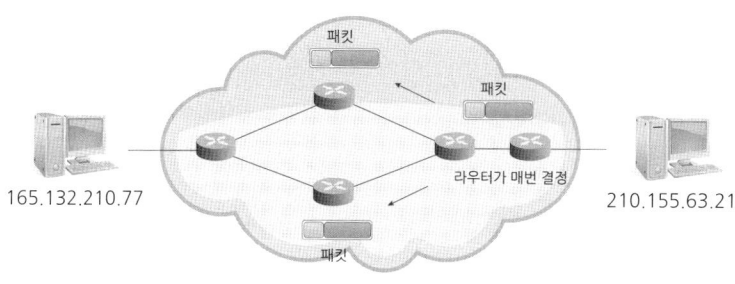

[그림 8.24] UDP 프로토콜에서 패킷의 이동

우리는 앞에서 TCP를 공부하였고 TCP를 이용하여 네트워크 프로그램을 작성해 보았습니다. 사실 대부분의 네트워크 프로그램은 TCP 프로토콜을 이용하여 작성할 수 있습니다. 또한 최근 대세는 UDP 사용을 자제하고 TCP 프로토콜을 사용할 것을 권장하는 분위기입니다. 이유는 UDP를 사용할 경우 흐름 제어를 사용하지 않아 라우터의 리소스를 과다하게 사용하기 때문입니다. 이렇게 될 경우 라우터에는 TCP를 사용하는 다른 프로그램을 위한 리소스가 부족하게 되어 다른 프로그램 동작에 부정적인 영향을 미치게 됩니다.

하지만 UDP 여러 가지 장점을 가지고 있어 UDP의 장점을 잘 활용힐 수 있는 프로그램에서는 높은 성능을 발휘할 수 있습니다. UDP 장점 중에는 프로토콜이 가볍다는 것입니다. UDP는 흐름 제어가 없고 신뢰성을 보장하지 않아 프로토콜이 단순하며 가볍습니다. 따라서 TCP보다 더 빠른 속도로 데이터를 처리할 수 있습니다. 또한 비연결 지향형이라 리소스를 적게 사용합니다. TCP의 경우 연결 지향형으로 데이터를 보내는 곳에서부터 데이터를 받는 곳까지 데이터가 전송될 회선을 형성합니다.

따라서 데이터를 보내지 않는 동안에는 회선을 사용하지 않아 리소스가 낭비됩니다. 하지만 UDP는 비연결 지향형으로 데이터 전송 회선을 형성하지 않기 때문에 전송이 필요한 시점에만 리소스를 사용하므로 리소스를 효율적으로 사용합니다.

그렇지만 UDP의 장점이 곧 단점이 될 수 있습니다. 신뢰성을 보장하지 않아 데이터가 손실될 수 있으며 전용 회선을 형성하지 않아 전송한 데이터가 순서대로 도착하지 않을 수 있습니다. 그렇다면 이런 UDP의 장단점을 잘 활용할 수 있는 프로그램은 무엇일까요? 바로 화면 공유 프로그램이나 음악 재생 프로그램입니다.

화면 공유 프로그램이나 음악 재생 프로그램의 경우 중간에 일부 데이터가 손실되어도 사용자는 화면의 화질이나 음악의 음질이 나빠져서 불편하다는 것을 잘 느끼지 못합니다. 화면의 한두 프레임 정도는 없어도 사용자가 크게 느끼지 못하는 것과 같습니다.

또한 데이터가 순서대로 도착하지 않아 늦게 도착한 데이터를 사용할 수 없게 되는 경우 해당 데이터를 삭제하여도 마찬가지로 한두 프레임 정도는 없어도 사용자가 크게 느끼지 못하기 때문에 큰 문제가 되지는 않습니다. 또한 음악 재생의 경우 버퍼링과 같이 TCP/IP 프로토콜 레이어의 상위 레이어인 애플리케이션 레이어에서 또 다른 처리를 한다면 순서가 뒤바뀐 데이터를 다시 순서에 맞게 재배치할 수 있기 때문에 유용합니다.

또한, 앞에서 언급한 프로그램은 대용량의 데이터 전송을 요구하는 특징을 가지고 있습니다. 화면 전송이나 음악 재생의 경우 대용량의 데이터 전송이 필요합니다. 화면을 끊이지 않고 전송하기 위해서는 1초에 15 프레임 이상을 전송해야 하는데 보통은 1프레임의 용량이 1MB을 넘습니다. 그렇다면 1초에 15MB 이상의 데이터 전송이 필요하다는 이야기가 됩니다.

물론 코덱을 사용하여 화면을 처리한다면 데이터 크기를 줄일 수 있지만, 여전히 전송해야 하는 데이터는 대용량입니다. 이렇게 대용량의 데이터를 비교적 가벼운 UDP를 사용한다면 보다 효과적으로 데이터를 전송할 수 있습니다. 그럼 이제 UDP를 이용하여 네트워크 프로그램을 만들어 봅시다.

8.7.3 UDP 네트워크 프로그램의 특징

TCP를 이용하여 네트워크 프로그램을 작성할 때와 UDP를 이용하여 네트워크 프로그램을 작성할 때 몇 가지 다른 부분이 있습니다. 가장 큰 특징은 TCP 프로토콜은 연결 지향형이며 UDP 프로토콜은 비연결 지향형이란 점에서 나타납니다. TCP 프로토콜은 연결 지향형으로 3-Way 핸드셰이크를 통해 서버와 클라이언트가 연결을 형성하지만 UDP 프로토콜은 비연결 지향형으로 이러한 과정 없이 바로 데이터를 송·수신합니다.

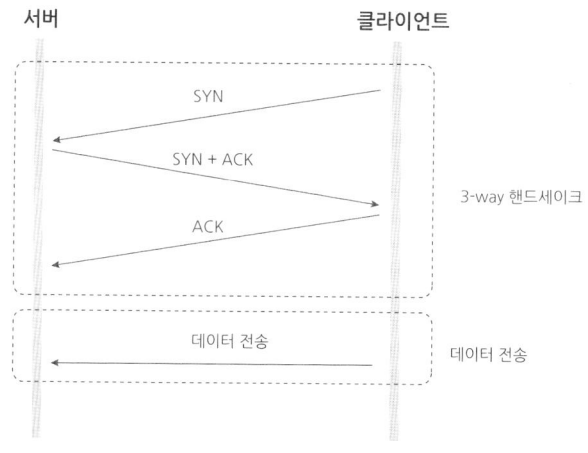

[그림 8.25] TCP의 3-way 핸드셰이크 및 데이터 전송

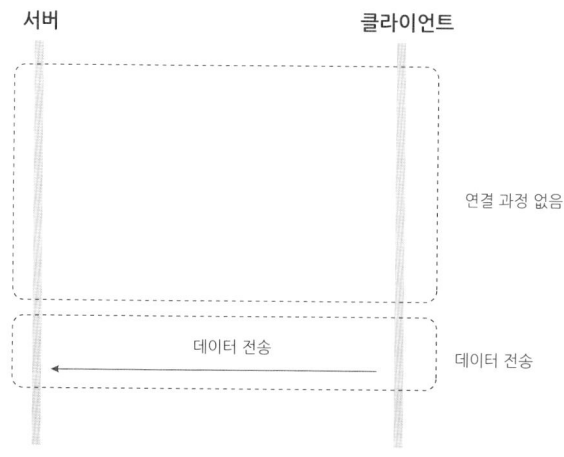

[그림 8.26] UDP의 데이터 전송

이러한 TCP와 UDP의 차이점은 실재 네트워크 프로그램을 작성하는 소스 코드에 반영됩니다. TCP는 핸드세이크 과정이 있으므로 서버에서는 연결을 대기하고 클라이언트에서는 접속을 요청하는 과정이 있지만 UDP에서는 이러한 부분이 없습니다. 또한 신뢰성을 보장하는 전송 방식을 사용하는 TCP와 신뢰성을 보장하지 않는 전송 방식을 사용하는 UDP에서는 서로 데이터 전송 시 사용하는 함수가 다릅니다.

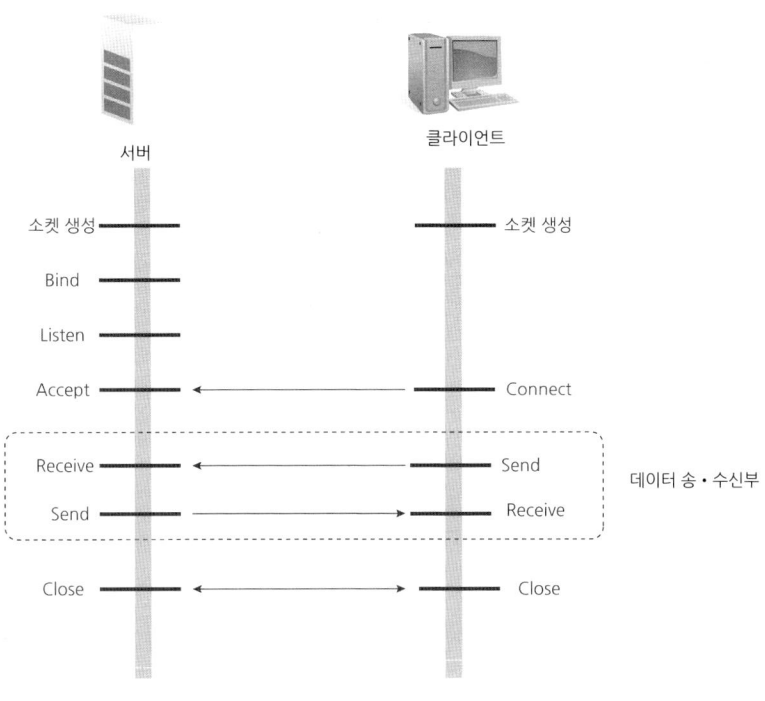

[그림 8.27] TCP에서 연결 형성 및 데이터 송·수신

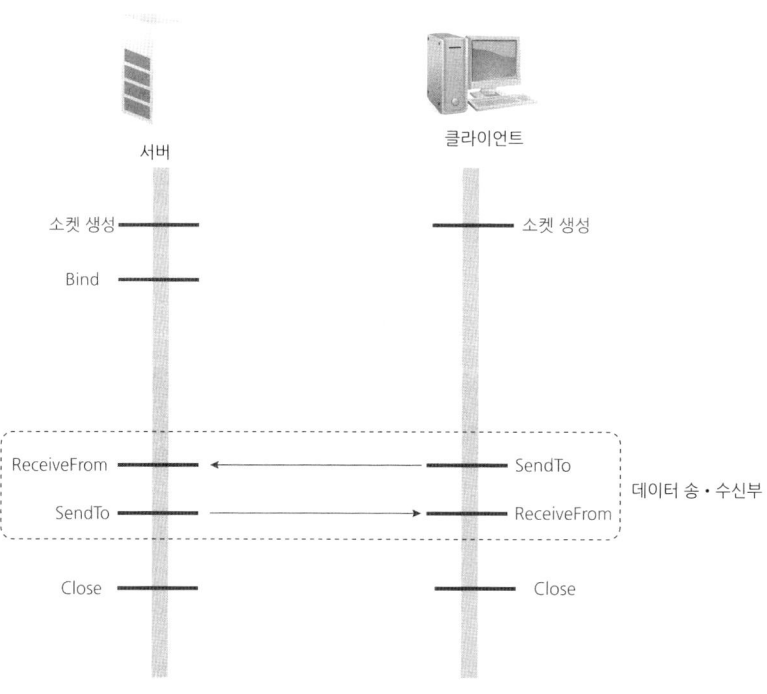

[그림 8.28] UDP에서 데이터 송·수신

위 그림을 보면 TCP에서는 서버에서 Listen과 Accept 메소드를 사용하여 접속을 대기하고 클라이언트에서는 Connect 메소드를 사용하여 접속을 요청합니다. 이러한 과정을 통해 TCP의 연결 지향형 네트워크 프로그래밍을 구현합니다.

하지만 비연결 지향형인 UDP에서는 이러한 과정 없이 바로 데이터 전송을 주고받습니다. 또한 소켓에는 TCP의 신뢰성 있는 데이터 송·수신을 위해 Send와 Receive 메소드를 제공하며 UDP의 데이터 송·수신을 위해서는 SendTo와 ReceiveFrom 메소드를 제공합니다. 이제 지금까지 공부한 내용을 바탕으로 UDP 기반의 네트워크 프로그램을 작성해 봅시다.

8.7.4 Console 기반의 간단한 UDP 서버 만들기

Console 기반의 간단한 UDP 서버를 만들어 봅시다. 위에서 공부한 것처럼 UDP에서는 연결을 맺는 과정 없이 바로 데이터를 송·수신합니다. 따라서 서버에서 클라이언트의 접속을 대기하는 과정은 없습니다.

그리고 데이터 송·수신을 위해서 SendTo와 ReceiveFrom 메소드를 사용합니다. 소켓을 생성할 때 UDP 프로토콜을 사용하기 위해 SocketType.Dgram과 ProtocolType.Udp와 같은 옵션을 지정합니다. 실제 코드를 보면 아래와 같습니다. 아래 프로그램은 서버에서 클라이언트가 데이터를 보내기를 대기했다가 데이터가 도착하면 콘솔 창에 보여주는 기능을 수행합니다.

::: 예제 8-19 Console 기반 간단한 UDP 서버 만들기

```csharp
using System;
using System.Collections.Generic;
using System.Linq;
using System.Text;
using System.Net;                              // 네트워크 관련 클래스 사용
using System.Net.Sockets;                      // 소켓

namespace UDPServerConsole
{
    class Program
    {
        static void Main(string[] args)
        {
            Socket server = null;              // 서버로 사용할 소켓
            byte[] data = new byte[1024];      // 데이터를 수신할 byte 배열

17:         IPEndPoint serverIpep = new IPEndPoint(IPAddress.Any, 3317);
            server = new Socket(AddressFamily.InterNetwork,
19:                             SocketType.Dgram, ProtocolType.Udp);

21:         IPEndPoint clientIpep = new IPEndPoint(IPAddress.Any, 0);
            EndPoint client = (EndPoint) (clientIpep);
```

```
                    server.Bind(serverIpep);

                    Console.WriteLine("서버를 시작합니다.\n");

                    // 클라이언트로부터 데이터 수신
30:                 server.ReceiveFrom(data, ref client);

                    Console.WriteLine("클라이언트로부터 데이터를 수신하였습니다\n메시지: "
                            + Encoding.Default.GetString(data));

                    server.Close();                         // 서버 소켓 닫기
                }
            }
        }
```

17행 IPAddress.Any는 모든 형태의 클라이언트 인터페이스에 대해 접속을 허가하겠다는 뜻이며, 3317은 서버에서 사용할 Port 번호를 나타냅니다.

19행 SocketType.Dgram은 비신뢰성의 비연결형 메시지 형태인 데이터그램을 사용하겠다는 뜻입니다. 참고로 데이터그램은 UDP에서 사용하는 데이터의 전송 단위를 나타내는 뜻입니다. ProtocolType.Udp는 UDP 프로토콜을 사용하여 데이터 전송을 하겠다는 뜻입니다.

21행 IPEndPoint clientIpep 객체는 서버로 데이터를 전송한 클라이언트를 가리키는 IPEndPoint 객체입니다. 25행 server.Bind(ipep)는 서버의 상세 값을 입력한 IPEndPoint 클래스의 객체 ipep를 socket에 입력함으로써 서버 socket의 상세 값을 설정하는 함수입니다.

30행 server.ReceiveFrom(data, ref client) 메소드는 UDP 프로토콜을 사용하여 데이터를 수신하며 data 배열에는 수신한 데이터 값이 저장되며 client에는 데이터를 전송한 클라이언트의 정보가 저장됩니다. 여기서 client 객체를 ref 형태로 ReceiveFrom 메소드에 인자값으로 입력하는데요, ref는 참조하겠다는 의미로 C에서 사용되는 포인터와 비슷한 의미라고 생각하시면 되겠습니다.

8.7.5 Console 기반의 간단한 UDP 클라이언트 만들기

이제 Console 기반의 간단한 UDP 클라이언트를 만들어 봅시다. TCP 기반에 클라이언트와 대부분 유사하지만, 서버에 접속을 요청하는 부분이 없다는 것과 UDP 소켓을 생성하기 위해 SocketType.Dgram과 ProtocolType.Udp와 같은 옵션을 지정합니다. 그리고 데이터 송·수신 시 SendTo와 ReceiveFrom과 같은 메소드를 사용합니다. 실제 코드를 보면 아래와 같습니다. 아래 프로그램은 서버에 "클라이언트에서 보내는 메시지입니다."라는 메시지를 전송하는 기능을 수행합니다.

::: 예제 8-20 Console 기반 간단한 UDP 클라이언트 만들기

```
using System;
using System.Collections.Generic;
using System.Linq;
using System.Text;
using System.Net;                          // 네트워크 관련 클래스 사용
using System.Net.Sockets;                  // 소켓

namespace UDPClientConsole
{
    class Program
    {
        static void Main(string[] args)
        {
            byte[] data = new byte[1024];

            // 접속할 서버의 IP 주소
17:         IPAddress ipAddress = IPAddress.Parse("127.0.0.1");
            // 접속할 서버를 지정
19:         IPEndPoint ipep = new IPEndPoint(ipAddress, 3317);

            // 서버 소켓 생성
            Socket server = new Socket(AddressFamily.InterNetwork,
23:                               SocketType.Dgram, ProtocolType.Udp);

            data = Encoding.Default.GetBytes("클라이언트에서 보내는 메시지입니다.");
26:         server.SendTo(data, ipep);            // 서버에 데이터 전송
```

```
                    Console.WriteLine("서버에 데이터를 전송하였습니다.");

                    server.Close();                      // 서버 소켓 닫기
            }
        }
    }
```

17행 IPAddress.Parse( ) 함수에 접속하고자 하는 서버의 IP 주소를 입력하여 IPAddress 객체를 생성합니다. 여기에 사용된 "127.0.0.1"은 내부적으로 약속된 IP 주소로, 자기 자신을 가리킵니다.

여기 예제에서는 한 컴퓨터에서 동일한 프로그램을 두 개 실행하여, 하나의 프로그램이 또 다른 프로그램에 접속하는 형태로 자기 자신을 가르키는 "127.0.0.1" IP 주소를 사용했습니다.

그리고 19행 IPEndPoint 객체를 생성해 접속하고자 하는 서버를 나타냅니다. IPEndPoint 생성자에서 처음 인자 값으로 위에서 만든 IPAddress 객체를 입력하여 서버의 IP 주소를 나타내고 두 번째 인자 값으로 Port 번호를 입력하여 접속하고자 하는 컴퓨터 내부에서 특정 애플리케이션을 나타냅니다. 다음으로 소켓 클래스를 생성합니다.

23행 SocketType.Dgram은 비신뢰성의 비연결형 메시지 형태인 데이터그램을 사용하겠다는 뜻입니다. ProtocolType.Udp는 UDP 프로토콜을 사용하여 데이터 전송을 하겠다는 뜻입니다.

26행 server.SendTo(data, ipep) 함수를 통해 서버에 데이터를 전송하게 됩니다. 전송하고자 하는 데이터 값은 변수 data에 byte 배열 형태로 저장되게 됩니다. ipep는 전송하고자 하는 서버의 정보를 담고 있습니다. 소켓을 다 사용하게 되면 30행 server.Close( ) 함수를 통해 소켓을 더는 사용하지 않는다는 것을 알리고 소켓에 할당된 자원을 반환하게 됩니다.

위에서 작성한 코드가 동작하는 것을 확인하기 위해서는 서버를 먼저 실행하여 클라이언트의 접속을 대기하여야 합니다. 그리고 클라이언트를 실행하게 되면 클라이언트가 서버에 접속하여 "클라이언트에서 보내는 메시지입니다."라는 메시지를 전송하고 종료됩니다. 실제 실행한 화면은 아래와 같습니다.

::: 실행 결과

```
서버를 시작합니다.

클라이언트로부터 데이터를 수신하였습니다
메시지: 클라이언트에서 보내는 메시지입니다.



계속하려면 아무 키나 누르십시오 . . .
```

::: 실행 결과

```
서버에 데이터를 전송하였습니다.
계속하려면 아무 키나 누르십시오 . . .
```

8.8 UDP를 이용한 화면 전송 프로그램1 - 윈폼 기반의 UDP 프로그램

위에서 UDP 기반에 간단한 메시지 전송 프로그램을 작성했습니다. 이제 우리는 지금까지 배운 UDP 프로토콜을 활용하여 화면 전송 프로그램을 만들어 봅시다. 화면 전송 프로그램은 UDP의 장단점을 잘 살릴 수 있습니다.

앞에서도 언급했듯이 화면 전송은 많은 데이터 트래픽을 요구하므로 UDP의 가벼운 전송 프로토콜을 사용하기에 적합합니다. 또한 화면 전송 중 일부 데이터가 손실되어도 프로그램

전체에 큰 영향을 미치지 않으므로 UDP의 단점도 잘 극복할 수 있습니다.

그럼 UDP를 이용한 화면 전송 프로그램을 만들기 위해 이번 절에서는 전송 프로그램의 UI를 만들고 간단한 사용자 정의 비동기 소켓을 만들겠습니다. 사용자 정의 비동기 소켓은 위에서 만들었던 콘솔 기반의 UDP 프로그램의 내용을 옮기는 수준으로 간단히 만들어 차근차근 따라가며 이해할 수 있도록 만들어 봅시다.

8.8.1 화면 전송 프로그램의 UI

새 프로젝트 창에서 [Windows Forms 응용 프로그램]을 선택한 뒤, 프로젝트 이름에 "ScreenTransferProgram"을 입력하여 새로운 프로젝트를 생성합니다. 생성된 프로젝트에는 기본으로 Form1.cs 클래스가 있습니다. 이 클래스의 이름을 DisplayScreen.cs로 변경합니다. 그 외 컨트롤 속성은 다음과 같습니다.

[그림 8.29] 화면 전송 프로그램의 UI 컨트롤의 배치

[표 8.10] 채팅 프로그램 UI 컨트롤의 속성값

번호	윈도우 폼	속성
①	GroupBox	Text: 화면 출력
②	PictureBox	Name: mPicScreenImage
③	GroupBox	Text: 서버용
④	Label	Text: 서버 아이피
⑤	TextBox	Name: mTxtServerIPAddress
⑥	Label	Text: 서버 포트번호
⑦	TextBox	Name: mTxtServerPortNum
⑧	Button	Text: 서버 시작 Name: mBtnStartServer
⑨	GroupBox	Text: 클라이언트용
⑩	Label	Text: 클라이언트 아이피
⑪	TextBox	Name: mTxtClientIPAddress
⑫	Label	Text: 클라이언트 포트번호
⑬	TextBox	Name: mTxtClientPortNum
⑭	Button	Text: 클라이언트 시작 Name: mBtnStartClient
⑮	TextBox	Text: mTxtStatus Multiline: True ReadOnly: True
⑯	Button	Text: 네트워크 종료 Name: mBtnExit

위의 그림대로 UI 컨트롤을 배치하고 위의 표를 참고하여 UI 컨트롤의 속성값을 입력합니다. UI 컨트롤을 작성하며 짐작하신 분들도 계시겠지만 PictureBox 컨트롤에 클라이언트로부터 수신한 이미지를 출력하는 프로그램입니다. 컨트롤을 모두 배치하였으면 서버 시작 버튼과 클라이언트 시작 버튼을 더블 클릭하여 클릭 이벤트와 버튼을 연결합니다.

8.8.2 네트워크 기능을 담당하는 사용자 정의 비동기 소켓 작성

이제 화면 전송 프로그램에서 사용할 사용자 정의 비동기 소켓을 작성해 봅시다. 이번 장에서는 앞에서 만든 콘솔 기반의 UDP 프로그램과 같이 간단한 수준의 사용자 정의 비동기 소켓를 작성하도록 하겠습니다.

그럼 사용자 정의 클래스에서 필요한 메소드를 생각해 봅시다. 앞에서 만든 TCP 기반의 채팅 프로그램에서 작성했던 사용자 정의 비동기 소켓과 기능 대부분이 유사합니다.

비동기적으로 동작하며 서버를 시작하고 정지하며 클라이언트를 시작하고 정지할 수 있습니다. 하지만 이번에 만들 사용자 정의 클래스는 UDP 기반으로 앞에서 만들었던 TCP 기반의 사용자 정의 클래스와는 조금 다릅니다. UDP의 특성상 비연결 지향형이므로 접속을 요청하거나 접속을 수행하는 메소드가 없습니다. 그리고 소켓에서 UDP 프로토콜을 위해 제공하는 SendTo 메소드와 ReceiveFrom 메소드를 사용하여 구현합니다. 그럼 사용자 정의 비동기 소켓에 필요한 기능을 나열해 봅시다.

[표 8.11] 비동기 소켓의 주요 메소드

메소드 명	용도	기능
StartServer	서버	서버의 기능 수행을 시작
StopServer	서버	서버의 기능을 정지
InitClientSocekt	클라이언트	클라이언트 소켓 초기화
CloseClientSocket	클라이언트	클라이언트 소켓 종료
Receive	서버	클라이언트로부터 데이터 수신
ReceiveData	서버	데이터 수신부를 세부적으로 구현
Send	클라이언트	서버로 데이터를 전송
SendData	클라이언트	데이터 전송부를 세부적으로 구현

위의 표에 화면 전송 프로그램에서 사용할 기본 메소드를 나열하였습니다. 이제 위에서 나열한 메소드를 간단한 수준으로 구현하여 보겠습니다.

위에서 작성하였던 "ScreenTransferProgram" 프로젝트를 선택한 뒤 마우스 오른쪽 버튼을 클릭해 [추가] -> [새 항목]을 선택하여 네트워크 기능을 담당할 비동기 소켓클래스를 추가합니다.

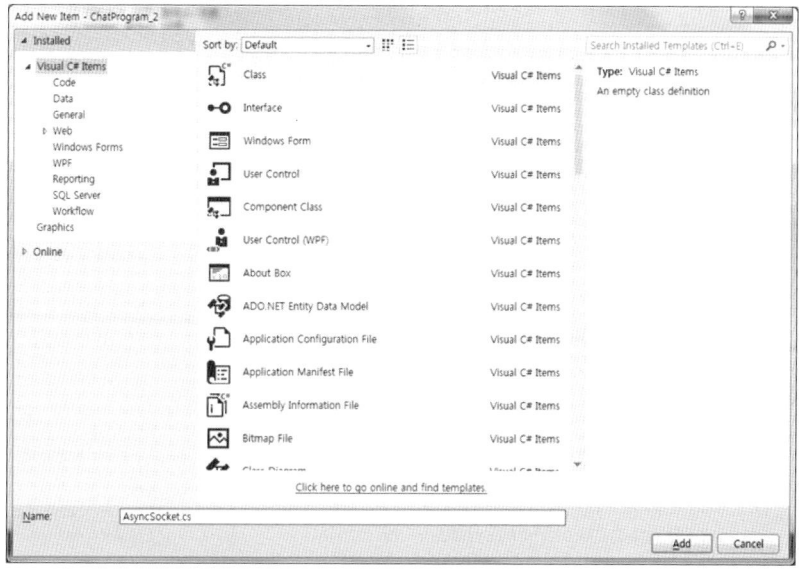

[그림 8.30] 비동기 소켓 AsyncSocket 클래스 추가

이제 위에서 설계하였던 데이터 전송을 담당하는 비동기 소켓를 작성해 보겠습니다.

::: 예제 8-21 비동기 소켓 AsyncSocket 클래스 작성

```
using System;
using System.Collections.Generic;
using System.Linq;
using System.Text;
using System.Net;                                  // 네트워크 관련 클래스 사용
using System.Net.Sockets;                          // 소켓 사용
using System.Threading;
using ScreenTransferProgram;
using System.Drawing;                              // Thread 사용
```

```csharp
namespace ChatProgram
{
    class AsyncSocket
    {
        private const int PACKET_HEADER_SIZE = 4;                    // 패킷 헤더 크기

        public const int DEFAULT_PORT_NUM = 3317;                    // 기본 포트 번호

        private DisplayScreen mDisplayScreenWnd = null;              // display screen form

        private String mMyIPAddress = "";                            // 자신의 IP Address
        private String mServerIPAddress = "";                        // 서버 IP Address

        private int mServerPortNum = 0;                              // 서버 port num

        private Socket mServerSocket = null;                         // 접속 대기용 소켓
        private Socket mClientSocket = null;                         // 클라이언트용 소켓

        private Thread mReceiverThread = null;                       // 서버 데이터 수신 스레드

        private ScreenCapture mScreenCapture = null;   //Screen capture 관련 기능 수행 클래스

        /// <summary>
        /// 기본 생성자
        /// </summary>
        public AsyncSocket()
        {

        }


        /// <summary>
        /// chat창 객체를 파라미터로 받는 생성자
        /// </summary>
        /// <param name="chat">chat창 객체 변수</param>
        public AsyncSocket(DisplayScreen displayScreen)
        {
            mDisplayScreenWnd = displayScreen;      // main chat form의 객체를 연결
            Init();                                 // 초기화 작업
        }
```

```csharp
/// <summary>
/// 소켓이 생성될때 필요한 초기화 작업을 수행
/// </summary>
private void Init()
{
    SetMyIPAddress();                                    // 내 IP address 설정

    mScreenCapture = new ScreenCapture(); // Screen capture 관련 기능 수행 객체 생성
}

/// <summary>
/// Client socket 초기화
/// </summary>
/// <param name="serverIPAddress">접속할 서버 IP 주소</param>
/// <param name="serverPortNum">접속할 서버 port 번호</param>
public void InitClientSocket(String serverIPAddress, int serverPortNum)
{
    mServerIPAddress = serverIPAddress;
    mServerPortNum = serverPortNum;

    // 접속할 서버의 IPEndPoint 객체 생성
    IPEndPoint serverIpep = new IPEndPoint(IPAddress.Parse(mServerIPAddress),
                                    mServerPortNum);
    // 데이터 통신에 사용할 클라이언트용 소켓 생성
    mClientSocket = new Socket(AddressFamily.InterNetwork, SocketType.Dgram,
                            ProtocolType.Udp);
}

/// <summary>
/// Client socket 종료
/// </summary>
public void CloseClientSocket()
{
    // 클라이언트용 소켓을 닫음. 소켓을 닫기 전에 발생할 수 있는 error 처리
    if (mClientSocket == null)              // 소켓 객체가 null일 경우. error 처리
    {
        mDisplayScreenWnd.NotifyMessage("에러!\r\n 클라이언트 소켓 객체가 null입니다.");
        return;
```

```csharp
        }
        mClientSocket.Close();              // 클라이언트용 소켓을 닫음. 소켓 자원을 반환

        mDisplayScreenWnd.NotifyMessage("UDP 클라이언트 소켓을 닫았습니다.");
        mDisplayScreenWnd.NotifyMessage("UDP 클라이언트 종료 완료");
    }

    /// <summary>
    /// 서버를 시작
    /// </summary>
    /// <param name="portNum">서버 Port 번호</param>
    public void StartServer(int portNum)
    {
        mServerIPAddress = mMyIPAddress;
        mServerPortNum = portNum;

        // 서버의 IPEndPoint 객체를 생성
        IPEndPoint serverIpep = new IPEndPoint(IPAddress.Any, mServerPortNum);

        // 서버에서 접속 대기용으로 사용할 서버용 소켓을 생성
        mServerSocket = new Socket(AddressFamily.InterNetwork, SocketType.Dgram,
                                    ProtocolType.Udp);
        // 생성한 서버 소켓에 IP주소와 Port 번호를 지정
        mServerSocket.Bind(serverIpep);

        // 데이터 수신 함수를 스레드에 연결
        mReceiverThread = new Thread(new ThreadStart(Receive));
        mReceiverThread.Start();                    // 데이터 수신 스레드 시작

        mDisplayScreenWnd.NotifyMessage("UDP 서버 시작를 시작합니다.");
    }

    /// <summary>
    /// 서버 중지
    /// </summary>
    public void StopServer()
    {
        // 서버용 소켓을 닫음. 소켓을 닫기 전에 발생할 수 있는 error 처리
        if (mServerSocket == null)
```

```csharp
        {
            mDisplayScreenWnd.NotifyMessage("에러!\r\n 서버용 소켓 객체가 null입니다.");
        }
        mServerSocket.Close();                          // 서버용 소켓을 닫음
        mDisplayScreenWnd.NotifyMessage("UDP 서버 소켓을 닫았습니다.");

        // 데이터 수신 스레드를 종료함. 종료하기 전에 발생할 수 있는 error 처리
        // 수신 스레드 객체가 null일 경우. error 처리
        if (mReceiverThread == null)
        {
            mDisplayScreenWnd.NotifyMessage("에러!\r\n 수신 스레드 객체가 null입니다.");
            return;
        }
        // 수신 스레드가 동작하지 않을 경우. error 처리
        if (mReceiverThread.IsAlive == false)
        {
            mDisplayScreenWnd.NotifyMessage("에러!\r\n 수신 스레드 객체가 동작하고 있지
                                            않습니다.");
            return;
        }
        mReceiverThread.Abort();                        // 데이터 수신 스레드를 종료
        mDisplayScreenWnd.NotifyMessage("UDP 서버 수신 스레드를 종료하였습니다.");
        mDisplayScreenWnd.NotifyMessage("UDP 서버 종료 완료");
    }

    /// <summary>
    /// 상대방 호스트로부터 데이터 수신
    /// </summary>
    private void Receive()
    {
        byte[] data = null;                             // 수신한 raw data
        Bitmap image = null;                            // 수신한 image

        while (true)
        {
            if (mServerSocket == null)      // socket 객체가 null일 경우 error 처리
            {
                mDisplayScreenWnd.NotifyMessage("에러!\r\n 소켓 객체가 null입니다.");
                break;
```

```csharp
            }

            data = ReceiveData();                          // 데이터 수신

            image = mScreenCapture.GetScreenImage(data, data.Length);

            // display screen 창에 새로운 image 전달
            mDisplayScreenWnd.RefreshScreenImage(image);

            mDisplayScreenWnd.NotifyMessage("새로운 화면 수신");
        }
    }

    /// <summary>
    /// 소켓의 버퍼에 있는 데이터 수신
    /// </summary>
    /// <returns>수신 완료된 데이터</returns>
    private byte[] ReceiveData()
    {
        byte[] headerBuffer = new byte[PACKET_HEADER_SIZE];   // 패킷 해더 수신 버퍼
        byte[] dataBuffer = null;                             // 데이터 수신 버퍼 생성

        int totalDataSize = 0;                 // 전체 데이터 크기
        int accumulatedDataSize = 0;           // 지금까지 수신한 데이터 크기
        int leftDataSize = 0;                  // 미수신한 데이터 크기
        int receivedDataSize = 0;              // 수신한 데이터 크기

        IPEndPoint ipep = new IPEndPoint(IPAddress.Any, 0);
        EndPoint remote = (EndPoint)(ipep);

        // 데이터 수신
        // receivedDataSize에는 Receive 함수를 한 번 호출함으로써 수신한 데이터 크기가 저장
        receivedDataSize = mServerSocket.ReceiveFrom(headerBuffer, 0,
                        PACKET_HEADER_SIZE, SocketFlags.None, ref remote);

        // 수신하여야 할 총 데이터 크기를 구함
        totalDataSize = BitConverter.ToInt32(headerBuffer, 0);

        // 남은 수신하여야 하는 데이터 크기를 leftDataSize에 저장
```

```csharp
        leftDataSize = totalDataSize;
        dataBuffer = new byte[totalDataSize];    //수신할 총 데이터 크기만큼 데이터 배열 생성

        while (leftDataSize > 0)          // 수신하여야 할 남은 데이터가 없을 때 까지 반복
        {
            // 데이터 수신
            receivedDataSize = mServerSocket.ReceiveFrom(dataBuffer,
                accumulatedDataSize, leftDataSize, SocketFlags.None, ref remote);
            // 총 누적 수신된 데이터를 구함
            accumulatedDataSize = accumulatedDataSize + receivedDataSize;
            // 수신하여야 할 남은 데이터를 구함
            leftDataSize = leftDataSize - receivedDataSize;
        }

        return dataBuffer;            // 수신된 데이터가 들어 있는 dataBuffer 변수를 반환
    }

    /// <summary>
    /// 화면을 캡처한 이미지 전송
    /// </summary>
    public void Send()
    {
        byte[] data = null;                       // 전송할 raw data

        if (mClientSocket == null)         // socket 객체가 null일 경우 error 처리
        {
            mDisplayScreenWnd.NotifyMessage("에러!\r\n 소켓 객체가 null입니다.\r\n
                                            메시지를 전송할 수 없습니다.");
            return;
        }

        data = mScreenCapture.GetScreenImageByteArray();

        SendData(data);                           // 데이터 전송

        mDisplayScreenWnd.NotifyMessage("서버로 화면 전송 완료");
    }

    /// <summary>
```

```csharp
/// byte 배열 형태의 데이터 값을 네트워크를 통해 전송
/// </summary>
/// <param name="dataBuffer">전송하고자 하는 값이 들어 있는 byte 배열</param>
private void SendData(byte[] dataBuffer)
{
    byte[] headerBuffer = new byte[PACKET_HEADER_SIZE];    // 패킷 헤더 송신 버퍼

    int totalDataSize = 0;                          // 전체 데이터 크기
    int accumulatedDataSize = 0;                    // 지금까지 전송한 데이터 크기
    int leftDataSize = 0;                           // 미전송한 데이터 크기
    int sentDataSize = 0;                           // 전송한 데이터 크기

    IPEndPoint ipep = new IPEndPoint(IPAddress.Parse(mServerIPAddress),
                                    mServerPortNum);

    totalDataSize = dataBuffer.Length;              // 전체 데이터 크기를 구함
    leftDataSize = totalDataSize - sentDataSize;    // 남은 데이터 크기를 구함

    // 전송할 데이터의 총 크기를 구함
    headerBuffer = BitConverter.GetBytes(totalDataSize);
    // 전체 데이터 크기를 전송
    mClientSocket.SendTo(headerBuffer, PACKET_HEADER_SIZE, SocketFlags.None,
                        ipep);

    while (leftDataSize > 0)                        // 데이터를 모두 전송할 때 까지 반복
    {
        // 데이터를 전송.
        // sentDataSize에는 Send 함수를 한 번 호출 함으로써 전송된 데이터의 크기가 저장
        sentDataSize = mClientSocket.SendTo(dataBuffer, accumulatedDataSize,
                                leftDataSize, SocketFlags.None, ipep);
        // 지금까지 누적된 전송된 데이터의 총 크기를 구함
        accumulatedDataSize = accumulatedDataSize + sentDataSize;
        // 전송되어야 할 남은 데이터의 크기를 구함
        leftDataSize = leftDataSize - sentDataSize;
    }
}

/// <summary>
/// 자신의 IP 주소를 구하여 멤버 변수 mMyIPAddress에 저장
```

```csharp
        /// </summary>
        private void SetMyIPAddress()
        {
            String myIPAddress = "";
            IPHostEntry host;
            host = Dns.GetHostEntry(Dns.GetHostName());
            foreach (IPAddress ip in host.AddressList)
            {
                if (ip.AddressFamily == AddressFamily.InterNetwork)
                {
                    myIPAddress = ip.ToString();
                    break;
                }
            }
            mMyIPAddress = myIPAddress;
        }


        /// <summary>
        /// 자신의 IP 주소를 반환
        /// </summary>
        /// <returns>자신의 IP 주소</returns>
        public String GetMyIPAddress()
        {
            return mMyIPAddress;
        }
    }
}
```

8.8.3 화면 전송 프로그램 작성

위에서 만들었던 UI 컨트롤과 사용자 정의 비동기 소켓을 활용하여 UDP 기반의 간단한 화면 전송 프로그램을 만들어 봅시다. 이번에 만들 프로그램은 화면을 전송하지는 못하고 간단히 메시지만 전송하는 프로그램입니다. 하지만 기본적인 기능은 모두 구현되어 있어 다음 절에서 화면을 캡처하여 전송하는 부분으로 변경만 하면 실제로 화면이 전송되는 프로그램을 작성할 수 있을 것입니다.

그럼 이번 절에서 만들고자 하는 UDP 기반의 간단한 메시지 전송프로그램을 만들어 봅시다. 먼저 기본적으로 필요한 메소드를 입력하도록 하겠습니다. 추가할 메소드는 아래와 같습니다.

[표 8.12] 화면 전송 클래스의 주요 메소드

번호	메소드 명	용도	기능
1	DisplayScreen	공통	생성자. 초기화 기능 수행
2	NotifyMessage	공통	알림 메시지 전달
3	AppendMessage	공통	멀티 스레딩에서 사용할 delegate 함수
4	mBtnStartServer_Click	서버	서버의 기능을 시작
5	mBtnConnectToSever_Click	클라이언트	서버에 접속
6	mBtnExit_Click	공통	프로그램에 사용되는 네트워크 종료

네트워크 관련 클래스와 소켓를 사용하기 위해 네임 스페이스를 선언하고 멀티스레드 환경에서 UI에 접근하기 위해 델리게이트를 선언합니다. 그리고 생성자에서 필요한 초기화 기능을 수행합니다.

::: 예제 8-22 채팅 프로그램 네임 스페이스 선언 및 생성자

```
using System;
using System.Collections.Generic;
using System.ComponentModel;
using System.Data;
using System.Drawing;
using System.Linq;
using System.Text;
using System.Windows.Forms;
using ChatProgram;
```

```csharp
namespace ScreenTransferProgram
{
    public partial class DisplayScreen : Form
    {
        private const int SERVER = 1;                    // 사용할 네트워크의 종류. 서버
        private const int CLIENT = 2;                    // 사용할 네트워크의 종류. 클라이언트

        delegate void UpdateTextCallback(String message);    // 텍스트 메시지 갱신 delegate
        delegate void UpdateScreenImageCallback(Bitmap image);   // 이미지 갱신 delegate

        // 동기 소켓으로 작동하는 사용자 정의 소켓 클래스
        private AsyncSocket mAsyncSocket = null;

        private int mNetworkType = 0;                    // 네트워크 종류를 나타냄

        /// <summary>
        /// 생성자
        /// </summary>
        public DisplayScreen()
        {
            InitializeComponent();

            mAsyncSocket = new AsyncSocket(this);        // 사용자 정의 소켓 클래스 생성
            mTxtServerIPAddress.Text = mAsyncSocket.GetMyIPAddress();
            mTxtServerPortNum.Text = AsyncSocket.DEFAULT_PORT_NUM.ToString();
            mTxtClientIPAddress.Text = mAsyncSocket.GetMyIPAddress();
            mTxtClientPortNum.Text = AsyncSocket.DEFAULT_PORT_NUM.ToString();
        }
```

이제 서버 시작 버튼을 클릭했을 때 서버를 시작하는 기능을 구현하여 봅시다. UI 컨트롤에서 서버 시작 버튼을 더블 클릭하여 자동 생성된 클릭 이벤트 처리 메서드 "mBtnStartServer_Click(object sender, EventArgs e)" 메소드를 찾아 아래와 같이 구현합니다.

::: 예제 8-23 서버 초기화 기능

```csharp
        /// <summary>
        /// 서버 시작 버튼 이벤트 핸들러
```

```csharp
        /// </summary>
        private void mBtnStartServer_Click(object sender, EventArgs e)
        {
            int portNum = 0;                                        // 서버 port 번호
            portNum = Int32.Parse(mTxtServerPortNum.Text.Trim());   //서버 port 번호를 입력
            mAsyncSocket.StartServer(portNum);                      // 서버 시작

            mNetworkType = SERVER;                                  // 네트워크 종류를 서버로 지정
        }
```

클라이언트 시작 버튼을 클릭했을 때 클라이언트를 시작하는 기능을 구현해 봅시다. UI 컨트롤에서 서버 시작 버튼을 더블 클릭해 자동 생성된 클릭 이벤트 처리 메서드 "mBtnClient_Click(object sender, EventArgs e)" 메소드를 찾아 아래와 같이 구현합니다.

::: 예제 8-24 클라이언트 초기화 기능

```csharp
        /// <summary>
        /// 클라이어트 시작 버튼 이벤트 핸들러
        /// </summary>
        private void mBtnStartClient_Click(object sender, EventArgs e)
        {
            String serverIPAddress = "";                // 서버 IP 주소
            int portNum = 0;                            // 서버 port 번호

            serverIPAddress = mTxtServerIPAddress.Text.Trim(); //접속할 서버 IP 주소 획득
            // 접속할 서버 port 번호를 가져옴
            portNum = Int32.Parse(mTxtServerPortNum.Text.Trim());

            mAsyncSocket.InitClientSocket(serverIPAddress, portNum);    // 클라이언트 기능 초기화

            mNetworkType = CLIENT;                      // 네트워크 종류를 클라이언트로 지정

            mAsyncSocket.Send();
        }
```

네트워크를 종료하기 위해 프로그램 종료 버튼을 클릭했을 때 동작해야 하는 기능을 작성해 봅시다. UI 컨트롤에서 서버 시작 버튼을 더블 클릭하여 자동 생성된 클릭 이벤트 처리 메서드 "mBtnExit_Click(object sender, EventArgs e)" 메소드를 찾아 아래와 같이 구현합니다.

::: 예제 8-25 소켓 종료 기능

```
/// <summary>
/// 종료 버튼 클릭 이벤트 핸들러
/// </summary>
private void mBtnExit_Click(object sender, EventArgs e)
{
    if (mNetworkType == SERVER)
    {
        mAsyncSocket.StopServer();
    }
    else if (mNetworkType == CLIENT)
    {
        mAsyncSocket.CloseClientSocket();
    }
}
```

이제 메시지 창을 갱신하기 위한 NotifyMessage와 AppendMessage 메소드를 작성합니다.

::: 예제 8-26 알림 메시지를 보여줄 NotifyMessage 메소드 정의

```
/// <summary>
/// AsyncSockets 클래스로부터 시스템적 전달 사항 수신
/// </summary>
/// <param name="message">SyncSockets 클래스로부터 수신한 공지 사항</param>
public void NotifyMessage(String message)
{
    message = message + "\r\n";

    AppendMessage(message);
}
```

::: 예제 8-27 멀티 스레드를 위한 AppendMessage 메소드 정의

```csharp
/// <summary>
/// 메시지 창에 텍스트 추가
/// </summary>
/// <param name="message"></param>
private void AppendMessage(String message)
{
    try
    {
        if (mTxtStatus.InvokeRequired)
        {
            UpdateTextCallback d = new UpdateTextCallback(AppendMessage);
            Invoke(d, new object[] { message });
        }
        else
        {
            // TextBox 컨트롤에 추가할 텍스트 입력
            mTxtStatus.AppendText(message + "\r\n");
        }
    }
    catch { }
}
```

이제 완성한 프로그램을 실행해 봅시다. 한 프로그램에서는 서버 시작 버튼을 눌러 서버를 실행시키고 다른 한 프로그램에서는 클라이언트 시작 버튼을 눌러 클라이언트를 시작합니다. 그럼 아래와 같이 클라이언트가 서버 측에 메시지를 전달한 것을 알 수 있을 것입니다. 아래의 실행 화면은 각각 서버와 클라이언트의 실행 화면입니다.

::: 실행 결과

화면 전송 프로그램 서버 실행 화면

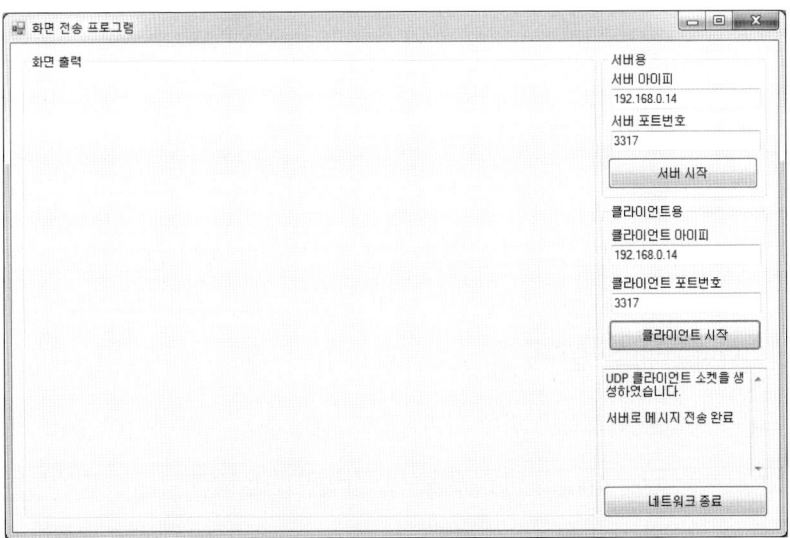

화면 전송 프로그램 클라이언트 실행 화면

8.9 UDP를 이용한 화면 전송 프로그램2 – 스레드 적용

위에서 UDP를 이용하여 간단한 네트워크 프로그램을 만들어 보았습니다. 이제 앞에서 만든 프로그램을 발전시켜 다른 사람의 화면을 실시간으로 전송하는 프로그램을 작성하여 보겠습니다. 앞에서 만든 프로그램은 이미 확인하신 분도 계시겠지만, 서버 시작 버튼을 클릭하면 이후에 다른 동작을 하지 못합니다. UI 스레드에서 ReceiveFrom 메소드를 호출하여 동기화 상태가 되었기 때문입니다.

따라서 상대방으로부터 화면을 실시간으로 수신하기 위해서는 스레드를 사용하여 비동기 형식으로 만들어야 합니다. 상대방 또한 일정한 시간 간격으로 화면을 실시간 전송하기 위해서는 타이머를 사용하여야 합니다. 설명한 내용을 바탕으로 UDP 기반의 화면 전송 프로그램의 구조를 그려보면 아래와 같습니다.

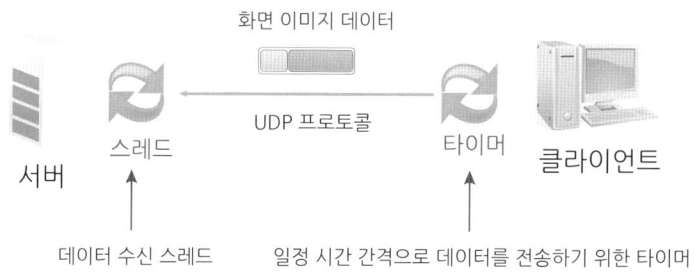

[그림 8.31] 화면 전송 프로그램의 구조도

8.9.1 화면 캡처 클래스 설계

화면을 캡처하고 데이터 형태로 가공하기 위해 화면 캡처 클래스를 설계해 봅시다. 화면 캡처 클래스는 먼저 현재 화면을 Bitmap 형태로 저장하는 기능이 필요합니다. 그리고 네트워크에서 Bitmap 형태의 화면을 송·수신하기 위해서는 Bitmap을 byte 배열로 변환하고 다시 byte 배열을 Bitmap 객체로 변환할 수 있는 기능이 필요합니다. 그림 아래에 화면 캡처 클래스에 필요한 기능을 나열해 보겠습니다.

[표 8.13] 화면 캡처 클래스의 주요 메소드

메소드 명	용도	기능
ScreenCapture	ScreenCapture 클래스	ScreenCapture 클래스 초기화
GetScreenImageByteArray	클라이언트	캡처한 이미지를 byte 배열로 변환
GetScreenImage	서버	byte 배열에 저장된 이미지 데이터를 Bitmap 형태로 변환
GetReducedImage	ScreenCapture 클래스	Bitmap의 image 크기 축소
GetScreenCaptureImage	ScreenCapture 클래스	현재 화면을 캡처해 Bitmap 형태로 반환

위의 표에 화면 캡처 클래스에서 사용할 기본 메소드를 나열했습니다. 이제 위에서 나열한 메소드를 간단한 수준으로 구현해 보겠습니다.

위에서 작성하였던 "ScreenTransferProgram" 프로젝트를 선택한 뒤 마우스 오른쪽 버튼을 클릭하여 [추가] -> [새 항목]을 선택하여 화면 캡처 기능을 담당할 ScreenCapture 클래스를 추가합니다.

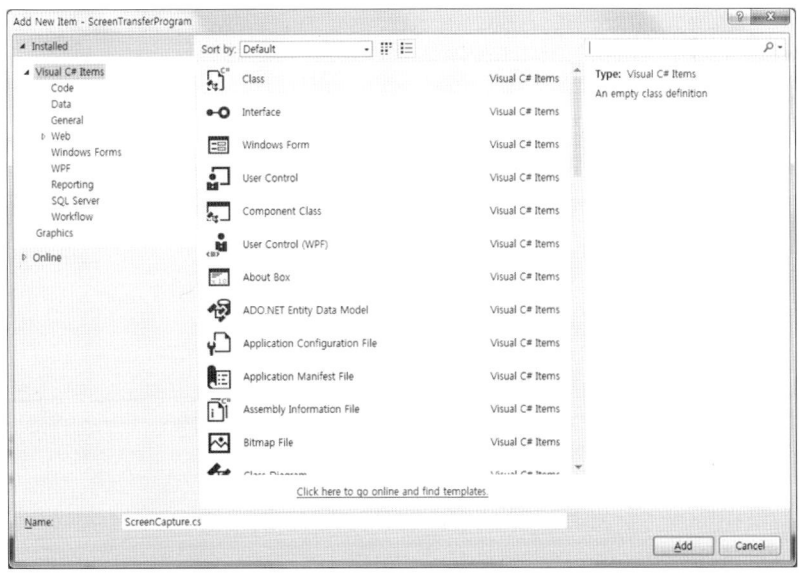

[그림 8.32] 화면 캡처 기능을 수행할 ScreenCapture 클래스 추가

이제 위에서 설계했던 데이터 전송을 담당하는 ScreenCapture 클래스를 작성합니다.

::: 예제 8-28 화면 캡처 기능을 수행할 ScreenCapture 클래스

```csharp
using System;
using System.Collections.Generic;
using System.Linq;
using System.Text;
using System.Windows.Forms;
using System.Drawing;
using System.IO;
using System.Drawing.Imaging;

namespace ScreenTransferProgram
{
    class ScreenCapture
    {
        public const long SCREEN_CAPTURE_QUALITY = 50L;         // 화면 캡처 이미지의 화질
        public const int REDUCED_IMAGE_WIDTH = 565;             // 축소된 이미지의 너비
        public const int REDUCED_IMAGE_HEIGHT = 430;            // 축소된 이미지의 높이

        int mScreenWidth = 0;                                   // 화면의 너비
        int mScreenHeight = 0;                                  // 화면의 높이
        String mBaseDir = "";
        byte[] mImageArray = null;                              // image 배열

        /// <summary>
        /// 생성자
        /// </summary>
        public ScreenCapture()
        {
            init();
        }

        /// <summary>
        /// 클래스 초기화 메소드
        /// </summary>
        private void init()
```

```csharp
{
    mScreenWidth = Screen.PrimaryScreen.Bounds.Width;
    mScreenHeight = Screen.PrimaryScreen.Bounds.Height;

    mBaseDir = AppDomain.CurrentDomain.BaseDirectory;
}


/// <summary>
/// 캡처한 화면 이미지를 byte 배열로 반환
/// </summary>
/// <returns>캡처한 화면 이미지의 byte 배열</returns>
public byte[] GetScreenImageByteArray()
{
    mImageArray = null;

    Bitmap screenImage = GetScreenCaptureImage();     // 캡처한 화면의 이미지를 얻음
    Bitmap reducedImage = GetReducedImage(screenImage);  // 캡처한 이미지를 축소

    mImageArray = GetByteArrayFromImage(reducedImage); // 이미지를 byte 배열로 변환

    return mImageArray;
}


/// <summary>
/// byte 배열에 저장되어 있는 이미지를 bitmap 객체로 반환
/// </summary>
/// <param name="imageArray">이미지가 저장되어 있는 byte 배열</param>
/// <param name="arraySize">byte 배열의 크기</param>
/// <returns></returns>
public Bitmap GetScreenImage(byte[] imageArray, int arraySize)
{
    Bitmap screenImage = null;

    screenImage = GetBitmapFromByteArray(imageArray, arraySize);

    return screenImage;
}


/// <summary>
```

```csharp
/// 현재 화면을 캡처
/// </summary>
/// <returns>캡처된 화면 이미지</returns>
private Bitmap GetScreenCaptureImage()
{
    Bitmap bitmap = new Bitmap(mScreenWidth, mScreenHeight);

    Graphics g = Graphics.FromImage(bitmap);
    g.CopyFromScreen(0, 0, 0, 0, new Size(mScreenWidth, mScreenHeight));

    return bitmap;
}

/// <summary>
/// 이미지를 축소하는 함수
/// </summary>
/// <param name="screenImage">축소할 이미지</param>
/// <returns>축소된 이미지</returns>
private Bitmap GetReducedImage(Bitmap screenImage)
{
    Bitmap reducedImage = null;

    reducedImage = new Bitmap(screenImage, REDUCED_IMAGE_WIDTH,
                                REDUCED_IMAGE_HEIGHT);

    return reducedImage;
}

/// <summary>
/// Bitmap 객체로 되어 있는 이미지를 byte 배열 형태로 변환
/// </summary>
/// <param name="bitmap">Bitmap 객체로 되어 있는 이미지</param>
/// <returns>byte 배열로 변환된 이미지</returns>
private byte[] GetByteArrayFromImage(Bitmap bitmap)
{
    try
    {
        // Memory Stream
        MemoryStream ms = new MemoryStream();
```

```csharp
        // Jpeg Encoding
        ImageCodecInfo myImageCodecInfo;
        System.Drawing.Imaging.Encoder myEncoder;
        EncoderParameter myEncoderParameter;
        EncoderParameters myEncoderParameters;

        myImageCodecInfo = GetEncoderInfo("image/jpeg");
        myEncoder = System.Drawing.Imaging.Encoder.Quality;

        myEncoderParameters = new EncoderParameters(1);
        // 압축률 지정
        myEncoderParameter = new EncoderParameter(myEncoder,
                                            SCREEN_CAPTURE_QUALITY);
        myEncoderParameters.Param[0] = myEncoderParameter;
        bitmap.Save(ms, myImageCodecInfo, myEncoderParameters);

        return ms.ToArray();
    }
    catch
    {
        ;
    }
    return null;
}


/// <summary>
/// 인코더 정보를 구해오는 함수
/// </summary>
private ImageCodecInfo GetEncoderInfo(String mimeType)
{
    int j;
    ImageCodecInfo[] encoders;
    encoders = ImageCodecInfo.GetImageEncoders();
    for (j = 0; j < encoders.Length; ++j)
    {
        if (encoders[j].MimeType == mimeType)
            return encoders[j];
    }
```

```csharp
            return null;
        }


        /// <summary>
        /// byte 배열에 저장되어 있는 이미지를 bitmap 객체로 변환
        /// </summary>
        /// <param name="imageArray">이미지가 저장되어 있는 byte 배열</param>
        /// <param name="arraySize">byte 배열의 크기</param>
        /// <returns>bitmap 객체로 변환된 이미지</returns>
        private Bitmap GetBitmapFromByteArray(byte[] imageArray, int arraySize)
        {
            try
            {
                MemoryStream ms = new MemoryStream(arraySize);
                ms.Write(imageArray, 0, arraySize);
                ms.Seek(0, SeekOrigin.Begin);

                Bitmap image = new Bitmap(ms);
                return image;
            }
            catch
            {
                ;
            }
            return null;
        }
    }
}
```

8.9.2 네트워크 기능을 담당하는 사용자 정의 비동기 소켓 작성(스레드와 패킷 개념 적용)

이제 위에서 언급한 대로 스레드 개념을 적용하여 클라이언트에서 보내는 메시지를 실시간으로 수신할 수 있도록 작성하여 보겠습니다. Thread 객체를 사용하여 Receive 메소드를 호출함으로써 클라이언트에서 전송하는 메시지를 끊김 없이 수신하도록 구현하여야 합

니다.

또한, 기존의 메시지 전송 형태에서 이제 화면을 전송하는 형태로 변경해야 하므로 Send 메소드와 Receive 메소드를 수정해야 합니다. 상대방이 보내는 이미지 데이터의 크기는 알 수가 없으므로 패킷 개념을 적용하여 패킷 헤더에 이미지 데이터의 크기가 얼마인지 값을 넣어 이미지 데이터를 정확하게 수신할 수 있도록 해야 합니다. 이러한 개념을 적용함으로써 변경된 부분은 아래와 같습니다.

[표 8.14] 비동기 소켓의 주요 메소드

메소드 명	용도	기능
StartServer	서버	서버의 기능 수행을 시작
StopServer	서버	서버의 기능을 정지
Receive	서버	클라이언트로부터 데이터 수신
ReceiveData	서버	데이터 수신부를 세부적으로 구현
Send	클라이언트	서버로 데이터를 전송
SendData	클라이언트	데이터 전송부를 세부적으로 구현

위의 표에 나와 있는 사용자 정의 비동기 소켓에서 변경된 부분을 수정해 보겠습니다. 먼저 비동기 소켓의 변수 선언 부분입니다. 클래스의 멤버 변수에 사용자 정의 ScreenCapture 클래스와 스레드 클래스가 추가되었습니다.

::: 예제 8-29 AsyncSocket 클래스에 ScreenCapture 객체와 Thread 객체 선언

```
using System;
using System.Collections.Generic;
using System.Linq;
using System.Text;
using System.Net;                          // 네트워크 관련 클래스 사용
using System.Net.Sockets;                  // 소켓 사용
using System.Threading;
using ScreenTransferProgram;
```

```csharp
using System.Drawing;                                      // Thread 사용

namespace ChatProgram
{
    class AsyncSocket
    {
        private const int PACKET_HEADER_SIZE = 4;          // 패킷 헤더 크기

        public const int DEFAULT_PORT_NUM = 3317;          // 기본 포트 번호

        private DisplayScreen mDisplayScreenWnd = null;    // display screen form

        private String mMyIPAddress = "";                  // 자신의 IP Address
        private String mServerIPAddress = "";              // 서버 IP Address

        private int mServerPortNum = 0;                    // 서버 port num

        private Socket mServerSocket = null;               // 접속 대기용 소켓
        private Socket mClientSocket = null;               // 클라이언트용 소켓

        private Thread mReceiverThread = null;             // 서버 데이터 수신 스레드

        private ScreenCapture mScreenCapture = null; // Screen capture 관련 기능 수행 클래스
```

이제 서버를 시작하는 부분을 수정해 보겠습니다. 스레드를 사용해 클라이언트로부터 데이터를 수신하는 부분이 변경되었습니다.

::: 예제 8-30 쓰레드를 사용하여 서버 초기화 기능 정의

```csharp
        /// <summary>
        /// 서버를 시작
        /// </summary>
        /// <param name="portNum">서버 Port 번호</param>
        public void StartServer(int portNum)
        {
            mServerIPAddress = mMyIPAddress;
            mServerPortNum = portNum;
```

```csharp
        // 서버의 IPEndPoint 객체를 생성
        IPEndPoint serverIpep = new IPEndPoint(IPAddress.Any, mServerPortNum);

        // 서버에서 접속 대기용으로 사용할 서버용 소켓을 생성
        mServerSocket = new Socket(AddressFamily.InterNetwork, SocketType.Dgram,
                                    ProtocolType.Udp);
        mServerSocket.Bind(serverIpep);      // 생성한 서버 소켓에 IP주소와 Port 번호를 지정

        // 데이터 수신 함수를 스레드에 연결
        mReceiverThread = new Thread(new ThreadStart(Receive));
        mReceiverThread.Start();                                  // 데이터 수신 스레드 시작

        mDisplayScreenWnd.NotifyMessage("UDP 서버 시작를 시작합니다.");
    }
```

서버를 중지하는 부분을 수정해 보겠습니다. 서버를 시작하는 부분에서 스레드를 사용하여 Receive 메소드를 호출했습니다. 따라서 서버를 정지하는 부분에서는 해당 스레드를 정지하는 부분이 추가되었습니다.

::: 예제 8-31 스레드를 포함한 서버 종료

```csharp
    /// <summary>
    /// 서버 중지
    /// </summary>
    public void StopServer()
    {
        // 서버용 소켓을 닫음. 소켓을 닫기 전에 발생할 수 있는 error 처리
        if (mServerSocket == null)
        {
            mDisplayScreenWnd.NotifyMessage("에러!\r\n 서버용 소켓 객체가 null입니다.");
        }
        mServerSocket.Close();                       // 서버용 소켓을 닫음
        mDisplayScreenWnd.NotifyMessage("UDP 서버 소켓을 닫았습니다.");

        // 데이터 수신 스레드를 종료함. 종료하기 전에 발생할 수 있는 error 처리
```

```
        if (mReceiverThread == null)        // 수신 스레드 객체가 null일 경우. error 처리
        {
            mDisplayScreenWnd.NotifyMessage("에러!\r\n 수신 스레드 객체가 null입니다.");
            return;
        }
        if (mReceiverThread.IsAlive == false) //수신 스레드가 동작하지 않을 경우. error 처리
        {
            mDisplayScreenWnd.NotifyMessage("에러!\r\n 수신 스레드 객체가 동작하고 있지
                                            않습니다.");
            return;
        }
        mReceiverThread.Abort();                        // 데이터 수신 스레드를 종료
        mDisplayScreenWnd.NotifyMessage("UDP 서버 수신 스레드를 종료하였습니다.");
        mDisplayScreenWnd.NotifyMessage("UDP 서버 종료 완료");
    }
```

데이터를 수신하는 부분을 수정합니다. 기존에는 Receive 메소드에서 데이터를 수신하도록 했습니다. 이제 이미지를 송·수신해야 하므로 패킷 개념을 적용하여 Receive 메소드를 수정하고 실제 데이터를 전송받는 ReceiveData 메소드를 구현합니다.

::: 예제 8-32 패킷 개념을 적용한 데이터 수신 기능

```
    /// <summary>
    /// 상대방 호스트로부터 데이터 수신
    /// </summary>
    private void Receive()
    {
        byte[] data = null;                         // 수신한 raw data
        Bitmap image = null;                        // 수신한 image

        while (true)
        {
            if (mServerSocket == null)      // socket 객체가 null일 경우 error 처리
            {
                mDisplayScreenWnd.NotifyMessage("에러!\r\n 소켓 객체가 null입니다.");
                break;
```

```csharp
            }

            data = ReceiveData();                          // 데이터 수신

            image = mScreenCapture.GetScreenImage(data, data.Length);

            // display screen 창에 새로운 image 전달
            mDisplayScreenWnd.RefreshScreenImage(image);

            mDisplayScreenWnd.NotifyMessage("새로운 화면 수신");
        }
    }
```

::: 예제 8-33 실제 패킷 개념을 적용한 데이터 수신 기능

```csharp
/// <summary>
/// 소켓의 버퍼에 있는 데이터 수신
/// </summary>
/// <returns>수신 완료된 데이터</returns>
private byte[] ReceiveData()
{
    byte[] headerBuffer = new byte[PACKET_HEADER_SIZE];   // 패킷 헤더 수신 버퍼
    byte[] dataBuffer = null;                              // 데이터 수신 버퍼 생성

    int totalDataSize = 0;                                 // 전체 데이터 크기
    int accumulatedDataSize = 0;                           // 지금까지 수신한 데이터 크기
    int leftDataSize = 0;                                  // 미수신한 데이터 크기
    int receivedDataSize = 0;                              // 수신한 데이터 크기

    IPEndPoint ipep = new IPEndPoint(IPAddress.Any, 0);
    EndPoint remote = (EndPoint)(ipep);

    // 데이터 수신
    // receivedDataSize에는 Receive 함수를 한 번 호출함으로써 수신한 데이터 크기가 저장
    receivedDataSize = mServerSocket.ReceiveFrom(headerBuffer, 0,
            PACKET_HEADER_SIZE, SocketFlags.None, ref remote);
```

```csharp
            // 수신하여야 할 총 데이터 크기를 구함
            totalDataSize = BitConverter.ToInt32(headerBuffer, 0);

            // 남은 수신하여야 하는 데이터 크기를 leftDataSize에 저장
            leftDataSize = totalDataSize;
            // 수신할 총 데이터 크기만큼 데이터 배열 생성
            dataBuffer = new byte[totalDataSize];

            while (leftDataSize > 0)          // 수신하여야 할 남은 데이터가 없을 때 까지 반복
            {
                // 데이터 수신
                receivedDataSize = mServerSocket.ReceiveFrom(dataBuffer,
                    accumulatedDataSize, leftDataSize, SocketFlags.None, ref remote);
                // 총 누적 수신된 데이터를 구함
                accumulatedDataSize = accumulatedDataSize + receivedDataSize;
                // 수신하여야 할 남은 데이터를 구함
                leftDataSize = leftDataSize - receivedDataSize;
            }

            return dataBuffer;               // 수신된 데이터가 들어 있는 dataBuffer 변수를 반환
        }
```

이미지 전송을 위해 Send 메소드를 수정하겠습니다. Send 메소드에 패킷 개념을 적용하여 SendData라는 새로운 메소드를 추가해 구현합니다. 실제 구현은 아래와 같습니다.

::: 예제 8-34 패킷 개념을 적용한 데이터 송신 기능

```csharp
/// <summary>
/// 화면을 캡처한 이미지 전송
/// </summary>
public void Send()
{
    byte[] data = null;                       // 전송할 raw data

    if (mClientSocket == null)                // socket 객체가 null일 경우 error 처리
    {
        mDisplayScreenWnd.NotifyMessage("에러!\r\n 소켓 객체가 null입니다.\r\n
```

```csharp
                                            메시지를 전송할 수 없습니다.");
            return;
        }

        data = mScreenCapture.GetScreenImageByteArray();

        SendData(data);                                    // 데이터 전송

        mDisplayScreenWnd.NotifyMessage("서버로 화면 전송 완료");
    }
```

::: 예제 8-35 실제 패킷 개념을 적용한 데이터 송신 기능

```csharp
    /// <summary>
    /// byte 배열 형태의 데이터 값을 네트워크를 통해 전송
    /// </summary>
    /// <param name="dataBuffer">전송하고자 하는 값이 들어 있는 byte 배열</param>
    private void SendData(byte[] dataBuffer)
    {
        byte[] headerBuffer = new byte[PACKET_HEADER_SIZE]; // 패킷 헤더 송신 버퍼

        int totalDataSize = 0;                      // 전체 데이터 크기
        int accumulatedDataSize = 0;                // 지금까지 전송한 데이터 크기
        int leftDataSize = 0;                       // 미전송한 데이터 크기
        int sentDataSize = 0;                       // 전송한 데이터 크기

        IPEndPoint ipep = new IPEndPoint(IPAddress.Parse(mServerIPAddress),
                                         mServerPortNum);

        totalDataSize = dataBuffer.Length;          // 전체 데이터 크기를 구함
        leftDataSize = totalDataSize - sentDataSize; // 남은 데이터 크기를 구함

        // 전송할 데이터의 총 크기를 구함
        headerBuffer = BitConverter.GetBytes(totalDataSize);
        // 전체 데이터 크기를 전송
        mClientSocket.SendTo(headerBuffer, PACKET_HEADER_SIZE, SocketFlags.None,
                             ipep);
```

```
            while (leftDataSize > 0)                    // 데이터를 모두 전송할 때 까지 반복
            {
                // 데이터를 전송
                // sentDataSize에는 Send 함수를 한 번 호출 함으로써 전송된 데이터의 크기가 저장
                sentDataSize = mClientSocket.SendTo(dataBuffer, accumulatedDataSize,
                                        leftDataSize, SocketFlags.None, ipep);
                // 지금까지 누적된 전송된 데이터의 총 크기를 구함
                accumulatedDataSize = accumulatedDataSize + sentDataSize;
                // 전송되어야 할 남은 데이터의 크기를 구함
                leftDataSize = leftDataSize - sentDataSize;
            }
        }
```

8.9.3 화면 전송 프로그램의 UI(타이머 적용)

화면 전송 프로그램을 작성하기 위해서는 클라이언트가 서버에게 화면을 주기적으로 실시간 전송하여야 합니다. C#에서는 주기적으로 특정 기능을 수행할 때 사용할 수 있도록 Timer 클래스를 제공하고 있습니다. Timer 클래스를 사용하기 위해서는 UI 클래스에서 Toolbox 에 Timer 객체를 선택하여 화면으로 드래그 앤 드롭합니다. 추가한 Timer 객체의 속성은 다음과 같습니다.

Name: mTimerSendScreenImage
Interval: 1000

우리는 Timer 클래스를 사용하여 클라이언트의 화면을 캡처해 Bitmap 형태로 저장하고 저장한 이미지를 byte 배열로 변환해 서버로 전송할 것입니다. 이전에 만들었던 UI 클래스 에서 수정되거나 추가된 내용은 아래와 같습니다.

[표 8.15] UI 클래스에 추가된 주요 메소드

메소드 명	용도	기능
mBtnStartClient_Click	클라이언트	클라이어트의 기능 시작
RefreshScreenImage	서버	클라이언트에서 전송한 화면 이미지 갱신
UpdateScreenImage	서버	PictureBox 컨트롤에 접근하기 위한 delegate 메소드
mTimerSendScreenImage_Tick	클라이언트	클라이언트의 화면을 주기적으로 전송하기 위한 메소드

수정된 UI 클래스의 변수 선언입니다. PictureBox에 접근하기 위한 델리게이트 함수가 추가되었습니다.

::: 예제 8-36 PictureBox에 접근하기 위한 deletegate 함수 선언

```
using System;
using System.Collections.Generic;
using System.ComponentModel;
using System.Data;
using System.Drawing;
using System.Linq;
using System.Text;
using System.Windows.Forms;
using ChatProgram;

namespace ScreenTransferProgram
{
    public partial class DisplayScreen : Form
    {
        private const int SERVER = 1;              // 사용할 네트워크의 종류. 서버
        private const int CLIENT = 2;              // 사용할 네트워크의 종류. 클라이언트

        delegate void UpdateTextCallback(String message);   // 텍스트 메시지 갱신 delegate
        delegate void UpdateScreenImageCallback(Bitmap image);  // 이미지 갱신 delegate

        // 동기 소켓으로 작동하는 사용자 정의 소켓 클래스
        private AsyncSocket mAsyncSocket = null;

        private int mNetworkType = 0;              // 네트워크 종류를 나타냄
```

클라이언트 시작 메소드를 수정해 보겠습니다. 클라이언트가 시작되면 화면을 주기적으로 전송하는 기능을 시작해야 합니다. 이 기능은 Timer에서 동작하도록 하였습니다. 따라서 클라이언트 시작 메소드에서는 화면 전송 Timer가 동작을 시작하는 명령을 추가해야 합니다.

::: 예제 8-37 클라이언트 초기화 기능

```csharp
/// <summary>
/// 클라이어트 시작 버튼 이벤트 핸들러
/// </summary>
private void mBtnStartClient_Click(object sender, EventArgs e)
{
    String serverIPAddress = "";            // 서버 IP 주소
    int portNum = 0;                         // 서버 port 번호

    // 접속할 서버 IP 주소 획득
    serverIPAddress = mTxtServerIPAddress.Text.Trim();
    // 접속할 서버 port 번호를 가져옴
    portNum = Int32.Parse(mTxtServerPortNum.Text.Trim());

    // 클라이언트 기능 초기화
    mAsyncSocket.InitClientSocket(serverIPAddress, portNum);
    mTimerSendScreenImage.Start();          // 이미지 전송 스레드 시작

    mNetworkType = CLIENT;                   // 네트워크 종류를 클라이언트로 지정
}
```

클라이언트로부터 수신한 이미지를 갱신하여 PictureBox 컨트롤에 표시되도록 해야 합니다. 이러한 기능을 수행하기 위해 RefreshScreenImage 메소드를 작성합시다. 하지만 PictureBox 컨트롤이 멀티 스레드 환경에서 접근하기 위해서는 델리게이트를 사용해야 합니다. 그래서 함께 델리게이트를 통해 PictureBox에 접근할 수 있는 UpdateScreenImage 메소드도 만들어 봅시다.

::: 예제 8-38 수신한 화면 이미지를 PictureBox 컨트롤에 표시하기

```
        /// <summary>
        /// 수신한 화면 갱신
        /// </summary>
        /// <param name="image">수신한 화면 이미지</param>
        public void RefreshScreenImage(Bitmap image)
        {
            UpdateScreenImage(image);
        }

        /// <summary>
        /// PictureBox 컨트롤에 접근하기 위한 delegate 함수
        /// </summary>
        /// <param name="image">갱신할 화면 이미지</param>
        private void UpdateScreenImage(Bitmap image)
        {
            try
            {
                if (mPicScreenImage.InvokeRequired)
                {
                    UpdateScreenImageCallback d = new UpdateScreenImageCallback
                                                            (UpdateScreenImage);
                    Invoke(d, new object[] { image });
                }
                else
                {
                    // PictureBox 컨트롤에 갱신할 화면 이미지 입력
                    mPicScreenImage.Image = image as Image;
                }
            }
            catch { }
        }
```

Timer 객체를 사용해 주기적으로 화면을 전송하는 기능은 아래와 같습니다.

::: 예제 8-39 화면을 주기적으로 전송할 Timer 기능

```
/// <summary>
/// 화면을 주기적으로 전송할 Timer
/// </summary>
private void mTimerSendScreenImage_Tick(object sender, EventArgs e)
{
    mAsyncSocket.Send();
}
```

지금까지 작성한 프로그램을 실행해 봅시다. 한쪽 프로그램에서 서버 시작 버튼을 클릭하고 다른 한쪽 프로그램에서 클라이언트 시작 버튼을 클릭하면 상대방의 화면을 전송받아 오는 것을 확인할 수 있습니다.

지금은 전송 간격을 1000ms (1초)로 지정하였습니다. 독자 여러분이 응용한다면 고성능의 효율적인 화면 전송 프로그램을 작성할 수 있을 것입니다.

::: 실행 결과

상대방의 화면을 수신하고 있는 화면 전송 프로그램

8.10 네트워크 프로그래밍을 마치며

우리는 네트워크 프로그래밍을 공부하였습니다. UDP는 비연결 지향형 프로토콜로 TCP보다 가벼운 통신 방법입니다. 하지만 가벼운 만큼 신뢰적이지 못하고 전송한 데이터가 순서대로 도착한다는 보장은 없습니다. 우리는 앞에서 UDP를 활용하여 화면 전송 프로그램을 만들어 보았습니다. 이와 같이 UDP의 장점과 단점을 살릴 수 있는 프로그램에 UDP 프로토콜을 활용하여 네트워크 프로그래밍을 한다면 효율적인 프로그램을 작성할 수 있을 것입니다.

지금까지 배운 네트워크 프로그래밍은 기초이면서도 꼭 필요한 내용을 중심으로 다루었습니다. 이제 여러분이 직접 고민하고 생각하며 스스로 네트워크 프로그램을 작성해 보기 바랍니다.

CHAPTER

데이터베이스
09

마지막 장에서 다룰 내용은 데이터베이스입니다. 우리는 컴퓨터에 많은 정보를 저장합니다. 학교 전산 시스템일 경우 학생의 이름과 학번, 주소 등을 저장하며, 쇼핑몰일 경우 고객의 아이디와 비밀번호, 이름과 주소 등의 개인 정보를 저장합니다. 이렇게 컴퓨터를 사용함으로써 우리는 많은 정보를 손쉽게 저장하고 사용할 수 있게 되었습니다.

그렇다면 이러한 정보를 단순히 문자 형태로 텍스트 파일에 저장할까요? 그렇게 되면 정보를 읽어 들이고 수정하는 데 많은 시간이 필요할 겁니다. 쇼핑몰에 접속하여 로그인하는데 오랜 시간이 걸린다는 뜻이죠. 우리는 이러한 많은 정보를 효과적으로 저장하며 빠르게 접근 및 수정하기 위해 데이터베이스를 사용합니다. 9장에서는 데이터베이스에 대해 공부하겠습니다.

9.1 데이터베이스 프로그래밍이란?

우리는 정보를 효과적으로 저장 및 수정하기 위해 데이터베이스를 사용합니다. Microsoft 사에서는 데이터베이스 프로그래밍을 지원하기 위해 ADO(ActiveX Data Objects) API를 제공하였습니다. 이전의 C++과 같은 프로그래밍 언어에서는 ADO API를 사용해 데이터베이스에 접근했었지요.

C#에서는 이러한 데이터베이스 지원 API를 모아 클래스들로 만들었으며 이러한 데이터베이스 지원 클래스의 집합을 ADO.NET으로 부릅니다. 우리는 C#에서 제공하는 ADO.NET을 이용하여 데이터베이스에 접근하려 합니다.

9.2 ADO.NET 개념

C#에서는 데이터베이스에 접근해 데이터를 입력 및 수정할 수 있는 클래스 집합으로 ADO.NET을 제공합니다. 이번 장에서 우리는 ADO.NET을 이용하여 데이터베이스 프로그래밍을 할 예정입니다. 그럼 ADO.NET은 무엇인지 개념적인 내용을 공부해 보아요.

9.2.1 ADO.NET 구성 요소

데이터베이스에 접근하여 정보를 저장 및 수정하기 위한 ADO.NET의 두 가지 주요 구성 요소는 .net framework 데이터 공급자와 데이터셋(DataSet)입니다.

- **.net framework 데이터 공급자**

    데이터베이스에 고속의 데이터 조작과 접근을 위해 디자인된 구성 요소

- **데이터셋**

    데이터 소스에 관계 없이 데이터에 엑세스할 수 있도록 디자인된 구성 요소
    로컬 응용 프로그램에서 데이터를 관리하기 위해 단독으로 사용 가능
    다양한 여러 데이터 소스 또는 XML 데이터와 함께 사용 가능

ADO.NET 구성 요소를 그림으로 표현하면 아래와 같습니다.

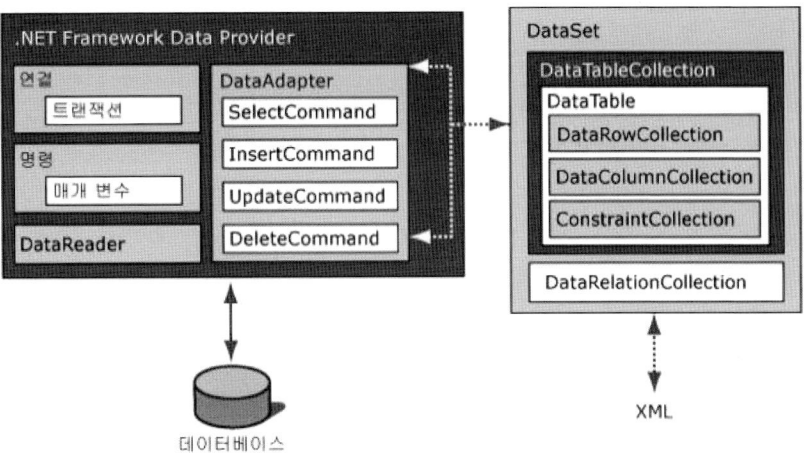

[그림 9.] ADO.NET의 구성 요소

9.2.2 .net framework 데이터 공급자

우리는 .net framework 데이터 공급자를 이용하여 데이터베이스에 연결하고 명령을 실행하며 결과를 검색할 수 있습니다. 다음 아래 표는 .net framework에 포함된 데이터 공급자입니다.

[표 9.1] .net framework 공급자

.net framework 데이터 공급자	설명
.net framework Data Provider for SQL Server	Microsoft SQL Server 버전 7.0 이상에 대한 데이터 엑세스를 제공합니다. System.Data.SqlClient 네임스페이스를 사용합니다
.net framework Data Provider for OLD DB	OLE DB를 사용하여 허가된 데이터 소스에 접근합니다. System.Data.OleDb 네임스페이스를 사용합니다
.net framework Data Provider for ODBC	OLE DB를 사용하여 노출된 데이터 소스에 접근합니다. System.Data.Odbc 네임스페이스를 사용합니다
.net framework Data Provider for Oracle	오라클 데이터 접근에 사용합니다. System.Data.OracleClient 네임스페이스를 사용합니다
EntityClient 공급자	엔티티 데이터 모델(EDM) 응용 프로그램에 대한 데이터 엑세스를 제공합니다. System.Data.EntityClient 네임스페이스를 사용합니다

이번 장에서는 위의 .net framework 데이터 공급자에 포함된 공급자 중에서 SQL Server와 OLE DB 공급자에 대한 내용을 다룹니다.

9.2.3 .net framework 데이터 공급자 구성 요소

.net framework 데이터 공급자를 통해 데이터베이스에 접속하고 수정할 때 사용하는 4가지 중요 요소는 아래와 같습니다.

[표 9.2] .net framework 공급자의 중요 요소

개체	설명
Connection	특정 데이터 소스에 연결합니다. 모든 Connection 개체의 기본 클래스는 Dbconnection 클래스입니다
Command	데이터 소스에 대해 명령을 실행합니다. 모든 Command 개체의 기본 클래스는 DbCommand 클래스입니다
DataReader	데이터 소스에서 데이터를 읽습니다. 모든 DataReader 개체의 기본 클래스는 DbDataReader 클래스입니다
DataAdapter	데이터셋에 값을 채우고 내용을 데이터 소스에 적용합니다. 모든 DataAdapter 개체의 기본 클래스는 DbDataAdapter 클래스입니다

9.3 데이터베이스와 연동하여 프로그램 작성을 위한 환경

간단한 예제 프로그램을 만들며 데이터베이스와 C# 프로그램이 어떻게 연동되는지 직접 확인하며, 각 예제 프로그램마다 사용된 ADO.NET 클래스를 설명하도록 하겠습니다.

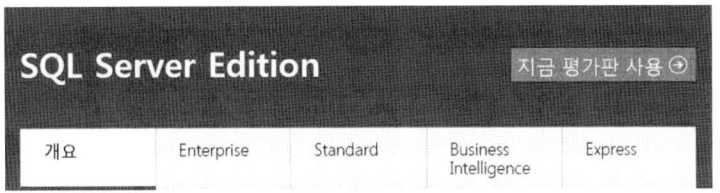

[그림 9.2] MS-SQL homepage 중 일부

먼저 우리가 연동할 데이터베이스는 MS-SQL입니다. 본 예제에서는 MS-SQL 2014 버전과 연동하였으며, 대부분의 ADO.NET은 여러 MS-SQL 버전과 호환이 되리라 예상됩니다. 그러나 혹시 모르는 오류가 발생할 수 있으므로, MS-SQL 2014 버전을 사용하는 것을 권장합니다. 예제에서 사용한 MS-SQL 상세 설명은 아래와 같습니다.

[표 9.3] 예제에서 사용한 MS-SQL 환경 값

종류	설명
데이터베이스 종류	Microsoft SQL Server 2014 Express
데이터베이스 이름	ADO (예제를 위해 생성한 데이터베이스) 데이터베이스의 상위 집합입니다. 하나의 데이터베이스는 다수의 테이블을 포함합니다
테이블 이름	성적표(예제를 위해 생성한 테이블) 학생 성적이 저장될 테이블입니다
서버 주소	localhost(자신의 컴퓨터에 접근하는 IP 주소입니다) 서버는 예제 프로그램을 실행하는 하나의 컴퓨터에 설치하였습니다
Identifier (ID)	sa
Password (PW)	0000

예제 프로그램에서 사용한 MS-SQL 2014 Express 버전을 설치한 화면입니다. 화면에 보면 데이터베이스와 테이블의 종속 관계를 확인할 수 있습니다. 가장 상위에는

GYEONGHOCHU 이름의 SQL Server가 있으며, 서버에는 하나의 ADO 데이터베이스가 있습니다. 그리고 ADO 데이터베이스에는 하나의 성적표 테이블이 있는 계층으로 되어 있습니다.

[그림 9.3] 데이터베이스 계층 구조

9.4 성적 입력 프로그램

이제 간단한 예제를 만들어 볼까 합니다. 만들고자 하는 예제는 학생의 성적을 입력하는 프로그램입니다. 학생의 성적은 데이터베이스 서버에 저장됩니다. 우리는 데이터베이스 서버에 접속하여 학생의 성적을 입력하고 입력한 성적을 콘솔 창에 출력할 예정입니다.

데이터베이스를 이용하기 위해서는 SQL 쿼리문을 알아야 하는데요, 해당 부분은 이 책의 범위를 넘어가므로 간단히 사용하는 수준으로만 사용하겠습니다. 데이터베이스에 저장될 내용은 아래와 같습니다.

[표 9.4] 데이터베이스에 저장될 내용

번호	이름	국어	영어	수학	국사	체육
1	추경호	95	100	85	95	90
2	조수현	100	80	75	97	75
3	이수민	80	75	100	70	60

번호	이름	국어	영어	수학	국사	체육
4	김범근	60	75	60	55	35
5	이찬수	95	100	95	60	90

[표 9.4]에 표시된 학생들의 성적을 콘솔 기반으로 간단한 예제 프로그램을 작성해 보겠습니다. 일단 먼저 예제 프로그램을 작성한 뒤 소스 코드에 대해 설명하도록 하겠습니다.

::: 예제 9-1

```
using System;
using System.Collections.Generic;
using System.Linq;
using System.Text;
using System.Threading.Tasks;

using System.Data.SqlClient;            // To use SQL client.

namespace ADO_console_1
{
    class Program
    {
        static void Main(string[] args)
        {
            // 데이터베이스 연결 객체.
            SqlConnection sqlConnection = null
            // 쿼리문 객체.
            SqlCommand cmd = new SqlCommand();

            Console.WriteLine("Try to connect in SQL server.");

            // 데이터베이스에 연결.
            // MS-SQL에 접속을 요청할때 사용할 정보.
            // server: local host.
            // database: ADO.
            // uid: sa.
            // pwd: 0000.
```

```
28:        sqlConnection = new SqlConnection();
            sqlConnection.ConnectionString = "server=localhost;database=ADO;uid=sa;pwd=0000";

           sqlConnection.Open();
           Console.WriteLine("Success to connect SQL server");

           // 학생들의 성적 기록 테이블 생성. (school_record).
           Console.WriteLine("Try to create table.");

           // 테이블 이름: 성적표.
           // 테이블 항목: 번호, 이름, 국어, 영어, 수학, 국사, 체육.
39:        cmd.Connection = sqlConnection;
40:        cmd.CommandText = "create table 성적표 (" +
                             "번호 int PRIMARY KEY, " +
                             "이름 varchar(6) NOT NULL, " +
                             "국어 int NOT NULL, " +
                             "영어 int NOT NULL, " +
                             "수학 int NOT NULL, " +
                             "국사 int NOT NULL, " +
                             "체육 int NOT NULL)"
           cmd.ExecuteNonQuery();

           Console.WriteLine("Success to create table.");

           // 테이블에 값 입력.
           Console.WriteLine("Try to insert data.");
           cmd.CommandText = "insert into 성적표(번호, 이름, 국어, 영어, 수학, 국사, 체육)" +
                             "values('1', '추경호', '95', '100', '85', '95', '90')"
           cmd.ExecuteNonQuery();

           cmd.CommandText = "insert into 성적표(번호, 이름, 국어, 영어, 수학, 국사, 체육)" +
                             "values('2', '조수현', '100', '80', '75', '97', '75')"
           cmd.ExecuteNonQuery();

           cmd.CommandText = "insert into 성적표(번호, 이름, 국어, 영어, 수학, 국사, 체육)" +
                             "values('3', '이수민', '80', '75', '100', '70', '60')"
           cmd.ExecuteNonQuery();
```

```
            cmd.CommandText = "insert into 성적표(번호, 이름, 국어, 영어, 수학, 국사, 체육)" +
                              "values('4', '김범근', '60', '75', '60', '55', '35')"
            cmd.ExecuteNonQuery();

            cmd.CommandText = "insert into 성적표(번호, 이름, 국어, 영어, 수학, 국사, 체육)" +
                              "values('5', '이찬수', '95', '100', '95', '65', '90')"
            cmd.ExecuteNonQuery();

            Console.WriteLine("Success to insert data.");

            // 데이터베이스 닫기.
65:         sqlConnection.Close();

        }
    }
}
```

실행 화면은 아래와 같습니다.

::: 실행 결과

```
Try to connect in SQL server.
Success to connect SQL server
Try to create table.
Try to insert data.
Success to insert data.
계속하려면 아무 키나 누르십시오 . . .
```

위에서 작성한 콘솔 기반 예제 프로그램에 대해 설명하도록 하겠습니다.

■ 데이터베이스 접속과 종료

ADO.NET 프로그램에서 데이터베이스에 데이터를 저장하기 위해서는 우선 데이터베이스에 접속하여야 합니다. ADO.NET에서는 데이터베이스에 접속하기 위해 SqlConnection 클래스를 제공합니다.

28행에서 SqlConnection 객체를 사용하기 위해 new 연산자를 이용하여 객체를 생성하였습니다. SqlConnection 객체를 생성하면 이제 우리가 접속하고자 하는 데이터베이스 서버의 정보를 ConnectionString 속성에 입력합니다. 우리가 사용하는 데이터베이스 서버의 정보는 아래와 같습니다.

- **server=localhost**   접속하고자 하는 서버의 주소를 나타냅니다. localhost를 IP 주소로 표현하면 127.0.0.1과 같습니다. localhost는 자신의 컴퓨터를 가리킵니다.
- **database=ADO**   접속하고자 하는 데이터베이스의 이름입니다. MS-SQL 안에 여러 개의 데이터베이스가 존재할 수 있습니다.
- **uid=sa**   접속하고자 하는 데이터베이스의 id입니다.
- **pwd=0000**   id의 password입니다.

입력한 데이터베이스 정보를 갖고 Open( ) 메소드를 이용하여 데이터베이스에 접속을 시도합니다. 이제 데이터베이스에 우리가 처리하고자 하는 작업을 수행한 뒤 65행에서 Close( ) 메소드를 이용하여 데이터베이스의 접속을 해제합니다.

■ 데이터베이스 조작

ADO.NET 프로그램에서 데이터베이스에 데이터를 조작하기 위해서는 쿼리문을 사용하여야 합니다. 쿼리문은 데이터베이스를 조작하는 명령문을 가리킵니다. 쿼리문은 C# 책의 범위를 벗어나므로 따로 설명하지는 않습니다. 여기서 사용하는 쿼리문은 간단한 내용으로 읽어보면 대략의 의도는 이해할 수 있을 겁니다. ADO.NET에서는 쿼리문을 이용하여 데이터베이스를 조작하기 위해 SqlCommand 객체를 제공합니다.

39행에서 SqlCommand 객체에 쿼리문을 수행할 데이터베이스의 연결 객체를 입력하고 40행에서 데이터베이스를 제어하기 위해 필요한 명령문을 입력하였습니다.

SqlCommand 객체를 생성하여 데이터베이스를 사용하기 위해서는 우리가 어떠한 데이터베이스를 사용할 것인지에 대해 지정을 해주어야 합니다. 우리는 SqlCommand 객체의 Connection 속성에 위에서 생성한 SqlConnection 객체를 대입하여 사용할 데이터베이스를 지정합니다. 이제 쿼리문을 입력해야 합니다. SqlCommand 객체의 CommandText에 명령을 실행할 쿼리문을 String 형식으로 입력합니다. 이제 입력한 쿼리문을 실행하여 봅시다. 입력한 쿼리문 실행은 ExecuteNonQuery( ) 메소드를 사용합니다.

다음은 SqlConnection에 관련된 메소드로서 SQL 서버의 데이터베이스 연결에 사용합니다.

[표 9.5] SqlConnection 생성자

생성자	설명
SqlConnection()	기본 생성자 SqlConnection 클래스의 새 인스턴스를 초기화
SqlConnection(String)	String에 기술된 연결 문자열을 이용하여 SqlConnection 클래스의 새 인스턴스를 초기화

[표 9.6] SqlConnection 속성

이름	설명
ConnectionString	SQL 서버의 데이터베이스에 연결하는 데 사용되는 문자열을 가져오거나 설정
ConnectionTimeout	연결을 시도하는 대기 시간을 가져오거나 설정
Database	현재 데이터베이스의 이름이나 사용할 데이터베이스의 이름
state	Sqlconnection 인스턴스의 상태

[표 9.7] SqlConnection 메소드

이름	설명
Close	데이터베이스의 연결을 닫음
CreateCommand	SqlConnection에서 사용할 SqlCommand 개체를 만들고 반환
Open	ConnectionString에 기술되어 있는 데이터베이스 연결

다음은 SqlCommand로서 SQL 서버의 데이터베이스 연결에 사용합니다.

[표 9.8] SqlCommand 생성자

생성자	설명
SqlCommand()	기본 생성자 SqlConnection 클래스의 새 인스턴스를 초기화
SqlCommand(String)	쿼리문을 사용하여 SqlCommand 클래스의 새 인스턴스를 초기화
SqlCommand(String, SqlConnection)	쿼리문과 SqlConnection을 사용하여 SqlCommand 클래스의 새 인스턴스를 초기화

[표 9.9] SqlCommand 속성

이름	설명
CommandText	데이터베이스에 실행할 쿼리문을 가져오거나 설정
CommandTimeout	명령을 실행할 때 대기할 시간을 가져오거나 설정
Connection	명령을 실행할 데이터베이스를 가져오거나 설정 사용할 SqlConnection 인스턴스

[표 9.10] SqlCommand 메소드

이름	설명
ExecuteNonQuery	쿼리문을 실행하고 변경된 행의 수를 반환
ExecuteReader	CommandText를 Connection 객체에 전송하고 결과를 담은 SqlDataReader 객체를 생성

다음은 SqlDataReader로서 SQL 서버의 데이터베이스에서 정보를 읽을 수 있는 스트림을 제공합니다.

[표 9.11] SqlDataReader 속성

이름	설명
Connection	SqlDataReader에 연결된 SqlConnection 객체를 가져옵니다
FieldCount	현재 행의 열 수를 가져옵니다
HasRows	SqlDataReader에 하나 이상의 행이 있는지를 나타내는 값을 가져옵니다
IsClosed	SqlDataReader 인스턴스가 닫혀있는지를 나타내는 boolean 값을 가져옵니다

[표 9.12] SqlDataReader 메소드

이름	설명
Close	SqlDataReader 개체를 닫습니다
GetName	지정된 열의 이름을 가져옵니다
NextResult	쿼리문의 결과를 읽을 때, 다음 결과로 이동합니다
Read	SqlDataReader의 다음 레코드로 이동합니다

9.5 성적 정보 출력 프로그램

위에서 작성한 콘솔 기반의 학생 성적 관리 예제 프로그램은 ADO.NET을 활용하여 데이터베이스에 학생의 성적 정보를 입력하였습니다. 이제 위에서 입력한 정보 중 테이블의 열 정보를 읽어오는 프로그램을 작성하여 보겠습니다. 이번 예제에서 중점으로 보아야 할 ADO.NET 클래스는 SqlDataReader입니다.

::: 예제 9-2

```
using System;
using System.Collections.Generic;
using System.Linq;
using System.Text;
using System.Threading.Tasks;
```

```csharp
using System.Data.SqlClient;            // To use SQL client.

namespace ADO_console_2
{
    class Program
    {
        static void Main(string[] args)
        {
            // 데이터베이스에 연결 객체.
            SqlConnection sqlConnection = null
            // 쿼리문 객체.
18:         SqlCommand cmd = new SqlCommand();
            // 쿼리문 결과 객체.
            SqlDataReader sqlReader = null

            Console.WriteLine("Try to connect to the SQL server.");

            // 데이터베이스에 연결.
            // MS-SQL에 접속을 요청할때 사용할 정보.
            // server: local host.
            // database: ADO.
            // uid: sa.
            // pwd: 0000.
            sqlConnection = new SqlConnection();
            sqlConnection.ConnectionString = "server=localhost;database=ADO;uid=sa;pwd=0000"

            sqlConnection.Open();

            Console.WriteLine("Success to connect to the SQL server");

            // 성적표 테이블의 정보를 가져 옴.
            // 테이블 항목: 번호, 이름, 국어, 영어, 수학, 국사, 체육.
            cmd.Connection = sqlConnection;
            cmd.CommandText = "select * from 성적표"

            // 데이터베이스 읽기 객체.
43:         sqlReader = cmd.ExecuteReader();
```

```csharp
            Console.WriteLine("테이블 정보");

47:         for (int i = 0; i < sqlReader.FieldCount; i++)
            {
                Console.Write("{0, -7}", sqlReader.GetName(i));
            }
            Console.WriteLine();

            String fieldName = ""
            while(sqlReader.Read())
            {
                for(int i = 0 ; i < sqlReader.FieldCount ; i++)
                {
                    fieldName = sqlReader.GetName(i);
                    Console.Write("{0, -8}", sqlReader[fieldName]);
                }

                Console.WriteLine();
63:         }

            sqlReader.Close();

            if (sqlConnection != null)
            {
                sqlConnection.Close();
                Console.WriteLine("Success to close sql connection");
            }
        }
    }
}
```

실행 화면은 아래와 같습니다.

::: 실행 결과

```
Try to connect to the SQL server.
Success to connect to the SQL server
테이블 정보
```

```
번호    이름     국어    영어    수학    국사    체육
1       추경호    95      100     85      95      90
2       조수현    100     80      75      97      75
3       이수민    80      75      100     70      60
4       김범근    60      75      60      55      35
5       이찬수    95      100     95      65      90
Success to close sql connection
계속하려면 아무 키나 누르십시오 . . .
```

위에서 작성한 예제 프로그램에 대해 설명하도록 하겠습니다.

■ **쿼리문을 통한 정보 요청**

쿼리문을 이용하면 데이터베이스에 정보를 가져올 수 있습니다. 이번 예제에서 가져오고자 하는 정보는 'ADO' 데이터베이스에서 '성적표' 테이블의 모든 정보를 가져오자 합니다. 그리고 '성적표' 테이블의 열 정보를 출력합니다. 이때 필요한 쿼리문은 아래와 같습니다.

"select * from 성적표"

간략히 설명하면, select는 선택하고자 하는 정보를 나타내며 '*'는 모든이란 뜻입니다. 결국 모든 정보를 가져오겠다는 뜻이죠. from은 가져오고자 하는 테이블의 이름을 나타냅니다. 여기선 '성적표' 테이블에서 가져오겠다는 뜻이죠.

18행에서 쿼리문을 수행할 객체를 생성하고, 43행에서 쿼리문을 수행하여 테이블의 열 정보를 가져왔습니다. 쿼리문을 데이터베이스에 전달하기 위해 SqlCommand 객체의 CommandText 속성에 'select * from 성적표' 쿼리문을 입력합니다. 그리고 ExecuteReader( ) 메소드를 이용하여 쿼리문을 실행하고 결과를 SqlDataReader 객체로 받아 옵니다.

ExecuteReader( ) 메소드의 역할은 CommandText를 Connection 객체에 전송하고 결과를 담은 SqlDataReader 객체를 생성하는 것입니다. 이제 쿼리문의 결과를 전송받은 SqlDataReader에서 정보를 가져옵니다. 우리는 테이블의 열 정보가 필요하므로, GetName( ) 메소드를 이용하여 출력합니다. GetName( ) 메소드는 테이블의 열 정보를 반환합니다.

■ 데이터베이스 정보 출력

쿼리문을 이용하여 가져온 데이터베이스 정보를 출력하는 부분을 살펴보겠습니다. 쿼리문을 통해 가져온 정보는 SqlDataReader 객체가 가리키고 있습니다. 정확하게 표현하면 쿼리문을 통해 가져온 여러 정보 중 첫 번째 행의 정보를 가리키고 있습니다.

	Col	Col	...				
	번호	이름	국어	영어	수학	국사	체육
1	1	추경호	95	100	85	95	90
2	2	조수현	100	80	75	97	75
3	3	이수민	80	75	100	70	60
4	4	김범근	60	75	60	55	35
5	5	이찬수	95	100	95	65	90

[그림 9.4] 쿼리문을 통해 가져온 데이터

위의 그림은 쿼리문을 통해 가져온 데이터를 나타냅니다. SqlDataReader 객체는 이 데이터 중 가장 첫 번째 데이터인 '1', '추경호', '95', '100', '85', '95', '90'을 가리키게 되죠. 우리는 이 데이터를 차례대로 출력하려 합니다. 그럼 어떻게 해야 할까요? 간단합니다. SqlDataReader 객체가 첫 번째 데이터를 가리키니, 여기서 그 중의 어떤 컬럼의 정보를 출력할 것인지만 지정해 주면 됩니다. 지정하는 방법은 다음과 같습니다.

'sqlReader[fieldName]'. fieldName은 위에 컬럼 정보를 가져오는 방법으로 가져옵니다. 이렇게 하면 첫 번째 데이터를 차례대로 출력할 수 있습니다. 이제 두 번째 데이터로 이동해야 하는데요. 두 번째 데이터 이동은 SqlDataReader.Read( ) 메소드를 이용해 이동할 수 있습니다. 이런 방식으로 우린 47행부터 63행에서처럼 쿼리문을 통해 가져온 데이터를 모두 출력할 수 있습니다.

9.6 성적 수정 프로그램

이제 위에서 작성한 데이터베이스 값을 수정하여 보겠습니다. 데이터베이스를 수정하는 것 또한 간단합니다. 다만 쿼리문을 이용해야 하는데요. 이 부분이 데이터베이스를 처음 공부하는 분에게는 좀 어렵게 느껴질 수 있을 것 같습니다.

데이터를 수정하는 쿼리문에는 대표적으로 update, alter가 있습니다. update는 특정 행 정보 값을 변경할 때 사용합니다. alter는 테이블의 칼럼 정보를 수정할 때 사용합니다. 우리는 이번 예제에서 테이블에 칼럼 정보를 추가하고, 수정한 칼럼 정보에 맞춰 모든 데이터의 값에 새로운 데이터를 입력할 것입니다.

::: 예제 9-3

```
using System;
using System.Collections.Generic;
using System.Linq;
using System.Text;
using System.Threading.Tasks;

using System.Data.SqlClient;             // To use SQL Client

namespace ADO_console_3
{
    class Program
    {
        static void Main(string[] args)
        {
            // 데이터베이스 연결 객체
            SqlConnection sqlConnection = null
            // 쿼리문 객체
            SqlCommand cmd = new SqlCommand();
            // 데이터 베이스 연결 객체
            SqlDataAdapter sqlDataAdapter = null

            Console.WriteLine("Try to connect to the SQL server.");

            // 데이터베이스에 연결
            // MS-SQL에 접속을 요청할때 사용할 정보
            // server: local host
            // database: ADO
            // uid: sa
```

```csharp
            // pwd: 0000
            sqlConnection = new SqlConnection();
              sqlConnection.ConnectionString = "server=localhost;database=ADO;uid=sa;pwd=0000"

            sqlConnection.Open();

            cmd.Connection = sqlConnection;

            Console.WriteLine("Success to connect to the SQL server");

            // 데이터베이스 데이터 출력
            DisplayDatabase(cmd);

            // 데이터베이스 칼럼 수정
            cmd.CommandText = "alter table 성적표 add 미술 int"
            cmd.ExecuteNonQuery();

            // 데이터베이스 데이터 출력
            DisplayDatabase(cmd);

            // 데이터베이스 데이터 수정
            cmd.CommandText = "update 성적표 set 미술=@미술 where 번호 > 0"
            cmd.Parameters.AddWithValue("@미술", 100);
            cmd.ExecuteNonQuery();

            // 데이터베이스 데이터 출력
            DisplayDatabase(cmd);

            if (sqlConnection != null)
            {
                sqlConnection.Close();
                Console.WriteLine("Success to close sql connection");
            }
        }

        static void DisplayDatabase(SqlCommand cmd)
        {
            // 쿼리문 결과 객체
```

```
            SqlDataReader sqlReader = null
            // 성적표 테이블의 정보를 가져 옴.
            // 테이블 항목: 번호, 이름, 국어, 영어, 수학, 국사, 체육.
70:         cmd.CommandText = "select * from 성적표"

            // 데이터베이스 읽기 객체.
73:         sqlReader = cmd.ExecuteReader();

            Console.WriteLine("테이블 정보");

            for (int i = 0; i < sqlReader.FieldCount; i++)
            {
                Console.Write("{0, -7}", sqlReader.GetName(i));
            }
            Console.WriteLine();

            String fieldName = ""
            while (sqlReader.Read())
            {
                for (int i = 0; i < sqlReader.FieldCount; i++)
                {
                    fieldName = sqlReader.GetName(i);
                    Console.Write("{0, -8}", sqlReader[fieldName]);
                }

                Console.WriteLine();
            }
            sqlReader.Close();
        }
    }
}
```

실행 화면은 아래와 같습니다.

::: 실행 결과

```
Try to connect to the SQL server.
Success to connect to the SQL server
테이블 정보
번호      이름       국어       영어       수학       국사       체육
1         추경호     95         100        85         95         90
2         조수현     100        80         75         97         75
3         이수민     80         75         100        70         60
4         김범근     60         75         60         55         35
5         이찬수     95         100        95         65         90
테이블 정보
번호      이름       국어       영어       수학       국사       체육       미술
1         추경호     95         100        85         95         90
2         조수현     100        80         75         97         75
3         이수민     80         75         100        70         60
4         김범근     60         75         60         55         35
5         이찬수     95         100        95         65         90
테이블 정보
번호      이름       국어       영어       수학       국사       체육       미술
1         추경호     95         100        85         95         90         100
2         조수현     100        80         75         97         75         100
3         이수민     80         75         100        70         60         100
4         김범근     60         75         60         55         35         100
5         이찬수     95         100        95         65         90         100
Success to close sql connection
계속하려면 아무 키나 누르십시오 . . .
```

위에서 작성한 콘솔 기반 예제 프로그램에 대해 설명하도록 하겠습니다.

■ **쿼리문을 통한 정보 요청**

70행에서 쿼리문을 데이터베이스에 전달하기 위해 SqlCommand 객체의 CommandText 속성에 'select * from 성적표' 쿼리문을 입력하였습니다. 그리고 73행에서 ExecuteReader( ) 메소드를 이용하여 쿼리문을 실행하고 결과를 SqlDataReader 객체로 받아 옵니다.

ExecuteReader( ) 메소드의 역할은 CommandText를 Connection 객체에 전송하고 결과를 담은 SqlDataReader 객체를 생성하는 것입니다. 이제 쿼리문의 결과를 전송받은 SqlDataReader에서 정보를 가져옵니다. 우리는 테이블의 열 정보가 필요하므로, GetName( ) 메소드를 이용하여 출력합니다. GetName( ) 메소드는 테이블의 열 정보를 반환합니다.

9.7 DataTable, DataRow, DataColumn 클래스 활용한 성적 입/출력 프로그램

위 예제에서는 쿼리문을 이용하여 데이터베이스에 데이터 값을 입력하였습니다. C#은 데이터를 입력할 수 있는 관련 클래스를 제공하며 이 클래스를 이용해서도 데이터베이스에 값을 입력할 수 있습니다.

우리는 이 클래스를 이용하여 데이터를 입력해 보겠습니다. 우리가 데이터 입력에 이용할 클래스는 DataTable, DataRow, DataColumn 클래스입니다. 아직 이런 용어에 익숙하지 않은 분들이 계실 것 같아 위의 용어에 대해 간략히 설명하겠습니다.

Table: 성적표							
		Col	Col	...			
		번호	이름	국어	영어	수학	국사	체육
Row	1	1	추경호	95	100	85	95	90
Row	2	2	조수현	100	80	75	97	75
...	3	3	이수민	80	75	100	70	60
	4	4	김범근	60	75	60	55	35
	5	5	이찬수	95	100	95	65	90

[그림 9.5] 데이터베이스 구성 요소 설명

위 그림에서 보면 우리가 이전 예제에서 입력한 정보가 입력되어 있습니다. 위의 정보는 5명에 대한 각 과목의 성적표를 표현한 것입니다. 이러한 하나의 정보 모음을 테이블(Table)이라 부르고 테이블 정보의 각 구성 요소를 칼럼(Column)이라 부릅니다.

여기선 '번호', '이름', '국어' 등이 성적표라는 테이블을 구성하는 구성 요소로 칼럼(Column)이 됩니다. 이제 테이블과 테이블을 구성하는 구성 요소들이 무엇인지 알았습니다. 이제 '성적표'라는 테이블에 '번호', '이름', '국어' 등의 구성 요소에 실제 데이터 값을 입력하여야 합니다. 이렇게 입력된 정보가 '추경호', '95', '100'이라는 정보가 되겠죠. 이런 하나의 정보를 로우(Row)라 합니다.

테이블, 로우, 칼럼에 대해 알아보았는데요. .net framework에서는 이런 테이블, 로우, 칼럼에 대해 각각 클래스 형태로 제공합니다. 우린 이 클래스를 이용하여 데이터베이스에 값을 입력할 수도 있고, 데이터를 가져 오거나 수정할 수도 있습니다. 먼저 위에서 쿼리문을 이용하여 테이블을 만들었었는데요. 이제 .net에서 제공하는 클래스를 이용하여 데이터를 입력해 봅시다.

::: 예제 9-4

```
using System;
using System.Collections.Generic;
using System.Linq;
using System.Text;
using System.Threading.Tasks;

using System.Data;                       // To use database class.
using System.Data.SqlClient;             // To use SQL Client.

namespace ADO_console_4
{
    class Program
    {
        static void Main(string[] args)
        {
            // 데이터베이스 연결 객체
            SqlConnection sqlConnection = null
            // 데이터베이서 명령문 집합 및 연결 객체
            SqlDataAdapter sqlDataAdapter = null
            // 데이터 셋 객체
            DataSet dataSet = null
```

```
            // 테이블 객체.
            DataTable dataTable = null
            // 로우 객체.
            DataRow dataRow = null
            // 쿼리문 객체.
            SqlCommand cmd = new SqlCommand();
            SqlParameter param = null

            // 데이터베이스에 연결.
            // MS-SQL에 접속을 요청할때 사용할 정보.
            // server: local host.
            // database: ADO.
            // uid: sa.
            // pwd: 0000.
36:         sqlConnection = new SqlConnection();
              sqlConnection.ConnectionString = "server=localhost;database=ADO;uid=sa;pwd=0000"

            // 데이터베이스 명령문 객체에 database 연결 및 명령문 입력.
            cmd.Connection = sqlConnection;
            cmd.CommandText = "select * from 성적표"

            // SqlDataAdapter 객체 생성 및 명령문 입력.
            sqlDataAdapter = new SqlDataAdapter();
            sqlDataAdapter.SelectCommand = cmd;

            // DataSet 객체 생성.
            // Data set 이름: "성적 관리".
            // 가져올 테이블: "성적표".
            dataSet = new DataSet("성적관리");
51:         sqlDataAdapter.Fill(dataSet, "성적표");

            // "성적표" 테이블 출력.
            DisplayDatabase(dataSet);

            // "성적표" 테이블 가져 오기.
57:         dataTable = dataSet.Tables["성적표"];
            // 새로운 행 생성.
            dataRow = dataTable.NewRow();
```

```
              // 새로운 데이터 입력.
              dataRow["번호"] = 7; dataRow["이름"] = "신입생" dataRow["국어"] = 100;
              dataRow["영어"] = 100; dataRow["수학"] = 100; dataRow["국사"] = 100;
              dataRow["체육"] = 100;
65:           dataTable.Rows.Add(dataRow);

              // 새로운 데이터 입력을 위한 명령문 객체 생성.
68:           cmd = new SqlCommand();
              cmd.Connection = sqlConnection;
              cmd.CommandText = "insert into 성적표(번호, 이름, 국어, 영어, 수학, 국사, 체육)" +
                                "values(@번호, @이름, @국어, @영어, @수학, @국사, @체육)"

              // 새로운 데이터 입력을 위한 paramter 객체 생성.
              param = new SqlParameter("@번호", SqlDbType.Int, sizeof(int), "번호");
              cmd.Parameters.Add(param);
              param = new SqlParameter("@이름", SqlDbType.VarChar, 6, "이름");
              cmd.Parameters.Add(param);
              param = new SqlParameter("@국어", SqlDbType.Int, sizeof(int), "국어");
              cmd.Parameters.Add(param);
              param = new SqlParameter("@영어", SqlDbType.Int, sizeof(int), "영어");
              cmd.Parameters.Add(param);
              param = new SqlParameter("@수학", SqlDbType.Int, sizeof(int), "수학");
              cmd.Parameters.Add(param);
              param = new SqlParameter("@국사", SqlDbType.Int, sizeof(int), "국사");
              cmd.Parameters.Add(param);
              param = new SqlParameter("@체육", SqlDbType.Int, sizeof(int), "체육");
              cmd.Parameters.Add(param);

              // SqlDataAdapter 객체에 명령문 입력.
              sqlDataAdapter.InsertCommand = cmd;

              // SqlDataAdapter 객체 명령문 실행.
92:           sqlDataAdapter.Update(dataSet, "성적표");

          // "성적표" 테이블 출력.
          DisplayDatabase(dataSet);
      }
```

```csharp
        static void DisplayDatabase(DataSet dataSet)
        {

            // DataSet 객체에서 "성적표" 테이블을 가져옴.
            DataTable dataTable = dataSet.Tables["성적표"];

            DataColumn dataColumn = null
            DataRow dataRow = null

            Console.WriteLine("테이블 정보");
            // "성적표" 테이블의 열 정보 출력.
109:        for(int i = 0 ; i < dataTable.Columns.Count ; i++)
            {
                dataColumn = dataTable.Columns[i];
                Console.Write("{0, -7}", dataColumn.ColumnName);
113:        }

            Console.WriteLine();

            // "성적표" 테이블의 데이터 (행) 출력.
118:        for (int i = 0; i < dataTable.Rows.Count ; i++)
            {
                // 하나의 행에 대해 세부 정보 출력.
                // 각 열 정보에 맞춰 출력.
                for(int j = 0 ; j < dataTable.Columns.Count ; j++)
                {
                    dataRow = dataTable.Rows[i];

                    Console.Write("{0, -8}", dataRow[j]);
                }
                Console.WriteLine();
129:        }

            Console.WriteLine();
        }
    }
}
```

실행 화면은 아래와 같습니다.

::: 실행 결과

테이블 정보

번호	이름	국어	영어	수학	국사	체육
1	추경호	95	100	85	95	90
2	조수현	100	80	75	97	75
3	이수민	80	75	100	70	60
4	김범근	60	75	60	55	35
5	이찬수	95	100	95	65	90

테이블 정보

번호	이름	국어	영어	수학	국사	체육
1	추경호	95	100	85	95	90
2	조수현	100	80	75	97	75
3	이수민	80	75	100	70	60
4	김범근	60	75	60	55	35
5	이찬수	95	100	95	65	90
7	신입생	100	100	100	100	100

위에서 작성한 콘솔 기반 예제 프로그램에 대해 설명하도록 하겠습니다.

■ **SqlDataAdapter 클래스를 이용한 데이터베이스 연결**

C#에서 데이터베이스를 업데이트하는 데 필요한 명령과 데이터베이스 연결을 포함한 클래스입니다. 우리는 이 클래스를 이용하여 데이터베이스에 연결하고 우리가 수행하고자 하는 명령을 수행할 예정입니다. SqlDataAdatper 클래스를 이용하여 데이터를 수정하기 위해서는 우선 2가지 정보가 필요합니다.

▪ **연결할 데이터베이스 정보**

SqlConnection 객체

"server=localhost;database=ADO;uid=sa;pwd=0000"

▪ **가져올 데이터베이스 정보**

SqlCommand 객체

"select * from 성적표"

36행부터 51행에는 SqlDataAdapter 클래스를 이용하여 데이터베이스에 접속하고, 정보를 가져와 저장하는 부분이 구현되어 있습니다. 좀 더 자세히 설명하면 아래와 같습니다.

SqlDataAdapter 객체에 필요한 2가지 정보를 먼저 만듭니다. 먼저 연결할 데이터베이스의 정보를 담은 SqlConnection 객체를 생성하여 연결할 데이터베이스 정보를 기술합니다. 이제 연결한 데이터베이스의 여러 정보 중 어떤 정보(테이블)를 가져올지 기술하는 명령문 객체를 생성합니다. 이렇게 2가지 정보가 준비되면, 이제 SqlDataAdapter 객체를 생성하여 데이터베이스에 연결하고 명령문을 대입합니다. 이게 SqlDataAdpater 객체는 데이터베이스 연결 및 명령을 실행합니다.

이제 가져온 정보를 담을 데이터 집합을 만듭니다. C#에서는 데이터를 보관할 임시 장소로 DataSet 객체를 제공합니다. 이 객체에 데이터베이스에 가져온 정보를 sqlDataAdapter. Fill( ) 메소드를 이용하여 채웁니다.

■ **DataTable 클래스를 이용한 테이블 생성**
C#에서 제공하는 DataTable을 이용하여 테이블을 생성하였습니다. 위의 예제에서 생성했던 '성적표' 테이블을 이번 예제에서는 57행에서 DataSet 객체에 연결된 데이터베이스에서 '성적표' 테이블을 가져오는 방식으로 DataTable 객체를 생성했습니다.

■ **DataColumn, DataRow 클래스를 이용한 데이터 출력**
DataTable 객체에는 이제 '성적표' 테이블 정보를 가리키고 있습니다. '성적표' 테이블의 정보는 위에서 이미 알아보았듯이 '열'과 '행'으로 이루어져 있습니다. '성적표' 테이블의 정보를 출력하기 위해서는 테이블의 '열'과 '행' 정보를 가져와야 하겠죠.

C#에서는 '열'과 '행'을 제어할 수 있도록 DataColumn 클래스와 DataRow 클래스를 제공합니다. 우리는 이 클래스를 이용하여 '성적표' 테이블의 정보를 출력하겠습니다. 먼저 '열' 정보를 가져오겠습니다. 열 정보를 가져오는 방법은 간단합니다. DataTable.Columns에서 배열 정보를 입력해 'i' 번째 '열' 객체를 가져오면 됩니다.

109행부터 113행에서 테이블의 '열' 정보를 출력해 보았습니다. 이제 테이블의 실제 데이터인 '행' 정보를 출력하여 봅시다. 행 정보 또한 간단합니다. DataTables.Rows에서 배열 정보를 입력해 'i' 번째 '행' 객체를 가져오면 됩니다.

118행부터 129행에서는 '행' 정보를 출력해 보았습니다. 여기서 '행' 정보는 각 학생의 데이터 정보를 뜻합니다.

DataRow 클래스의 객체 'dataRow'는 이제 'i'번째 '행'의 데이터 정보를 가리키고 있습니다. '행'은 또한 '번호', '이름'과 같이 '열'에 대한 데이터를 가지고 있습니다. 우리는 그 정보를 'dataRow[j]'와 같이 'j'번째 있는 '열'에 대입되는 데이터를 출력합니다.

■ DataRow 클래스를 이용한 데이터 값 입력

이제 위에서 생성한 '성적표' 테이블에 값을 입력하여 보겠습니다. C#에서는 테이블에 값을 입력할 수 있도록 DataRow 클래스를 제공합니다. 정확하게는 테이블의 row 항목을 제어할 수 있는 클래스를 제공하는 것이죠. 데이터를 입력하는 방법은 57행부터 65행과 같습니다.

DataRow 객체 하나가 테이블의 하나의 데이터에 해당합니다. 우리는 테이블의 새로운 전학생 1명의 데이터를 입력할 예정입니다. 데이터를 입력하기 위해서는 하나의 DataRow 객체가 필요합니다. 하지만 DataRow 객체를 임의로 만들 순 없습니다. 왜냐하면 테이블마다 입력해야 하는 데이터의 정보가 다르기 때문이죠.

예를 들면 우리가 지금 입력하고자 하는 테이블은 '성적표'입니다. 성적표에는 학생 이름, 성적 등이 들어가겠죠. 하지만 만약, '출석부'라고 하면 그곳에는 학생 이름과 날짜별 학생 출석 유무가 입력돼야겠죠. 이처럼 입력돼야 하는 데이터의 형태가 다르므로 DataRow 객체는 DataTable에서 받아와야 합니다. 이런 기능을 하는 메소드가 NewRow( ) 메소드입니다. 우리는 이 메소드를 이용해 새로운 DataRow 객체를 생성 받습니다. 그리고 이제 DataRow 객체에 값을 채웁니다.

■ 데이터베이스 업데이트

DataTable에 새로 만든 DataRow 객체를 입력하였습니다. 이제 변경된 테이블 정보를 실제 DB에 업데이트해 봅시다. 데이터를 업데이트하기 위해서는 업데이트 명령을 수행할 명령문 객체가 필요합니다. 업데이트 명령을 수행하는 방법은 68행부터 92행과 같습니다.

업데이트 명령을 수행하기 위해 SqlCommand 객체를 생성합니다. 그리고 SqlCommand.CommandText 속성에 업데이트 명령을 입력합니다. 업데이트 명령문은 아래와 같습니다.

> "insert into 성적표(번호, 이름, 국어, 영어, 수학, 국사, 체육)
> values(@번호, @이름, @국어, @영어, @수학, @국사, @체육)"

명령문을 간단하게 설명하면 다음과 같습니다. 'insert into 성적표'는 성적표 테이블에 새로운 정보를 입력하라는 뜻입니다. 그리고 '(번호, 이름, ...)'은 '성적표' 테이블의 열을 나타냅니다. 이제 실제 데이터값을 입력해야 하는데요.

실제 데이터값은 우리가 앞에서 만들었던 DataRow 객체에 있으므로, 그곳의 정보를 참조하라는 뜻으로 'value(@번호, @이름, ...)'으로 표현합니다. '@번호'는 이후 SqlParamter의 세부 항목으로 값이 입력됩니다.

이제 명령문에 입력한 '@번호'와 같은 parameter 값에 대해 입력해야 합니다. Paramter 값 입력은 SqlParamter 객체를 생성하여 입력합니다. 입력은 아래와 같습니다.

> param = new SqlParameter("@번호", SqlDbType.Int, sizeof(int), "번호");

여기에 '@번호'는 명령문에서 입력한 paramter를 지칭하며, 'SqlDbType.Int'는 입력되는 값의 형태입니다. 그리고 'sizeof(int)'는 입력되는 값의 크기이며, '번호'는 DataRow 객체에 입력된 열을 나타냅니다. 이제 최종적으로 Update( ) 메소드를 사용하여 실제 데이터베이스를 업데이트하면 됩니다.

■ DataTable

메모리 내 데이터의 테이블 한 개를 나타냅니다.

[표 9.13] DataTable 생성자

이름	설명
DataTable( )	인수를 사용하지 않고 DataTable 클래스의 새 인스턴스를 초기화합니다
DataTable(String)	지정된 테이블 이름을 사용하여 DataTable 클래스의 새 인스턴스를 초기화합니다

[표 9.14] DataTable 속성

이름	설명
Columns	이 테이블에 속한 열의 컬렉션을 가져옵니다
dataSet	이 테이블이 속한 DataSet을 가져옵니다
Row	이 테이블에 속한 행의 컬렉션을 가져옵니다
Tablename	DataTable의 이름을 가져오거나 설정합니다

[표 9.15] DataTable 메서드

이름	설명
AcceptChanges	AcceptChanges가 마지막으로 호출된 이후 이 테이블에서 변경된 내용을 모두 실행합니다
Clear	DataTable의 모든 데이터를 지웁니다
Copy	DataTable의 구조와 데이터를 모두 복사합니다
GetChanges	로드되거나 AcceptChanges가 마지막으로 호출된 후에 변경된 내용이 모두 들어 있는 DataTable의 복사본을 가져옵니다
NewRow	테이블과 동일한 구조를 갖는 새 DataRow를 만듭니다
Select(String)	필터 조건에 맞는 모든 DataRow 개체의 배열을 가져옵니다

■ DataColumn

DataTable에 있는 열의 구조를 나타냅니다.

[표 9.16] DataColumn 생성자

이름	설명
DataColumn( )	DataColumn 클래스의 새 인스턴스를 형식 문자열로 초기화합니다
DataColumn(String)	지정된 열 이름을 사용하여 DataColumn 클래스의 새 인스턴스를 형식 문자열로 초기화합니다

[표 9.17] DataColumn 속성

이름	설명
AllowDBNull	테이블에 속해 있는 행의 이 열에 null 값이 허용되는지 여부를 나타내는 값을 가져오거나 설정합니다
AutoIncrement	테이블에 추가되는 새 행의 열 값이 자동으로 증가되는지 여부를 나타내는 값을 가져오거나 설정합니다
ColumnName	DataColumnCollection의 열 이름을 가져오거나 설정합니다
DataType	열에 저장된 데이터 형식을 가져오거나 설정합니다
DefaultValue	새 행을 만들 때 열의 기본값을 가져오거나 설정합니다
ReadOnly	테이블에 행을 추가한 후 열을 변경할 수 있는지 여부를 나타내는 값을 가져오거나 설정합니다
Table	열이 속한 DataTable을 가져옵니다
Unique	열의 각 행에 있는 값이 고유해야 하는지 여부를 나타내는 값을 가져오거나 설정합니다

[표 9.18] DataColumn 메서드

이름	설명
Gettype	현재 인스턴스의 Type을 가져옵니다

■ DataRow

DataTable의 데이터 행을 나타냅니다.

[표 9.19] DataRow 속성

이름	설명
Item[DataColumn]	지정된 DataColumn에 저장된 데이터를 가져오거나 설정합니다
Table	이 행의 스키마가 있는 DataTable을 가져옵니다

[표 9.20] DataRow 메소드

이름	설명
AcceptChanges	AcceptChanges가 마지막으로 호출된 이후 이 행에서 변경된 내용을 모두 커밋합니다
BeginEdit	DataRow 개체에 대해 편집 작업을 시작합니다
CanclenEdit	행의 현재 편집을 취소합니다
Delete	DataRow를 삭제합니다
EndEdit	행에서 수행 중인 편집을 끝냅니다
GetType	현재 인스턴스의 Type을 가져옵니다
IsNull	지정된 DataColumn에 null 값이 있는지 여부를 나타내는 값을 가져옵니다
SetNull	지정된 DataColumn의 값을 null 값으로 설정합니다

■ SqlDataAdapter

데이터베이스 업데이트에 사용되는 명령 집합과 데이터베이스 연결을 지원합니다.

[표 9.21] SqlDataAdapter 생성자

이름	설명
SqlDataAdapter( )	SqlDataAdapter 클래스의 새 인스턴스를 초기화합니다
SqlDataAdapter(SqlCommand)	SqlCommand 객체를 사용하여 SqlDataAdapter 클래스의 새 인스턴스를 초기화합니다
SqlDataAdapter(SqlCommand, SqlConnection)	Sqlcommand 객체와 Sqlconnection 객체를 사용하여 SqlDataAdapter 클래스의 새 인스턴스를 초기화합니다

[표 9.22] SqlDataAdapter 속성

이름	설명
DeleteCommand	DataSet에서 데이터를 삭제할 SQL 문이나 저장 프로시저를 가져오거나 설정합니다
InsertCommand	DataSet에서 데이터를 입력할 SQL문이나 저장 프로시저를 가져오거나 설정합니다
UpdateCmmand	DataSet에서 데이터를 업데이트할 SQL문이나 저장 프로시저를 가져오거나 설정합니다

[표 9.23] SqlDataAdapter 메소드

이름	설명
Fill(DataSet)	DataSet의 행을 추가하거나 새로 고칩니다
Fill(DataTable)	DataTable 이름을 사용하여 지정된 범위에서 데이터 소스의 행과 일치하도록 DataSet의 행을 추가하거나 새로 고칩니다
Update(DataRow[])	DataSet의 지정된 배열에서 삽입, 업데이트 또는 삭제된 각 행마다 insert, update, delete 문을 각각 실행하여 데이터베이스의 값을 업데이트합니다
Update(DataSet)	지정된 DataSet에서 삽입, 업데이트 또는 삭제된 각 행마다 insert, update, delete 문을 각각 실행하여 데이터베이스에 있는 값을 업데이트합니다
Update(DataTable)	지정된 DataTable에서 삽입, 업데이트 또는 삭제된 각 행마다 insert, update, delete 문을 각각 실행하여 데이터베이스에 있는 값을 업데이트합니다

■ SqlParameter

SqlCommand에 대한 매개 변수를 나타내며, DataSet 열에 대한 매개 변수의 매핑을 선택적으로 나타냅니다.

[표 9.24] SqlParamter 생성자

이름	설명
SqlParamter( )	SqlParameter 클래스의 새 인스턴스를 초기화합니다
SqlParamter(String, SqlDbType, Int32, String)	매개 변수 이름, SqlDbType, 매개 값 크기, 매개 값을 이용하여 SqlParamter 클래스의 새 인스턴스를 초기화합니다

[표 9.25] SqlParamter 속성

이름	설명
DbType	매개 변수의 SqlDbType을 가져오거나 설정합니다
IsNullable	매개 변수가 null 값을 허용하는지 여부를 나타내는 값을 가져오거나 설정합니다
ParamterName	SqlParamter의 이름을 가져오거나 설정합니다
Value	매개 변수의 값을 가져오거나 설정합니다

[표 9.26] SqlParamter 메서드

이름	설명
GetType	현재 인스턴스의 Type을 가져옵니다.

9.8 윈폼 기반 성적 관리 프로그램

이제 지금까지 공부한 내용을 기반으로 윈폼 기반의 성적 관리 프로그램을 작성하여 보겠습니다. 먼저 우리가 작성할 프로그램의 기능을 정의하여 봅시다. 우리가 작성하고자 하는 성적 관리 프로그램이 제공하는 기능은 아래와 같습니다.

[표 9.27] 성적 관리 프로그램에서 제공하는 기능

기능	설명
데이터베이스 연결	MS SQL 데이터베이스에 연결을 시도합니다
데이터 로드	데이터베이스에서 성적표 테이블의 데이터를 불러옵니다
테이블 생성	데이터베이스에 성적표 테이블을 생성합니다
테이블 삭제	데이터베이스에서 성적표 테이블을 삭제합니다
데이터 추가	성적표 테이블에 학생 성적을 입력합니다
데이터 수정	성적표 테이블에서 특정 학생 성적을 수정합니다 특정 학생 구분은 학생의 번호를 이용합니다
데이터 삭제	성적표 테이블에서 특정 학생 성적을 삭제합니다 특정 학생 구분은 학생의 번호를 이용합니다

우리가 작성할 성적 관리 프로그램을 좀 더 정교하게 만들기 위해 순서도를 작성하여 봅시다. 프로그램의 기능을 기준으로 작성한 순서도는 아래와 같습니다.

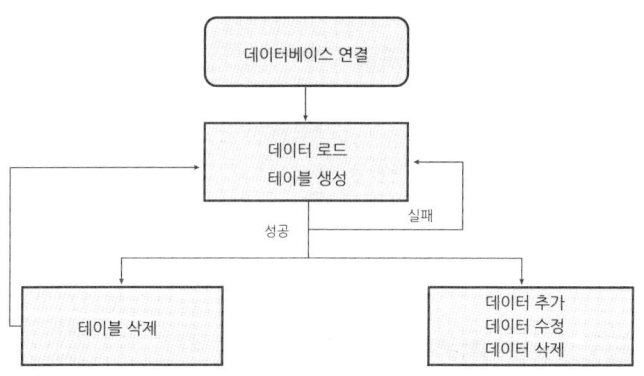

[그림 9.6] 성적 관리 프로그램 흐름도

프로그램의 시작점은 데이터베이스 연결 기능입니다. 학생의 성적을 관리하기 위해서는 가장 먼저 데이터베이스에 연결되어야겠지요? 데이터베이스에 연결되면 학생 성적을 입력하기 위한 테이블을 생성 혹은 불러오는 기능이 수행되어야 합니다.

만약 학생의 성적표 테이블을 생성한다고 할 경우, 기존 학생 성적표 테이블이 있다면 테이블 생성 기능은 실패하게 됩니다. 이런 경우는 순서도에서 볼 수 있듯이 기능 수행이 실패하게 되고 다시 원래대로 돌아가게 됩니다. 이럴 때는 데이터 로드를 하여 기존 데이터를 불러오게 되어 있습니다. 테이블을 새로 생성하거나 기존 데이터를 로드하게 되면, 이제 학생 성적표 테이블을 삭제, 수정(데이터 추가, 수정, 삭제)할 수 있게 됩니다.

작성할 윈폼 기반 예제 프로그램의 UI는 아래와 같습니다.

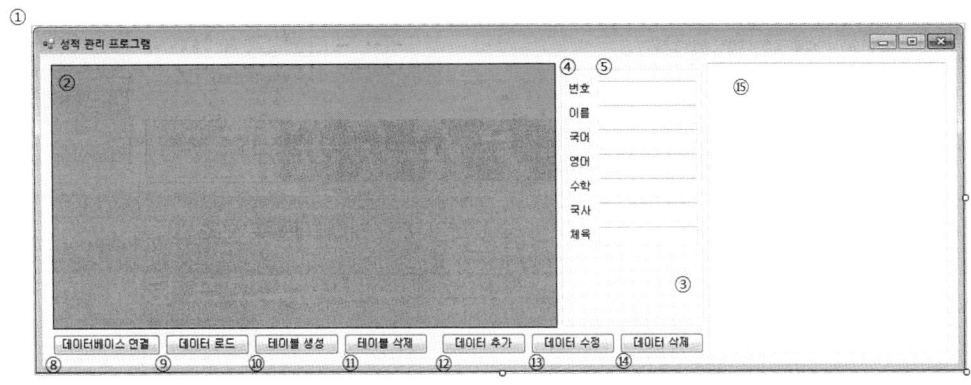

[그림 9.7] 성적 관리 프로그램의 UI

[표 9.28] 성적 관리 프로그램 컨트롤러 속성

번호	윈도우 폼	속성
①	Form	Text: 성적 관리 프로그램
②	DataGridView	Name: grd_dataView
③	GroupBox	
④	Label	Text: 번호 Text: 이름 Text: 국어 Text: 영어 Text: 수학 Text: 국사 Text: 체육
⑤	TextBox	Name: txt_num Name: txt_name Name: txt_korean Name: txt_english Name: txt_math Name: txt_history Name: txt_physical
⑧	Button	Name: btn_connectDB Text: 데이터베이스 연결

번호	윈도우 폼	속성
⑨	Button	Name: btn_loadData Text: 데이터 로드
⑩	Button	Name: btn_createTable Text: 테이블 생성
⑪	Button	Name: btn_deleteTable Text: 테이블 삭제
⑫	Button	Name: btn_addData Text: 데이터 추가
⑬	Button	Name: btn_modifyData Text: 데이터 수정
⑭	Button	Name: btn_deleteData Text: 데이터 삭제
⑮	TextBox	Name: txt_display Multiline: True

그럼 학생 성적 관리 프로그램을 작성하여 보겠습니다. 추가해야 하는 패키지와 클래스 멤버 변수는 아래와 같습니다.

::: 예제 9-5

```csharp
using System;
using System.Collections.Generic;
using System.ComponentModel;
using System.Data;
using System.Drawing;
using System.Linq;
using System.Text;
using System.Threading.Tasks;
using System.Windows.Forms;

using System.Data.SqlClient;          // To use SQL client.

namespace ADO_window_1
{
```

```
    public partial class Form1 : Form
    {
        // 데이터베이스 연결 객체.
        private SqlConnection mSqlConnection = null
        // 데이터베이서 명령문 집합 및 연결 객체.
        SqlDataAdapter mSqlDataAdapter = null
        // 데이터 셋 객체.
        DataSet mDataSet = null
        // 테이블 객체.
        DataTable mDataTable = null

        public Form1()
        {
            InitializeComponent();
        }
```

데이터베이스 연결 버튼 클릭 시 수행하는 기능입니다.

::: 예제 9-6

```
private void btn_connectDB_Click(object sender, EventArgs e)
{
  try
    {
        if (mSqlConnection == null)
        {
            mSqlConnection = new SqlConnection();
        }

        txt_display.AppendText("Try to connect to the SQL server.\n");

        mSqlConnection.ConnectionString =
                        "server=localhost;database=ADO;uid=sa;pwd=0000"
        mSqlConnection.Open();

        txt_display.AppendText("Success to connect to the SQL server.\n");
        txt_display.AppendText("Try to load data from the SQL server.\n");
```

```
            btn_loadData.Enabled = true
            btn_createTable.Enabled = true
            btn_connectDB.Enabled = false
        }
        catch (Exception exception)
        {
            txt_display.AppendText("Fail to connect to the SQL server.\n");
            txt_display.AppendText(exception.Message + "\n");
        }
}
```

데이터 로드 버튼 클릭 시 수행하는 기능입니다.

::: 예제 9-7

```
private void btn_loadData_Click(object sender, EventArgs e)
{
    bool result = false

    // 기존 데이터를 이용하여 데이터그리뷰를 업데이트.
    result = updateDataView();

    if(result == true)
    {
        btn_loadData.Enabled = false
        btn_createTable.Enabled = false
        btn_deleteTable.Enabled = true
        btn_addData.Enabled = true
        btn_modifyData.Enabled = true
        btn_deleteData.Enabled = true
    }
    else // return value: false.
    {
        // do nothing.
    }
}
```

테이블 생성 버튼 클릭 시 수행하는 기능입니다.

::: 예제 9-8

```csharp
private void btn_createTable_Click(object sender, EventArgs e)
{
    bool result = false

    try
    {
        // 쿼리문 객체.
        SqlCommand cmd = new SqlCommand();

        // 학생들의 성적 기록 테이블 생성. (school_record).
        txt_display.AppendText("Try to create table.");
        // 테이블 이름: 성적표.
        // 테이블 항목: 번호, 이름, 국어, 영어, 수학, 국사, 체육.
        cmd.Connection = mSqlConnection;
        cmd.CommandText = "create table 성적표 (" +
                          "번호 int PRIMARY KEY, " +
                          "이름 varchar(6) NOT NULL, " +
                          "국어 int NOT NULL, " +
                          "영어 int NOT NULL, " +
                          "수학 int NOT NULL, " +
                          "국사 int NOT NULL, " +
                          "체육 int NOT NULL)"
        cmd.ExecuteNonQuery();

        txt_display.AppendText("Success to create table.\n");

        // 데이터그리뷰를 업데이트.
        result = updateDataView();
    }
    catch (Exception exception)
    {
        txt_display.AppendText("Fail to create table.\n");
        txt_display.AppendText(exception.Message + "\n");
    }

    if (result == true)
```

```
            {
                btn_loadData.Enabled = false
                btn_createTable.Enabled = false
                btn_deleteTable.Enabled = true
                btn_addData.Enabled = true
                btn_modifyData.Enabled = true
                btn_deleteData.Enabled = true
            }
            else // return value: false.
            {
                // do nothing.
            }
    }
```

테이블 삭제 버튼 클릭 시 수행하는 기능입니다.

::: 예제 9-9

```
private void btn_deleteTable_Click(object sender, EventArgs e)
{
    try
    {
        // 쿼리문 객체.
        SqlCommand cmd = new SqlCommand();

        // 학생들의 성적 기록 테이블 생성. (school_record).
        txt_display.AppendText("Try to delete table.\n");
        // 테이블 이름: 성적표.
        // 테이블 항목: 번호, 이름, 국어, 영어, 수학, 국사, 체육.
        cmd.Connection = mSqlConnection;
        cmd.CommandText = "drop table 성적표"
        cmd.ExecuteNonQuery();

    txt_display.AppendText("Success to delete table.\n");

        btn_loadData.Enabled = true
        btn_createTable.Enabled = true
```

```csharp
            btn_deleteTable.Enabled = false;
            btn_addData.Enabled = false;
            btn_modifyData.Enabled = false;
            btn_deleteData.Enabled = false;
        }
        catch (Exception exception)
        {
            txt_display.AppendText("Fail to delete table.\n");
            txt_display.AppendText(exception.Message + "\n");
        }

        // 데이터그리뷰를 초기화.
        initDataView();
    }
```

데이터 추가 버튼 클릭 시 수행하는 기능입니다.

::: 예제 9-10

```csharp
private void btn_addData_Click(object sender, EventArgs e)
{
    try
    {
        // 새로운 데이터 입력을 위한 명령문 객체 생성.
        SqlCommand sqlCommand = new SqlCommand();
        sqlCommand.Connection = mSqlConnection;
        sqlCommand.CommandText = "insert 성적표(번호, 이름, 국어, 영어, 수학, 국사, 체육)" +
                        "values(@번호, @이름, @국어, @영어, @수학, @국사, @체육)";

        // 새로운 데이터 입력을 위한 paramter 객체 생성.
        SqlParameter param = new SqlParameter("@번호", SqlDbType.Int, sizeof(int), "번호");
        param.Value = txt_num.Text;
        sqlCommand.Parameters.Add(param);
        param = new SqlParameter("@이름", SqlDbType.VarChar, 6, "이름");
        sqlCommand.Parameters.Add(param);
        param.Value = txt_name.Text;
        param = new SqlParameter("@국어", SqlDbType.Int, sizeof(int), "국어");
        sqlCommand.Parameters.Add(param);
```

```
            param.Value = txt_korean.Text;
            param = new SqlParameter("@영어", SqlDbType.Int, sizeof(int), "영어");
            sqlCommand.Parameters.Add(param);
            param.Value = txt_english.Text;
            param = new SqlParameter("@수학", SqlDbType.Int, sizeof(int), "수학");
            sqlCommand.Parameters.Add(param);
            param.Value = txt_math.Text;
            param = new SqlParameter("@국사", SqlDbType.Int, sizeof(int), "국사");
            param.Value = txt_history.Text;
            sqlCommand.Parameters.Add(param);
            param = new SqlParameter("@체육", SqlDbType.Int, sizeof(int), "체육");
            param.Value = txt_physical.Text;
            sqlCommand.Parameters.Add(param);

            // 데이터베이스 쿼리문 실행.
            sqlCommand.ExecuteNonQuery();

            // Data gride view 갱신.
            updateDataView();
        }
        catch (Exception exception)
        {
            txt_display.AppendText("Fail to add data.");
            txt_display.AppendText(exception.Message + "\n");
        }
    }
```

데이터 수정 버튼 클릭 시 수행하는 기능입니다.

::: 예제 9-11

```
private void btn_modifyData_Click(object sender, EventArgs e)
{
    try
    {
        // 선택된 행의 값 중 학생 번호를 가져 옮.
        DataGridViewRow dataViewRow = grd_dataView.CurrentRow;
```

```csharp
            int num = (int)dataViewRow.Cells[0].Value;

            // 새로운 데이터 입력을 위한 명령문 객체 생성.
            SqlCommand sqlCommand = new SqlCommand();
            sqlCommand.Connection = mSqlConnection;
            sqlCommand.CommandText = "update 성적표 " +
                "set 이름=@이름, 국어=@국어, 영어=@영어, 수학=@수학, 국사=@국사, 체육=@체육 " +
                "where 번호=@번호"

            // 새로운 데이터 입력을 위한 paramter 객체 생성.

            // 새로운 데이터 입력을 위한 paramter 객체 생성.
            SqlParameter param = new SqlParameter("@번호", num);          // 고유키는 변경될 수 없음.
            sqlCommand.Parameters.Add(param);
            param = new SqlParameter("@이름", txt_name.Text);
            sqlCommand.Parameters.Add(param);
            param = new SqlParameter("@국어", txt_korean.Text);
            sqlCommand.Parameters.Add(param);
            param = new SqlParameter("@영어", txt_english.Text);
            sqlCommand.Parameters.Add(param);
            param = new SqlParameter("@수학", txt_math.Text);
            sqlCommand.Parameters.Add(param);
            param = new SqlParameter("@국사", txt_history.Text);
            sqlCommand.Parameters.Add(param);
            param = new SqlParameter("@체육", txt_physical.Text);
            sqlCommand.Parameters.Add(param);

            // 데이터베이스 쿼리문 실행.
            sqlCommand.ExecuteNonQuery();

            // Data gride view 갱신.
            updateDataView();
        }
        catch (Exception exception)
        {
            txt_display.AppendText("Fail to modify data.");
            txt_display.AppendText(exception.Message + "\n");
        }
    }
```

데이터 삭제 버튼 클릭 시 수행하는 기능입니다.

::: 예제 9-12

```
private void btn_deleteData_Click(object sender, EventArgs e)
{
    try
    {
        // 선택된 행의 값 중 학생 번호를 가져 옴.
        DataGridViewRow dataViewRow = grd_dataView.CurrentRow;
        int num = (int)dataViewRow.Cells[0].Value;

        // 새로운 데이터 입력을 위한 명령문 객체 생성.
        SqlCommand sqlCommand = new SqlCommand();
        sqlCommand.Connection = mSqlConnection;
        sqlCommand.CommandText = "delete 성적표 where 번호=@번호"

        // 새로운 데이터 입력을 위한 paramter 객체 생성.
        SqlParameter param = new SqlParameter("@번호", num);
        sqlCommand.Parameters.Add(param);

        // 데이터베이스 쿼리문 실행.
        sqlCommand.ExecuteNonQuery();

        // Data gride view 갱신.
        updateDataView();
    }
    catch (Exception exception)
    {
        txt_display.AppendText("Fail to delete data.");
        txt_display.AppendText(exception.Message + "\n");
    }
}
```

학생 성적표가 출력되는 DataGridView를 초기화하는 기능입니다.

::: 예제 9-13

```
private void initDataView()
{
    try
    {
        // DataGridView 초기화.
        grd_dataView.DataSource = null
    }
    catch (Exception e)
    {
        txt_display.AppendText("Fail to initialize data view.\n");
        txt_display.AppendText(e.Message + "\n");
    }
}
```

학생 성적표가 출력되는 DataGridView를 갱신하는 기능입니다.

::: 예제 9-14

```
private bool updateDataView()
{
    bool result = false

    try
    {
        // 데이터베이스 명령문 객체에 database 연결 및 명령문 입력.
        SqlCommand sqlCommand = new SqlCommand();
        sqlCommand.Connection = mSqlConnection;
        sqlCommand.CommandText = "select * from 성적표"

        // SqlDataAdapter 객체 생성 및 명령문 입력.
        mSqlDataAdapter = new SqlDataAdapter();
        mSqlDataAdapter.SelectCommand = sqlCommand;

        mDataSet = new DataSet("성적관리");
        // DataSet 객체 생성.
        // Data set 이름: "성적 관리".
```

```csharp
            // 가져올 테이블: "성적표".
            mSqlDataAdapter.Fill(mDataSet, "성적표");
            // "성적표" 테이블 가져 오기.
            mDataTable = mDataSet.Tables["성적표"];
            // 데이터그리드뷰에 "성적표" 테이블 데이터 출력.
            grd_dataView.DataSource = mDataTable;

            txt_display.AppendText("Success to update data from the SQL server.\n");

            result = true
        }
        catch (Exception e)
        {
            txt_display.AppendText("Fail to update data view.\n");
            txt_display.AppendText(e.Message + "\n");

            result = false
        }

        return result;
    }
```

최종 완성된 성적 관리 프로그램의 실행 화면은 아래와 같습니다.

::: 실행 결과

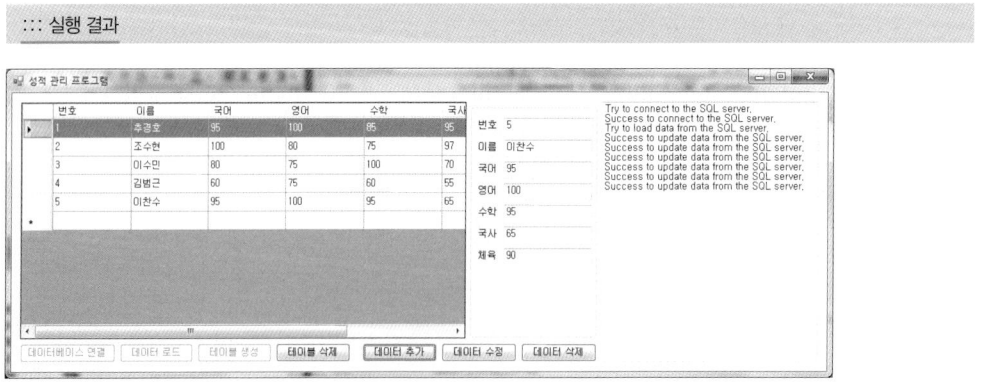

다음 절부터는 데이터베이스는 아니지만, 데이터베이스처럼 사용할 수 있는 XML에 관해 다루도록 하겠습니다. 고생하셨습니다!

9.9 XML(eXtensible Markup Language)

9.9.1 XML이란 무엇인가?

이번 절에서는 ADO.NET 대신에 사용할 수 있는 XML을 알아보겠습니다. 본격적인 설명에 앞서 엄밀히 이야기하면 XML은 데이터베이스가 아닙니다. 하지만 C#에서 제공하는 XmlReader 클래스와 XmlWriter 클래스를 이용하여 데이터베이스처럼 데이터를 읽고 쓸 수 있습니다.

다시 본론으로 돌아와서 XML은 이름에서 알 수 있듯이 마크업 언어입니다. 또 다른 마크업 언어의 예로 웹페이지를 구성할 때 사용하는 HTML(Hyper Text Markup Language)이 있습니다. 하지만 HTML은 단순히 웹페이지를 출력하기 위해 사용되는 언어라면, XML은 온라인상에서 데이터를 주고받는 데 목적이 있습니다.

[그림 9.8] XML의 필요성

[그림 9.8]은 XML의 필요성을 설명하고 있습니다. 가령 '1'이라는 정수를 데이터로 수신받았다고 할 때, 우리는 단순하게 이 정수가 무엇을 의미하는지 알지 못합니다. 어쩌면 '한 개'의 물건을 의미할 수도 있고, '한 명'의 사람을 의미할 수도, '한 마리'의 동물 또는 '한 장'의

종이를 의미하고 있을 수도 있습니다. 이때, XML을 사용하면 데이터의 의미를 명시할 수 있습니다. [그림 9.9]와 같이 XML은 메타 데이터를 포함하기 때문입니다.

[그림 9.9] XML의 목적

같은 마크업 언어이지만 단순히 웹페이지의 출력을 목적으로 하는 HTML과 비교하면 다음과 같은 차이점을 볼 수 있습니다.

[표 9.29] HTML과 XML의 비교

	예문	비고
HTML	〈TD〉이름〈/TD〉〈TD〉홍길동〈/TD〉	데이터의 의미에 상관없이 단순히 출력만을 목적으로 합니다
XML	〈name〉홍길동〈/name〉	주어진 데이터의 의미를 포함합니다

[표 9.29]를 보면 HTML과 XML이 어떻게 다른지 한눈에 알 수 있습니다. XML은 HTML과 마찬가지로 계층적인 구조를 설계할 수 있습니다. 예를 들어서 상황을 가정해 봅시다.

성택이는 〈EASTRIA 이야기〉라는 MMORPG(온라인 롤플레잉 게임)를 개발하는 게임 개발사에 근무하고 있습니다.

어느 날, 기획팀으로부터 다음과 같은 캐릭터 정보가 주어졌습니다. 또한 게임을 즐기는 사용자에게 캐릭터의 정보를 전달하는 기능을 구현하게 되었습니다. 성택이는 며칠을 고민하던 끝에 XML 형식을 이용하여 캐릭터 정보를 저장하고, 사용자에게 전달하기로 하였습니다.

[캐릭터 1]

1) 직업 : 전사
2) 성별 : 남성(Male)
3) 신장 : 180cm
4) HP : 900
5) MP : 0

[캐릭터 2]

1) 직업 : 성기사
2) 성별 : 여성(Female)
3) 신장 : 160cm
4) HP : 700
5) MP : 500

[캐릭터 3]

1) 직업 : 무도가
2) 성별 : 남성(Male)
3) 신장 : 190cm
4) HP : 700
5) MP : 200

[캐릭터 4]

1) 직업 : 전사
2) 성별 : 여성(Female)
3) 신장 : 155cm
4) HP : 700
5) MP : 0

[그림 9.10] 캐릭터 정보

[그림 9.10]의 캐릭터 정보를 XML 형식으로 정리하면 다음과 같이 작성할 수 있습니다.

::: 예제 9-15

```xml
<characters>
    <character id="1">
        <class>Warrior</class>
        <gender>male</gender>
        <height>180</height>
        <HP>900</HP>
        <MP>0</MP>
    </character>
    <character id="2">
        <class>Paladin</class>
        <gender>female</gender>
        <height>160</height>
        <HP>700</HP>
```

```xml
            <MP>500</MP>
        </character>
        <character id="3">
            <class>Fighter</class>
            <gender>male</gender>
            <height>190</height>
            <HP>700</HP>
            <MP>200</MP>
        </character>
        <character id="4">
            <class>Warrior</class>
            <gender>female</gender>
            <height>155</height>
            <HP>700</HP>
            <MP>0</MP>
        </character>
</characters>
```

각 캐릭터의 정보가 포함된 XML 코드가 작성되었습니다.

단, [예제 9-15]를 실제로 사용하기 위해서는 XML 형식으로 작성되어 있음을 명시해야 합니다. XML 선언 방법은 다음과 같습니다.

::: 예제 9-16

```xml
<?xml version="1.0"?>
<characters>
    <character id="1">
        <class>Warrior</class>
        <gender>male</gender>
        <height>180</height>
        <HP>900</HP>
        <MP>0</MP>
    </character>
    <character id="2">
        <class>Paladin</class>
```

```xml
            <gender>female</gender>
            <height>160</height>
            <HP>700</HP>
            <MP>500</MP>
        </character>
        <character id="3">
            <class>Fighter</class>
            <gender>male</gender>
            <height>190</height>
            <HP>700</HP>
            <MP>200</MP>
        </character>
        <character id="4">
            <class>Warrior</class>
            <gender>female</gender>
            <height>155</height>
            <HP>700</HP>
            <MP>0</MP>
        </character>
    </characters>
```

XML 선언은 두 가지 의미를 포함합니다. 먼저 (1) XML 형식으로 작성되어 있음과 (2) XML 1.0 W3C 권고안에 따라 작성되어 있음을 명시하고 있습니다. 만약 XML의 버전이 변경될 경우, 버전 명을 변경해야 합니다.

9.9.2 XML의 구조

XML 형식은 높은 수준의 일관성 있는 구조를 제공합니다. XML 형식의 문법은 매우 엄격하지만 이는 컴퓨터가 XML 형식의 문서를 분석할 때, 혼란을 방지하는 장점을 제공하기도 합니다.

XML 형식은 크게 노드(Node)와 속성(Attribute)으로 구분됩니다. 둘 다 정보를 저장할 수 있으나 노드의 경우, 단계에 따라 부모-자식의 관계가 성립될 수 있습니다. 또한 부모-

자식 간의 관계는 무한히 증가될 수 있습니다.

자세한 설명은 다음을 통해 알아봅시다.

(1) 노드(Node)

노드는 XML 형식에서 정보를 포함하기 위한 단위 요소입니다. 노드는 기본적으로 다음과 같이 표현됩니다.

[그림 9.11] 노드의 예

HTML 형식에서도 많이 볼 수 있는 형식으로서, 시작 태그(〈〉)와 종료 태그(〈/〉)로 이루어집니다. 노드는 반드시 시작 태그와 종료 태그를 모두 가지고 있어야 하며, 만약 종료 태그가 생략됐을 경우, 해당 문서는 오류를 일으키게 됩니다.

[표 9.30] 노드의 구성

	예문	비고
올바른 예	〈node〉〈/node〉 〈NODE〉〈/NODE〉	〈node〉 ≠ 〈NODE〉
잘못된 예	〈node〉〈/NODE〉	〈node〉의 종료 태그가 없으며 〈/NODE〉의 시작 태그가 없습니다

[표 9.30]은 노드의 올바른 구성의 예와 잘못된 구성의 예를 보여주고 있습니다. 올바른 예에서 볼 수 있듯이 노드는 반드시 시작 태그와 종료 태그를 짝지을 수 있어야 합니다. 또한, 대소문자를 구별하므로, 〈node〉와 〈NODE〉는 서로 다른 노드로 인식됩니다. 이와 같은 규칙을 지키지 않고 잘못된 예와 같이 작성할 경우, 해당 XML 문서는 분석될 수 없습니다.

앞서 다룬 [예제 9-17]에서 노드를 살펴봅시다.

::: 예제 9-17

```
<?xml version="1.0"?>
<characters>
    <character id="1">
        <class>Warrior</class>
        <gender>male</gender>
        <height>180</height>
        <HP>900</HP>
        <MP>0</MP>
    </character>
... <코드 생략> ...
</characters>
```

〈characters〉와 〈character〉, 그리고 〈class〉, 〈gender〉 등이 바로 노드입니다. 그리고 시작 태그와 종료 태그 사이에 있는 키워드가 바로 정보에 해당됩니다. warrior, male, 180 등의 키워드가 정보입니다.

앞서 설명한 대로 노드는 부모-자식의 관계가 성립될 수 있습니다. 예를 들어 [예제 9-16]에서 〈characters〉는 〈character〉의 부모이며, 또다시 〈class〉, 〈gender〉, 그리고 〈height〉 등의 노드는 〈character〉의 자식입니다. 부모-자식 노드 간의 관계는 다음과 같이 두 가지의 큰 특징을 가집니다.

1) 부모-자식의 관계는 무한히 증가될 수 있다.
2) 부모 노드는 여러 개의 자식 노드를 가질 수 있다.

노드는 기본적으로 시작 태그와 종료 태그로 이루어져야 하지만, 정보를 포함하지 않는 경우에 한하여 다음과 같이 슬래시(slash)를 붙임으로써 간략하게 사용할 수 있습니다.

$$\langle node/\rangle = \langle node\rangle\langle /node\rangle$$

[그림 9.12] 노드의 축약

(2) 속성(Attribute)

노드는 정보를 저장하는 매우 좋은 요소이지만, 반드시 시작 태그와 종료 태그를 가지고 있어야 한다는 점에서 다소 비효율적입니다. 이에 비해 속성은 노드 내에 정보를 저장하며, 사용 방법도 간단합니다. 또한 노드는 개수에 상관없이 무한하게 많은 속성을 가질 수도 있습니다. 노드 내에 속성을 부여하는 방법은 다음과 같습니다.

```
<node attribute="정보">
```

[그림 9.13] 속성의 예

[그림 9.13]에서 볼 수 있듯이, 속성은 따옴표를 통해 정보를 저장합니다. 속성은 노드에 비해 간략하게 표현할 수 있으므로 XML 문서의 용량을 줄이는 데 용이합니다. 앞서 [예제 9-17]에서 〈character〉 노드 내의 id가 속성에 해당합니다.

9.9.3 XML 형식 접근하기

C#은 XML 형식을 다루기 위해 XmlNodeReader, XmlTextReader, 그리고 XmlTextWriter 클래스를 제공합니다. 여러분이 앞 장을 거치면서 접한 수많은 클래스와 마찬가지로 자세한 구조와 원리를 모르더라도 쉽게 사용할 수 있습니다.

정확히 표현하면 C#이 아닌 .net framework에서 제공한다고 하는 게 옳겠네요. 그러므로 .net framework 기반의 다른 언어(예를 들면 VB.NET 또는 C++ 등)에서도 동일하게 사용이 가능합니다.

그럼 하나씩 익혀보도록 하겠습니다.

(1) XmlDocument

XmlDocument 클래스는 XML 문서에서 파일을 처리하기 위해 사용하는 클래스입니다. XmlDocument 클래스를 통해 생성된 객체는 Load( ) 메소드를 통해 사용자의 컴퓨터 내의 XML 파일을 불러올 수 있습니다.

다음은 XmlDocument 클래스의 속성입니다. 각 속성에 대해 먼저 알아본 후, XML 형식의 파일의 내용을 화면에 출력하는 예제를 살펴보겠습니다.

[표 9.31] XmlDocument 클래스의 속성

종류	설명
ChildNodes	노드의 모든 자식을 가져옵니다. 배열처럼 index를 통해 접근할 수 있습니다
FirstChild	노드의 첫 번째 자식을 가져옵니다. ChildNodes[0]와 동일합니다
HasChildNodes	해당 노드에 자식 노드의 유무를 반환합니다
InnerText	해당 노드에 포함되는 모든 정보를 반환합니다
InnerXML	해당 노드에 포함되는 자식 노드 및 모든 정보를 반환합니다
IsReadOnly	해당 노드의 읽기 전용 여부를 반환합니다
LastChild	노드의 마지막 자식을 가져옵니다
Name	노드의 이름을 가져옵니다
NextSiBling	해당 노드의 바로 다음 노드를 가져옵니다
NodeType	현재 노드의 형식을 가져옵니다
OuterXml	해당 노드와 모든 자식 노드를 포함하는 태그를 가져옵니다
OwnerDocumnet	현재 노드가 속하는 XmlDocumnet를 가져옵니다
ParentNode	부모 노드가 있는 경우, 부모 노드를 가져옵니다
PreviousSibling	해당 노드의 바로 앞의 노드를 가져옵니다
Value	해당 노드의 값을 가져옵니다

그럼 [표 9.31]에서 다룬 속성을 이용하여 XML 형식으로 이루어진 [예제 9-17]의 내용을 화면에 출력하는 프로그램을 만들어 보겠습니다.

```
<?xml version="1.0"?>
<characters>
  <character id="1">
    <class>warrior</class>
    <gender>male</gender>
    <height>180</height>
    <HP>900</HP>
    <MP>0</MP>
  </character>
  <character id="2">
    <class>Paladin</class>
    <gender>female</gender>
    <height>160</height>
    <HP>700</HP>
    <MP>500</MP>
  </character>
  <character id="3">
    <class>fighter</class>
    <gender>male</gender>
    <height>190</height>
    <HP>700</HP>
    <MP>200</MP>
  </character>
  <character id="4">
    <class>warrior</class>
    <gender>female</gender>
    <height>155</height>
    <HP>700</HP>
    <MP>0</MP>
  </character>
</characters>
```

[그림 9.14] exam_9.xml

먼저 메모장을 열어 [예제 9-16]의 내용을 작성한 후, 'C:₩'에 'exam_9.xml'이라는 이름으로 저장합니다. 다음으로 'ExampleXML'이라는 이름으로 새로운 [콘솔 응용 프로그램]를 생성합니다.

가장 먼저 할 일은 XML 형식의 문서를 읽을 수 있도록 클래스를 추가하는 일입니다. 코드 창의 가장 윗부분에 다음과 같이 클래스를 추가합니다. 다음으로 XML 문서를 읽는 코드를 추가합니다.

::: 예제 9-18

```
using System;
using System.Collections.Generic;
using System.Linq;
using System.Text;
using System.Xml;

namespace ExampleXML
{
    class Program
```

```
        {
            static void Main(string[] args)
            {
13:             XmlDocument xml = new XmlDocument();

15:             xml.Load("c:\\exam_9.xml");

17:             XmlNode xmlNode = xml.DocumentElement.FirstChild;

19:             Console.WriteLine(xmlNode.Name + " : " + xmlNode.Attributes[0].Value);
            }
        }
}
```

13행에서 XML 문서 형식의 xml 객체를 선언했습니다. 이제 이 객체를 이용하여 xml 문서를 관리하게 됩니다.

15행에서 xml 객체를 통해 앞서 생성한 'exam_9.xml'을 읽어옵니다.

17행에서 출력할 노드를 관리할 xmlNode라는 객체를 선언하고, xml 객체의 첫 번째 노드를 가져옵니다.

19행에서 출력할 노드의 이름과 첫 번째 속성의 값을 출력합니다.

작성을 마쳤다면 결과를 확인합니다.

::: 실행 결과

character : 1
계속하려면 아무 키나 누르십시오 . . .

xmlNode 객체에는 xml 객체의 첫 번째 노드인 'character' 노드가 적재되었으며, 인덱스가 0인 속성, 즉, 'id' 속성의 값이 출력되었습니다. 다음으로 넘어가기 전에 여기서 잠깐!

Attributes 속성은 정수형의 인덱스만이 아닌, 속성 자체의 이름으로도 접근할 수 있습니다.

[예제 9-18]에서 19행을 다음과 같이 수정하고 결과를 확인해 봅시다.

::: 예제 9-19

```
... <코드 생략> ...
    class Program
    {
        static void Main(string[] args)
        {
            XmlDocument xml = new XmlDocument();

            xml.Load("c:\\exam_9.xml");

            XmlNode xmlNode = xml.DocumentElement.FirstChild;

            Console.WriteLine(xmlNode.Name + " : " + xmlNode.Attributes["id"].Value);
        }
    }
... <코드 생략> ...
```

실행하면 동일한 결과가 출력되는 것을 확인할 수 있습니다.

::: 실행 결과

```
character : 1
계속하려면 아무 키나 누르십시오 . . .
```

지금까지 첫 번째 노드를 가져오는 방법에 대해 다루었습니다. 만약 모든 노드를 차례대로 가져오려면 어떻게 해야 할까요? 우리는 앞서 [표 9.31]에서 XmlDocument 클래스의 속성에 대해 익힐 때, ChildNodes 속성이 인덱스로 접근할 수 있다고 했습니다. 아래의 코드를 추가해봅시다.

::: 예제 9-20

```
... <코드 생략> ...
    class Program
    {
        static void Main(string[] args)
        {
            XmlDocument xml = new XmlDocument();
            int n = 0;

            xml.Load("c:\\exam_9.xml");

            XmlNode xmlNode = xml.DocumentElement.FirstChild;

12:         while (xmlNode != null)
            {
14:             Console.WriteLine(xmlNode.Name + " : " + xmlNode.Attributes[0].Value);

16:             n++;
17:             xmlNode = xml.DocumentElement.ChildNodes[n];
18:         }
        }
    }
... <코드 생략> ...
```

xml 객체의 모든 노드를 반복적으로 확인하기 위해 12행부터 18행 사이에 반복문을 추가했습니다. 만약 반복적으로 노드를 확인하던 중 노드가 비어있는 상태(null)가 된다면, 반복문을 종료합니다.

16행에서 증가시키는 정수형 변수 n은 노드를 불러오기 위한 인덱스입니다. xml 객체의 ChildNodes 속성의 index를 증가시키면 노드를 순차적으로 불러올 수 있습니다.

17행에서 xml 객체에서 인덱스에 해당하는 노드를 xmlNode 객체에 불러오게 되며, 이렇게 불러온 노드는 다시 14행을 통해 출력될 것입니다.

그럼 실행 결과를 확인해봅시다.

::: 실행 결과

```
character : 1
character : 2
character : 3
character : 4
계속하려면 아무 키나 누르십시오 . . .
```

여기까지 XmlDocument 클래스를 이용하여 XML 형식의 파일을 불러오고 출력하는 방법에 대해 익혀보았습니다. 여기까지하고 다음 절에서는 본격적으로 XML 문서를 읽어오는 방법에 대해 다루겠습니다.

(2) 노드에 저장된 정보를 읽자! 1편 – InnerText

이번 장에서는 xml 객체의 각 노드에 저장된 정보를 읽는 방법에 대해 다룹니다. 앞에서 우리는 XmlDocument 클래스의 속성에 관해 익혔습니다. 이 중 노드에 접근하여 정보를 읽는 속성은 InnerText와 OuterXml, 이렇게 두 가지가 있습니다. 이름에서 알 수 있듯이 InnerText는 노드의 내부에 저장된 정보를 읽는 속성이며, OuterXml은 노드의 태그 정보까지도 읽는 속성입니다. 백문이 불여일견이라고 하죠? 직접 예제를 통해 차이점을 확인해 봅시다. 먼저 InnerText입니다.

::: 예제 9-21

```
... <코드 생략> ...
    class Program
    {
        static void Main(string[] args)
        {
            XmlDocument xml = new XmlDocument();
            int n = 0;
            int m = 0;

            xml.Load("c:\\exam_9.xml");
```

```
11:          XmlNode xmlNode = xml.DocumentElement.FirstChild;

             while (xmlNode != null)
             {
                     Console.WriteLine(xmlNode.Name + " : " + xmlNode.Attributes[0].
Value);

17:                  while (xmlNode.ChildNodes[m] != null)
                     {
19:                          Console.WriteLine("-" + xmlNode.ChildNodes[m].Name + " : "
                                 + xmlNode.ChildNodes[m].InnerText);

21:                          m++;
22:                  }

                     n++;
                     xmlNode = xml.DocumentElement.ChildNodes[n];
             }
          }
      }
... <코드 생략> ...
```

추가된 코드를 살펴봅시다.

가장 먼저 살펴볼 코드는 17행이지만, 그 전에 11행을 살펴봅시다. 우리는 이전에 [예제 9-18]에서 해당 코드를 다룬 적이 있습니다. 출력할 노드를 관리할 xmlNode라는 객체를 선언하고, xml 객체의 첫 번째 노드를 가져오기 위한 코드였죠. 17행부터 22행까지는 이렇게 가져온 객체의 자식 노드를 출력하기 위한 코드입니다.

반복문을 통해 모든 자식 노드를 출력하도록 하였습니다. 만약 자식 노드가 없다면 null이 반환될 것입니다. 하지만 자식 노드가 있다면 출력을 해야겠죠. 출력하는 부분이 19행입니다. 그리고 21행에서 인덱스에 해당하는 정수형 변수 m을 증가시킴으로써 모든 자식 노드를 차례로 출력합니다.

```
<first node></first node>
<second node></second node>
<third node></third node>
<forth node></forth node>
...
<last node></last node>
```

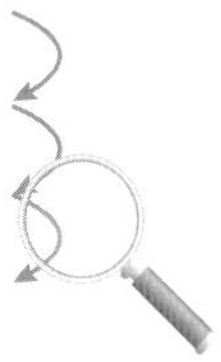

[그림 9.15] 자식 노드의 탐색

실행 결과를 확인해 봅시다.

::: 실행 결과

```
character : 1
-class : Warrior
-gender : male
-height : 180
-HP : 900
-MP : 0
character : 2
-class : Paladin
-gender : female
-height : 160
-HP : 700
-MP : 500
character : 3
-class : fighter
-gender : male
-height : 190
-HP : 700
-MP : 200
character : 4
-class : warrior
-gender : female
```

```
-height : 155
-HP : 700
-MP : 0
계속하려면 아무 키나 누르십시오 . . .
```

각 노드에 저장된 정보가 정확하게 출력되는 것을 볼 수 있습니다. 그렇다면 OuterXml은 어떤 차이점이 있을까요? 바로 다음 절에서 다루겠습니다.

(3) 노드에 저장된 정보를 읽자! 2편 – OuterXml

이전 장의 InnerText에 이어서 이번 장에서는 OuterXml을 다뤄봅시다. 별다를 것은 없습니다. 또한, 사용할 일도 거의 없습니다만, 혹시 모르니 InnerText와의 차이점은 확인하고 넘어갑시다.

앞 장의 [예제 9-21]의 19행에서 한 부분만 수정합니다.

::: 예제 9-22
```
... <코드 생략> ...
                while (xmlNode.ChildNodes[m] != null)
                {
                    Console.WriteLine("-" + xmlNode.ChildNodes[m].Name + " : "
                        + xmlNode.ChildNodes[m].OuterXml);

                    m++;
                }
... <코드 생략> ...
```

수정하였다면 실행 결과를 확인합니다.

::: 실행 결과

```
character : 1
-class : <class>Warrior</class>
-gender : <gender>male</gender>
-height : <height>180</height>
-HP : <HP>900</HP>
-MP : <MP>0</MP>
character : 2
-class : <class>Paladin</class>
-gender : <gender>female</gender>
-height : <height>160</height>
-HP : <HP>700</HP>
-MP : <MP>500</MP>
character : 3
-class : <class>fighter</class>
-gender : <gender>male</gender>
-height : <height>190</height>
-HP : <HP>700</HP>
-MP : <MP>200</MP>
character : 4
-class : <class>warrior</class>
-gender : <gender>female</gender>
-height : <height>155</height>
-HP : <HP>700</HP>
-MP : <MP>0</MP>
계속하려면 아무 키나 누르십시오 . . .
```

InnerText와 달리 노드의 태그 정보까지 출력하는 것을 확인할 수 있습니다.

(4) 깊은 노드는 어떻게 읽을까?

자, 우리는 지금까지 노드에 저장된 정보를 읽는 방법까지 익혔습니다. 이대로도 충분히 XML 형식의 정보를 읽어올 수 있겠지만, 문제가 있습니다. 만약 노드의 깊이가 무한히 깊다면 어떻게 해야 할까요? 즉, 자식 노드가 또다시 자식 노드를 가지고 있고, 그 자식 노드가 또다시 자식 노드를 가지고 있는 경우, 모든 노드를 탐색하기 위해 어떻게 해야 할까요?

다음의 상황을 가정해 봅시다.

〈EASTRIA 이야기〉를 개발하던 중, HP 정보를 전체 HP 정보와 손실된 HP 정보, 즉, 데미지 정보를 나누어 전달해야 하게 되었습니다. 성택이는 XML 코드를 다음과 같이 수정하였습니다.

::: 예제 9-23

```xml
<characters>
    <character id="1">
        <class>Warrior</class>
        <gender>male</gender>
        <height>180</height>
        <HP>
            <total>800</total>
            <damage>100</damage>
        </HP>
        <MP>0</MP>
    </character>
    <character id="2">
        <class>Paladin</class>
        <gender>female</gender>
        <height>160</height>
        <HP>
            <total>650</total>
            <damage>50</damage>
        </HP>
        <MP>500</MP>
    </character>
```

```xml
    <character id="3">
        <class>Fighter</class>
        <gender>male</gender>
        <height>190</height>
        <HP>
                <total>500</total>
                <damage>200</damage>
        </HP>
        <MP>200</MP>
    </character>
    <character id="4">
        <class>Warrior</class>
        <gender>female</gender>
        <height>155</height>
        <HP>
                <total>700</total>
                <damage>0</damage>
        </HP>
        <MP>0</MP>
    </character>
</characters>
```

〈HP〉 노드에 〈total〉과 〈damage〉라는 두 개의 자식 노드를 추가하였습니다. XML 코드만 수정한 채, [예제 9-21]을 실행하여 결과를 확인해 봅시다.

::: 실행 결과

```
character : 1
-class : Warrior
-gender : male
-height : 180
-HP : 800100
-MP : 0
character : 2
-class : Paladin
-gender : female
-height : 160
```

```
  -HP : 65050
  -MP : 500
  character : 3
  -class : Fighter
  -gender : male
  -height : 190
  -HP : 500200
  -MP : 200
  character : 4
  -class : Warrior
  -gender : female
  -height : 155
  -HP : 7000
  -MP : 0
계속하려면 아무 키나 누르십시오 . . .
```

〈HP〉 노드의 정보가 출력되는 위치에 〈total〉과 〈damage〉 정보가 구분되지 않고 출력되는 것을 볼 수 있습니다. 자식 노드가 여러 단계에 걸쳐 또 다른 자식 노드를 가지고 있는 경우 모두 탐색해야 하는데 그러지 못하기 때문에 발생하는 문제입니다.

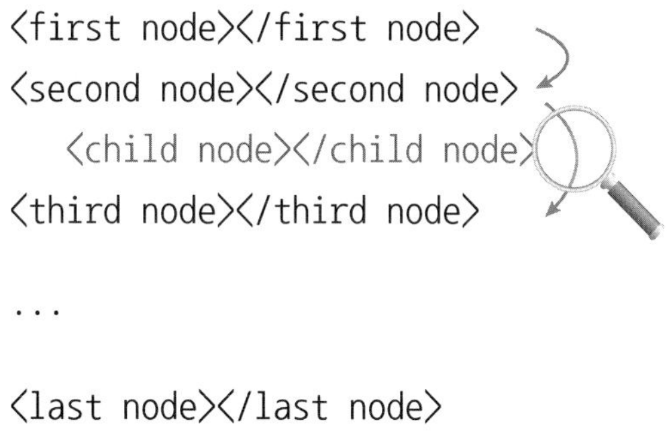

```
〈first node〉〈/first node〉
〈second node〉〈/second node〉
    〈child node〉〈/child node〉
〈third node〉〈/third node〉

...

〈last node〉〈/last node〉
```

[그림 9.16] 노드의 깊이가 깊은 경우

모든 자식 노드를 탐색하려면 어떻게 해야 할까요?

우리는 앞서 2장에서 함수에 관해 익혔습니다. 노드의 정보를 읽는 함수를 만들고 매개 변수로 탐색할 대상인 노드를 전달하도록 하면서, 더이상 탐색할 노드가 없을 때까지 무한히 함수를 호출하면 해결되지 않을까요? 백문이 불여일견이니 직접 함수를 작성해 봅시다. 간단히 그림으로 표현하면 [그림 9.17]과 같습니다.

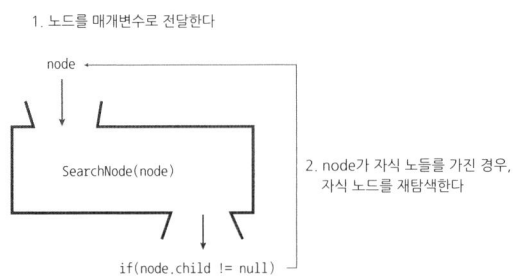

[그림 9.17] 자식 노드의 무한 탐색

기본적으로 SearchNode( )는 노드를 매개 변수로 받아 자식 노드가 있을 경우 자식 노드가 없을 때까지 노드의 정보를 출력합니다. 이때 다시 SearchNode( )를 호출하여 자식 노드가 또다시 자식 노드를 가지고 있는지 확인하며, 자식 노드를 가지고 있는 경우, 다시 자식 노드의 정보를 출력하도록 합니다. 출력된 결과물을 다시 매개 변수로 넘겨서 다시 실행되는 함수. 이것을 재귀 함수라고 합니다.

설명이 좀 어려운데요. 프로그램 코드로 나타내면 다음과 같습니다.

::: 예제 9-24

```
        static public void SearchNode(XmlNode node)
        {
            int n = 0;

5:          while (node.ChildNodes[n] != null)
            {
7:              if (node.ChildNodes[n].NodeType == XmlNodeType.Text)
                    Console.WriteLine("-" + node.Name + " : " + node.InnerText);

9:              SearchNode(node.ChildNodes[n]); // node의 childNode를 재탐색 합니다.
```

```
            n++;
        }
    }
```

일단 5행에서 반복문을 통해 node의 자식 노드가 없을 때까지 반복하도록 하였습니다. 다음으로 7행에서 전달받은 노드의 정보를 InnerText를 통해 출력하고 있습니다.

정작 눈여겨볼 부분은 강조되어 있는 9행입니다. node의 자식 노드를 매개 변수로 전달하여 또 다시 SearchNode( )를 호출하고 있습니다. 이를 통해 SearchNode( )는 전달받은 자식 노드의 자식 노드가 없을 때까지 출력하며, 이때 탐색된 자식 노드를 또다시 SearchNode( )에 전달할 것입니다.

이제 실행 결과를 확인하기 위해 Main( )를 작성합니다.

::: 예제 9-25

```
... <코드 생략> ...
    class Program
    {
        static public void SearchNode(XmlNode node)
        {
            int n = 0;

            while (node.ChildNodes[n] != null)
            {
                if (node.ChildNodes[n].NodeType == XmlNodeType.Text)
                    Console.WriteLine("-" + node.Name + " : " + node.InnerText);

                SearchNode(node.ChildNodes[n]);  // node의 childNode를 재탐색 합니다.

                n++;
            }
        }
```

```csharp
        static void Main(string[] args)
        {
            XmlDocument xml = new XmlDocument();
            int n = 0;

            xml.Load("c:\\exam_9.xml");

            XmlNode xmlNode = xml.DocumentElement.FirstChild;

            while (xmlNode != null)
            {
                Console.WriteLine(xmlNode.Name + " : " + xmlNode.Attributes[0].Value);

                SearchNode(xmlNode);

                n++;
                xmlNode = xml.DocumentElement.ChildNodes[n];
            }
        }
... <코드 생략> ...
```

추가된 Main( )는 [예제 9-21]과 비교할 때, 크게 변화된 부분이 없습니다. 다만 이중 반복문 중 내부의 반복문을 함수로 따로 빼낸 정도만 다를 뿐입니다. 구동 원리는 앞에서 설명하였으니, 실행 결과를 확인하도록 하겠습니다.

::: 실행 결과

```
character : 1
-class : Warrior
-gender : male
-height : 180
-total : 800
-damage : 100
-MP : 0
character : 2
```

```
    -class : Paladin
    -gender : female
    -height : 160
    -total : 650
    -damage : 50
    -MP : 500
    character : 3
    -class : Fighter
    -gender : male
    -height : 190
    -total : 500
    -damage : 200
    -MP : 200
    character : 4
    -class : Warrior
    -gender : female
    -height : 155
    -total : 700
    -damage : 0
    -MP : 0
    계속하려면 아무 키나 누르십시오 . . .
```

실행 결과입니다. 음영된 부분을 보면 이전의 실행 결과와 확연한 차이가 있음을 알 수 있습니다.

이번 장에서는 노드를 읽는 방법에 대해 익혔습니다. 다음 장에서는 노드를 생성하고, 삭제하는 방법에 대해 익힐 차례입니다. 하지만 그 전에 원하는 노드를 가져오는 함수가 필요할 것입니다. 해당 함수는 노드의 속성을 다루는 과정에서 다룰 예정이므로, 먼저 노드의 속성을 다루는 방법에 대해 익힌 후, 마지막으로 노드를 추가하고 삭제하는 방법에 대해 익히도록 하겠습니다.

(5) 속성을 마음대로 요리하자! 1편 – DocumentElement

앞 장에서 노드의 정보를 읽는 방법에 대해 익혔습니다. 이번 장에서는 노드의 속성을 읽고, 쓰고, 추가하고, 삭제하는 방법에 대해 익히겠습니다.

속성을 읽는 방법은 [예제 9-18]에서 이미 다루었습니다만 다시 복습하고 넘어가도록 합시다.

::: 예제 9-18

```
... <코드 생략> ...
    class Program
    {
        static void Main(string[] args)
        {
            XmlDocument xml = new XmlDocument();

            xml.Load("c:\\exam_9.xml");

            XmlNode xmlNode = xml.DocumentElement.FirstChild;

11:         Console.WriteLine(xmlNode.Name + " : " + xmlNode.Attributes[0].Value);
        }
    }
... <코드 생략> ...
```

11행을 보면 속성에 index를 입력하여 정보, 즉, 속성값을 읽고 있습니다. 이어서 [예제 9-19]에서는 정수형의 index 대신 문자열 형식의 속성 이름으로도 정보를 읽어오는 것을 확인하였습니다.

이어서 이번 장에서 중점적으로 다룰 내용은 속성을 추가하고 삭제하는 방법입니다. 속성을 추가하거나 삭제할 때는 필수적으로 XmlDocument 클래스의 하위 클래스인 DocumentElement 클래스를 이용해야 합니다. 물론 우리는 앞 장에서 노드의 정보에 접근하면서 DocumentElement 클래스를 살짝 접하였습니다. [표 9.32]는 DocumentElement 클래스의 속성 중 중요한 것을 보여주고 있습니다.

[표 9.32] DocumentElement 클래스의 속성

종류	설명
RemoveAttribute	이름 별로 속성을 제거합니다
SetAttribute	속성을 만들거나, 속성의 정보를 저장합니다

[예제 9-18]을 불러와 다음과 같이 수정합니다.

::: 예제 9-26

```
... <코드 생략> ...
    class Program
    {
        static void Main(string[] args)
        {
            XmlDocument xml = new XmlDocument();

            xml.Load("c:\\exam_9.xml");

            XmlNode xmlNode = xml.DocumentElement.FirstChild;

11:         xml.DocumentElement["character"].RemoveAttribute("id");
        }
    }
... <코드 생략> ...
```

11행을 변경했습니다. 이름이 "character"인 노드를 찾아서 이름이 "id"인 속성을 지우도록 하였습니다. 실행 후, 'exam_9.xml' 파일을 확인합니다.

::: 실행 결과

```
<characters>
    <character id="1">
        <class>Warrior</class>
        <gender>male</gender>
```

```xml
            <height>180</height>
            <HP>
                <total>800</total>
                <damage>100</damage>
            </HP>
            <MP>0</MP>
    </character>
... <코드 생략> ...
```

전혀 변한 것이 없습니다. 분명 11행에서 속성을 삭제하였으며, 해당 코드는 정상적으로 동작하고 있습니다. 하지만 'id' 속성은 삭제되지 않았습니다.

왜일까요?

변경된 내용을 저장하지 않았기 때문입니다. 다음의 코드를 추가한 후 결과를 확인합니다.

::: 예제 9-27

```csharp
... <코드 생략> ...
    class Program
    {
        static void Main(string[] args)
        {
            XmlDocument xml = new XmlDocument();

            xml.Load("c:\\exam_9.xml");

            XmlNode xmlNode = xml.DocumentElement.FirstChild;

            xml.DocumentElement["character"].RemoveAttribute("id");

            xml.Save("c:\\exam_9.xml");
        }
    }
... <코드 생략> ...
```

::: 실행 결과

```
<characters>
    <character>
        <class>Warrior</class>
        <gender>male</gender>
        <height>180</height>
            <HP>
                <total>800</total>
                <damage>100</damage>
            </HP>
        <MP>0</MP>
    </character>
... <코드 생략> ...
```

⟨character⟩ 노드의 'id' 속성이 제거된 것을 확인할 수 있습니다.

다음으로 삭제된 속성을 다시 추가해봅시다. [표 9.32]를 확인하면 RemoveAttribute 외에 SetAttribute 속성이 있습니다. SetAttribute 속성은 속성의 이름과 저장할 속성값, 이렇게 두 가지 매개 변수를 받아 새로운 속성을 추가하거나 기존에 생성된 속성에 정보를 저장합니다. 예제를 통해 알아봅니다.

::: 예제 9-28

```
... <코드 생략> ...
    class Program
    {
        static void Main(string[] args)
        {
            XmlDocument xml = new XmlDocument();

            xml.Load("c:\\exam_9.xml");

            XmlNode xmlNode = xml.DocumentElement.FirstChild;

11:         xml.DocumentElement["character"].RemoveAttribute("id");
```

```
12:         xml.DocumentElement["character"].SetAttribute("id", "0");

            xml.Save("c:\\exam_9.xml");
        }
    }
... <코드 생략> ...
```

11행에서 'id' 속성을 지웠으나, 12행에서 다시 생성 후, 0이라는 정보를 입력하고 있습니다. 아마 결과는 쉽게 예상할 수 있을 것입니다. 실행을 통해 예상한 결과가 출력되는지 확인합니다.

::: 실행 결과

```
<characters>
    <character id="0">
        <class>Warrior</class>
        <gender>male</gender>
        <height>180</height>
            <HP>
                <total>800</total>
                <damage>100</damage>
            </HP>
        <MP>0</MP>
    </character>
... <코드 생략> ...
```

입력한 속성이 정상적으로 추가되는 것을 확인할 수 있습니다.

(6) 속성을 마음대로 요리하자! 2-1편

속성을 마음대로 요리하자! 두 번째입니다. 이번에는 DocumentElement 클래스가 아닌, XmlNode 클래스 객체에 직접 접근하여 속성을 추가하고 변경하도록 하겠습니다.

[캐릭터 1]
이름 : Kain
1) 직업 : 전사
2) 성별 : 남성(Male)
3) 신장 : 180cm
4) HP : 900
5) MP : 0

[캐릭터 2]
이름 : Leah
1) 직업 : 성기사
2) 성별 : 여성(Female)
3) 신장 : 160cm
4) HP : 700
5) MP : 500

[캐릭터 3]
이름 : Buzz
1) 직업 : 무도가
2) 성별 : 남성(Male)
3) 신장 : 190cm
4) HP : 700
5) MP : 200

[캐릭터 4]
이름 : Kali
1) 직업 : 전사
2) 성별 : 여성(Female)
3) 신장 : 155cm
4) HP : 700
5) MP : 0

[그림 9.18] 새롭게 추가된 정보

일전에 〈EASTRIA 이야기〉를 개발하던 성택이는 기획팀으로부터 사용자가 각 캐릭터의 이름을 추가할 수 있는 기능을 추가하라는 요구를 받았습니다. 추가된 이름은 [그림 9.18]과 같습니다. '새로운 정보를 어떻게 넣으면 좋을까?'라고 고민하던 성택이는 각 캐릭터의 노드에 'name'이라는 새로운 속성을 부여하기로 결정했습니다.

우리가 원하는 결과는 아래와 같이 'character' 노드에 'name'이라는 속성과 정보를 추가하는 것입니다.

::: 실행 결과

```
<characters>
    <character id="1" name="이름">
        <class>Warrior</class>
        <gender>male</gender>
        <height>180</height>
```

```
            <HP>
                <total>800</total>
                <damage>100</damage>
            </HP>
            <MP>0</MP>
        </character>
... <코드 생략> ...
```

앞 장에서 익힌 DocumentElement 클래스의 SetAttribute 메소드를 사용할 수도 있지만, 이번 장에서는 전혀 다른 방법을 사용해 보겠습니다.

[예제 9-28]을 다시 불러옵니다. 9행에 XmlNode 형식의 xmlNode라는 객체를 선언한 것을 확인할 수 있습니다. 다음으로 11행과 12행을 다음과 같이 수정합니다. 일단 동작 여부만 확인하고자 하므로, 속성값은 'null'로 넣겠습니다.

::: 예제 9-29

```
... <코드 생략> ...
    class Program
    {
        static void Main(string[] args)
        {
            XmlDocument xml = new XmlDocument();

            xml.Load("c:\\exam_9.xml");

9:          XmlNode xmlNode = xml.DocumentElement.FirstChild;

11:         xmlNode.Attributes.Append(xml.CreateAttribute("name"));
12:         xmlNode.Attributes["name"].Value = "null"

            xml.Save("c:\\exam_9.xml");
        }
    }
... <코드 생략> ...
```

11행은 속성을 추가하는 코드입니다. Append( )는 XmlAttribute라는 형식의 객체를 매개 변수로 넘겨받는데, 이를 넘겨주기 위해 위에 선언한 xml 객체를 재사용합니다.

다음으로 12행에서 'name'이라는 속성에 'null'이라는 속성값을 입력했습니다. 이때, 대괄호([ ]) 속에 속성 이름 대신 정수형의 인덱스를 넣어도 됩니다. 하지만 가독성의 측면에서 속성 이름을 넣는 것이 유리합니다.

실행 결과를 확인하면 'name' 속성이 추가되고 속성값으로 'null'이라는 문자열이 저장되어 있는 것을 확인할 수 있습니다.

::: 실행 결과

```
<characters>
    <character id="1" name="null">
        <class>Warrior</class>
        <gender>male</gender>
        <height>180</height>
            <HP>
                <total>800</total>
                <damage>100</damage>
            </HP>
        <MP>0</MP>
    </character>
... <코드 생략> ...
```

대략 속성을 추가하고 속성값을 넣는 방법을 알았으니, 성택이의 고민을 해결해 줍시다. 이제 매개 변수로 XmlNode 형식의 객체와 생성할 속성, 그리고 저장할 정보를 전달하면 XML 파일에 속성을 추가하고, 정보를 저장하는 함수를 작성할 것입니다. 그리고 바로 이어서 매개 변수로 속성 이름을 전달하면 속성에 저장된 정보를 반환하는 함수를 작성할 것입니다.

먼저 속성을 추가하고 정보를 저장하는 함수를 만들어 봅시다. 가장 간단하게 [예제 9-29]를 참고하여, 오로지 매개 변수로 생성하려는 속성의 이름과 속성값만 전달받는 함수를 작성합니다.

CHAPTER 09 | 데이터베이스

::: 예제 9-30

```
... <코드 생략> ...
    class Program
    {
        static public void SetAttribute
            (XmlDocument xml, XmlNode node, string attName, string data)
        {
            node.Attributes.Append(xml.CreateAttribute(attName));
            node.Attributes[attName].Value = data;
        }

        static void Main(string[] args)
        {
            XmlDocument xml = new XmlDocument();

            xml.Load("c:\\exam_9.xml");

            XmlNode xmlNode = xml.DocumentElement.FirstChild;

            SetAttribute(xml, xmlNode, "name", "Kain");

            xml.Save("c:\\exam_9.xml");
        }
    }
... <코드 생략> ...
```

아주 단순하게 [예제 9-29]에 추가된 코드를 SetAttribute( )라는 함수로 빼내었습니다. 그러므로 동일한 결과가 출력될 것입니다.

다음으로 원하는 속성의 속성값을 읽어오는 함수를 작성해 봅시다. 이름은 GetAttribute( ) 이고, 매개 변수로 속성의 이름을 넘겨주면 해당 속성값을 되돌려주는 함수입니다. 매우 단순하게 아래와 같이 작성해 봅시다.

::: 예제 9-30

```
... <코드 생략> ...
   class Program
   {
       static public string GetAttribute(XmlNode node, string attName)
       {
5:         return node.Attributes[attName].Value;
       }

... <코드 생략> ...

       static void Main(string[] args)
       {
           XmlDocument xml = new XmlDocument();

           xml.Load("c:\\exam_9.xml");

           XmlNode xmlNode = xml.DocumentElement.FirstChild;

17:        Console.WriteLine(GetAttribute(xmlNode, "name"));

           xml.Save("c:\\exam_9.xml");
       }
   }
... <코드 생략> ...
```

GetAttribute( )라는 함수를 추가하였습니다. 결과를 확인해 봅시다.

::: 실행 결과

```
Kain
계속하려면 아무 키나 누르십시오 . . .
```

결과가 정상적으로 출력되는 것을 확인할 수 있습니다. 그런데 만약 어떤 속성값을 확인하려 하는데, 해당 속성이 없는 경우에는 어떻게 될까요? 확인해봅시다. [예제 9-30]에서 17행에 속성 이름 항목을 'name'에서 'test'로 변경한 후 실행하면 어떤 결과가 출력될까요?

::: 실행 결과

처리되지 않은 예외: System.NullReferenceException: 개체 참조가 개체의 인스턴스로 설정되지 않았습니다.
위치: ExampleXML.Program.GetAttribute(XmlNode node, String attName) 파일 c:\Program.cs:줄 43 위치: ExampleXML.Program.Main(String[] args) 파일 c:\Program.cs:줄 5
계속하려면 아무 키나 누르십시오 . . .

앗! 오류가 발생합니다! 무엇이 문제일까요? 오류를 확인하기 위해 중단점을 찍고 디버깅을 해봅시다.

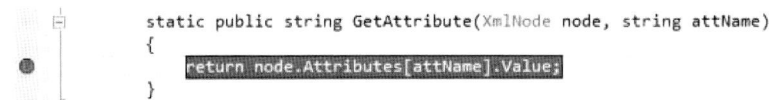

[그림 9.19] 중단점 설정

[예제 9-30]의 5행으로 커서를 이동한 후, 마우스로 좌측 편을 클릭하거나 또는 F9키를 눌러 중단점을 설정합니다. 다음으로 F5키를 눌러 프로그램을 실행합니다.

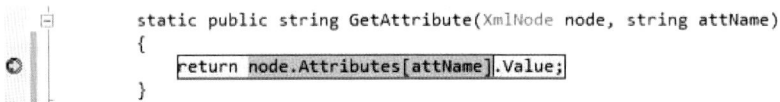

[그림 9.20] 중단점 적용

실행 후, [그림 9.20]처럼 중단점이 적용된 것을 확인할 수 있습니다. 현재 프로그램일 실행 중인 과정에서 오류의 원인을 찾기 위해 'node.Attributes[attName]'을 드래그한 후, 값을 확인합니다. 선택한 영역 위에서 마우스 우측 버튼 클릭 후, 단축키 'W'를 누르거나 '조사식 추가' 또는 'Add Watch'를 선택하면 확인할 수 있습니다.

Name	Value	Type
node.Attributes[attName]	null	System.Xml.XmlAtt...

[그림 9.21] 중단점 확인

확인 결과 함수에서 되돌려질 속성이 존재하지 않아서 발생하는 문제입니다. 이를 해결하기 위해 먼저 속성이 존재하지 않을 경우, 속성값이 비어있는지 확인하는 조건문을 추가해야 할 것 같습니다. [예제 9-31]을 봅니다.

::: 예제 9-31

```
... <코드 생략> ...
    class Program
    {
        static public string GetAttribute(XmlNode node, string attName)
        {
5:          string result = null;

7:          if (node.Attributes[attName] != null)
                result = node.Attributes[attName].Value;

10:         return result;
        }

... <코드 생략> ...

        static void Main(string[] args)
        {
            XmlDocument xml = new XmlDocument();

            xml.Load("c:\\exam_9.xml");

            XmlNode xmlNode = xml.DocumentElement.FirstChild;

    Console.WriteLine(GetAttribute(xmlNode, "name"));
```

```
            xml.Save("c:\\exam_9.xml");
        }
    }
... <코드 생략> ...
```

GetAttribute( )를 대대적으로 수정하였습니다. 먼저 5행에서 되돌려질 정보를 저장하는 변수 result를 선언하였습니다. 다음으로 7행에서 찾으려는 속성이 존재하는지 확인한 후, 존재한다면 속성값을 읽어오고, 존재하지 않는다면 지나치도록 하였습니다. 10행에서 최종적으로 result에 저장된 정보를 되돌려주게 되는데, 7행을 실행할 때 속성이 존재하지 않았다면, 이 변수는 비어있을 것입니다.

실행 결과를 확인할까요?

::: 실행 결과

```
계속하려면 아무 키나 누르십시오 . . .
```

이번 장에서는 속성을 쓰고, 읽는 함수를 작성했습니다. 양이 꽤 많았습니다. 이대로 완벽하면 좋겠지만, 아직 문제가 남아있습니다. 일단 오늘은 여기까지 하고, 다음 절에서 오늘 작성한 함수가 어떤 문제를 가지고 있으며, 해결책은 무엇인지 다루도록 하겠습니다.

수고하셨습니다!

(7) 속성을 마음대로 요리하자! 2-2편

앞서 작성한 SetAttribute( )와 GetAttribute( )는 미완성된 함수입니다. 과연 어떤 문제를 가졌는지 하나씩 알아봅시다. 아래 그림을 보세요.

```xml
<characters>
    <character id="1"①>
        <class②>Warrior</class>
        <gender>male</gender>
        <height>180</height>
        <HP>
            <total>800</total>
            <damage>100</damage>
        </HP>
        <MP>0</MP>
    </character>
    ...
```

[그림 9.22] SetAttribute( )의 한계

첫 번째 문제는 자식 노드를 탐색하지 못한다는 것입니다. 즉, [그림 9.22]에서 ①번 위치에 속성을 추가하는 것은 가능하나, ②번 위치에 속성을 추가하는 일은 매우 번거롭습니다. 우리가 원하는 기능은 속성을 추가하고자 하는 노드의 이름과 추가할 속성을 매개 변수로 넘겨주었을 때, 해당 노드에 속성이 추가되는 기능입니다.

이를 해결하려면 어떻게 해야 할까요? 이미 정답은 9. 9. 3. 4절에 언급되어 있습니다. 바로 재귀 함수입니다. SetAttribute( )와 GetAttribute( )를 재귀 함수로 수정해 봅시다. [예제 9-30]을 불러와 다음과 같이 코드를 추가합니다.

::: 예제 9-32

```
    ... <코드 생략> ...
    class Program
    {
        static public void SetAttribute
            (XmlDocument xml, string nodeName, string attName, string data)
        {
5:          XmlNode node = xml.FirstChild;

7:          node = GetNode(node, nodeName);
8:          SetAttribute(xml, node, attName, data);
```

```
            }

        static public void SetAttribute
            (XmlDocument xml, XmlNode node, string attName, string data)
        {
            node.Attributes.Append(xml.CreateAttribute(attName));
            node.Attributes[attName].Value = data;
        }

... <코드 생략> ...

        static void Main(string[] args)
        {
            XmlDocument xml = new XmlDocument();

            xml.Load("c:\\exam_9.xml");

            XmlNode xmlNode = xml.DocumentElement.FirstChild;

            SetAttribute(xml, "class", "level", "2");

            xml.Save("c:\\exam_9.xml");
        }
    }
... <코드 생략> ...
```

〈class〉 노드에 'level'이라는 속성을 추가하는 코드입니다. 새로운 함수는 기존의 SetAttribute( )와 동일한 이름이지만, 매개 변수를 다르게 함으로써 오버라이딩하도록 만들었습니다(기존의 함수도 사용하여 해당 기능을 구현할 것입니다).

매개 변수로 XmlNode 클래스 형태의 변수를 전달받던 것과 달리 문자열 형태의 nodeName이라는 변수를 전달받고 있습니다. XML 문서 내에서 해당 이름을 가진 노드를 탐색한 후, 다시 이 노드에 속성을 생성하는 것이 목표입니다.

5행에서 XML 문서의 첫 번째 노드를 가져옵니다. 즉, 첫 번째 노드부터 마지막 노드까지 전체적으로 탐색하기 위함입니다. 7행은 찾고자 하는 이름을 가진 노드를 탐색하는 함수를 호출하는 코드입니다. 가장 중요한 부분이라고 할 수 있는데, 정작 GetNode( )는 아직 구현하지 않았습니다. 눈치 빠른 독자는 이미 느꼈겠지만, 바로 이 GetNode( )를 재귀 함수로 작성할 것입니다. 탐색을 통해 노드를 획득하게 되면 8행의 기존에 작성된 SetAttribute( )를 통해 속성을 추가하게 됩니다.

여기까지 이해가 되었나요? 그럼 바로 이어서 GetNode( )를 구현합시다. 이미 앞에서 다룬 9. 9. 3. 4절을 참고하여 구현하면 됩니다. 아래 예제를 참고하세요.

::: 예제 9-33

```
... <코드 생략> ...
    class Program
    {
        static public XmlNode GetNode(XmlNode node, string nodeName)
        {
5:          XmlNode result = null

            int n = 0;

            if (node.Name == nodeName)
            {
                result = node;
            }
            else
            {
                while (node.ChildNodes[n] != null && result == null)
                {
                    result = GetNode(node.ChildNodes[n], nodeName);

                    n++;
                }
            }

            return result;
        }

        static public void SetAttribute
            (XmlDocument xml, string nodeName, string attName, string data)
```

```
            {
                XmlNode node = xml.FirstChild;

                node = GetNode(node, nodeName);
                SetAttribute(xml, node, attName, data);
            }

            static public void SetAttribute
                (XmlDocument xml, XmlNode node, string attName, string data)
            {
                node.Attributes.Append(xml.CreateAttribute(attName));
                node.Attributes[attName].Value = data;
            }

... <코드 생략> ...

            static void Main(string[] args)
            {
                XmlDocument xml = new XmlDocument();

                xml.Load("c:\\exam_9.xml");

                XmlNode xmlNode = xml.DocumentElement.FirstChild;

    SetAttribute(xml, "class", "level", "2");

                xml.Save("c:\\exam_9.xml");
            }
        }
... <코드 생략> ...
```

5행에 GetNode( )는 재귀 함수로 구성된 함수입니다. 전체적인 구성은 9. 3. 3. 4절의 SearchNode( )와 동일합니다. 다만 노드를 탐색한 후, 원하는 노드를 찾았을 때, 이를 되돌림으로써 SetAttribute( )에 매개 변수로 전달할 수 있도록 하였습니다. 이 함수는 뒤에 이어서 GetAttribute( )를 구현할 때도 사용합니다.

일단 여기까지 작성된 코드를 실행한 후, 'exam_9.xml' 파일을 확인합니다.

::: 실행 결과

```
<characters>
    <character id="1">
        <class level="2">Warrior</class>
        <gender>male</gender>
        <height>180</height>
            <HP>
                <total>800</total>
                <damage>100</damage>
            </HP>
        <MP>0</MP>
    </character>
... <코드 생략> ...
```

〈class〉 노드에 'level' 속성이 추가된 것을 볼 수 있습니다.

이어서 GetAttribute( )를 작성해 봅시다. 바로 전에 작성한 SetAttribute( )를 조금만 수정하면 되므로 별도의 설명 없이 바로 예제를 확인하도록 하겠습니다.

::: 예제 9-34

```
... <코드 생략> ...
    class Program
    {
        static public string GetAttribute(XmlDocument xml, string nodeName, string attName)
        {
            string result = null;
            XmlNode node = xml.FirstChild;

            node = GetNode(node, nodeName);
            result = GetAttribute(node, attName);

            return result;
```

```csharp
        }

... <코드 생략> ...

    static void Main(string[] args)
    {
        XmlDocument xml = new XmlDocument();

        xml.Load("c:\\exam_9.xml");

        XmlNode xmlNode = xml.DocumentElement.FirstChild;

        SetAttribute(xml, "class", "level", "2");

        Console.WriteLine(GetAttribute(xml, "class", "level"));

        xml.Save("c:\\exam_9.xml");
    }
}
... <코드 생략> ...
```

이전에 작성한 GetAttribute( )와 이번 절에서 작성한 SetAttribute( )를 조금씩 참고한 듯한 함수가 작성되었습니다. 실행 결과를 확인합니다.

::: 실행 결과

```
2
계속하려면 아무 키나 누르십시오 . . .
```

응용 예제 9.1

1. 우리가 앞서 만든 SetAttribute( )와 GetAttribute( )는 다음과 같은 문제점을 가지고 있습니다.

```
<characters>
    <character id="1">
        <class①>Warrior</class>

... <코드 생략> ...

    <character id="2">
        <class②>Warrior</class>

... <코드 생략> ...

    </character>
... <코드 생략> ...
```

현재 구현된 함수로는 ①번 위치에는 접근할 수 있으나, ②번 위치에 접근할 수 없습니다. 각 위치를 구별하는 방법으로는 〈class〉 노드의 부모 노드인 〈character〉 노드의 'id' 속성을 사용하는 방법뿐입니다.

앞서 작성한 GetNode( )를 응용하여 사용자가 노드의 이름과 'id' 속성을 매개 변수로 넘겼을 때, ②번 위치에 속성을 추가하고, 읽어오는 함수를 작성하세요.

(8) 속성을 마음대로 요리하자! 2-3편

속성을 마음대로 요리하기 위한 마지막 절입니다. 이번 절에서는 속성에 담긴 정보를 삭제하는 코드를 추가하도록 하겠습니다.

앞 절의 내용을 전부 이해했다면 어떻게 만들 것인지 충분히 예상할 수 있습니다. 앞 절에서 만든 GetNode( )를 통해 XmlNode 객체를 가져온 후, 해당 객체에서 RemoveAll( )이라는 메소드를 통해 구현할 수 있습니다. 워낙 간단하니 곧바로 예제를 확인하겠습니다.

::: 예제 9-35

```csharp
... <코드 생략> ...
    class Program
    {
        static public void RemoveAttribute
            (XmlDocument xml, string nodeName, string attName)
        {
            XmlNode node = xml.FirstChild;

            node = GetNode(node, nodeName);
            node.Attributes[attName].RemoveAll();
        }

... <코드 생략> ...

        static void Main(string[] args)
        {
            XmlDocument xml = new XmlDocument();

            xml.Load("c:\\exam_9.xml");

            XmlNode xmlNode = xml.DocumentElement.FirstChild;

        SetAttribute(xml, "class", "level", "2");
        RemoveAttribute(xml, "class", "level");

            xml.Save("c:\\exam_9.xml");
        }
    }
... <코드 생략> ...
```

추가된 함수는 RemoveAttribute( )입니다. GetNode( )를 통해 노드를 가져와 RemoveAll( ) 메소드를 통해 작성했습니다.

실행 결과를 확인합시다.

::: 실행 결과

```
<characters>
    <character id="1">
        <class level="">Warrior</class>
        <gender>male</gender>
        <height>180</height>
            <HP>
                <total>800</total>
                <damage>100</damage>
            </HP>
        <MP>0</MP>
    </character>
... <코드 생략> ...
```

'exam_9.xml' 파일을 확인하면 해당 속성의 정보가 삭제된 것을 확인할 수 있습니다.

(9) 마지막 시간. 노드를 추가하고 삭제해보자.

XML 형식에 접근하기 마지막 시간입니다. 9. 9. 3. 4절의 끝자락에서 약속한 대로 이번 절에서는 노드를 추가하고 삭제하도록 하겠습니다.

현재 XML 문서에 저장된 정보는 다음과 같습니다.

1) 직업 : 전사
   -level :

2) 성별 : 남성(Male)
3) 신장 : 180cm
4) HP : 900
5) MP : 0

[그림 9.23] 캐릭터 정보

이 중 'level' 만 〈class〉 노드에 속성으로 저장되어 있고, 나머지 정보는 모두 각자의 노드에 저장되어 있습니다. 우리는 이번 절에서 '6) 나이'를 추가하도록 하겠습니다.

```
<characters>
    <character id="1">
        <class level="">Warrior</class>
        <gender>male</gender>
        <height>180</height>
        <HP>
            <total>800</total>
            <damage>100</damage>
        </HP>
        <MP>0</MP>
        <age>22</age>
    </character>
    ...
```

[그림 9.24] 추가할 노드

[그림 9.24]에 음영으로 표시된 대로 〈age〉 노드는 〈character〉 노드의 자식 노드입니다. 즉, 앞서 작성한 GetNode( )를 통해 〈character〉 노드를 가져와 자식 노드로 추가하면 된다는 것을 짐작할 수 있습니다.

이미 선행되어 개발해야 할 함수들이 모두 준비되어 있으니, 곧바로 예제를 확인합시다.

::: 예제 9-36

```
... <코드 생략> ...
    class Program
    {
        static public void AppendNode
        (XmlDocument xml, string parentName, string newNodeName, string data)
        {
            XmlNode node = xml.FirstChild;

7:          node = GetNode(node, parentName);
            node.AppendChild(xml.CreateElement(newNodeName));
```

```
10:        node = GetNode(node, newNodeName);
11:        node.AppendChild(xml.CreateTextNode(data));
        }

... <코드 생략> ...

    static void Main(string[] args)
    {
        XmlDocument xml = new XmlDocument();

        xml.Load("c:\\exam_9.xml");

        XmlNode xmlNode = xml.DocumentElement.FirstChild;

23:     AppendNode(xml, "character", "age", "22");

        xml.Save("c:\\exam_9.xml");
    }
}
... <코드 생략> ...
```

추가된 AppendNode( )를 살펴봅시다. 23행에서 AppendNode( )를 호출하며 부모 노드의 이름으로 "character", 새롭게 생성할 자식 노드의 이름으로 "age", 그리고 저장할 정보로 "22"를 전달합니다.

이를 전달받은 AppendNode( )는 7행에서 GetNode( )를 통해 〈character〉 노드를 가져옵니다. 8행에서는 이렇게 가져온 노드 객체에서 AppendChild( ) 메소드를 통해 새로운 자식 노드를 생성했습니다.

이렇게 만들어진 자식 노드에 정보를 저장하기 위해서는 해당 자식 노드를 가져와야 합니다. 10행에서는 새롭게 생성된 해당 자식 노드인 〈age〉 노드를 가져오며, 11행에서 정보를 저장합니다.

실행 결과를 확인합니다.

::: 실행 결과

```
<characters>
    <character id="1">
        <class level="">Warrior</class>
        <gender>male</gender>
        <height>180</height>
            <HP>
                <total>800</total>
                <damage>100</damage>
            </HP>
        <MP>0</MP>
        <age>22</age>
    </character>
... <코드 생략> ...
```

⟨age⟩ 노드가 추가된 것을 확인할 수 있습니다. 바로 이어서 ⟨age⟩ 노드를 다시 삭제하도록 하겠습니다.

::: 예제 9-37

```
... <코드 생략> ...
    class Program
    {
        static public void RemoveNode(XmlDocument xml, string nodeName)
        {
            XmlNode node = xml.FirstChild;

            node = GetNode(node, nodeName);

            if(node != null)
                node.RemoveAll();
        }
... <코드 생략> ...
```

```
        static void Main(string[] args)
        {
            XmlDocument xml = new XmlDocument();

            xml.Load("c:\\exam_9.xml");

            XmlNode xmlNode = xml.DocumentElement.FirstChild;

            RemoveNode(xml, "age");

            xml.Save("c:\\exam_9.xml");
        }
    }
... <코드 생략> ...
```

AppendNode( )와 비교할 때, 매우 간단한 코드가 추가되었습니다. 단순하게 삭제할 노드의 이름을 전달받은 후, 모두 삭제하도록 했습니다.

결과를 확인합니다.

::: 실행 결과

```
<characters>
    <character id="1">
        <class level="">Warrior</class>
        <gender>male</gender>
        <height>180</height>
            <HP>
                <total>800</total>
                <damage>100</damage>
            </HP>
        <MP>0</MP>
        <age></age>
    </character>
... <코드 생략> ...
```

결과가 좀 이상합니다? 우리가 원하던 결과는 〈age〉 노드가 완전히 삭제되는 결과를 원했지만, 막상 정보만 삭제되고 노드는 그대로 존재합니다. 왜일까요?

그 이유는 노드의 삭제 주체에 있습니다. RemoveAll( ) 메소드는 해당 노드의 자식 노드 또는 정보를 모두 지우는 메소드입니다. 하지만 [예제 9-37]의 RemoveNode( )는 삭제를 하고자 하는 노드를 가져온 뒤, 해당 객체에서 삭제를 진행했기 때문에, 해당 노드 자체는 지워지지 않습니다.

즉, 어떤 노드를 삭제하기 위해서는 해당 노드의 부모 노드에서 삭제를 진행해야 원하는 결과를 얻을 수 있습니다.

[그림 9.25] 부모 노드에 의한 제어

[예제 9-37]을 다음과 같이 수정합니다.

::: 예제 9-38

```
... <코드 생략> ...
    class Program
    {
        static public void RemoveNode(XmlDocument xml, string nodeName)
        {
```

```
            XmlNode node = xml.FirstChild;

            node = GetNode(node, nodeName);

            if(node != null)
                node.ParentNode.RemoveChild(node);
    }
... <코드 생략> ...

    static void Main(string[] args)
    {
        XmlDocument xml = new XmlDocument();

        xml.Load("c:\\exam_9.xml");

        XmlNode xmlNode = xml.DocumentElement.FirstChild;

        RemoveNode(xml, "age");

        xml.Save("c:\\exam_9.xml");
    }
}
... <코드 생략> ...
```

RemoveNode( ) 내에서 단 한 줄만 변경했습니다. node 객체의 부모 노드를 호출한 후, 여기서 다시 RemoveChild( ) 메소드를 통해 node 객체를 전달함으로써 해당 노드를 삭제하도록 했습니다.

::: 실행 결과

```
<characters>
    <character id="1">
        <class level="">Warrior</class>
        <gender>male</gender>
        <height>180</height>
            <HP>
```

```
            <total>800</total>
            <damage>100</damage>
        </HP>
        <MP>0</MP>
    </character>
... <코드 생략> ...
```

실행 결과 정상적으로 노드가 삭제되는 것을 확인할 수 있습니다.

응용 예제 9.2

1. 이번 절에서 만든 AppendNode( )는 다음과 같은 문제점을 가지고 있습니다.

```
<characters>
    <character id="1">
        <class level="">Warrior</class>
        <gender>male</gender>
        <height>180</height>
        <HP>
            <total>800</total>
            <damage>100</damage>
        </HP>
        <MP>0</MP>
        <age>22</age>
    </character>
... <코드 생략> ...
```

현재 구현된 함수로는 추가하려는 노드가 이미 존재하는 상태에서 또다시 노드를 생성할 시, 중복으로 생성되는 문제점을 가지고 있습니다. 예를 들어 <age> 노드가 있는 상태에서 다음의 코드를 실행한다고 합시다.

AppendNode(xml, "character", "age", "23");

이런 경우 다음과 같은 실행 결과가 나타납니다.

```xml
<characters>
    <character id="1">
        <class level="">Warrior</class>
        <gender>male</gender>
        <height>180</height>
        <HP>
            <total>800</total>
            <damage>100</damage>
        </HP>
        <MP>0</MP>
        <age>2223</age>
        <age />
    </character>
... <코드 생략> ...
```

문제 해결을 위한 힌트를 드리자면, 위와 같은 실행 결과를 방지하기 위해서는 먼저 해당 노드가 존재하는지 확인하고, 존재할 경우, 정보를 삭제하고, 존재하지 않을 경우, 노드를 생성하는 코드가 추가되어야 합니다.

[예제 9-24]을 참고하여 AppendNode( )를 수정해봅시다.

이번 장에서 작성한 코드를 정리하면 다음과 같습니다.

::: 예제 9-39

```csharp
using System;
using System.Collections.Generic;
using System.Linq;
using System.Text;
using System.Xml;

namespace ExampleXML
{
    class Program
    {
```

```csharp
        static public void SetAttribute
          (XmlDocument xml, string nodeName, string attName, string data)
        {
            XmlNode node = xml.FirstChild;

            node = GetNode(node, nodeName);
            SetAttribute(xml, node, attName, data);
        }

        static public void SetAttribute
          (XmlDocument xml, XmlNode node, string attName, string data)
        {
            node.Attributes.Append(xml.CreateAttribute(attName));
            node.Attributes[attName].Value = data;
        }

        static public void RemoveAttribute
          (XmlDocument xml, string nodeName, string attName)
        {
            XmlNode node = xml.FirstChild;

            node = GetNode(node, nodeName);
            node.Attributes[attName].RemoveAll();
        }

        static public string GetAttribute(XmlNode node, string attName)
        {
            return node.Attributes[attName].Value;
        }

         static public string GetAttribute(XmlDocument xml, string nodeName, string attName)
        {
            string result = null;
            XmlNode node = xml.FirstChild;

            node = GetNode(node, nodeName);
            result = GetAttribute(node, attName);

            return result;
        }
```

```
static public void AppendNode
    (XmlDocument xml, string parentName, string newNodeName, string data)
{
    XmlNode node = xml.FirstChild;

    node = GetNode(node, parentName);
    node.AppendChild(xml.CreateElement(newNodeName));

    node = GetNode(node, newNodeName);
    node.AppendChild(xml.CreateTextNode(data));
}

static public void RemoveNode(XmlDocument xml, string nodeName)
{
    XmlNode node = xml.FirstChild;

    node = GetNode(node, nodeName);

    if(node != null)
        node.ParentNode.RemoveChild(node);
}

static public XmlNode GetNode(XmlNode node, string nodeName)
{
    XmlNode result = null;

    int n = 0;

    if (node.Name == nodeName)
    {
        result = node;
    }
    else
    {
        while (node.ChildNodes[n] != null && result == null)
        {
            result = GetNode(node.ChildNodes[n], nodeName);

            n++;
        }
    }
```

```
            return result;
        }

        static void Main(string[] args)
        {
            XmlDocument xml = new XmlDocument();

            xml.Load("c:\\exam_9.xml");

            XmlNode xmlNode = xml.DocumentElement.FirstChild;

            xml.Save("c:\\exam_9.xml");
        }
    }
}
```

9.10 데이터베이스를 마치며

이것으로 9장 데이터베이스를 마칩니다. 마지막에 다룬 XML을 이용하여 성적 관리 프로그램을 만드는 것은 숙제로 남겨두겠습니다. 본 책에서 작성된 함수를 응용하면 쉽게 작성할 수 있을 것입니다. 물론 때에 따라서 기존에 작성된 함수를 변경해도 좋습니다. 이렇게 작성한 함수는 훗날 여러분이 게임이나 다른 응용 프로그램을 개발할 때 유용하게 사용할 수 있으리라 믿습니다.

이제 여러분과 이별할 때가 되었습니다. 저희는 이번 장을 마지막으로 이 책을 마무리 짓고자 합니다. 처음 도전한 집필이었고, 오랜 기간 공을 들였지만, 모든 지식을 완벽하게 전해드리지 못한 것 같아 죄송할 따름입니다. 그동안 예제를 따라 하며 공부하느라 수고하셨고, 다시 한 번 감사 드립니다. 수고하셨습니다!

데이터베이스 설치

데이터베이스를 이용하여 프로그래밍하려면 데이터베이스를 설치하여야 합니다. 여러 기업에서 데이터베이스 프로그램을 제공하고 있는데요, 그중에서 널리 사용되는 데이터베이스 프로그램은 Microsoft사의 MS SQL과 Oracle사의 MySQL이 있습니다. 우리는 이 중 Microsoft사의 MS SQL을 설치하겠습니다.

1.1 MS SQL 2014 내려받기

현재 출시된 MS SQL의 최신 버전은 MS SQL 2014입니다. 우리는 최신 버전을 사용하여 데이터베이스 프로그래밍을 할 예정으로 MS SQL 2014를 설치하도록 하겠습니다. 기본적으로 MS SQL은 유료입니다. 그래서 우리는 MS SQL의 평가판 버전인 Express 버전을 설치하겠습니다.

Microsoft MS SQL 2014 Express 설치 페이지는 아래와 같습니다. URL은 아래와 같으며, Microsoft 공식 사이트에서 내려받을 수 있습니다.

http://www.microsoft.com/downloads

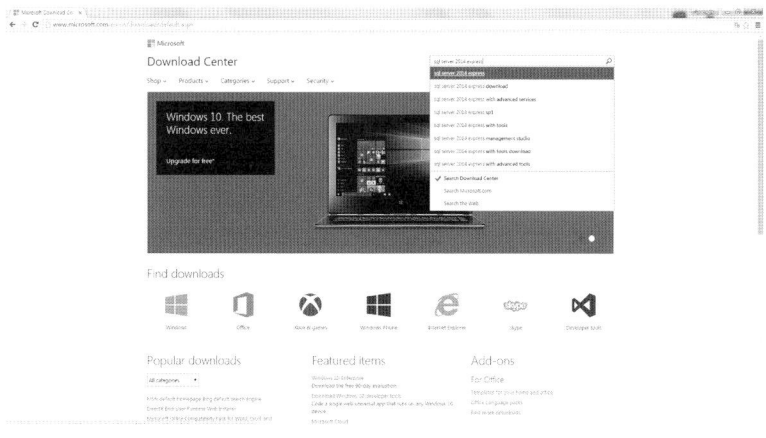

[그림 1] Microsoft download center 사이트

위의 그림 오른편에 검색창에서 sql server 2014 express를 입력하여 MS SQL을 검색합니다.

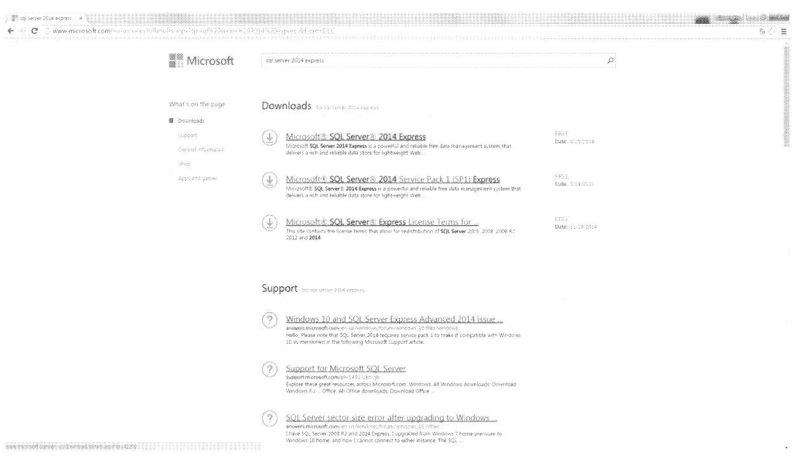

[그림 2] sql server 2014 express 검색 결과

검색창에 sql server 2014 express를 검색하면 위의 그림과 같은 화면이 나타납니다. 여기서 첫 번째 검색된 Microsoft® SQL Server® 2014 Express를 선택합니다.

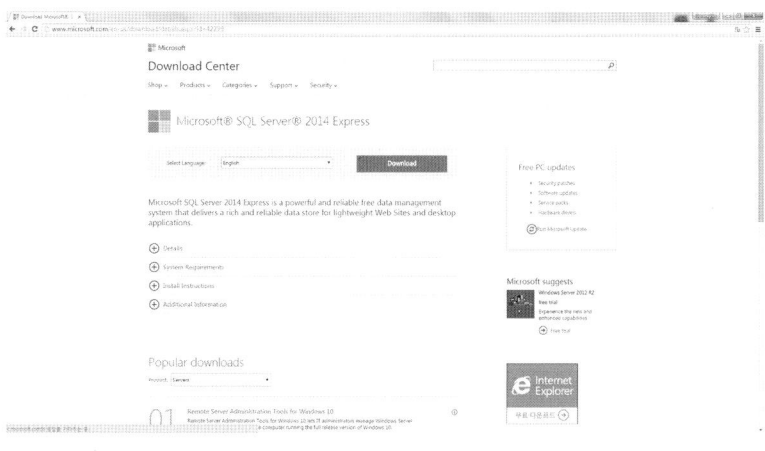

[그림 3] MS SQL Server 2014 Express 다운로드

다운로드 버튼을 클릭합니다.

[그림 4] MS SQL과 관리 도구를 선택합니다.

다운로드 버튼을 클릭하면 MS SQL 관련된 여러 파일을 내려받을 수 있습니다. 우리는 이 중에서 MS SQL과 관리 도구를 포함한 ExpressAndTool 64BIT\SQLEXPRWT_x64_ENU.exe를 선택하여 내려받겠습니다.

1.2 MS SQL 2014 설치하기

위에서 다운받은 MS SQL 2014 Express 버전을 설치하겠습니다. 설치하는 방법은 다른 프로그램과 비슷합니다. 설치 파일을 압축 해제하고 설치 파일이 있는 폴더로 이동하여 setup.exe 파일을 실행합니다. 파일을 실행하면 아래와 같은 화면이 나타나며 실질적인 설치가 이루어집니다.

[그림 5] 설치 파일 압축 해제

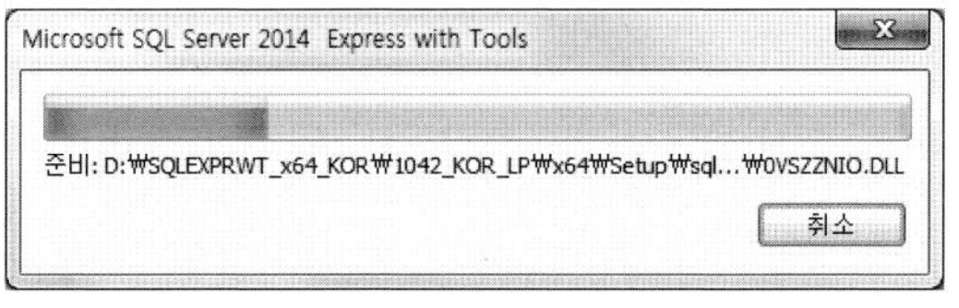

[그림 6] 설치 파일 압축 해제 실행 중

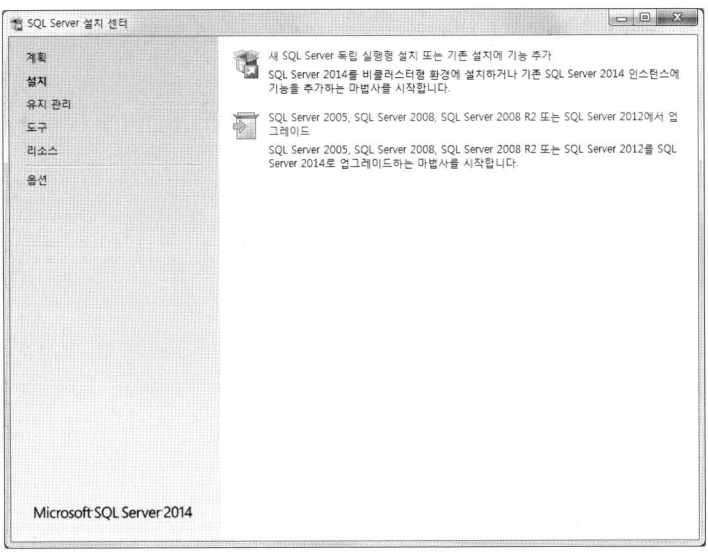

[그림 7] SQL Server 설치 센터

위의 그림에서 새 SQL Server 독립 실행형 설치 또는 기존 설치에 기능 추가를 클릭하여 SQL Server 설치를 시작합니다.

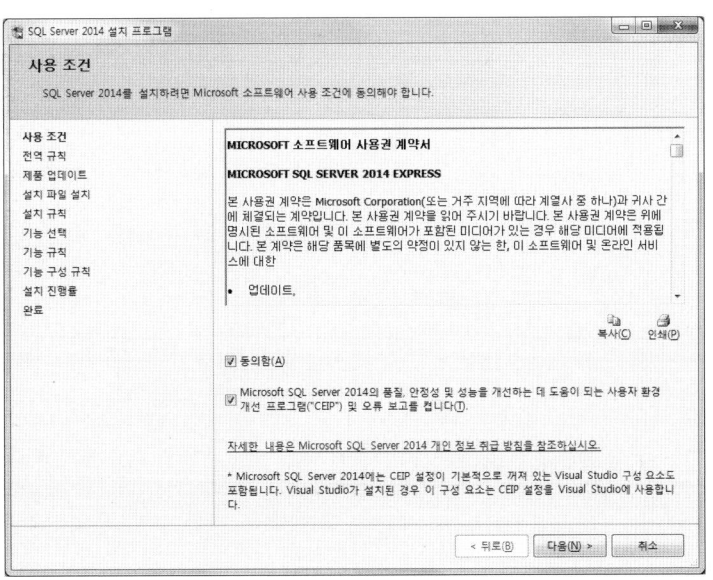

[그림 8] 소프트웨어 사용권 동의 화면

APPENDIX A | 데이터베이스 설치

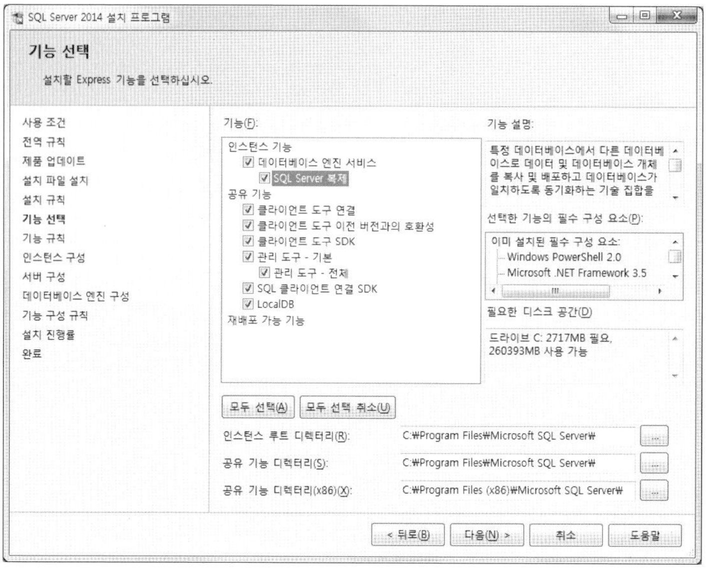

[그림 9] SQL Server 기능 선택

위의 화면과 같이 기능을 선택하고 다음 버튼을 클릭합니다.

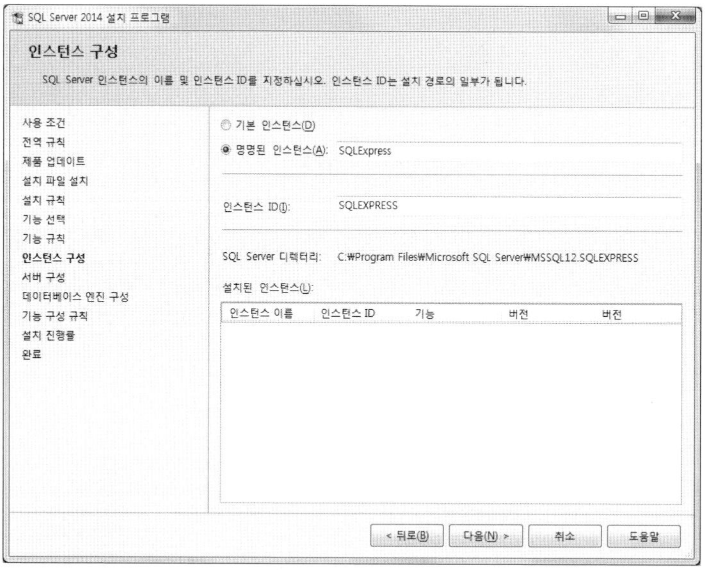

[그림 10] SQL Server 인스턴스 설정 화면

SQL Server 인스턴스를 설정하는 화면입니다. 기본 입력된 인스턴스를 사용하면 됩니다. 다음 버튼을 클릭합니다.

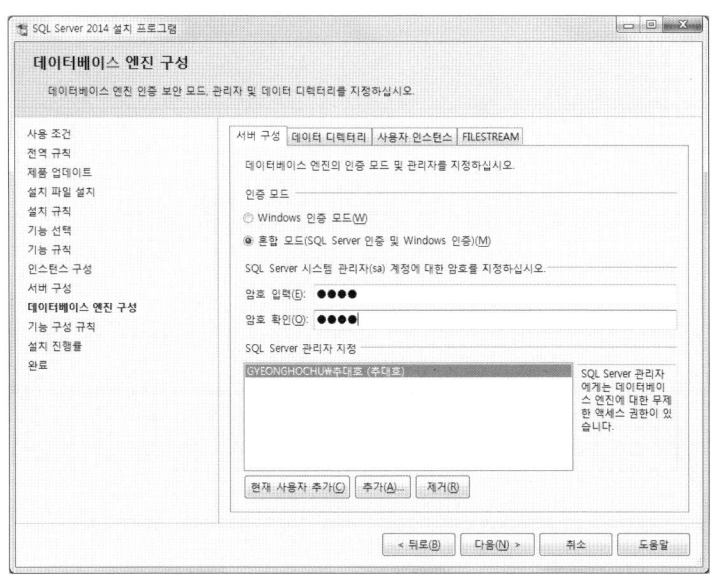

[그림 11] SQL Server 로그인 설정 화면

SQL Server 로그인을 어떻게 할 것인지 설정하는 화면입니다. 우리는 C#에서 원격으로 접속할 예정이므로 혼합 모드(SQL Server 인증 및 Windows 인증)로 선택합니다. 그리고 암호를 입력합니다. 암호는 설치 이후에도 수정할 수 있으므로, 암호를 잊어버려도 걱정하지는 않으셔도 됩니다. 다음 버튼을 누르면 이제 설치가 진행됩니다.

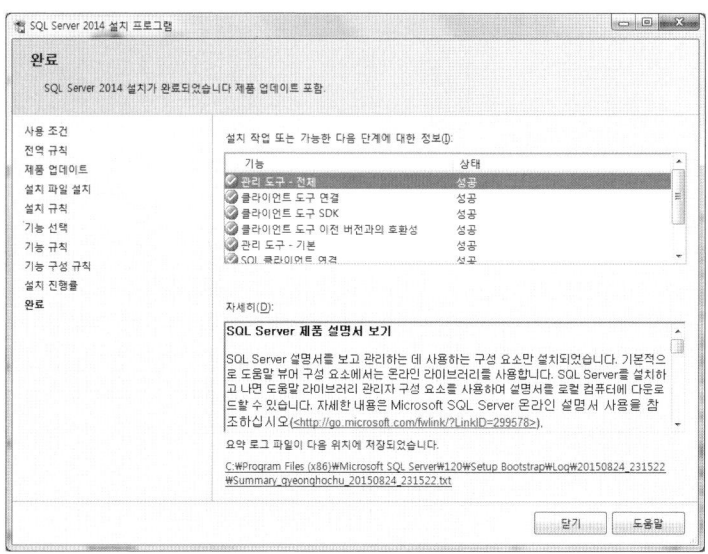

[그림 12] SQL Server 2014 설치 완료 화면

설치가 완료되면 위와 같은 화면이 나타납니다. 닫기 버튼을 클릭하여 설치를 완료합니다.

1.3 MS SQL 2014 설정하기

이제 MS SQL 2014를 실행하여 보겠습니다. 설치된 항목에서 "SQL Server 2014 management Studio"를 실행합니다. 아래 화면은 SQL Server 2014를 실행하면 나타나는 화면입니다.

[그림 13] Microsoft SQL Server Management Studio 처음 실행 화면

위의 화면에서 서버 이름을 화면과 같이 입력합니다. 화면의 GYEONGHOCHU는 제가 사용하고 있는 컴퓨터의 이름입니다. 뒤에 이어지는 SQLEXPRESS는 우리가 설치할 때 입력한 SQL Server 인스턴스 이름입니다. 지금까지 설치를 잘 따라오셨다면, OOO₩SQLEXPRESS와 같은 형식으로 입력될 겁니다. OOO은 보통 독자 여러분의 컴퓨터 이름으로 입력됩니다. 혹시 Microsoft SQL Server Management Studio 프로그램을 실행했을 때 OOO₩SQLEXPRESS와 같은 형식으로 입력되지 않는다면, 서버 이름 오른쪽에 있는 삼각형을 클릭하여 [더 찾아보기..]를 클릭하여 가능한 Server 인스턴스를 찾습니다.

[그림 14] SQL Server 인스턴스 찾기

아마 위의 그림과 같이 데이터베이스 엔진 아래 하나 이상의 가능한 인스턴스가 있을 겁니다. 제 컴퓨터에는 GYEONGHOCHU₩SQLEXPRESS가 있군요. 이 인스턴스를 선택합니다.

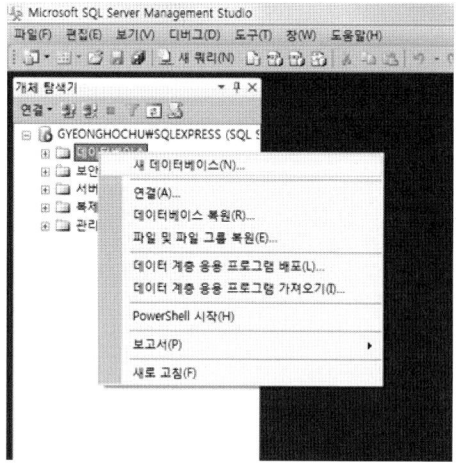

[그림 15] 새 데이터베이스 추가

이제 우리 예제에서 사용할 새 데이터베이스를 추가해봅시다. 왼쪽 서버 트리에서 데이터베이스 항목을 선택한 뒤 오른쪽 마우스를 클릭하면 위와 같은 화면이 나타납니다. 여기서 [새 데이터베이스(N)...]을 선택합니다.

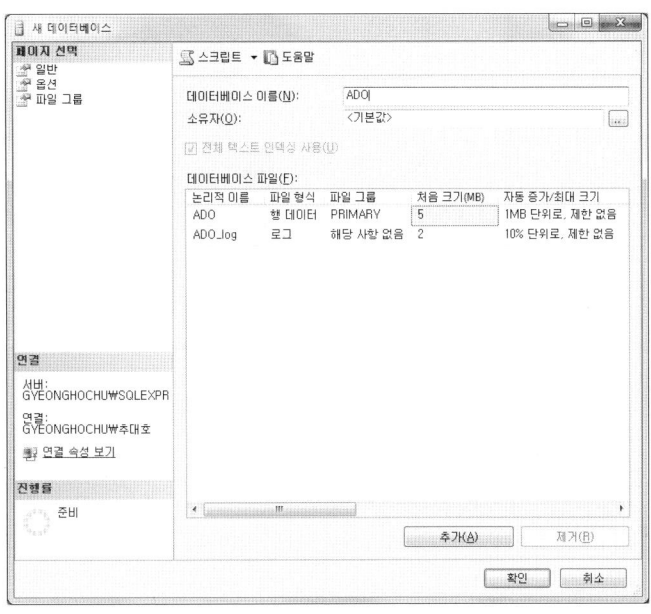

[그림 16] 새 데이터베이스 추가

이제 새 데이터베이스를 추가합시다. 우리 예제에서는 ADO라는 이름의 데이터베이스를 사용할 예정입니다. 데이터베이스 이름에 ADO를 입력한 뒤 확인 버튼을 클릭합니다.

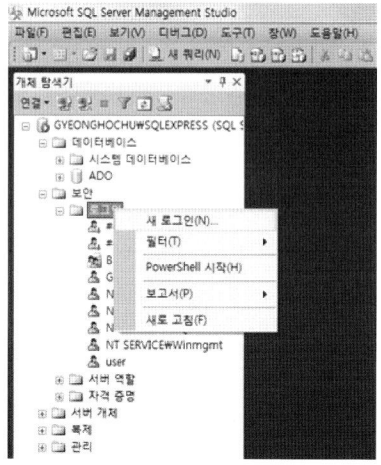

[그림 17] 새로운 로그인 추가

이제 새로운 로그인을 추가해봅시다. 우리가 앞으로 작성할 예제에서는 원격으로 데이터베이스를 접속합니다. C# 예제 프로그램에서 원격으로 접속하기 위해서는 로그인 계정이 필요하겠죠? 그때 필요한 로그인 계정을 추가하는 겁니다.

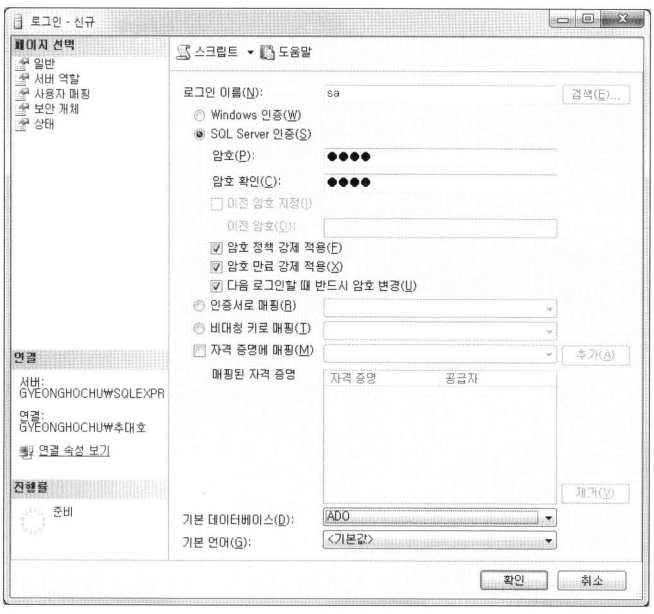

[그림 18] 새로운 로그인 만들기

새로운 로그인을 만들어 봅시다. 로그인 이름은 sa, 암호는 0000으로 입력하였습니다. 로그인 이름과 암호는 독자 여러분이 마음에 드는 것으로 입력하면 됩니다. 저는 편의상 이름은 sa, 암호는 0000으로 입력하였습니다. 기본 데이터베이스는 로그인 계정이 접속할 기본 데이터베이스를 뜻합니다. 조금전 우리가 만든 ADO를 선택합니다. 이제 확인 버튼을 클릭하여 새로운 로그인 만들기를 완료합니다.

이제 데이터베이스 설치 및 설정을 완료하였습니다. 그럼 신기한 데이터베이스 프로그래밍을 시작하여 볼까요?

아스키 코드(ASCII CODE)

■ 제어 문자 ■ 공백 문자 ■ 구두점 ■ 숫자 ■ 알파벳

10진	16진	ASCII	10진	16진	ASCII	10진	16진	ASCII	10진	16진	ASCII
0	0x00	NULL	32	0x20	SP	64	0x40	@	96	0x	`
1	0x01	SOH	33	0x21	!	65	0x	A	97	0x	a
2	0x02	STX	34	0x22	"	66	0x	B	98	0x	b
3	0x03	ETX	35	0x23	#	67	0x	C	99	0x	c
4	0x04	EOT	36	0x24	$	68	0x	D	100	0x	d
5	0x05	ENQ	37	0x25	%	69	0x	E	101	0x	e
6	0x06	ACK	38	0x26	&	70	0x	F	102	0x	f
7	0x07	BEL	39	0x27	'	71	0x	G	103	0x	g
8	0x08	BS	40	0x28	(	72	0x	H	104	0x	h
9	0x09	HT	41	0x29	)	73	0x	I	105	0x	i
10	0x0A	LF	42	0x2A	*	74	0x	J	106	0x	j
11	0x0B	VT	43	0x2B	+	75	0x	K	107	0x	k
12	0x0C	FF	44	0x2C	,	76	0x	L	108	0x	l
13	0x0D	CR	45	0x2D	-	77	0x	M	109	0x	m
14	0x0E	SO	46	0x2E	.	78	0x	N	110	0x	n
15	0x0F	SI	47	0x2F	/	79	0x	O	111	0x	o
16	0x10	DLE	48	0x30	0	80	0x	P	112	0x	p
17	0x11	DC1	49	0x31	1	81	0x	Q	113	0x	q
18	0x12	DC2	50	0x32	2	82	0x	R	114	0x	r
19	0x13	DC3	51	0x33	3	83	0x	S	115	0x	s
20	0x14	DC4	52	0x34	4	84	0x	T	116	0x	t
21	0x15	NAK	53	0x35	5	85	0x	U	117	0x	u
22	0x16	SYN	54	0x36	6	86	0x	V	118	0x	v
23	0x17	ETB	55	0x37	7	87	0x	W	119	0x	w
24	0x18	CAN	56	0x38	8	88	0x	X	120	0x	x
25	0x19	EM	57	0x39	9	89	0x	Y	121	0x	y
26	0x1A	SUB	58	0x3A	:	90	0x	Z	122	0x	z
27	0x1B	ESC	59	0x3B	;	91	0x	[	123	0x	{
28	0x1C	FS	60	0x3C	<	92	0x	₩	124	0x	|
29	0x1D	GS	61	0x3D	=	93	0x	]	125	0x	}
30	0x1E	RS	62	0x3E	>	94	0x	^	126	0x	~
31	0x1F	US	63	0x3F	?	95	0x	_	127	0x	DEL

찾아보기:

기타

.net framework	7
.net framework 데이터 공급자	560, 561
1세대 컴퓨터	3
2세대 컴퓨터	3
2차원 배열	85
3세대 컴퓨터	3
3차원 배열	86
4세대 컴퓨터	3

A

Abort( )	149
ADO(ActiveX Data Objects) API	559
ADO.NET	560
Adobe사	7
alter	576
API	297
Append( )	639
ASCII CODE	111
AutoSize 속성	229

B

B 언어	5
BackColor 속성	238
BackgroundImage 속성	238
Brush 클래스	300
Byte	434

C

C 언어	5
C#	5
C++	6
char	25
Checked	250
Checked 속성	250
CheckedChanged 이벤트	251, 256
CheckState 속성	250
Class	182
Click 이벤트	240
client.Close( )	463
Console.Read( )	41
Console.ReadKey( )	44
Console.ReadLine( )	41
Console.SetCursorPosition( )	38
Console.Write( )	34, 41
Console.WriteLine( )	34, 41
ConsoleKeyInfo	44
Convert.ToInt32( )	30
Convert.ToString( )	30

D

DataColumn	580, 589
DataRow	580, 590
DataTable	580, 588
Direct X	298
DisableLinkColor 속성	230
Dispose( )	304
DNS	444, 447
DocumentElement	632

DrawEclipse( )	315
DrawImage( )	347
DrawLine( )	301
DrawRectangle( )	307
DrawSprite( )	406
DrawString( )	351
DropDownStyle 속성	265

E

else문	50
ExecuteNonQuery( )	569
ExecuteReader( )	574

F

FillEclipse( )	319
FillPolygon( )	425
FillRectangle( )	314
FillRectangle( )	319
FlatAppearance 속성	239
FlatStyle 속성	239
Font 속성	229
for	62
ForeColor 속성	229

G~H

GB(기가바이트)	33
GDI	297
GDI+	297
GetName( )	574
Google	247
Graphics 클래스	301
GUI	210
HTML	607

I

IBM	4
if문	49
Image 속성	234
Indeterminate	250
InnerText	620
Internet Service Provider(ISP)	446
Interval 속성	272, 364
IP	444, 449, 446
IPAddress 클래스	458
IPAddress.Any	463
IPEndPoint 클래스	459
Items 속성	259

K

KB(킬로바이트)	33
Key 속성	45
KeyDown 이벤트	246

L

Lena	235
LinkBehavior 속성	230
LinkColor 속성	230

M~N

Math.Cos( )	318
Math.PI	318
Math.Pow( )	335
Math.Round( )	322
Math.Sin( )	318
Math.Sqrt( )	335
MaxLength 속성	243

MB(메가바이트)	33
MouseMove 이벤트	386
MSDN	175
MS-SQL	563
Multiline 속성	243
Name 속성	219
Next( )	119

O

Object	182
OpenGL	298
OuterXml	620, 623
override	427

P

Paint 이벤트	359, 398
PasswordChar 속성	243
Pen 클래스	300
Port 번호	449
private	186
protected	186
public	186

R

Random( )	118
ReadOnly 속성	243
ref	101
RemoveAll( )	651
Resume()	156
return	101

S

select	574
SelectedIndexChanged 이벤트	262, 266
SelectedItem 속성	262
sender 변수	253
server.Accept( )	463
server.Close( )	463
ShortcutKeys 속성	270
SizeMode 속성	234
SlectionMode 속성	259
Sleep( )	151
SQL 쿼리문	564
SqlDataAdapter	591
SqlParameter	592
string	27
Suspend( )	153
Swap( )	99
switch문	57
System.IO	260, 350, 384

T

Tag 속성	286, 296
TCP	453
TCP 내부 버퍼	497
TCP 소켓 프로그래밍	456
TCP 통신 규약	497
Text 속성	216, 229, 242
TextAlign 속성	228
TextChanged 이벤트	247
Tick 이벤트	273, 364
Title 속성	279

U~V

UDP	453
UI	210
UML	207

Unchecked	250
update	576
VisitedLinkColor 속성	230
Visual Studio	7
void	101

W~X

while	62
while문	71
WPF	7
XML	607
XmlDocument	615
XmlNodeReader	614
XmlReader	607
XmlTextReader	614
XmlTextWriter	614
XmlWriter	607

ㄱ

개발 방법론	207
개행(줄 바뀜)	35
객체	182
객체지향 프로그래밍의 특징	191
객체지향 프로그래밍	6, 180
게이트웨이	446
고급 언어	5
그러데이션	320
기계어	5
깊은 노드	625
내적 공간	298
네트워크 프로그래밍	443

ㄴ~ㄷ

노드(node)	612, 611
다이얼로그(OpenFileDialog/SaveFileDialog)	277
다차원 배열	82
다형성	191, 200
대리자	175
데니스 리치	5
데이터 트래픽	519
데이터베이스	559
데이터셋(DataSet)	560
데카르드	299
데카르트 좌표계	299
델리게이트(delegate)	146, 174
도구 상자	212
되돌림 값	92
디버깅	642
디자인 창	212

ㄹ

라디오 버튼(RadioButton)	254
랜덤	311
레이블(Label)	216, 227
레퍼런스	101
리스트 박스(ListBox)	257
링크 레이블(LinkLabel)	229

ㅁ

마크업 언어	607
말풍선	422
매개 변수	92
메뉴 스트립(MenuStrip)	268
메소드(method)	183
멤버 변수	183
멤버 함수	183
모눈종이	299
문자형	21, 24

ㅂ

반복문	61
배열	74
버튼(Button)	238
범용성	441
베이직	6
벨 연구소	5
변수	18
부모 클래스(슈퍼 클래스)	197
분기문	60
비연결형 서비스	454

ㅅ

사용자 정의 비동기 소켓	482, 491, 522
사용자 정의 컨트롤	207, 371
삼각 함수	316
상속	191
상수	18
생성자	188
서브넷 마스크	444, 446
소켓	443
소켓 클래스	460
소프트웨어 설계	207
속성(attribute)	183, 389, 611, 614
솔루션 탐색기	212
순간 검색	247
순서도	36
순차 프로그래밍	139
숫자형	21
스레드	139
스레드의 메소드	146
스파게티 소스	45
스프라이트	402
시작 태그	612
신뢰적인 데이터 전달(Reliable data transfer)	455
실버라이트	7
실수	21

ㅇ

애플 II	3
애플 컴퓨터	3
어셈블리어	5
에니악	2
에드박	3
연결 지향형 서비스	454
오버로딩	102, 187
우주여행	323
운동시차	324, 342
윈폼 프로그래밍	209
유니박	3
유지 보수	381
유클리드 공간	298
이벤트	215, 224, 393
인덱스	78
인터페이스	200
입력문	33, 41

ㅈ

자바	5
자바 가상 머신(JVM)	6
자식 클래스	197
재귀 함수	628, 647
재사용성	381
절차지향 프로그래밍	6, 180
정보 은닉	191
정수	21
조건문	48
조사식 추가	642
종료 태그	612
좌표 평면	298
좌표계	298
주석	45
중단점	642
직교 좌표계	298

ㅊ~ㅋ

체크 박스(TextBox)	249
출력문	33
카카오톡	422
캡슐화	191
캡처	538
컨트롤	209
컨트롤 배열	280
컴파일	5
켄 톰슨	5
콤보 박스(ComboBox)	264
클래스	182

ㅌ~ㅍ

타이머(Timer)	272
테두리 공식	316
텍스트 박스(TextBox)	241
패킷 헤더	545
패킷(Packet)	454, 499
포물선 공식	125
포트 번호	459
포트란	5
폼F(orm)	215
폼의 속성	218
풀-다운 메뉴	264
프로토콜	519
플래그(flag)	171
플래시	7
피타고라스의 정리	335
픽쳐 박스(PictureBox)	233

ㅎ

함수	89
함수명	92
함수의 선언	91
함수형	92

핸드 셰이크(Hand Shake)	454
헤더(header)	499
혼잡 제어(Congestion Control)	454